羅光全書

冊十七

儒家哲學的體系

儒家哲學的體系續編

臺灣學生書局印行

冊十七　總目錄

十七之一　儒家哲學的體系

十七之二 儒家哲學的體系續編

十一、中國生命哲學的發展……五六九

下篇

羅光全書

冊十七之一

儒家哲學的體系

臺灣學生書局印行

自序

民國六十二年，我曾出版了中國哲學的展望，收集歷年我所寫關於哲學的專文四十三篇。最近我又將近五年裡所寫的哲學文章收集起來，編成兩部書，一部是直接討論哲學的文章，命名爲「儒家哲學的體系」，一部是以哲學觀點討論生活各方面的問題，命名爲「哲學與生活」。

這一部「儒家哲學的體系」，收集了二十五篇文章，第一篇「中國哲學的貫通之道」，第二篇「中國哲學的形上結構論」，將儒家哲學的體系，很簡單地予以說明。形上學爲哲學的基礎，儒家形上學的結構，即是整體儒家哲學的體系，這種體系由易經開端，漢代易學家加以擴充，宋朝周敦頤予以架構化而造太極圖，南宋朱熹和清初王夫之稍加修改；儒家形上學的體系就這樣決定了。從形上學到倫理學，由倫理學到精神修養論，中間的聯繫和體系，則在

「中國哲學的貫通之道」和「朱熹的形上結構論」兩文中扼要地講述。儒家形上學由『成』即變易方面討論宇宙萬有，宇宙是一個整體，由太極爲起點，而有陰陽兩氣，兩氣運行不息，運行的目標在於化生萬物，易經說：「生生之謂易。」（繫辭上 第五章）每一個物體由陰陽兩氣相合而成，「一陰一陽之謂道，繼之者善也，成之者性也。」（同上）陰陽結合而成物，在物以內，繼續運行，每一物體都是動的，而且是內在的動，儒家稱爲生物。

萬物生命的理雖是一樣，然而因每一物所受的氣有清有濁，氣濁之物所有生命之理不能顯明出來，沒有生命的表現，例如礦物。氣較清之物所有生命之理稍有表現，例如植物。氣濁的程度減少，氣清的程度加高，生命之理在人身上完全表現。人的生命有感覺生命有心靈生命；感覺生命在人和禽獸裡都是一樣，唯有心靈的生命爲人所獨有；心靈生命爲精神生命，代表人。

人的精神生命，儒家用一句話來代表，即是『仁』。『仁』，和『生』相配。天地的變易之目標是『生』，人生命之目標爲『仁』；『仁』是愛自己和宇宙萬物的生命。儒家的倫理學以『仁』爲基礎，也是孔子所講的「一貫之道」。

『仁』爲精神生命，精神生命須要發揚，發揚之道在於『誠』。『誠』是「率性之謂道。」（中庸 第一章）人要按照人性而生活，漸次予以發揚，到了極點，乃能和天地合德，

「贊天地之化育。」（中庸 第二十二章）中庸所以稱讚聖人的大德爲，「肫肫其仁，淵淵其淵，浩浩其天。」（中庸 第三十二章）

儒家哲學的體系，便可以用三個字作代表：『生』，『仁』，『誠』。形上學的萬有爲『生』的『存有』，人的生是『仁』，『仁』的修養是『誠』。上下互相連貫，結成一個體系。

這部書的文章有一部份已在中國哲學思想史淸代篇的附錄中發表過，現在收在這册書裡，爲使不買中國哲學思想史的人也能有閱讀的機會。全書的文章，雖不是專講儒家哲學體系的，但是每篇文章都在說明這種體系。若有人想要求證據，則可以參讀我所寫的九册中國哲學思想史。

民國七十一年十月廿三日

羅 光序於天母牧廬

儒家哲學的體系

目錄

中國哲學的貫通之道

1.

哲學這個名詞，對於一般人來說，引起不了什麼反應。大家都認爲哲學祇是一些奥妙的空談，不好懂，又和普通生活不發生關係。就連大學生除哲學系的學生外，也都以另種眼光去看哲學。原先在大學各系設有哲學概論一課，現在已經取消了，罪過說是在於講概論的老師講得不好，學生沒有興趣。

哲學這個名詞，本來有點奥妙，但是哲學的內容則不一定遠離人間。中庸是中國一册老哲學書，先總統　蔣公，卻曾親自給將士們講中庸，　蔣公說：

> 「今天我要將我國古代最精微正確的人生哲學卽中庸之道講給大家，這是我們個人修己立身、成德立業之要道。我們將領要完成革命救國之要務，

不可不透澈明瞭這個哲學的理論。」（中庸之要旨與將領之基本學理 蔣總統言論彙編第十二卷）

中庸書裏也就說到哲學的理論可深可淺，淺的一面對鄉野間沒有受過敎育的夫婦可以知道，可以實行，在深的一方面說，就連智慧過人的聖人也有所不知，有所不能。中庸說：

「君子之道，費而隱，夫婦之愚可以與知焉；及其至也，雖聖人亦有所不知焉。夫婦之不肖，可以能行焉；及其至也，雖聖人亦有所不能焉。」（中庸 第十二章）

哲學所講的，雖然是關於宇宙萬物的最高理論，然而卻是由我們人去討論。我們人願意知道宇宙萬物的最高理論，因爲和我們人有關係；我們人也是宇宙萬物的一部份，宇宙萬物的最高理論，也就是我們人的最高理論。我們人是一個活的人，關於人的最高理論，便是我們人的生活的最高理論。誰能說哲學和我們的生活沒有關係呢？先總統 蔣公曾說：

「生活卽是人生一切活動之總稱。」（新生活運動　蔣總統言論彙編　第二十一卷）

中庸說：

「子曰：道不遠人！人之爲道而遠人，不可以爲道。」（中庸　第十三章）

生活的道理，怎麼可以離人很遠呢？若祇是懸空的妙論，和人不相關，就不是生活的道理，也就不是哲學。形上學和宇宙論看來都是抽象的理論，但是中國講形上學和宇宙論的易經，則是人生之道。

從人一方面說，人也不可以遠離人生之道，否則生活沒有原則，沒有目標，生活就很亂，人便不能成德立業。

孔子曾說：

「君子無終食之間違仁，造次必於是，顚沛必於是。」（論語　里仁）

又說：

「朝聞道，夕死可矣。」（論語 里仁）

生活必定要有原則，要有目標，這就是人生之道，就是人生哲學。中國的人生哲學以天地之道作基礎，就是說以宇宙萬物的最高理論，作我們人生活的最高理論。易經便是講這種最高理論的書。易經以後的諸子百家也都是講這些理論。因此，中國的哲學乃是人生哲學。

2.

甲、仁的哲學

易經一書講什麼呢？講宇宙萬物的變化，宇宙萬物的變化是什麼變化？我們的老祖宗都是耕田的農夫，農夫怎樣看宇宙的變化？他們看到一年四季春夏秋冬的變化，他們看到中國南北土地和氣候不同，農作物有變化。四季代表時間，南北代表空間，在時間和空間裏，有宇宙萬物的變化。時間和空間裏的變化，有冷熱，有太陽和陰雲，有風和雨，有霜和雪。這一切的變化對於農作物都有密切的關係；五穀在四季裏成長，春生、夏長、秋收、冬藏。因此，可以說宇宙的變化是在使五穀能够生長，同時天地間的萬物也都是在四季裏生活。易經乃說：

「生生之謂易。」（繫辭上　第五章）

「天地之大德曰生。」（繫辭下　第一章）

整個宇宙的變化，在於創造生命。易經以陰陽兩氣互相交結，繼續運行，不斷地化生萬物。

凡是變化應當有根基，有了根基應當有兩個元素，根基是一，元素有二。沒有一，便沒有根基，變化不能發生；沒有二，變化不能成。宇宙萬物變化的根基是太極，宇宙萬物變化的原素是陰陽。易經說：

「一陰一陽之謂道，繼之者善也，成之者性也。」（繫辭上　第五章）

「易有太極，是生兩儀，兩儀生四象，四象生八卦。」（繫辭上 第十一章）

易經的卦象代表宇宙萬物的變化，由一而二，由二而四，由四而八，由八而六十四。這是數的變化，簡單又易懂。漢朝人則去掉了四和八，代以五行，由一而二，由二而五，由五而有萬物。五行是金木水火土，代表陰陽的五種變化。這五種變化所成的五行，成爲天地間一切事物的成素，無論什麼東西，什麼事件，都會有五行。中國人的看相算命，看地，看日子，都用五行去推算，連音樂和醫術也都是五行的動作。

陰陽五行在天地間，繼續變化，運行不已，但是我們人在這些變化裏可以看到幾種很有意義的現象。

第一，天地間的變化，常是互相調節，彼此和諧。冷熱在四季裏互相節制，風雨在四季裏互相調順。自然界的各種事物，常有自己的位置，常有自己的次序。在自然界裏，樹木花草的各種顏色，鳥獸溪澗的各種聲音，構成多彩多姿的美景和天籟，表現大自然的和諧。自然界的各種現象也都互相調協，土壤、水流、空氣互相連繫，使各種生物發育生命。現在科學的進步，人們造成許多污染的惡現象，破壞了大自然的和諧，使一切生物都受害。

第二，天地間的變化，常是循環不斷，從不衰頹。白天黑夜，春夏秋冬，繼續運行，一絲不苟。易經乃說：

「天行健，君子以自強不息。」（乾卦　象曰）

農夫耕田，按照一年的二十四個節氣，揷秧、拔草、灌水、下肥、收割。一年一年地繼續去做。花草年年長，年年凋謝。鳥獸和魚鼈年年生蛋懷胎，繼續繁殖。自然界沒有停止的一刻。

第三，天地間的萬物，互相連繫，互相依賴。沒有一樣物體，可以單獨存在。一切都是天所覆地所載，一切都需要太陽月亮，一切都需要雨露。動物需要植物，植物需要礦物，植物礦物又需要動物。在生命上萬物都是相連。達爾文說物競天擇，弱肉強食，並不代表萬物的互相鬪爭，而是代表萬物的互相連繫。連繫有連繫的自然規律，絕對沒有一種動物或植物，因着他種動物的需要而被消滅，祇是會被人所消滅。氣候的變遷，可以使不適合的生物死亡，然而新的適合環境的生物，逐漸又發育。宇宙間乃有一道生命的洪流，奔流不停。中國哲學家硏究宇宙間的變化，驚訝一切變化有條有序，萬物化育。孔子說：

「天何言哉！四時行焉，百物生焉，天何言哉！」（論語 陽貨）

孔子驚訝天地的變化，自行運行，無聲無色，萬物得以化生，人的生活也是生命的化生，繼續運行。人的生命的化生，即是仁。易經的「繫辭」說：

「天地之大德曰生，聖人之大寶曰位。何以守位？曰仁。」（繫辭下 第一章）

天地的大德在於化生萬物，聖人乃是天地的代表，深深明瞭天地變化之道。聖人最重要的事，即是說聖人的大寶，在於知道自己的地位。怎麼能够實現自己地位該有的行爲在於仁。孔子所以在論語裏特別講『仁』。

仁是什麼呢？仁從字面上說，是二人相處之道。從字的意義說是生，醫書說痲木不仁，就是沒有生命，所謂桃仁杏仁，就是桃子杏子生命的根基。由生命而進到生命的發育，由發育而轉到使生命發育的動作，稱爲愛。朱熹曾說天地以生物爲心，乃是仁。人得天地之心以爲心，人的心也是仁。孔子在中庸裏，孟子在孟子書裏都說：「仁者，人也。」（中庸 第二十章、孟子 盡心 下）「仁者，人心也。」（告子 上）人的心就是仁，即是『好生之德』。人的心和天地之心一樣，常想使萬物的生命能夠發育。孔子乃說：「己欲立而立人，己欲達而達人。能近取譬，可謂仁之方也已。」（論語 雍也）朱熹便以仁爲愛之理；他說：「愛之理是仁也。仁者，愛之理；愛者，仁之事。仁者，愛之體，愛者，仁之用。」（朱子語類 卷二十）「愛非仁，愛之理是仁，心非仁，心之德是仁。」（朱子語類 卷二十）孔子曾也就說過仁是愛人，「樊遲問仁，子曰：愛人。」（論語 顏淵）

『仁』，卽是孔子的一貫之道。孔子的思想以仁爲基礎，中國的哲學也以仁爲中心，中華民族的文化，又以仁爲特有的精神。然而仁則以生命爲基礎，生命的發育爲仁。中庸講至誠的人，盡自己的性又盡人性，再又盡物性，乃能贊天地之化育。（中庸 第二十二章）中庸又揚聖人說：「大哉聖人之道，洋洋乎，發育萬物，峻極於天，優優大哉！」（中庸 第二十七章）宋元明清的理學家都指出仁爲中國哲學的道統，到清朝末年譚嗣同還作了仁說。

人心有仁，愛惜萬物的生命，第一，當然是愛人；愛人是愛自己的父母兄弟子女，而後推己及人，愛別人的父母兄弟子女。儒家乃有大同的精神，以天下的人都是自己的兄弟，所以說：「四海之內，皆兄弟也。」禮記的「禮運」篇已經奠定大同的思想。

第二，愛物；孟子曾說仁民而愛物。因爲人的生命和萬物的生命相連，王陽明講一體之仁。人和萬物在生命上，連結成一體，人愛自己的生命，便也要愛萬物的生命，這種大同的精神，表現在張載的「西銘」爲：「乾稱父，坤稱母，……民吾同胞，物吾與也。」仁的哲學貫通了孔子的思想，也貫通了儒家的哲學思想。

乙、性的善惡

宇宙間的天道常有和諧，自然界的物體相連，孔子講論人生活之道，特別提出『中庸』。中庸卽是不偏不倚，不過也無不及，對於時間和地位，能够恰當適合。論語和中庸書裏都記載孔子的話說：「中庸其至矣乎！民鮮能久矣！」（中庸 第三章）五穀的生長發育，需要風調雨順，風雨不能過多過少；也需要春暖夏熱的陽光。人的生命便需要飮食有度，行動有節；在精神生命上，更需中庸，否則一切的道德都不能成立。

中庸書上說：「喜怒哀樂之未發謂之中，發而皆中節謂之和。…致中和，天地位焉，萬物育焉。」（中庸 第一章）中和也就是中庸，人的感情在發動時要有節制，要能合理。宋明理學家常講保持未發之中，或是恢復未發之中，那就是保全人的本性，就是中庸書中所講的誠。

萬物的生長化育，很自然地發展，祇看到外面的成果，看不到發育的動作。易經稱天地萬物的發育爲神妙莫測，稱爲神：「唯神也，故不疾而速，不行而至。」（繫辭上 第十章）這種化育動作，是物性的自然發展，按照宇宙變化的規律去進行，彼此和諧地互相連繫，乃是物的『行』，也是物的『成』。

人有自己的人性，人性有自己的發育。孟子稱人性的發育，爲人心善端的發揚。人心有惻隱、羞惡、辭讓、是非的善端，善端發揚成爲仁、義、禮、智。中庸稱爲率性，稱爲誠，大學稱爲明明德。孔子、孟子都主張人性是善的，孔子說：「人之生也直。」（論語 雍也）天地萬物的物性既然都是善，人的性當然也是善。不過人有自由，又有慾情，人可以作惡，實際上有許多人作惡事；荀子便以人性爲惡。然而惡必不來自人性，而是來自慾情。朱熹乃講氣質，人的氣質有善有惡，因爲人所享受的氣有淸有濁，氣淸之人的氣質善，氣濁之人的氣質惡；於是主張變化人的氣質。

王陽明則認爲人性之善就是良知，卽是說人性就是良知，良知自然發揚而成爲善的行爲，良知的發揚就是人性的發揚。這種發揚稱爲行。王陽明主張知行合一。先總統　蔣公把人性的自然發揚稱爲『行的哲學』，說『行』是自然的，是善的，和動不相同。

人性的善惡問題，乃是中國歷代哲學上的一個中心問題。自從孟子提出性善的主張，告子則有性可善可惡的主張，荀子有性惡的主張，漢朝董仲舒、王充有性分三品的主張，唐朝李翺有性分五品的主張，宋朝朱熹有本然之性善而氣質之性有善有惡的主張，淸朝顏元有性善而習氣惡的主張。不過歷代學者不論對於人性的主張怎樣，大家都承認人有慾情使人爲善，他們不注意任性時乃慾情在動，慾情動不能都是好，所以學者都罵他們疏狂。

惡，因此便應該克制慾情。祇有王陽明的一些門生，大膽說人性是善，人凡是任性所行都是

3.

中國的哲學爲生命哲學。宇宙有陰陽兩氣，運行不息，化生萬物。周敦頤的「太極圖說」講宇宙由太極而無極，太極由動靜而生陽陰，陰陽生五行，五行生男女，男女生萬物。萬物各有物性，物性自然發育。

人得生命之理最成全，又得氣之秀，人乃有靈明的心，人性由人心而顯，道有仁義禮智。人能發揚自己的人性，便能發揚萬物之性，贊天地的化育，達到天人合一的境界。這種境界爲聖人『大德敦化』的境界。宇宙的生命，繼續不斷；陰陽兩氣時常運行，萬物陸續化生，若是這種化生的運行一旦斷了，宇宙便不是宇宙了。

人的生命也繼續不斷，人生命的繼續在於家族，在於民族。一個人的生命有完結的一天，但是這個人的生命，由他的子孫綿延下去。家族便是祖宗生命的綿延。這種生命的綿延，以祭祖的祭祀作爲象徵。一個人死後有人祭他，他的生命就沒有斷。中國的孝道爲『事死如事生』。孔子也說：「生事之以禮，死葬之以禮，祭之以禮。」（論語 為政）

然而儒家最重人的心靈生命，即孟子所謂人的大體。小體爲耳目之官，大體爲心思之官。人的生命以心靈的精神生活爲主。中國儒家哲學常講修身之道；因此，有許多學人說中國哲學祇是倫理哲學。然而中國儒學有易經的形上學作基礎，有理學家的靈修學作精神生活的修養，孔子所講的五倫道德乃成爲一種有系統的哲學。

道家的哲學也是生命哲學，莊子專講養生，使人的氣和天地之氣相合，與『道』合成一體，成爲眞人。道教乃講養氣煉丹，以求長生不死。

佛教的思想又是另外一種生命哲學，既以人生爲痛苦，乃求解脫，看透世界一切萬物皆是空，連自我也是空，乃能看到自心內的眞心，眞心即是佛，人遂成佛入涅槃，常樂我淨。

從生命去看宇宙萬物，從精神生活去看人，中國哲學自成一系統。這種系統從古到今沒有斷絕。民國以來有許多學人，尤其青年學生，認爲中國哲學祇是一些倫理道德的說明，目前社會已變，倫理道德也變了，中國哲學已失去價值。但是對中國哲學有深入研究的人，如方東美和唐君毅兩位先生，就知道中國哲學在現在仍舊保有自己的價值。

這一篇中國哲學大綱，雖然很淺，很簡單，大家就可以看到生命哲學在今天更有高深的價值：因爲大家在求生活的享受，大家都覺得生命的可貴。生活和生命究竟有什麼意義呢？

先總統 蔣公說：

「生活的目的，在增進人類全體之生活；生命的意義，在創造宇宙繼起的生命，可以說是我的革命人生觀。」（蔣總統言論彙編 第十卷，自述研究革命哲學經過的階段）

這就是中庸所說的贊天地的化育的哲學，也就是儒家的生命哲學。

（曾載於益世雜誌第五期 民國七十年二月）

中國哲學的形上結構論

這次到夏威夷大學參加「朱熹會議」，我算是參加會議第一個宣讀論文的人，所宣讀的論文爲「朱熹的形上結構論」。宣讀的時間限爲二十分鐘，不用翻譯，可以多有十五分鐘。我便沒有宣讀所寫的論文，祇講述論文的綱要。爲使大家容易明瞭朱熹的形上架構，我簡單說明了中國哲學的形上結構論。我覺得這種說明很有意義，便乘會議上的暇時，加以發揮，寫成這篇文章。

形上結構，是指着「存有」的本體次序。可以從兩方面去看：從「存有」的來源去看，或從「存有」的本體去看。從「存有」的來源去看，則是宇宙萬有的源起，老子和易經就有這種的形上結構；從「存有」的本體去看，則是本體的結構，朱熹的形上結構屬於這一類。

1. 老子的形上結構

老子說：「道生一，一生二，二生三，三生萬物，萬物負陰而抱陽。」（道德經。四十二章）

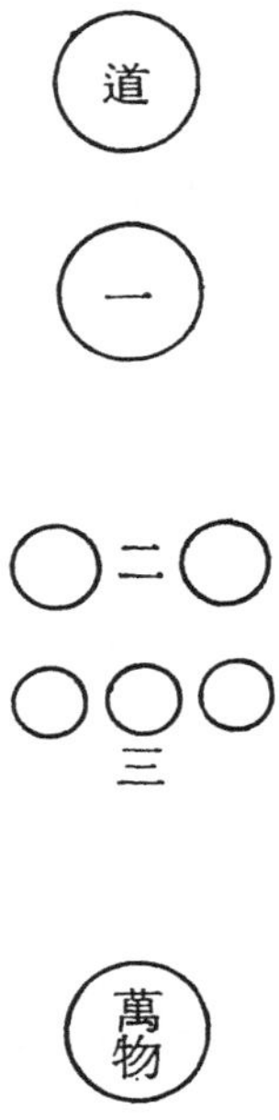

道

一

二

三

萬物

道爲無，無形，無像，無限。在天地之先，爲萬物之母。

道變而化生『有』，有爲一，卽是元氣。

氣變而化生陰陽，陰陽爲兩氣。

兩氣變而化生三，三或能爲天、地、人；或能爲氣、形、質。

三者變而化生萬物。

老子的形上結構「存有」的起源，也就是古代的宇宙論。老子以道爲最先之實體，由道而生萬物。萬物由道的體而成，所以萬物的本體相同；莊子因此講齊物論。然而道不是神，不是上帝，老子的形上結構便不是泛神論。

道爲絕對實體，超乎一、二以上，不稱爲一。有一則有二，一爲相對的數字，道超於數字以上。一和二或多的來源，必以絕對者爲根源，分享絕對者的「本體」，而成爲「有」。因爲是分享，則爲有限，由絕對而生有限，有限之有則爲無限之多。

2. 易經

易經「繫辭傳」說：「是故易有太極，是生兩儀，兩儀生四象，四象生八卦。」（繫辭上第十一章）

「繫辭」爲十翼的一部份，雖說爲孔子所作，成書必成於弟子之手，時間在老子道德經以後。易經的這種形上架構可能仿效老子的形上架構，但是內容則不相同。

易經講宇宙的變，以卦象作象徵。卦的變化，爲數的自然變化。伏羲畫卦，觀察自然界的現象以取得一種標準，天地的變化爲一年的四季，爲一天的日夜。變化所表現的爲光明和黑暗，爲冷和暖。變化的結果，是草木五穀的生滅。一切的變化現象，爲兩個相反的成素而成；相反的成素在變化時不是互相否決，而是互相完成。於是伏羲畫卦乃採用陽一陰--兩爻。但是在變化的歷程中兩必來自一，沒有一就沒有根基，因此繫辭說「是故易有太極」，太極卽是一。

每一卦象徵宇宙的變化，宇宙的代表爲天地人，每一卦便該有天地人，所以每一卦都有三爻，上爻爲天，下爻爲地，中爻爲人。六爻的卦爲重卦，卽是兩個三爻的卦相重而成。在變化的歷程中，爲達到三，先要經過一，後要經過二，然後纔到三。易經乃有太極、兩儀、四象、八卦。

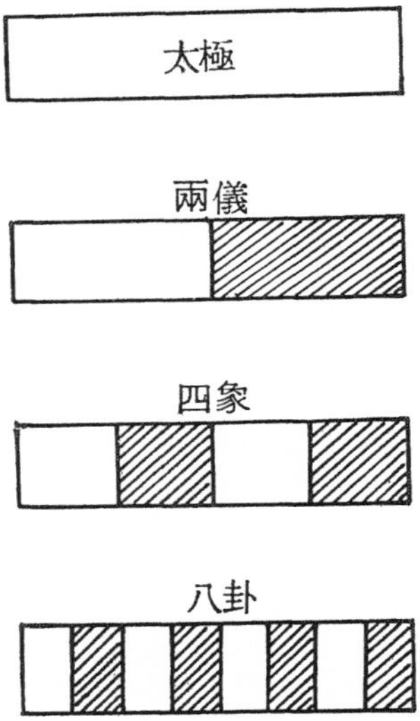

太極

兩儀

四象

八卦

太極爲 ⚊

兩儀爲 ⚊ ⚋

四象爲 ⚌ ⚍ ⚎ ⚏

八卦爲 ☰ ☱ ☲ ☳ ☴ ☵ ☶ ☷

這種變化爲數學的自然變化。由八卦變成六十四卦，則是以一卦六爻去變，自然而成。周易本義卷首有一個六十四卦圖，就是根據這個數學變化而畫的。

從這個變化的圖去看，太極在實際上沒有意義，祇是一個哲理上的要求，即二要起於一。易經沒有解釋太極是什麼，後來漢代學者和宋、明理學家纔加以解釋，給太極一個實際的意義。但所給的意義，各不相同。

3. 漢易

漢朝周易學者採納了戰國時代的五行思想，又接受了漢初的道家精神，在解釋易經上以象數爲主。對於易經的形上結構也有所改變。他們解釋太極爲太一，太一爲元氣，由太一的氣生陰陽生五行，由五行生萬物。

太一

陰　陽

水　金　土　火　木

萬物

氣的觀念，在易經裏並不明顯，莊子則講『氣』，孟子也講浩然之氣。戰國時代，五行的思想已經開端。漢朝儒家如董仲舒、班固等人都講五行。五行便代替了四象，易經的形上架構爲數學架構，漢朝易學者則以氣運講變化，氣運在時間內爲一年四季，在空間爲四方。

四季和四方互相配合，構成一架構；五行再相配合，便成了漢易的形上架構。

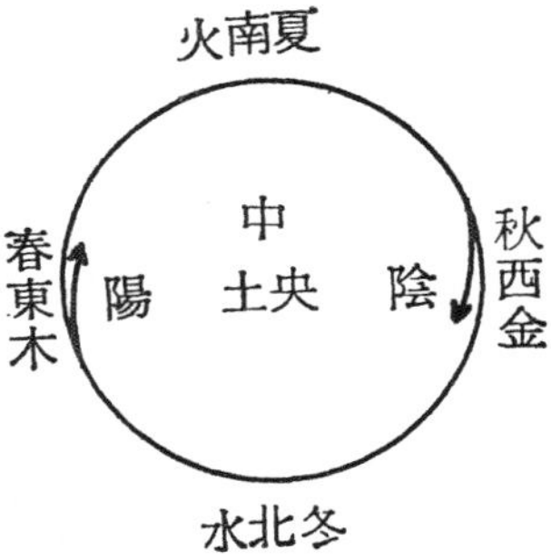

4. 隋唐佛教・華嚴宗天台宗

佛教在中國經過南北朝的譯經和講經，到了隋唐已經進入建立佛教哲學時期，正式代表中國佛教思想的天臺宗、華嚴宗、禪宗，便在這時期建立了起來。禪宗專講生活，天臺和華嚴則講哲理。

佛教的中心問題，在於宇宙萬法的緣起和本體。佛祖教人認識萬法爲空，然而在實際上一切人都以宇宙萬法爲有，這一種究竟是什麼緣故呢？佛祖說這是因爲人的愚昧無明，這乃是以一項心理上的答案去解釋形上本體問題，問題並沒有解決。佛教乃有各種宗派，企圖解決這個形上本體問題。

小乘以萬法為有，萬法的起源，為十二因緣，四阿含經和俱舍論都是這種主張，承認十二因緣的結果為我執和物執。

然而十二因緣歸根祇能解釋我的存在之起源，對於萬法的起源則沒有明白的說明。唯識論便進而加以說明，以萬法的起源乃在於「識」。識的來源為第八識阿賴耶識的種子。每人從萬古以來就有了認識的能力，能力稱為種子，藏在第八識阿賴耶識以內。種子受着感覺的刺激，便造成外面的感覺對象，結成感覺知識，感覺知識和意識相結，而造成行為。行為再產生同類的種子，留在第八識裏。這種來回的歷程，稱為薰習。按照唯識論的主張，萬法為空，祇是一些錯覺。

佛教再進而問第八識阿賴耶識究竟是什麼？牠怎麼能有種子？於是攝大乘論以阿賴耶識為染識，種子因愚昧無明所生。人應為一種淨識，使人能得智慧，掃除愚昧，所以設立第九識。

但是這樣仍舊沒有說明阿賴耶識，於是涅槃經以人人都有佛性，萬法乃是佛性的表現。大乘起信論更進而說明佛性為眞如，眞如有兩門，卽眞如門和生滅門。眞如門為眞如的本體，生滅門爲宇宙萬法。

這樣，佛教進入了本體論，天臺宗和華嚴宗講論眞如，眞如爲萬法的理，萬法爲眞如的事，理和事不相分，而且相融。不但理事相融，萬法也互相融。這就是理事圓融觀。眞如爲絕對實體，實體自己表現自己，成爲宇宙萬法。人的心爲靈，能够有智慧，直接看到自己的本體爲眞如，再由眞如去看宇宙萬法，便看出宇宙萬法的本體也是眞如，萬法祇是眞如向外的表現，所以在本體上，互相圓融。禪宗則不以智慧去觀這項眞理，而由心去體驗，體驗自己和眞如，和萬法，同爲一。

天臺和華嚴的形上架構：

眞如
回到　表現
萬法

5. 周敦頤

儒家在漢朝被尊稱爲國家的正統思想，然而漢朝儒家在於考訂和註釋經書，造成經學，對於思想則小有發展。魏晉南北朝爲道家和道教的世界，隋唐則成爲佛教思想的天下。到了宋朝，儒家擷取道佛的優點，和易經的思想相結合，創設了中國的理學。理學是講性理之學，卽是形而上學，宋朝第一位理學家爲周敦頤，周敦頤曾作「太極圖」和太極圖說。「太極圖」乃是一種形上架構。

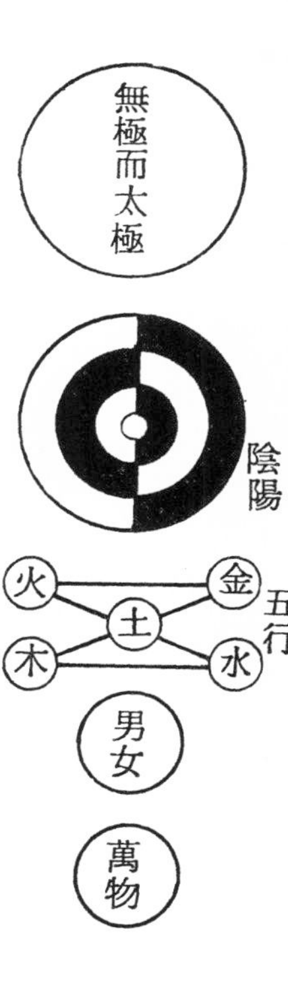

宇宙的根源爲太極，太極稱爲無極，無極的名詞來自道教，源於老子，用爲解釋太極。太極動而生陽，靜而生陰。動極而靜，靜極而動，互爲根源。陰陽生五行，五行生男女，男女生萬物。

周敦頤的形上本體論，以氣爲體。太極爲無形之氣，陰陽爲氣的兩類，五行爲陰陽的變化，男女爲五行所成，男象徵陽，女象徵陰。

程明道和程伊川兩兄弟就學於周敦頤，但不接受他的太極圖說，而提倡「道，理」說。

二程以宇宙萬物應先有萬物的道理，然後纔能成物，氣便不能是宇宙萬物的唯一根元。宇宙的理爲一，宇宙萬物合成一體。二程沒有詳細說明這種主張，後來朱熹便加以說明。

6. 朱　熹

朱熹倡理氣二元論，理成物性，氣成物性。天由陽氣而成，地由陰氣而成。天地相合而生五行和萬物。

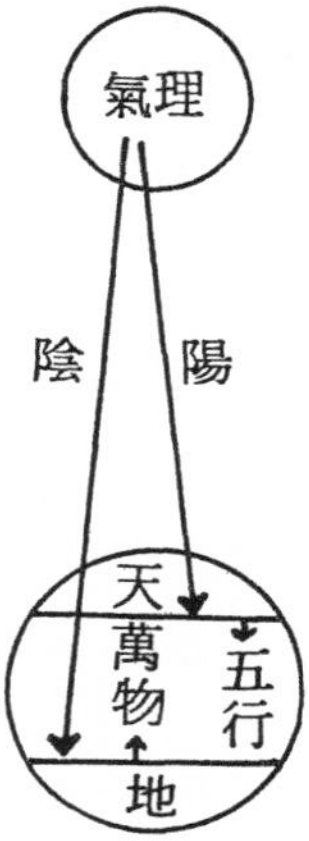

宇宙祇有一理，萬物各有一理，『理一而殊』。理之殊，來自氣，氣有淸濁。淸濁使理的表現不同，故各物之理不同。

理和氣有分別，但不分離。有理必有氣，有氣必有理，沒有先後的可言。在推理方面可以勉強說理先於氣。

太極爲理之極至，宇宙有一太極，萬物各有一太極。宇宙爲一整體，這個整體有自己的理，理爲完全的理，否則如過或不及，宇宙便不是宇宙。萬物的每一物體，也有自己的完全之理，這物就是這物，那物便是那物。有的學者說朱熹主張太極在宇宙萬物之先，由太極而後有陰陽。這種主張和朱熹的思想不相合。

理一而殊，這種理爲存在之理，中國形上學所講的存在爲動的內在，即是陰陽兩氣的動。宇宙因陰陽的繼續的動乃生化萬物，沒有停息，故朱熹曰「天地以生物爲心」。陰陽成物以後，在物內仍舊動，因此每一物都有內在的動，因着這種動，萬物都視爲有生命。所以存在便是生命。

生命在存在裏的表現靜常不同，因爲氣的清濁靜常不同。人則禀有最清的氣，人的生命乃最高。最清氣的生命爲心靈的生命，心靈的生命爲精神生命，精神生命的規則就是倫理規則。倫理規則的最高者爲仁。仁爲生生。宇宙的變化爲生化萬物，稱爲生生，易經說「天地之大德曰生」。人的變化爲心靈生命，心靈生命爲仁。所以在天地爲生，在人爲仁。朱熹說「人得天地之心爲心」，天地的心爲生，人的心爲仁。倫理規律建立在形而上的本體上。

7. 王夫之

朱熹的理氣說在明朝受到王陽明唯理派的攻擊，在清朝又受到唯氣派的攻擊。明末清初的王夫之（船山）便代表唯氣派。然而王夫之的思想和顏元、李塨、戴震一派的思想又不相同。

王夫之採納張載的唯氣思想，然又接受張載的太虛之氣。王夫之以陰陽爲宇宙萬物的根源。太極或太虛，不是不分陰陽之氣，而是陰陽未顯的初期狀況。陰陽顯明後生五行，五行生萬物。

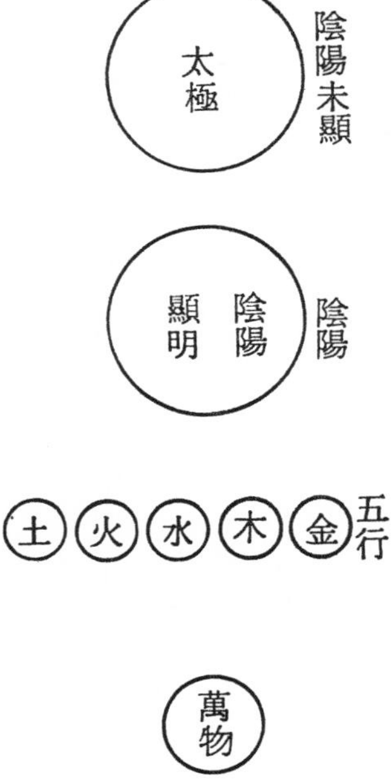

陰陽未顯　太極

陰陽　陰陽顯明

五行　金　木　水　火　土

萬物

王夫之主張『乾坤並健』，在開始時即有陰陽，沒有在陰陽以先的太虛或太極，因爲易經的卦由乾坤爲根元。

陰陽繼續動，在宇宙以內常動，在物體以內也常動！所以他主張「性日生而命日降」。陰陽結合而成物性，物性不是在性時便一成不動，因爲陰陽繼續在物以內還動，動則成物性，物性便常在生。常在生的物性，在一物內常同是一樣，那是因爲有同一的天命，「天命之謂性」。天命應認爲上天之命。

陰陽卽是太極，五行卽是陰陽，萬物卽是五行。所以是就物的存在而講物的形上元素。

8. 結　語

中國哲學的形上結構有兩個常有的觀念：『氣』和『陰陽』。在宇宙萬有的源起，在萬有的本體，都有『氣』和『陰陽』。中國哲學在形上學上把這形上的兩方面結合在一起。易經說：「一陰一陽之謂道，繼之者善也，成之者性也。」（繫辭上第五章）宇宙整體常在變易，變易由陰陽兩氣的動靜而成。變易的結果是成物之性，卽化生萬物。物性既成，仍舊變易；這種變易也是陰陽的動靜。性的變易是求『盡性』的傾向。盡性是使性所有的特性更得完全。孟子說人心有仁義禮智的四端，四端祇是種子，須要培養去發育。這種盡性便是中庸所說至誠的人，盡了自己的個性就盡了人性，盡了人性就盡了物性，盡了物性就贊天地的化育。天地以生物爲心，人心和天地之心相合，人就和天地合一，發揚了仁道。

中國的形上學，沒有宗敎的信仰。西洋的形上學，講論萬有和萬物的本體；但講萬物的起源時，便說明由天主所造。因爲物的本體要求絕對的至上實體作爲第一原因。西洋的哲學和宗教信仰相連繫。中國形上學不講宗教信仰；然而並不反對宗教信仰，而且對宗教信仰有明顯的要求。中國哲學講太極，從來沒有說太極爲上帝，也沒有說太極是自有。太極便要有根源。現在有些人把中庸的『誠』解釋爲自成。「誠者，自成也；而道，自道也。」但是中庸的『誠』不是一個實體，而是一種原則，再者朱熹講天地之心，天地者是自然，不能說有心。天地之心，乃是代表上天之心。

氣不能解釋爲物質，否則中國哲學都成了唯物論。氣爲具體存在的元素，理祇是道理，是抽象的理，要和氣相連，纔是一具體的存有。這次朱熹會議中討論理是否動靜。動靜爲一具體的形態，應有抽象之理。因此，理是動靜之理，動靜則由氣而成。因此說理無動靜，氣有動靜。然而動靜爲一具體的存有之動靜，具體的存有爲理和氣的結合，所以動靜又應該說是理氣的動靜。

宇宙的一切都在動，都在變。變須要有兩種相反的元素。兩種相反的元素不互相否決，而是互相成全，乃化生新的『存有』。若是兩種相反的元素互相否定，則或者互相摧毁，或者回到原有地位。正反合的辯證法，不能創造新的『存有』。變祇是量的變化，爲質的變化，馬克思主義造出一種突破的變化。然而突破並不是否定前者，而是由前者化生一種新的『存有』或現象。

生命也是新的，生命常是向前。今天的宇宙已經不是石器時代的宇宙，也不是銅器時代的宇宙。不僅是社會的文明進化了，就是物理方面的宇宙，也進化了。這就是宇宙的生命。

（中華民國七十一年七月十一日，星期日，朱熹學會休會，會員搭乘飛機往遊外島，我留在旅次未出，乃作此文。）

朱熹的形上結構論

•一九八二年夏威夷大學國際朱熹學會議論文•

1. 緒論

在中國的哲學史上，沒有「形上學」的名詞，祇有「形上」的名詞。歷代學者對於「形上」的解釋，各有不同。

形上和形下的名詞，來自易經。易經繫辭說：

「形而上者謂之道，形而下者謂之器。」（易經 繫辭上，第十二章）

易經對於形上和形下沒有解釋和說明。兩漢經學家對於這兩句話，也沒有多加注意。

韓康伯注易繫辭上第十一章「見乃謂之象，形乃謂之器」說：「成形曰器」㈠，他以形上和形下爲未成形和成形。荀爽注易，對於周易繫辭上第十一章「見乃謂之象，形乃謂之器」注說：「謂日月星辰光見在天而成象也，萬物生長在地成形，可以爲器者也。」㈡荀氏的意見，爲韓康伯的先導。然而兩人對於易繫辭上第十二章的形而上和形而下，都沒有註解。

宋朝理學研究理和氣，遂注意形上和形下的問題。張載作易說，以形上和形下爲無形體和有形體，他說：

「形而上，是無形體者也，故形以上者謂之道，形而下，是有形體者，故形以下者謂之器。無形跡者，即道也，如大德敦化是也；有形跡者，即器也，見於事實，如禮義是也。凡不形以上者，皆謂之道。惟是有無相接，與形不形處，知之為難。須知氣從此首，蓋為氣能一有無，無則氣自然生，是道也，是易也。」（張子全書 易說下）

二程的主張和張載的主張不同：

「子厚以清虛一大名天道，是以器言，非形而上者。」（濂洛關閩書　天地第十一）

按照張載的思想，無形為形而上，太虛之氣即為形而上。因為他主張太虛之氣為無形之氣；「氣本之虛，則湛本無形。感而生，則聚而有象。」（正蒙，太和篇）

二程不讚成以氣為形而上；而且無形之道和有形之器不能同在一物體內。所以有形和無形，不能解釋形下和形上，氣即使是太虛之氣，也是形而下。

朱熹追隨二程的主張，以形上為形以上，形下為形以下，形上形下可同在一物內。

「形而上者，指理而言，形而下者，指事物而言。」（朱子語類　卷七十五）

「問形而上下，如何以形言？曰：此言最當。設若以有形無形言之，便是物與理相間斷了，所以謂截得分明者，只是上下之間，分別得一箇界止分明。器亦道，道亦器，有分別而不相離也。」（朱子語類　卷七十五）

他和張載不同之點，在於張載以太虛之氣為無形，他則以凡是氣都是形而下。

「天地之間，有理有氣。理也者，形而上之道也，生物之本也。氣也者，形而下之器也，生物之具也。是以人物之生，必稟此理，然後有性；必稟此氣，然後有形。」（朱文公文集 卷五十八，答黃道夫書）

「形而上形而下，只就形處離合分別，此正是界至處。若只說在上在下，便成兩截矣。」（朱子語類 卷九十四）

清初王夫之對於形上形下，有自己的主張，他以形上形下爲隱和顯。

「道之隱者，非無在也。如何遙空索去？形而上者隱也，形而下者顯也。纔說箇形而上，早已有一形字為可按之跡，可指求之主名。」（讀四書大全說 卷二，中庸第十一章）

「無形，則人不得而見之幽也。無形非無形也，人之目力窮於微，遂見為無也。心量窮於大，耳目之力窮於小。」（張子正蒙注 卷一，太和 頁八）

王夫之以太極爲太和之氣，太和之氣已有陰陽，祇未顯明，因爲本來沒有陰陽以上之氣，有氣就有陰陽，太和之氣乃陰陽未顯明之氣，人目不得見陰陽，故稱爲無形。陰陽兩氣顯明時，乃稱爲有形。

清朝戴震又有另一主張，他認爲有形和無形，應該是成形以前和成形以後。

「形，謂已成形質。形而上，猶曰形以前；形而下，猶曰形以後。陰陽之未成形質，是謂形而上者也，非形而下明矣。」（孟子字義疏證　天道）

理學家對於形上和形下的解釋，所謂有形，成形，顯形，都就氣而說。氣若是宇宙萬物的唯一元素，形上形下都就氣而分，則是成形或未成形，成形是陰陽，爲形而下；未成陰陽之氣，稱爲形而上。王夫之以氣本體就分陰陽，沒有不分陰陽之氣，他便從顯與不顯而分形下和形上。朱熹主張理氣二元論，他以理爲形而上，氣爲形而下。看來，朱熹的解釋更合於易經繫辭所說的形而上形而下。繫辭以道爲形而上，器爲形而下。道可以說等於理，但不能說等於太虛之氣。理爲形而上，就是「形而上者謂之道」。

中國哲學界，以形而上學翻譯亞里斯多德的第一哲學，則不能以形上作爲第一哲學所研究的對象。亞里斯多德的第一哲學，研究萬物的最高理由或最後理由；萬物的最高理由，也就是萬物的第一理由。因此，西洋形上學研究「有」，「有」爲萬物的本體，形上學便是論本體。

2. 論本體(Substance)

西洋本體論講「有」，就「有」的觀念而論「有」。「有」爲一個最簡單的觀念，內涵最少，不能解說，不能分析。祇就「有」的特性和關係，予以說明。眞、美、善爲「有」的特性；同一律、矛盾律、因果律爲「有」的本體關係。

中國易經的本體論，就「有」的化生而論「有」，即是就具體的「存有」而論「有」。具體的存有爲「成」或「行」(actus)。「成」或「行」是「化」，「化」在易經稱爲「易」，「易」爲變易，變易即是「生化」或「生生」，由化生而成之物，即是「成」或「行」，也就是「存有」。易經的「生生」，由太極而生陰陽，由陰陽而生四象，或由陰陽而生五行，由四象或五行而生物，物即是「存有」。易經的本體論，乃是動的本體論，講「行」(actus)，爲「行的哲學」。

朱熹的本體論雖也講生化，然更注意物的結構，就「物」而論「物」。他把物加以分析，主張物含有理氣二元。西洋哲學論物，在於宇宙論。亞里斯多德和聖多瑪斯主張物含有元形(Forma) 和元質 (Materia) 二元。本體論的「有」，當然是形而上，沒有形；「物」則是形而下，含有物質。西洋哲學的本體論講「有」，確實是形而上之學，西洋的宇宙論講「物」，確實是形而下之學。但是朱熹的本體論，和易經的本體論既有「氣」，則不免為形而下。然就物之本體而論，則屬於形上學；易經和朱熹的本體論，則應視為形上學。

體用兩字，在宋以前雖已有用於哲學思想，然不普遍，在佛教的經和論多講體用以後，宋明清理學者便在佛學的影響下，普遍採用。

朱熹論體用之處很多，論物之本體則很少。他論體用多就事物而論。

「人只是合當做底是體，人做處便是用。譬如此扇子，有骨，有柄，用紙糊，此則體也。人搖之，則用也。如尺與秤相似，上有分寸星銖，則體也。將去秤量物事，則用也。」(朱子語類　卷六)

這處所說體用，體是主體，用是用處。主體包含成素頗多，有的屬於本體，有的屬於附加體。

「只就那骨處便是體。如水之或流或止，或激成波浪，是用。卽這水骨可流，可止，可激成波浪處便是體。如這身是體，目視耳聽手足運動處便是用。如這手是體，指之運動提掇處便是用。」（朱子語類 卷六）

這個體字，就是「主體」（Subjectum），主體的附屬物，便是用，然而朱熹在講物的本體時，則以「道」或「理」爲體。他說：

「體是這箇道理，用是他用處。如耳聽目視，自然如此，是理也。開眼看物，着耳聽聲，便是用。」（朱子語類 卷六）

「問：體用皆異？曰：如這片板，只是一箇道理。這一路子恁地去，那一路子恁地去。如一所屋，只是一箇道理，有廳有堂。……如這衆人，只是一箇道理，有張三，有李四，李四不可為張三，張三不可為李四。如陰陽，西銘言理一分殊，亦是如此。又曰：分得愈見不同，愈見得理大。」（朱子語類 卷六）

朱熹以理爲體，因爲有這理，纔有這用，用是合於理的。然而在本體方面，不是體和用的關係，而是「理」和「在」的關係。這件物的存在，是以什麼爲本體呢？物存在的本體問題和物存在的理由問題不相同。物存在的理由，必定在於物的性。這件物所以是這件物，是因爲牠的物性。一件物存在，應該有自己的本體，因爲存在，是物本體的存在，本體是存在的主體，當然存在的主體除本體外，還可以包括許多附屬體。朱熹討論本體說：

「蓋如吾儒之言，則性之本體，便只是仁義禮智之實。……不是本體中元來有此，如何用處發得此物出來。但本體無著莫處，故只可於用處看，便省力耳。」（朱文公文集　卷六十一，答林德久）

在此處，朱熹以仁義禮智爲性的本體，這處的本體和心未發時之本體，意義相同。

「問：未發之前心性之別？曰：心有體用。未發之前是心之體，已發之際乃心之用。」（朱子語類　卷五）

朱熹主張心兼性和情，性的本體，便是心的本體。性的本體爲仁義禮智的理；同樣，心的本體也是仁義禮智的理。

「以心之德而專言之，則未發是體，已發是用。以愛之理而偏言之，則仁便是體，惻隱是用。」（朱子語類　卷二十）

以理或道爲本體，祇是對用而言，並不是對存在而言。一物之所以存在，按朱熹所說，有理有氣；物的本體便是由理和氣而結成。這個本體乃是物的根本，其他一切的體用，都附屬於這個根本的本體。

朱熹以理氣爲物的本體，這個物相當於西洋宇宙論的「物」，不是本體論的「有」。但是，由中國哲學去看，朱熹的理氣之物，即是易經所講的「成」或「行」。易經的「成」或「行」，指着宇宙的萬有，宇宙的萬有，由變易而成。宇宙萬有的「成」或「行」，不是絕對的「行」。絕對的「行」沒有變，沒有化生的元素。宇宙萬有的行則是由元素相合所化生而成。易經以宇宙萬有由陰陽之氣而成，氣中自有結合之理。朱熹則以理不包藏在氣內，而是和氣相對待爲二，萬有的化生，有化生之理，有化生之氣。有這理，乃有這氣，理氣相合而成萬有。易經以氣爲物的本體，氣中有理；朱熹以理和氣爲物的本體，理與氣爲二，然不相離。

因此，朱熹的形上學，不從形上形下去講，而從本體去講。氣雖爲形下，然乃物之本體的一元，便屬於形上學的本體論。西洋宇宙論的物，具有二元：元形、元質，元質屬於物質，故屬於宇宙。中國哲學的氣並不代表物質，故可屬於形上學。

3. 理與氣

朱熹研究萬有的本體，追隨程頤（伊川）的思想，主張萬有都由理氣所成。理成物性，氣成物形。

「問：性者生之質？曰：不然，性者生之理；氣者生之質，已有形狀。」（朱子語類 卷一三七）

宇宙的萬有，稱爲萬物，然而「物」並不一定都是物質，物代表實際存在者。每一物有所以成此物之「理」，又有所以成此物之「在」，「在」是具體之物，卽實體之物。理則是抽象的，抽象之理而成實體，必應有「質」，質爲具體的，必有形，質由氣而成，故每一物都有理有氣。

形字原爲型字，卽模型的意思。中國古代製造泥磚，調了泥，把泥鋪平拿木製的模型，壓在泥上，將泥隔成方方的一塊，太陽曬乾後，方方的泥就成一塊泥磚。然若用這種型字去說明物的本體，這個形，相當於西洋士林哲學的元形（Forma），元形則相當於朱熹的理，而不相當於氣。所以「氣成物形」的形字，不是模型的意思，而是形狀的意思。形狀要附在物質上，因此說「氣成物形」，形是氣的特性。理則沒有形，也不能有形，故朱熹以理爲形而上，氣爲形而下。

氣爲質，相當於士林哲學的元質（Materia）。這是從功用方面說，氣在物的本體裏有元質的功用；而不是從本性方面說，因爲元質在本性上常是物質性，氣則不全是物質性。

物有自己成物之理，理卽是物性。物有自己成一物之質，質卽是氣。

「有是理，便有是氣。」（朱子語類 卷一）

一物所以成爲這物，是因爲有這理；有了這理，便有這氣。例如這個人所以成爲這個人，是因爲有這個人的理，然後有這個人的氣。這個人的「這」，即是這個人的特性，是這個人的理。有這樣的理，便有這個人的這樣的氣。朱熹常說理和氣不分先後，然而他說在理論方面，則理先於氣。

「或問理在先，氣在後？曰：理與氣本無先後之可言。但推上去時，却如理在先，氣在後相似。」（朱子語類　卷一）

這是說理限制氣，理決定氣。有些像士林哲學的元形決定元質。元質爲渺茫不定的質，加了元形，元質纔成爲這物的質。但是朱熹所講的理和氣之關係，則不是這樣。他主張理一而殊，理本是一個，因着氣而有分殊，這樣說來乃是氣決定理了。先有一個同一的理，然後因着氣的差異，而構成物的差異。物的不同，不是來自理，而是來自氣。

「理一而殊」的思想，來自程頤，然張載已經有這種思想。朱熹很堅決地提出這種主張。

「問理與氣？曰：伊川說得好，曰『理一分殊。』合天地萬物而言，只是一箇理。及在人，則又各自有一個理。」（朱子語類 卷一）

「西銘一篇，始末皆是『理一分殊。』」（朱子語類 卷九十八）

朱熹以太極爲理之極至，但不是宇宙最高之理，也不是宇宙之源，太極乃是每一件事物的最恰當之理。朱熹便以宇宙祇有一太極，事事物物又各有一太極，這就是「理一而殊」。

「曰：太極只是天地萬物之理。在天地言，則天地中有太極；在萬物言，則萬物中各有太極。」（朱子語類 卷一）

「太極只是箇極好至善底道理，人人有一太極，物物有一太極。」（朱子語類 卷九十四）

這種主張究竟怎樣解釋呢？馮友蘭說：「由此而言，則一切事物中，除其自己之所以然之理外，且具有太極，即一切之全理。」㈢ 我說「這種解釋不對。朱熹不是把太極和理分成兩種理，理只是一個，太極代表『理之極至』，即是『理之全』。一物不能具有兩個理，否則不成一物，而成了兩物。一物之理，即是天理之全理，祇是所表現的程度不同。朱熹講一個比喻：天上有一個月亮，地上的江湖河川中，每處都反映一個月亮。月亮只是一個，江湖河川所反映天上的月亮，反映的情形則不同。」㈣

但是問題就在這裏，理成物性，爲物之所以成形之理，理同則性同，性同則物同。假若宇宙萬物祇有同一的理，便祇有同一的性；有同一的性，便是同一的物。則朱熹主張的結果會和莊子「齊物論」的結果相同，即是萬物都是同一的，只有外面的差別，所有本體都相同。好比人的性相同，凡是人都是人，祇是在量和質方面不相同。然而這又不是朱熹所要的結論，他乃提出「理一而殊」的主張。但，理既是同一的，又怎樣能够是「殊」而不同一呢？要想解釋，該在理的內容上加以說明。

儒家的傳統思想，以宇宙爲生命的洪流，萬物都有生命，生命即是物的「存在」。從存在方面說，萬物都是「存在」，好比說萬物都是「有」。萬物的存在，由陰陽二氣在運行時，結合而成。陰陽兩氣的運行沒有停止，常是繼續，常不停結合而化生萬物。這種運行稱爲「生生」。易經說：「生生之謂易」。（繫辭上　第五章）

每一個存在都是「生命」，因爲每一個存在都由陰陽的運行而結成。易經說：「一陰一陽之謂道，繼之者善也，成之者性也。」（繫辭上　第五章）陰陽在宇宙間運行不息，在每一物體內仍運行不息。每一物體的存在不是靜止的存在，而是「健行」的存在，因此稱爲生命。

整個宇宙來說，爲一陰一陽的運行，陰陽有陰陽運行的理，這個理就是「生生之理」，也即是天地所有的太極。朱熹以天地有一太極。每一物體也有陰陽運行的理：這個理也是生生之理，也即是每一物所有的太極。每一物的生生之理和天地的生生之理，同是一個生生之理；然而每一物的生生之理，又各不同。朱熹乃說「理一而殊」。

每一物的生生之理，本同是一個生生之理，爲什麼又各不相同呢？那是因爲每物所稟受的氣不同。氣分清濁，清濁的程度又千變萬異。清濁的效果，在於蒙蔽或顯明「生生之理」。濁氣蒙蔽「生生之理」，清氣顯明「生生之理」。清濁的程度不同，蒙蔽或顯明「生生之理」的程度隨着不同。最濁的氣整個蒙蔽「生生之理」，使這物體不顯一點生氣，例如礦石金屬。濁的程度較低的氣，蒙蔽「生生之理」的程度也較低，生氣稍能顯出，例如低級植物。濁的程度再較爲低，蒙蔽「生生之理」的程度也就更低，「生生之理」更較爲能够顯出，例如動物。人的氣清，人所有「生生之理」乃能顯明。朱熹說物得理之偏，人得理之全。就是這個意思。

「問：或問氣之正且通者爲人，氣之偏且塞者爲物，如何？曰：物之生，必因氣之聚而後有形。得其清者為人，得其濁者為物。……又問：氣則有清濁，而理則一同，如何？曰：固是如此。理者，如一寶珠，在聖賢則如置在清水中，其輝光自然發見。在愚不肖者，如置在濁水中，須是澄去泥沙，則光方可見。」

（朱子語類　卷十七）

人的氣清，然仍有高低的程度；所以朱熹主張氣質之性，氣的清濁使人性有善惡。但人和物之比，則物之氣爲濁，所得之理是偏是塞；人之氣爲清，所得之理爲正爲通。

理和氣結合成物的本體，本體有性有形。在聖多瑪斯的本體論，以元形（Forma）和元質（Materia）結成物之性，性和「存在」（Existentia）結合而成一「實有」，即具體之物。兩者的本體結構相似却又不相同。

朱熹的本體論

理——性 ╲
　　　　　物
氣——形 ╱

聖多瑪斯的本體論

元形 ╲
　　　性 ╲
元質 ╱　　物
存在 ────╱

聖多瑪斯的本體論所講的存在，帶來「量」和「質」的個性，因爲具體的物，除公共的物性外，尚具有個性。朱熹的本體論的氣，帶來物的個性，個性由金、木、水、火、土「五行」而結成。五行，朱熹稱爲質，質由氣而成。

「『陽變陰合，而生水火木金土。』陰陽氣也，生此五行之質。天地生物，五行獨先。」（朱子語類　卷九十四）

周敦頤作太極圖說，主張無極而太極，太極生陰陽，陰陽生五行，五行生男女，男女生萬物。朱熹雖爲周敦頤的太極圖說作辯護，但並不採用。他不主張太極生陰陽，而主張太極爲理，陰陽爲氣，理氣相合而生物；理氣相合時生五行，五行卽物之質。

「或問太極圖之說？曰：以人身言之，呼吸之氣便是陰陽，軀體血肉便是五行，其性便是理。」（朱子語類　卷九十四）

朱熹的本體論便是：

理——性
氣——五行（形）＞物

從形上形下去看，氣既是形下。五行當然是形下，理則是形上。因此物的本體，包有形上形下。這是因爲朱熹主張形上形下可以有分別，而不可以分離。

「問形而上下，如何以形言？曰：此言最的當。設若以有形無形言之，便是物與理相間斷了，所以謂截得分明者，只是上下之間，分別得一箇界止分明。器亦道，道亦器，有分別而不相離也。」（朱子語類　卷七十五）

朱熹的形上本體結構在形上形下之間，形上形下互相連繫。

4. 生生之理

天地一理，每物一理，「理一而殊」。這個「理」是生生之理，究竟有什麼內容呢？朱熹所講的「生生之理」，雖爲「生命」的理；然而和普通西洋哲學所講生命之理不相同。西洋哲學所講的生命，雖有多種解釋，最共同的解釋則是能够「自動」，生命乃是自己成長。朱熹所講的生命，爲儒家一貫的傳統，即是心靈的生命。孟子曾說人有小體有大體，小體爲耳目之官，大體爲心思之官。(五) 人和禽獸的分別在於大體，孟子曰：「君子之所以異於人者，以其存心也。」(孟子 離婁下)

人心虛靈，能知能思，能主宰，兼統性和情。因此，心具有全部生生之理。

「心之全體，湛然虛明，萬理具足。」(朱子語類 卷五)

「一心具萬理，能存心，而後可以窮理。」(朱子語類 卷九)

「性便是心之所有之理，心便是理之所會之地。」(朱子語類 卷五)

朱熹以心統性情。性是心的本體，情是心的用。性的理是仁義禮智，心的用則是惻隱、羞惡、是非、辭讓之情。

「或問心性情？曰：孟子說惻隱之心，仁之端也一段，極分曉。惻隱羞惡是非辭讓是情之發，仁義禮智是性之體。性中祇有仁義禮智，發之為惻隱辭讓是非，乃性之情也。」（朱子語類　卷五）

這一段說得清楚，人心所有的理，卽是性，性卽是仁義禮智。朱熹的「生生之理」，便是仁義禮智。仁義禮智歸納起來，就是「仁」。孟子乃說：「仁，人心也。」（孟子・告子上）又說：「仁也者，人也，合而言之，道也。」（孟子・盡心下）人心爲仁，朱熹說因人得天地之心以爲心。天地以「生物」爲心，人心乃是仁，仁是生。

「發明心字曰：一言以蔽之，曰生而已。『天地之大德曰生』，人受天地之氣以生，故此心必仁，仁則生矣。」（朱子語類　卷五）

「天地以生物為心者也，而人物之生，又各得夫天地之心以為心者也。故語心

之德，雖其總攝貫通，無所不備，然一言以蔽之，則曰仁而已矣。」(朱文公文集　卷六十七，仁說)

天地所有之理（天地的太極），爲化生萬物之理，稱爲天地之心，即天地的「生生之理」。人稟天地的陰陽之氣，也就稟天地的「生生之理」，因此人的「生生之理」稱爲「仁」。萬物都得有天地的「生生之理」；

「天之生物之心，無停無息。…『乾道變化，各正性命』，是那一草一木各得其理。」(朱子語類　卷二十七)

但是萬物沒有心思之官，不得認識「生生之理」，也不能體驗，更不能顯揚。人有心思之官，有情，知道愛自己的生命，也愛人和物的生命。朱熹以仁爲愛之理；

「愛非仁，愛之理是仁。心非仁，心之德是仁。」(朱子語類　卷二十)

仁爲愛之理，這種愛不是物慾的愛，乃是德。人心爲行仁愛之德，乃有惻隱、羞惡、是非、辭讓的情。朱熹以情發自性；即發自心之理。惻隱、羞惡、是非、辭讓爲情，乃心之動，就是德的起端。孟子稱「惻隱之心，仁之端也；羞惡之心，義之端也；辭讓之心，禮之端也；是非之心，智之端也。人之有四端，猶有四體也。」（孟子・公孫丑上）人的本體所有的性，爲仁義禮智之理，所有的氣爲惻隱羞惡是非辭讓之情。人的本體便是倫理道德的善，人按本體爲倫理之人。「生生之理」也即是仁義禮智之理，所謂生生乃是精神生命，爲心靈的活動。天地和一切萬物都具有這種理，祇是所結合的氣，清濁不同，精神生命之理顯明的程度各異。人的氣爲清氣，精神生命乃能顯明，故說人所得之理爲全爲正爲通。然而在人中所禀的氣又有清的程度，清的程度淺的氣，又稱爲濁氣，禀這種氣的人便是惡。唯有聖人，所禀的氣爲最清的氣。精神生活在聖人則全部顯明。易經繫辭說：「天地之大德曰生，聖人之大寶曰位。何以守位，曰仁。」（繫辭下・第一章）聖人的仁德和天地的生德相配。易經因此說：「夫大人者，與天地合其德，與日月合其明，與四時合其序，與鬼神合其吉凶。」（乾卦・文言）朱熹也說：

「天只是一氣流行，萬物自生自長，自形自色，豈是逐一粧點得如此？聖人只是一個大本大原裏發出，視自然明，聽自然聰，色自然溫，貌自然恭。在父子則為仁，在君臣則為義。從大本中流出，便成許多道理，只是這個一，便貫將去。」（朱子語類 卷四十五）

聖人代表「生生之理」的全部意義。又是「生生之理」的全部表現。聖人和天地相和，天地以「生」，聖人以「仁」；「生」和「仁」相合。

5. 道德的形上基礎

道德爲精神生活的表現。朱熹講論道德常講仁義禮智信「五常」。五常卽是人的精神生活。在本體論中，朱熹的形上結構爲理與氣，理成性，氣成形。氣的形，先有陰陽，次有五行，後有物的個性。在天地間陰陽成五行，五行爲元亨利貞。在人，陰陽成五行，五行爲仁義禮智信。

「元亨利貞，性也；生長收藏，情也。以元生，以亨長，以利收，以貞藏者，心也。仁義禮智，性也，惻隱、羞惡、辭讓、是非情也。以仁愛，以義惡，以禮讓，以智知者，心也。性者，心之理也；情者，心之用也。」（朱文公文集　卷六十七，元亨利貞說）

仁，義、禮、智、信相配木、火、金、水、土，土爲木火金水的基地；五行配五方時，土配中央；五行配四季時，土爲一年的中點。五行配五常，土配信，信爲仁義禮智的共同條件，卽誠於性。因此，五常之用，祇仁義禮智四德，四德便配元亨利貞。

「天地之大德曰生」，天地化生萬物，經過一個歷程，生、長、收、藏。元爲生，亨爲長，利爲收，貞爲藏。元、亨、利、貞在外形，卽是春、夏、秋、冬四季，故說春生，夏長，秋收，冬藏。人的精神生活也有自己的歷程，卽是仁、義、禮、智。

倫理的道德，不僅是倫理的行，和善行的習慣。西洋倫理學以善德爲善的習慣，由善行而養成，和本體論沒有關係。人的善惡，不影響人的本性。行善的人於本體沒有增加，行惡的人於本體沒有虧損。善人是人，惡人也是人。在中國哲學裏，就如在朱熹哲學裏，道德不僅是善行，而是人本體的表現，在中庸裏稱爲盡性。盡性是發揮自己的人性，中庸說：「唯天下至誠，爲能盡其性；能盡其性，則能盡人之性；能盡人之性，則能盡物之性。」（中庸・第二十二章）朱熹注說：

「天下至誠，謂聖人至德之實，天下莫能加也。盡其性者，德無不實；故無人欲之私，而天命之在我者，察之由之，巨細精粗，無毫髮之不盡也。人物之性，亦我之性，但以所賦形氣不同而有異耳。能盡之者，謂知之無不明，而處之無不當也。」（四書集注 中庸，第二十二章）

人之性爲仁，盡性則發揚仁愛，愛自己的生命，愛別人的生命，又愛萬物的生命，中庸說：「能盡物之性，則可以贊天地之化育。可以贊天地之化育，則可以與天地參矣。」（第二十二章）發揚仁愛，便贊助天地化生萬物，人便和天地並列而爲三。就是易經所說：「夫大人者，與天地合其德。」（乾卦・文言）

倫理方面的道德和形上本體相連，倫理道德以本體爲基礎。西洋倫理學，以道德原於人性，因人性有道德律。朱熹和儒家的倫理學，則以道德原於人的本體；道德爲人之生命的發展。因爲仁義禮智之理，即是「生生之理」，「生生之理」即人之本體的理。

人物之理相同；「人物之性，亦我之性，但以所賦形氣不同而有異耳。」天地萬物都有「仁之理」，祇因氣濁乃不能顯。人之氣清，乃能顯明「仁之理」，所以能够「知之無不明，而處之無不當也。」

6. 結　語

朱熹的形上結構論，講論物的本體。物的本體，由理和氣而結成，理成物性，氣成物形。物性是這物所以爲這物之理，形是這物所以成爲這物之質。物質由氣而成，氣先成五行，五行而成物質。

物之理，都是一理，朱熹主張理一而殊。物之理，即實際「存在」之理。物的存在，由陰陽兩氣相合而成。陰陽兩氣的結合，乃陰陽繼續運行的「成」。陰陽運行不停，爲化生萬物；陰陽相合之理，即是生生之理。

宇宙萬物的生生之理，在萬物裏同是一理；然因氣所稟之氣不同，萬物所顯之理便各有殊。氣有清濁，濁氣蒙蔽生生之理，清氣顯明生生之理。物的氣濁，人的氣清。

人所顯明的生生之理，爲心靈生活的仁義禮智；仁義禮智總綜來說爲「仁」，人的生生之理便是「仁」。

天地的理爲「生生」，人的理爲「仁」，因生卽仁，在天地萬物爲生，在人爲仁。天地生生經過四項歷程，卽元亨利貞；人的心靈生活也有四項歷程，卽仁義禮智。仁義禮智屬於人的本體，爲本體的特性。因此倫理道德的善德和本體的特性相連。朱熹的「形上結構論」，結合了本體和道德，聯繫了倫理學和本體論。因此，中國儒家哲學看來祇有倫理學，實則倫理學乃是本體論的延續，倫理和本體互相聯繫。

註

(一)：周易韓王註　卷七，中華版（四部備要）。

(二)：荀爽。

(三)：馮友蘭　中國哲學史，頁九〇二（下冊）。

(四)：羅光　中國哲學思想史（宋代篇）頁四九九。

(五)：孟子，告子上。

附錄

當代研究中國哲學而有成就的學者應推熊十力，唐君毅，方東美三人，這三位學者都以生命觀念，為中國哲學的特性。

熊十力說：

「夫攝用歸體夐然無對，心物兩不可名，原體顯用。用則一翕一闢，以其相反，而成變化。故翕闢恒俱轉，無有一先一後之次第也。翕卽凝斂而成物。故於翕，直名爲物。闢恒開發，而不失其本體之健，故於闢，直名以心。……心物同體，無先後可分。理實如是，何用狐疑？子以爲宇宙本際，唯有物而無心，此膚見也。如本無心，而後忽發現心靈，是無中生有，斷無是理。世俗共計，宇宙泰初，洪濛一氣，漸分凝而成諸天或器界。經過歲時悠遠，而後地球漸有生物。又自動物以至人類，始出現心靈。其以前確無心靈現象可徵也。世俗所見祇及此。殊不知，地球當未有生物時，動物知覺，與人類高等精神作用雖未曾出現，而宇宙之大心，所謂闢勢，要自週流六虛，無定在而無所不在。但其時物質宇宙之發展，尚未形成生機體。或生機體才見端緒，而其組織太笨，是時闢之勢用，雖潛運於物界，畢竟不得彰顯發露，而疑於無心。

物界演進，約分二層。一、質礙層，自洪濛勢啓，無量諸天體，乃至一切塵，都是質礙相。質礙相者，生活機能未發現故。昔人說物有重濁或沉墜者以此。即由如是相故，通名質礙層。二、生機體層。此依質礙層而創進，即由其組織殊特，而形成爲有生活機能之各個體，故名生機體層。此層復分爲四：曰植物機體層，曰低等動物機體層，曰高等動物機體層，曰人類機體層。凡復後層皆依據前層，而後層究是突創，與前層異類，此其大較也。……本體流行，元是陽明，剛健，開發無息之闢勢。其翕而成物者，蓋以闢不可無集中其力用之工具，前已言之矣。翕爲物始，必漸趨凝固，此質礙層所由成。闢者，宇宙大心，亦名宇宙大生命。其潛驅默運乎質礙層，固至健無息也。」（熊十力 體用篇，頁十九—二十五。學生書局，民六十五年）

「易大傳曰：顯諸仁，藏諸用。一言而發體用不二之縕，深遠極矣。顯仁者仁？生生不息，謂之仁。此太極之功用也。藏用者何？用，即上文所言生生不息的仁。藏者，明太極非離其功用而獨在。此義眞是難說。」（熊十力 體用篇，頁二一六）

「王船山詩有二句，善形容此理。其詩曰：『拔地春雷驚笋夢，彌天兩色養花神。』按上句，拔地雷聲，形容生命力之升進，其勢猛烈，笋禀之以有生。既生，不知其所生。驚，猶震也。笋之初出土，生長極速。直由生命力之震發而不自覺，故曰夢。下句彌天兩色，以喻生命是全體性，圓滿無虧，若彌天兩色之充盈也。萬物同禀生命以有生，既生，而物各自養，益擴充其所始受，則以生生之盛，贊之曰神。……

有問：公釋船山詩意，殆主張有宇宙大生命，爲萬物所禀之以有生乎？答曰：萬物各有生命，卽是宇宙大生命。宇宙大生命，卽是萬物各有的生命。不是萬物以外，別有大生命也。勿誤會。……」（熊十力　明心篇，頁七。學生書局，民六十五年）

「易云大明，是乃最高智慧與道德之源泉也。如上諸德用，皆是生命，心靈所法爾本有，而不可詰其所由然者。惟人獨能努力實現生命心靈之一切德用，此人道所以尊也。然人與萬物本爲一體，人乃萬物發展之最高級。則人之成功，卽萬物之成功已。總之生命，心靈本來不二，而有兩名，特舉其生生不已之德能而言，則曰生命；特擧其炤明無闇之德而言，則曰心靈。……

有問：如公所言，生命不是物質性，誠如此，則無機物，何可謂眞有生命乎？答曰：汝之所見，未達理根。物雖萬殊，其實體則一而已。實體的性質不是單純的，而是具有生命、物質種種性。無機物有實體，何曾是死物？長山綿延，雄峯峻峙，智人登覽，惟覺生氣蓬勃，此覺豈是純從立觀幻視乎？」（熊十力 明心篇，頁一〇）

方東美說：

「中國人之時間觀念，莫或違乎易，繫辭傳曰：『易與天地準，故能彌綸天下之道』。曷謂天地之道？曰：生。所謂『天地絪縕，萬物化生』是也。易曰：『夫乾其靜也專，其動也直，是以大生焉。夫坤，其靜也翕，其動也闢，是以廣生焉』，又曰：『乾坤其易之縕耶？乾坤成列，而易立乎其中矣，乾坤毀則無以見易，易不可見，則乾坤或幾乎息矣』。綜此以言，天地之大德悉備於生生不已之易。擧易以言天之經，地之義，人之紀，則智慧之門可得而入矣。易之卦爻，存時以示變，易之精義，趣時以應變者也。故言天地演化之道，生命創進之理，必取象於易。……

生命之創進，其營育成化，前後交奏，其進退得喪，更迭相酬，其動靜闢翕，展轉比合，其蕤痿盛衰，錯綜互變，皆有週期，協然中律，正若循環，窮則返本。」

（方東美　生生之德，生命情調與美感，頁一三三。黎明文化公司，民六十八年）

「眞正的哲學，是要學易者所以通其理。通其理的這個『理』字長得很了。這個理就是中國的古代從宗教的文化展開來成爲一個倫理的理性光明文化，再展開成爲哲明文化。……

但是儒家的孔子卻是從洪範篇啓示的宗教上面的永恒領域，當作精神上面的秘密世界，一切精神的潛能都儲藏在那一個永恒世界，作爲一個本體的寶庫，含藏了一切創造的力量；現在透過人類，把創造的力量發洩出來，馬上把永恒世界，投到時間之流。在時間之流的裏面，人把握過去，發揮現在的能力，然後創造未來。所以在周易有所謂『天地之大德曰生』；生不是一度，而是『生生之謂易』，那是創造↓創造↓創造不已。……

這個人『受天地之中以生』，上本天的創造能力，下本地面上生養萬物的能力，與天地參，把整個天上面的神奇創造力量與地面上生養萬物的力量吸收到人類來，以人爲中心，從事人類的創造。……」（方東美先生演講集。儒家的哲學—孔子，頁一八二）

唐君毅說：

「而由信天命以求得其安身立命之地，而樂且不憂者，卽約有三形態。其一種形態，爲自覺有上天之使命或神力在身，爲我之助，而謂世間一切事務，皆不足阻礙我之行其志，遂其願欲。……其第二種形態，卽爲人于當前所遭遇之環境，覺非己力之所能轉移時，卽信此爲一必然而不可轉移之命運，……在人之安於此命運處，皆須取同一的將其意志欲望，加以壓服，更加超化之態度，然後人能安於此命而無怨。……其第三形態，則爲由觀照，或玄思，或體證，而於萬物之變化流行中，見得天神或天道之表現於其中，而於此萬物之變化流行中，萬物之依此天道以生者之不已，見此天道之如命萬物生而不已，而直下加以契會，遂由此以樂天命之流行於萬物，而更自得其樂。此乃西方之泛神論者如古之斯多噶派，近世之斯賓諾薩，及易傳之觀天之神道，之見于四時之不忒，窮天地萬物變化之理以至於命，與中國之宋明儒者之由觀自然之變化流行，而於其中見天道天命者，皆在大體上相類之思想。

至於謂孔子之天命卽見於天地萬物之變化流行中之天道，此亦似可於孔子『天何言哉！四時行焉，百物生焉，天何言哉』之語爲證，以說孔子之言天命卽屬上述之第三形態。蓋天既不言，則其命不必由言以傳，而天之命卽可不同於西方宗教之上帝之言語啓示，表示其所命於人者。而吾人欲見天命，則當於天之行事以見。故孟子亦嘗謂『天不言，以行事示之而已矣』。而四時行，百物生，亦卽天之行事，則吾人固可由此以見天命也。按禮記哀公問篇載哀公問孔子曰：『君子何貴乎天道也』？孔子對曰『貴其不已也，如日月東西相從而不已，是天道也；不閉其久，是天道也；無爲而成，是天道也』。又孔子閒居篇載孔子曰『天無私覆，地無私載，日月無私照』。又曰『天有四時，春夏秋冬，風雨霜露，無非敎也，地載神氣，神氣風霆，風霆流生，庶物露生，無非敎也』。易傳亦引孔子曰『天下何思何慮？日往則月來，月往則日來，日月相推而明生焉；寒往暑來，暑往寒來，寒暑相推而歲成焉。往者，屈也，來者，信也。屈信相感而利生焉』。此或孔子一時語之詳記，或後人增益孔子言所成，今皆不必深論。然要可作論語天何言哉一段之註解。今吾人如對此天之四時成而百物生之事，隨處加以體玩默契，因可於此見一天道之流行，與天之『命四時成，百物生』之命之流行也。」（唐君毅 中國哲學原論，原道篇一第二章 孔子之仁道（下），頁一一〇～一一三。新亞研究所印行，民六十二年）

「由上所說，則生命之存在，自當有其超越的形上根源，亦依此根原之有而有。但由其破空無無，所更成之有，則爲其自身所有之有。此破空無無，能使有更成爲有，乃一理，一道。唯依此理，此道，一生命存在，乃得由其根原而創生，以自有其所成之有，亦自有其生命之理之道，以爲其性。而此理此道之意義，即更重要於此根原在爲形上存在，及生命存在之爲存在。一切生命存在，即當說直接依此理此道而生。此形上根原在中國儒家名之爲天，即此理爲天理，此道爲天道。吾人之生命存在之具此理此道爲性，爲天性，亦人性。其倫常典常，爲皐陶謨之『天敍有典』；其禮樂，爲『天敍有禮。』」（唐君毅 生命存在與心靈境界 下冊，頁八七〇。學生書局 民六十六年）

中國哲學中生命的意義

1. 形上學的研究對象

西洋的形上學，從亞里斯多德以來所研究的對象爲『有』，對於『有』的研究爲靜態的研究，爲分析的研究，研究『有』的意義，『有』的成素，『有』的原理定律。從『有』而到『存在』，對於『存在』的研究也是靜態的研究，把『存在』和『性』分開。直到當代的存在論，纔從動態去研究『有』，乃有所謂『存有』。然而存地論的『存有』，仍舊脫離不了西洋哲學的傳統靜態，海德格祇能以『無』去陪襯『存有』。

中國哲學的研究法爲動態研究法，不用分析，而用體驗，中國形上學的研究對象，不是靜態的『有』，而是動態的『在』。

一個『有』便是一個『在』，理想之有也是理想之在，中國哲學不談理想之有，而談實際之有，實際之有爲一實際之在，實際之在，不是靜止的在，而是繼續動的在。中國哲學的形上學便研究這個實際常動的在，這種動的在，就是具體的有，也就是實際的『存有』。中國哲學稱這種動的『存有』爲『生命』。

講這種生命的文獻，爲易經，爲宋明理學家的著作。

西洋哲學從笛卡爾（Descartes）以後，也漸漸轉向動態的『有』，笛卡爾的「我思則我在」，由動作去體驗存在。斯賓諾匝（Spinoza）的泛神論，黑格爾（Hegel）的絕對精神辯證論，馬克思（Karl Marx）的唯物辯證論，柏格森（Bergson）和懷德黑（Whitehead）的繼續變動論，都是由動態去講萬有。胡賽爾（Husserl）的現象論和海德格（Heidegger）的存在論，也是就實際的活動具體去研究『有』。所以動的有可以成爲形上學的研究對象，但是一個動的有，很難以靜的分析法去講解，因爲我們的觀念，都是一個一個互相分離的，爲表示動，需要將有關的觀念連繫起來，我們沒有一個繼續動的整體觀念，可以表示一個整體的動。

『有』和『在』是一體的兩面，從抽象方面去看，稱之爲有，從具體方面去看，稱之爲在。中國形上學的對象和西洋形上學的對象，同是一個客體，祇是研究的觀點不同。

2. 生命的意義

甲、變

馬克思的唯物論，以萬有都是物質，物質都是動，物理學上以一切物質都是力，力就是物質，物質就是力。

易經以宇宙一切萬有都是動，有就是動，動就是有，動爲『易』，『易』爲生命。

「易之為書也不可遠，為道也屢遷，變動不居，周流六虛，上下無常，剛柔相易，不可為典要，唯變所適。」（繫辭下 第八章）

宇宙不是一個靜止的塊然大物，而是一個變動不居、剛柔相易的整體。無時不變，無物不變。

變是變易，變有什麼意義呢？

「化而裁之謂之變，推而行之謂之通。」（繫辭上 第十二章）

朱熹注說：「因其自然之化而裁制之，變之義也。」這個變字和通字連用，指的是聖人在治國時，知道按着天地之道而有變通，以治理國家。

「是故闔戶謂之坤，闢戶謂之乾，一闔一闢謂之變，往來不窮謂之通。」（繫辭上 第十一章）

朱熹注說：「闔闢，動靜之機也。先言坤者，由靜而動也，乾坤變通者，化育之功也。」闔闢爲動靜，動靜爲乾坤，乾坤爲剛柔。

「剛柔相推而生變化。」（繫辭上 第二章）

「剛柔相推，變在其中矣。繫辭焉而命之，動在其中矣。」（繫辭下 第一章）

變易由於剛柔相推，動靜相繼。剛柔代表動靜，動靜代表乾坤，乾坤代表天地，天地代表陽陰。變易乃是陽陰的結合，易經很少講陰陽，却常講剛柔和天地。

乙、化

變又是化，變化兩字的意義何在？

「變化者，進退之象也。」（繫辭上 第二章）

進退代表動靜，變化由動靜而成，而變化代表動靜的現象。但是化字在易經上有另外的意義。化字，指着動靜的變，產生新的體。

「易與天地準……，範圍天地之化而不過，曲成萬物而不遺。」（繫辭上 第四章）

「窮神知化，德之盛也。」（繫辭上 第五章）

宇宙的變化最神妙，變所有的化更是神奇莫測，易經乃稱宇宙的變化爲神。能够知道宇宙的變化，必定是一位德盛的聖人。

「易無思也，無為也，寂然不動，感而遂通天下之故，非天下之至神，其孰能與於此？」（繫辭上 第十章）

「知變化之道者，其知神之所為乎！」（繫辭上 第九章）

天地變化，看來似乎不動。一顆小花由發芽到生葉，然後開花，外面看不出來有什麼動作，似乎『寂然不動』，然而結果則非常神妙，葉子和花，都是新的產物。祇有聖人纔能知道天地變化的神秘，「夫易，聖人之所以極深而研幾也。唯深也，故能通天下之志，唯幾也，故能成天下之務，唯神也，故不疾而速，不行而至。」（繫辭上 第十章）天地的變化既深遠，又微妙，聖人能够『極深研幾』。

丙、生

天地的變化都有目的，目的在於『生生』；因爲這種變是化，化則是化生而產生新的實體。

「生生之謂易。」（繫辭上 第五章）

天地變易之道，乃是生生，生生爲化生一個新的『存在』，即是產生一個新的『有』。

「天地之大德曰生。」（繫辭下 第一章）

『生』的觀念充滿易經，乾坤天地爲變易的元素，乾坤天地所起的變易，在於『生生』。

「天地絪縕，萬物化醇，男女構精，萬物化生。」（繫辭下 第五章）

朱熹注說：「絪緼，交密之狀，醇謂厚而凝也，言氣化者也，化生，形化者也。」天地即陰陽之氣，互相交援，化生萬物。

「彖曰：小往大來，吉亨。則是天地交而萬物通也。」（泰卦）

「彖曰：歸妹，天地之大義也。天地不交而萬物不興。」（歸妹卦）

卦辭以天地相交，則萬物通亨而興發。天地相交卽是『易』，就是變化，有變易，乃生萬物。

「彖曰：大哉乾元，萬物資始，乃統天」（乾卦）

「彖曰：至哉坤元，萬物資生，乃順承天。」（坤卦）

乾坤，稱爲萬物生存的源始；因爲一切萬物都由乾坤相合而生。易傳說：

「乾道成男，坤道成女，乾知大始，坤作成物」（繫辭上 第一章）

朱熹注說：「乾主始物，而坤作成之。承上文男女而言乾坤之理。蓋凡物之屬乎陰陽者，莫不如此。大抵，陽先陰後，陽施陰受，陽之輕清未形，而陰之重濁有迹。」乾坤代表陽陰，陽陰相結合則物化生。

「一陰一陽之謂道，繼之者善也，成之者性也。」（繫辭上 第五章）

宋明理學家對於易傳的這一段話非常重視，所作的注解很多，原文的意義，在於說明生生的變化：宇宙之道就是陰陽變化之道，這種變化繼續不停，表示天地好生的善德，這種變化的成果，是物的性。物因性而成，性由陰陽相結合而生。這種陰陽的變化，不僅是不停地繼續成物，而且在所成的物體內還是繼續變化，這就是說每一物的本體是動的，而不是靜呆的。王船山乃主張『性日生而命日降』。一個物體的性時刻在成就，並不是一成就停止了，因爲陰陽繼續在變易，但是在一個物體內，牠的性雖是繼續在成就，性的理却是一樣，性常是這個性，那是因爲『命日降』。命爲『天命之謂性』的天命，這個性，乃是因爲天命如此，陰陽的變易，按著天命而變。繼續的變易，需要繼續的天命，因此『性日生而命日降』。

每一個物體的本體常體，這是就實際的存在而言；這個繼續動的存在，稱爲生命。繼續不停的變易，稱爲化育。

化育的思想爲儒家傳統的思想，天地化育萬物，聖人也發育萬物。天地的變化使萬物發生，又繼續培育。聖人法天去治理國家，使人民能夠生，能養育。

「唯天下至誠……可以贊天地之化育，則可以與天地參矣。」（中庸 第二十二章）

「大哉聖人之道，洋洋乎發育萬物，峻極於天。」（中庸 第二十七章）

中華民族自古爲農業民族，農民看天地的變化，是看一天的日和一年的四季。日夜所帶來的變化是太陽月亮，四季所帶來的變化是寒暑和雨露。這些變化對於農民的生活很有關係，因爲農民的生活在於使五穀生長。日月、寒暑、雨露則直接影響五穀的生長。風調雨順，寒暑得宜便成爲農民的希望。上天有好生之德，使四季的變化能發育五穀。孔子乃說：

「天何言哉！四時行焉，百物生焉，天何言哉！」（論語 陽貨）

宇宙的變化爲化育，化育爲生生，生的物體乃是生命。

丁、生　命

易經和中庸所說的生，是不是普通所說的生命？一切萬物都稱爲生，是否都是生物？生命和生物，在哲學上和科學上都有一定的意義，生命爲內在的自動力，生物爲具有自動力的物體，生物又分爲植物、動物和人。普通在科學上和哲學上，宇宙物體分爲生物和無生物，無生物稱爲礦物。易經和中庸是否以一切萬物都是生物？

易經和中庸，以及後代儒家，都承認物體中分爲生物和無生物，也把人和物分得很清楚。然而儒家的朱熹對於生命和生物，所講的說明，則是凡是物都有生命之理，祇是生命之理的表現有高低的程度。在無生物裏，生命之理祇有一點表現，就是存在。在植物裏，生命之理有一部份的表現。在動物裏，生命的表現加高。在人，生命之理則全部表現。朱熹說物得理之偏，人得理之全。

朱熹以萬物同一理，但「理一而殊」。萬物之理相同，如同天地間祇有一太極，太極爲『理之極至』。萬物之氣則不同，因爲氣有清濁。物的氣濁，因此，所有之理不能顯明。人得理之清，所有之理乃完全顯出。

「西銘要句句具理一分殊。西銘一篇，始末皆是理一分殊。以乾為父，坤為母，便是理一而分殊。『予茲藐焉，混然中處』，便是分殊而理一。『天地之塞吾其體，天地之帥吾其性』，分殊而理一，『民吾同胞，物吾與也』，理一分殊。逐句推之，莫不皆然。」（朱子語類 卷九十八）

朱熹這一段話，講張載的「西銘」。「西銘篇」以人和天地萬物合爲一體，朱熹說這是因爲理一而殊。

「問理與氣？曰：伊川說得好，曰理一分殊。合天地萬物而言，只是一箇理。及在人，則又各自有一個理。」（朱子語類 卷一）

人和人，都是人，但每個人的個性又不相同。朱熹乃說氣質之性有善有惡，人因氣質之性，卽理和氣結合之性，而有善惡智愚的分別。

「問：或問氣之正且通者爲人，氣之偏且塞者爲物，如何？曰：物之生，必因氣之聚而後有形。得其清者爲人，得其濁者爲物。……又問：氣則有清濁，而理則一同，如何？曰：固是如此。理者，如一寶珠，在聖賢則如置在清水中，其輝光自然發見；在愚不肖者，如置在濁水中，須是澄去泥沙，則光方可見。」（朱子語類 卷十七）

朱熹說得很明顯。萬物之理，同是生命之理，祇是因所得之氣有淸濁不同，生命的表現乃不同，所以各種物體的生命也就不同。礦物沒有生命，但也有生命之理。生物當然有生命之理，祇是生命的程度不同。

最高的生命爲人的生命，因生命之理在人以內完全表現出來，而人的生命又有高低不同，如同孟子所說人有小體有大體，小體爲感覺之官，和禽獸相同，大體爲心思之官，則是人之所以爲人的生命。心思之官的生命的仁義道德的生命，而不祇是智慧的生命。孟子以人心生來有仁義禮智之端，人的生命乃是道德的精神生命。

「人之所以爲人，其理則天地之理，其氣則天地之氣，理無迹不可見，故

於氣觀之。要識仁之意思，是一箇渾然溫和之氣，其氣則天地陽春之氣，其理則天地生物之心。」（朱子語類 卷六）

仁義道德的生命，在天地萬物中都存在，祇是不能顯出，然而在天地間也顯露出。天地不是化生萬物嗎？這就是天地生物的仁心。人得天地之心爲心，人心也就是仁。中庸說：「仁者，人也。」

生命的意義，爲仁義的精神生命。這種生命之理在萬物中都有。因此物都可稱爲生物，物的化成也稱爲生。祇是生命之理的表現，則有高低的程度。

這一點，可以相幫我們解釋天主教的進化論。

3. 生命的發展

中國的形上學不分析生命的意義，而從動的方面講生命的發展。生命的發展分成兩大部份：第一、物的化生程序；第二、人的修養。

物的發生程序，在易傳裏有所說明：

「是故易有太極，是生兩儀，兩儀生四象，四象生八卦。」(繫辭上 第十一章)

這種程序為八卦和六十四卦的發生程序，先有單數的一，由一而有兩爻，兩爻相疊而成四象，三爻相疊而成八卦，八卦相疊而有六十四卦，六十四卦代表天地萬物，萬物產生的程序便也是卦的程序。在卦的發生程序中是兩儀的陽陰，因著陽陰兩儀的變化，遂有四象、八卦和六十四卦。因此萬物的元素都是陽陰。

漢朝學者接受了戰國末年的陰陽五行思想，改變了易傳的程序，以五行代表四象。漢朝學者的程序在宋朝理學家而得完成。因濂溪作太極圖和太極圖說：

「無極而太極，太極動而生陽，動極而靜，靜而生陰，靜極復動。一動一靜，互為其根，分陰分陽，兩儀立焉。陽變陰合，而生水火木金土。五氣順布，四時行焉。……五行之生也，各一其性。二五之精，妙合而凝，乾道成男，坤道成女，二氣交感化生萬物。萬物生生，而變化無窮焉。惟人也，得其秀而最靈。……聖人定之以中正仁義而生靜，立人極焉。故聖人

與天地合其德，日月合其明，四時合其序，鬼神合其吉凶。」（太極圖說）

太極圖說是一篇中國哲學的生命發展論。生命由太極而來，由陰陽五行而成，由乾坤而生，人爲最秀。而聖人乃是人中之極。宇宙間也有生命的流行，卽是日月四時，表示上天好生之德，聖人能够貫通宇宙的生命，和萬物相通。聖人和宇宙生命的相通在於仁，王陽明在「大學問」中講天地萬物的『一體之仁』。

人爲發展自己的生命，用修養的方法。中庸說明儒家修養的原則。

「唯天下至誠，爲能盡其性。能盡其性，則能盡人之性。能盡人之性，則能盡物之性，能盡物之性，則可以贊天地之化育。可以贊天地之化育，則可以與天地參矣。」（中庸 第二十二章）

性爲理，在這裏所說的性，爲生命之理，因爲生命之理相同，故人發展自己的生命，便能發展別人的生命，也能發展物的生命。我要保全而發展我的存在，便要保全也發展人和物的存在。我的存在是生命，在生命上我和別的人物相聯繫。王陽明講一體之仁卽一體的生命，人的生命需要吃肉、吃菜、吃藥，這就表示我和萬物的生命連接在一體之內。一體之仁，爲一體之生命相援，也就是一體之仁的相愛。孟子說仁民而愛物，張載西銘說「民吾同胞，物吾與也。」這也是孔子所說仁者立己立人，達己達人。乃是精神生活的最高峯。

儒家的哲學就包括在這個範圍內，也用這種系統去連繫。由太極而陰陽，由陰陽而五行，由五行而生物。物中最秀而生命之理表現最完全者爲人。人之心爲仁，由仁而和萬物相連，因相連而相愛。人乃仁民愛物以參天地的化育，如大學所說「大學之道，在明明德，在親民，在止於至善。」（第一章）

（曾載於 靜宜文理學院學報 第二期 民六十八年六月）

儒家生命哲學的形上和精神意義

在科技爲國家發展最需要的時代，在工商業發達所帶動的西化社會裏，提倡儒家的哲學思想，對於今天的中國人究竟可以有什麼意義？是不是僅僅因爲政府在恢復中華文化，便把古代的老古董拿出來以作招牌呢？或者是因爲大家在被國際外交孤獨我們的時候，我們要肯定我們中國人是中國人（Identity），便把儒家的傳統托出來做幌子呢？或是因爲我們堅決反共，爲表示中華民國本性上就和共產主義不相容，便把儒家用爲反共的工具呢？若是祇因上面的這種來自時勢的要求，而提倡儒家哲學，都不是儒家思想本身的意義，也更不是儒家思想的內在價值。一般人都認爲儒家思想是農業社會和封建社會的產物，已是陳舊的落後思想，不適合於現代的中國社會。

一種哲學思想的興起和傳授，當然和社會環境有關係；然而思想究竟是人心靈的產物，思想的產生一定是產生於一位思想家的天才。儒家思想的成爲一家思想，乃是孔子的才學和修養；但是孔子也是繼承先代的思想，而且是生在中國春秋的時代。

中國古代的哲學思想和希臘古代的哲學思想，表現出兩種不同的途徑。希臘古代哲學探索宇宙萬物的本質，在變易的宇宙中尋求不變的常體，柏拉圖乃創觀念世界，亞里斯多德以理則學的推論法，推到永久常存的最高實體（Supreme Being）。變者沒有價值，永久不變者纔是完全的實有（Perfect Being）。中國古代哲學在易經和書經裏，以『人』爲中心；人代表萬有，連結天和地。人的價值在於心靈的生活；這種心靈的生活，綜合天地萬物的意義和價值。希臘古代哲學，研究宇宙萬物的本體，以靜爲研究的觀點；中國古代哲學，講論人生，以動爲研究的觀點。由靜的觀點去研究，所用方法爲邏輯的分析法；由動的觀點去研究，所走的途徑爲實際的體驗和言行合一的實踐。

1. 儒家生命哲學的形上意義

生命的意義，爲內在的活動。儒家認爲宇宙萬物都常在變易，而且這種變易是在每一物體以內。

「一陰一陽之謂道，繼之者善也，成之者性也。」（繫辭上 第五章）

宇宙間的變化，由兩種元素而成，一種稱爲陽，一種稱爲陰。陽陰兩元素來自太極，太極爲最高之一。太極具有變易的能力，由變易而有動靜，有進退，動進爲陽，靜退爲陰。陽陰兩元素因變易而互相結合，互相分離；結合時則生化物體，分離時則銷毀物體。陽陰的變易，繼續不斷，「繼之者善也，成之者性也。」每一次陽陰的結合，成一物性（Essence），卽是生化一個物體。因此，易經說：「天地之大德曰生。」（繫辭下 第一章）又說明天地變易的目標爲生化萬物，所以說「生生之謂易。」（繫辭上 第五章）

因着太極的變易而有陽陰，因着陽陰的變易而生化萬物，每一物由陽陰相結合而成。陽陰兩元素結成了一個物體，在這物體內陽陰兩元素仍舊繼續變易，這種變易是物體以內的變易，由物體以內而顯於物體以外。宇宙內沒有一個物體不變易的；物體的變易在物體外面可以被認識，在物體以內則不爲人所知。這種內外的變易稱爲生命。(一)

易經所說的生命，卽是物體內外的變易，這種變易爲向上的發展。宋朝理學家朱熹發揮易經的思想，創理氣論（Theory of Li and Chi）。『理』爲一物所成這物的理由(Reason)，『氣』爲一物所成這物的形狀（Figure）。一物之理卽是物性，一物之形卽是物體。易經曾說：「一陰一陽之謂道。」道卽是理，陰陽的每一次結合，必有結合之理；朱熹稱這結合之理爲『理』。陽陰結合而成物，物卽有具體之形，朱熹稱這種形爲『氣』。

朱熹以宇宙萬物之理爲一理，理的表現程度在萬物內不同，因着理表現的程度，萬物乃有高低的等級。普通說萬物分爲礦物、植物、動物三等，在每一等中，又分更多的等級，人則是萬物中最高等級的。朱熹以人得理之全，別的物都祇得理之偏；即是理在人，全部表現出來，理在物則祇表現一部份。

這種『理』，即生命之理。生命之理爲變易之理，能夠自己變易，而且自己發育，自己知覺，自己主宰。最低的生命，祇有變易，乃是礦物，在礦物內，陽陰兩元素，繼續變易。高一級的生命，則能自己發育，乃是植物。再高一級的生命，則能自己感覺，乃是動物。最高級的生命，能夠自己有意識，自己作主宰，則是人。孟子曾說人有大體，有小體，小體爲感覺之官 (Organ)，大體爲心思之官。心爲人的特有器官，能思想，能有意識，能主宰。心的本質便不是物質物，而是精神體，理學家都稱心爲神 (Spirit)。

生命之理爲什麼有表現不同的差別呢？是因爲氣有清濁，清濁的程度有千千萬的不同。氣濁，則蒙蔽了理，使理不能表現，或祇能表現一部份；氣清，則可以使理全部表現出來。

生命之理的最高表現，在於一個人的心能夠和宇宙萬物相通。這種相通稱爲『仁』，是生命的互相聯繫，互相協調，互相成全。而這種聯繫，協調和成全，該當是有意識的，是由自心而發的。孟子乃說：「仁，人心也。」(告子上)。「仁也者，人也。」(盡心下)。中庸第二十章也說「仁者，人也」。生命的最高表現，便是心的生命，而心的生命，爲精神的生命，卽是倫理道德的生命。孟子乃有性善的學說，以人心有仁義理智之端（Seed）。這樣，儒家把倫理學和形上學相連，形上學爲倫理學的基礎。㈡

儒家的形上學，研究的對象爲動的『存有』（Being）。每一個物體都常在變易，變易由陰陽相結合，陰陽按理而結成一物的性和形，在結合成物後，在物內仍繼續變易，變易卽是生命。宇宙爲一變易的綜合，形成一道生命的洪流。

方東美先生曾說：「因此，我將向諸位闡述一種極其不同的哲學風格—那就是典型的中國哲學，數千年以來我們中國人對生命問題一直是以廣大和諧之道來旁通統貫，它彷彿是一種充實和諧的交響樂，在天空中，在地面上，在空氣間，在水流裏，到處洋溢着歡愉豐滿的生命樂章，上蒙玄天，下包靈地，無所不在，眞是酣暢飽滿，猗歟盛哉！」㈢

儒家的哲學就在發展成全的生命，而成一個成全的人。成全的生命爲最高的精神生命，這種生命不僅是有倫理的意義和價值，而是具有形上的（Metaphysical）意義和價值；因爲最高的精神生命，乃是生命本體的完成（Essential perfection），生命由最低的礦物變易，升高到自養的植物生命，再升到感覺的動物生命，最後升到人的心思生命，心思生命的完成，便是最高的精神生命，有最高精神生命的人，不僅是在倫理上是完全的人，並且在人的本性上正是完全的人。

2. 儒家生命哲學的精神意義

甲、生命的相連

人的生命在本體上，和宇宙萬物的生命相連。生命是陽陰的變易，陽陰的變易是整個宇宙的變易。人的生命，不能單獨存在，必要和宇宙萬物的存在（Existence）互相聯繫。王陽明在「大學問」裏主張『一體之仁』，『仁』即是生命，生命聯繫成一體。人爲維持自己的生命，要吃肉，吃蔬菜，吃水菓，人的生命便是和動物植物的生命相連貫，要靠動植物的生命來協助。人爲生存要喝水，在病時要吃藥；這就是表現礦物的生存和人的生存，也互有關係。生命既是互相聯繫，人的生存而且依賴動物植物和礦物的生存，人便要愛一切物的生存。王陽明的『一體之仁』，也表示愛。人心的愛應涵蓋宇宙的萬物。孟子曾經說過：「仁民而愛物」（盡心上）。張載的「西銘」，倡言『民吾同胞，物吾與也。』儒家的大同思想，就政治的理想說，有禮記的禮運篇所講的天下爲公，萬民同樂；就倫理的愛心說，有孟子的推己及人，「老吾老，以及人之老，幼吾幼，以及人之幼。」（梁惠王上）就生命的互相聯繫說，有宋明理學家的萬物一體。在實際的生活上，儒家以「聖人」爲最高的目標，聖人的特點就在於法天地好生之德，以兼善天下爲自己的志向。聖人不是一位專圖自己修養德性的人，聖人乃是一位能使天下人都得他的恩澤的人。中國古代所尊稱的聖人：堯舜禹湯文武周公，都是在王位的人，周公也曾攝王政，他們都曾以仁政加惠天下人民。孔子是最後的一位聖人，孔子雖不曾在朝廷居王位或相位，但是他的教化，澤及萬代。因此也稱爲『素王』。這種聖人，稱爲大人，與天地合德，與大道同行，具有治理萬物的人格。

宇宙萬物都流行着生命，中國的繪畫就充滿這種生氣。一幅風景畫，一幅花卉畫，一幅歐美人所稱爲「呆板自然」的水菓畫，中國畫家都要求畫內要隱藏一股活動的生命。中國畫的最高境地，爲神韻；神韻不能言說，然究其實卽是畫內的圓融生活的氣象。

方東美先生曾論中國藝術的特點說：「由此可見，中國的藝術精神貴在勾深致遠，氣韻生動，尤貴透過神奇創意，而表現出一個光輝燦爛的雄偉新世界。這個世界絕不是一個乾枯的世界，而是一切萬物含生，浩蕩不竭，全體神光煥發，耀露不已，形成交光相網，流衍互潤的一個『大生機』世界。」(四)

乙、生命的調協

宇宙萬物在生命上互相聯繫，而且互相調協，互有次序，構成一曲天然的樂章。中國古人常說自然界含有『天籟』，聲調非常美妙。又以自然爲一幅高雅的圖畫，顏色調和恰當。一年四季的春夏秋冬，寒暑溫涼互相節制，各有時節，五穀百菓乃能生長。而且還要風調雨順，麥稻纔可以豐收。人心也可以和天地的自然調協相通，在幽靜的山間，聽着清風和鳥語，看着古木和明月，人心似乎和周圍的萬物共鳴，脈博跳動成了音樂，忘記了自己身體的界限，自己和天地同化。詩人和騷客發爲詩歌，作爲文章，引動世世代代的讀者的同感。

這種自然的調協，在人的生命中，表現爲中庸。中者，得其中；庸者，得其時。孔子提倡中庸之道，敎導弟子們不要走偏差，『過與不及』都不合於道德。中，雖爲中道，然不是呆板的規律，隨時隨地應做得恰當，卽是『各得其宜』。易經最講究中正，陽和陰各在自己的位置：易經又最看重『時』，屢次說『時之義，大矣哉。』孔子主張『正名』，名和事相合，有事便有名，有名便有事。各人在自己的名位上盡名位的責任，不超越自己的名位。

中庸敎訓人在情感動作時，應守中和，合符節奏。「致中和，天地位焉，萬物育焉。」（中庸 第一章）。人的中庸，跟天地的自然規律相合，萬物也因着而得發育。

人生活的調協規律，稱為禮樂。禮為人動作的規律，使人和人之間，事和事之間，都有次序，互相調協。樂則為人情感的規律，使喜怒愛惡合符節度，互相融洽。禮記上說：「樂者，天地之和也；禮者，天地之序也。和，故百物皆化；序，故羣物皆別。……天高地下，萬物散殊，而禮制行矣；流而不息，合同而化，而樂興焉。春作夏長，仁也，秋歛冬藏，義也；仁近於樂，義近於禮。」（禮記 樂記）在自然界有高下的次序，有繼續流行的生命，萬物互相調協。自然界生命的調協，發為人事的中庸。儒家中庸之道，養成了中華民族重人情，貴名份，愛和平，不走偏激的邪路。中國的繪畫不用過於强烈的顏色，中國的音樂不慣於高吭的呼聲，中國的人情不喜歡鋌而走險和好新立異的偏激人。孔子的人格『溫而厲，威而不猛，恭而安。』（論語 述而）乃是中國人的標準人格。

然而調協不是懦弱，不是委屈求全。自然界生命的調協是萬物恰得其當，各有節制。所以俗語說『暴風不終朝』。儒家為求中庸，强調守禮，禮是義的表現。孔孟都主張「殺身成仁，捨生取義。」每個人抱着守義而節制自己，不妨害他人；他人妨害正義時，則據死力爭。這種精神是剛毅的精神，然也是中庸的精神。沒有剛毅，就不能有中庸的調協。應當柔弱的時候，就柔弱，應當剛强的時候，就剛强。中庸說：「仲尼曰：君子之中庸也，君子而時中。」（中庸 第二章）孟子曰：「孔子，聖之時者也。孔子之謂集大成。」（萬章下）

丙、生命的互助

一體的生命，不僅是互相調協，而且互相協助。宇宙的萬物不能孤立，「孤立無援」則必不免滅亡。陽光雨露，當然是萬物所需要；小草小花，在萬物中也是有貢獻：造物主沒有造一種無用的東西。生在一座山上的草木，從土壤、砂石、水質、蘚苔、樹根、枝葉、空氣，都互相協助，以維持各自的存在；在各自的存在中，又有協助的次序。整個宇宙的萬物依着生命表現的程度，列成上下的次序。在生命的需要上，上列生命需要下列生命的供養，下列生命因而有被犧牲者。人的生命最高最貴，因而一切的萬物都供人的使用。然而同時人便要愛惜萬物的生存而予以照顧。儒家稱讚「天地有好生之德」，倡言「天地以生物爲心」，「人得天地之心而爲心，人心故仁」。

達爾文發明進化論，主張『弱肉强食』，『物競天擇』，造成了以鬬爭而生存的原則，共產黨遂演化爲階級鬬爭。中山先生根據中國儒家思想，駁斥達爾文的學說，以互助爲人類生活的規律。

易經的乾卦彖曰：「雲行雨施，品物流行。……首出庶物，萬國咸寧。」雲雨使萬物繼續生長，聖人施恩使萬國得福。孔子說：「夫仁者，已欲立而立人，已欲達而達人。」（雍也）

人不是以自私而能發揚自己的人格，而是在協助他人纔能發揚自己。

儒家的發展哲學，以這個『協助』爲基礎。人能發揚自己的本性，必能協助別人也發揚本性；協助了別人發揚本性，便能協助萬物發揚本性；協助了萬物發揚本性，乃能贊襄天地化育萬物。中庸說明這端大道，「唯天下至誠，爲能盡其性。能盡其性，則能盡人之性；能盡人之性，則能盡物之性；能盡物之性，則可以贊天地之化育；可以贊天地之化育，則可以與天地參矣。」（中庸 第二十二章）

儒家的理想人格，爲仁人和聖人，聖人的人格在中庸上說：「大哉聖人之道，洋洋乎發育萬物，峻極于天。」（中庸 第二十七章）。易經乾卦文言說：「夫大人者，與天地合其德，與日月合其明，與四時合其序。」

張載說：「大其心，則能體天下之物。物有未體，則心爲有外。世人之心，止於聞見之狹。聖人盡性，不以見聞梏其心。其視天下，無一物非我。孟子謂盡心則知性知天以此。」（正蒙 大心篇）。

聖人的心與天地之心相合，達到儒家精神生命的最高峯，而能天人合一。這種合一不僅在倫理道德上，人心能愛萬物；不僅在心理上，人心能涵蓋宇宙；而也是在形上的本體，生生的理表現到最完全點。

3. 儒家哲學的現代意義

我在羅瑪住了三十年，又信仰天主敎，我明瞭西方文化的精神。西方的文化以基督信仰爲基礎，這種信仰滲透西方人生活的各方面，不僅是衣食住行有基督的信仰，藝術和哲學更是充滿基督的信仰。雖然近兩世紀，西方因科學的發達，物質享受很高，唯物的思想和科學的經驗，瀰漫社會，使人心歸向『自我』，而不願歸屬於超越宇宙的上帝天主，宗敎的信仰因而衰微。然而在家庭的傳統裏，在西方人的血液裏，仍舊流着祖傳的信仰。我因研究天主敎神學，也習慣了西方人的生活，我知道西方的文化和西方的哲學不是以物質爲主，而不看重精神，更不是輕看自然界的萬物，而祇虛慕身後的天堂。我不敢，也不贊成高呼以東方的哲學和文化去救西方，以儒家的孔孟人生哲學以救西方走向末路的唯物人生觀。我願和吳經熊先生一樣謙虛地說：「就一般而論，中國自古以來的學人所特別注意的，是偏於倫理和藝術方面。而近代西方學人所特別注意的，是偏於科學方面。因爲各有偏向，各有各的主要園地，所以兩種文化可以分道揚鑣，各有千秋。但我相信在不久的將來，各民族的特殊貢獻可以會合起來，成功一個文化的交響樂。」(五)

東西方的哲學各有各的優點，各有各的缺點。我們固不能蔑視西方哲學爲唯理性的哲學，責斥西方文明爲唯物的文明；我們也不能接受人家批評中國哲學祇是一些倫理的規例，沒有形上思想，更不能接受許多人的責難，以爲中華民族的文明是保守退化的文明。西方哲學雖然注重理性的分析，然也和天主教的靈修學相聯繫，講究精神生活的發育，指引人成聖，如聖・奧斯定、聖・多瑪斯、聖・文篤，都是超凡的聖人。中國的哲學雖是注重體驗，力求言行合一，發揚人性，以達天人合一的境界；然也有形上的理論作基礎。東西方的哲學各有特點，對於東西方的文化都有特殊的貢獻。

因此，我們肯定儒家的哲學不是陳舊的古董，在哲學和科技興盛的時代，仍舊具有引導現代中國人生活的價值。

哲學的任務，在於研究事物的最高原由。研究事物的最高理由，是人用自己的理智去研究，理智所以在哲學上佔重要的位置。理智的運用，須有方法；西方哲學從亞里斯多德以後，常運用邏輯，在這一方面較比中國哲學佔優勝。但是人運用理智去研究事理，是人的生活的一種表現：人的生活是整個人的生活，在整個生活中，情感意志爲最廣最深的一部份，而情感意志須受理智的指導，因爲人號稱理智的動物。因此人研究事理所得智識，應當是爲人的情感意志生活。因此哲學不能僅是推理的抽象智識，而是對於人的生活具有同化的作用。西方哲學和宗教信仰相連結而又相分離，哲學專重理性的研究，生活的指導則歸於宗教信仰。西方的精神生活，在培育和發揚上，都由宗教信仰的靈修學去引導。而且宗教信仰規範一個人的整體生活，宗教信仰也就規範哲學的研究。現代西方人的宗教信仰日形薄弱，生活和信仰脫節，哲學再不受宗教信仰的規範。因而整個社會受哲學的引導而趨向物質生活。中國的哲學以人生爲中心，由人的生命上溯到化生的來源，進入形上的領域，發見整個宇宙爲一個生命的大海，而又是一道生命的洪流。一切萬物都繼續變易，這種內在的變易就是生命。內在的變易由最低的存在，到最高的精神生命，層次互列，而又互相調協。人便是最高的精神生命，在這種生命裏，人能在精神上涵蓋宇宙，和天地同德，協助萬物的發育。

這種精神生命的哲學，包括西方哲學的理性部份和宗教信仰的情感意志部份，把整個人的生命，融合在研究和實踐的精神生活中。在這個生命的體驗上，中國哲學較比西方哲學佔優勝。

西方的社會既是淡薄了宗教信仰，所以有許多先覺之士感到西方哲學無助於生活，乃轉向東方的哲學，從印度和中國的哲學裏，探求生命的玄妙。中國現在的社會正在傾慕西方文化，企圖以科學和科技來發展物質生活，因而忘記了自己本有的生命哲學，甚且予以鄙視，而使中國的社會將陷於與西方社會對於生命的苦惱和墮落。儒家的生命哲學正足以阻止中國人陷入這種危機裏。不僅是儒家的生命哲學，道家的『安於自然』，『冥合於道』的生命哲學，禪宗的『無心無念』直接體驗本體眞如的生命哲學，也都能使沉於科技的人，提高自己的心神，超越物質，享受安祥的生活。

方東美先生曾分析東西對於哲學有三種途徑：「一是由宗教啓示去研究哲學，一是由科學智識去研究哲學，一是由人文透過生命創進去研究哲學。」㈥前兩者爲西方哲學，後者爲中國哲學。然而這三種途徑的分別，也祇是研究的途徑，而研究最後的目標，則都在指導人的生活。所以三者不能成爲獨有的途徑，也不能視爲唯一的眞理。三種途徑應互相調協，所有結論也應互相融會，就如吳經熊先生所說：「各民族的特殊貢獻可以會合起來，成功一個文化的交響樂。」

註：

㈠ 羅　光　易經的生生思想　見於中國哲學的展望，頁九三—一〇六。台北學生書局，民六六年。

㈡ 羅　光　生生之理　見於中國哲學的展望，頁一〇七—一二六。

㈢ 方東美　中國哲學的智慧　中國文化月刊，民六十八年十一月，頁七十四。東海大學出版。原文見 The Chinese View of life. C. I, 聯經出版公司。

(四) 方東美 中國藝術的理想 中國文化月刊，民六十九年一月號，頁四十一。
原文見 The Chinese View of Life. C. VI，聯經出版公司。

(五) 吳經熊 中西文化的比較 哲學與文化，頁五一。三民書局。

(六) 方東美 中國哲學的智慧 同(三)，頁六十五。

儒家的生命哲學

中國歷代的思想家，沒有一位寫過一本系統的書，他們留得傳下來的著作，都是一些語錄和文集。我們現在研究他們的思想，要從他們的語錄和文章中，去找尋他們思想的重點，然後再加分析，重新又結合起來，以便成爲一個系統。簡單的思想有簡單的系統，複雜的思想有複雜的系統。爲能證明我們的研究不是憑空推測，便要多引原著。

儒家的思想，乃是一種複雜的思想，內容旣複雜，來源也複雜。因此，若要講儒家思想的系統，便是一件很難的學術工作；而且還會離客觀事實大遠，不成爲一種學術工作。

1. 形上的系統

甲、法　天

普通一般學者，都說儒家是一種倫理哲學，沒有形上的思想，但是中庸說：「故君子之道，本諸身，徵諸庶民，考諸三王而不繆，建諸天地而不悖，質諸鬼神而無疑，百世以俟聖人而不惑。」（第廿九章）這種久而不變的倫理，若沒有形上的根據，決定不能成立。

儒家倫理的基本原則，在於法天。

「天生神物，聖人則之，天地變化，聖人效之。」（易經 繫辭上 第十一章）

「巍巍乎！唯天爲大，唯堯則之。」（論語 泰伯）

在書經和詩經裏以天命天意爲法天的對象，皇帝和人民，謹遵上天的命，便是法天。易經則以天道地道代表天的意旨，人的生活以天地之道爲法。

「易之爲書也，廣大悉備，有天道焉，有人道焉，有地道焉，兼三才而兩之，故六。六者，非他也，三才之道也。」（繫辭下 第十章）

中庸則以天道在人自己以內，人性卽代表天道，人按照人性生活，就是法天。

「天命之謂性，率性之謂道，修道之謂敎。」（中庸　第一章）

王陽明以人性的天道，乃是良知，良知是不學而知，自然而然把每椿事的善惡昭示給人，人能致良知使知行合一、就是法天。

法天的思想雖有這種演變的歷程，但是儒家倫理的基本則常是宇宙間的天道。

乙、宇宙變化

中國哲學的第一册形上思想書是易經，易經講宇宙變易之道。

宇宙爲一個整體，這個整體的宇宙常在變易，每一個物體也變易不停。

宇宙變化的原素爲陰陽兩元素：陽爲動，陰爲靜，陽爲剛，陰爲柔；陽爲積極，陰爲消極。陰陽兩元素爲氣的分類，氣爲宇宙的構成素。

「一陰一陽之謂道，繼之者善也，成之者性也。」（易經　繫辭上　第五章）

一陰一陽的變化，使宇宙不停地在變易，因著陰陽不停的變化，萬物乃能生成。陰陽的每一次變化，結成每一物的性；這一物乃能存在。

陰陽的變化成一圓周形，常循環不已。變化的形成，常在時間和空間以內，漢朝的易學家，把陰陽的變化安置在時空之中；時間爲一年四季，空間爲東西南北四方，四季和四方，都是陰陽的結合，春季配東方，陽漸盛，陰漸衰；夏季配南方，陽最盛，陰最衰；秋季配西方，陽漸衰，陰漸盛；多季配北方，陰最盛，陽最衰。再加上四方的中央和一年四季之中旬，便成了金木水火土的五行。一年四季常循環不斷，宇宙的陰陽也變化不停。

丙、時中

一年四季的陰陽雖有盛衰，然而盛衰都在適當的時候，因而造成宇宙變化的和諧，這種和諧在中國古人的心目中，以「風調雨順」作爲象徵。

在易經的卦裏，每一卦的第二爻和第五爻爲中，這兩爻爲每一卦的重要位置，每一卦由陰陽兩種爻而構成，陰爻陽爻各有各自適當的位置，陰爻陽爻居在自己的位置，便稱得其正；陰爻陽爻又各在適當的中央位置，便稱得其中正。中正代表在空間和時間，都在適當的位置，也就代表宇宙的和諧。

每一事物有自己該有的和諧，陰陽兩元素適得其中正。若一個事物不和諧，對於宇宙的和諧必有不好的影響。例如：古代男女的婚姻，要先看男女兩方，生辰（八字），生辰是由陰陽兩結合而成，由這種結合的形態而有五行中的一行，五行有生剋的次序；那麼！把男女的八字互相排列，就知道是相生或相剋，也就決定婚姻可不可成。

和諧的觀念，爲宇宙變化的一大原則，若一不和諧，使造成天災。

丁、生生

宇宙的變化具有一個很崇高的目的，就是化生萬物。宇宙變化的成素：上面有天的成素，卽日月風霜雨露等天然現象。下面有地的成素，卽山河水土等自然現象。這些天地的現象，都得和諧，便使萬物化生。在古代中國人的農民生活裏，一切的自然現象都和五穀的產生有關。一年的節氣，和農業有關係；一年的風雨，和農業的關係更深。

「生生之謂易。」（繫辭 上 第五章）

宇宙的變易，在於使萬物化生；所以生生乃是宇宙的變易，卽是宇宙變易的目標。

「天地之大德曰生」（繫辭下 第一章）

「天地感而萬物化生」（咸卦 彖）

「天何言哉！四時行焉，百物生焉。」（論語 陽貨）

「天地別無勾當，只是以生物爲心。一元之氣。運轉流通，略無停間，只是生出許多萬物而已。」（朱子語類 卷一）

儒家思想一系列地都以天地變化爲化生萬物，而天地的化生萬物是有心的，所以稱爲德。老子則以天地不仁，萬物的化生，祇是盲目的自然運行。儒家以天地是有心，因爲追到根底，儒家相信有上天或上帝，天地祇是上天行動的外在表現。

宇宙爲一整體，整體爲一生命的洪流，生命之理具在一切物體之中，祇是表現的程度有差別。在礦物裏，生命只是一個隱而不顯的無生物，在各級生物裏，生命分級地顯露出來，在人裏，生命整個地顯露出來，朱熹說天地間『理一而殊』，萬物有同一的生命之理，但是生命之理的表現則有不同。人的生命爲最完滿的生命，而人的生命以心靈的生命爲最高。

在生命上，人和天地萬物互相關連，合成三體，王陽明講『一體之仁』。人爲維持生命，須吃動物、吃植物，吃礦物的藥。在生命上，人不能獨立。

宇宙萬物都有生命，中國的詩畫都表現這種思想。在詩歌裏，日月花木都有感情了，在畫裏，山水和草木都要有生氣，生氣在一幅畫裏還要和諧。

2. 倫理的系統

人是宇宙的一部份，人的生命和萬物的生命相連，人的生活之道，便是宇宙變化之道，人應語法天，以天地之道爲人道。

不是一切的人都能懂得天地之道，然而有聖人可以懂得。儒家以聖人有天生的，有修成的。天生的聖人，心靈清潔，沒有慾情，能和天地相通，知道天地變化之理，於是按照天地變化之理，制禮、教學、治理人民。易經的卦，雖爲迷信，然而在古代，卦有倫理思想，用爲治人。卦爲聖人所造，辭爲聖人所作。

「是故夫象，聖人有以見天下之賾，而擬諸其形容，象其物宜，是故謂之象。聖人有以見天下之動，而觀其會通以行其典禮，繫辭焉以斷其吉凶，是故謂之爻。極天下之賾者存乎卦，鼓天下之動者存乎辭，化而裁之存乎變，推而行之存乎通，神而明之存乎其人，默而成之，不言而信，存乎德行。」——(繫辭上　第十二章)

聖人觀察宇宙的變化，看到變化之道，以卦象和爻辭表達出來，作爲治理人民的原則。易經以聖人和天地的德相合，和四時的次序相通，『先天而天弗違，後天而奉天時。』（乾卦文言）

甲、人性

雖有聖人按天理作卦設辭，以治人民，然而人民在自然心裏，從生來就具有天地之道，稱爲天理。天理在人心，人心的天理稱爲性。人爲按照天地之道去生活，便是按照自性天理而生活，中庸以「天命之謂性，率性之謂道，修道之謂敎。」（第一章）人性乃是人生活的規範，人性卽是天理。

孟子指出人性的天理卽是仁義禮智，人生來就具有仁義禮智的四端；因爲人生來就有惻隱、辭讓、羞惡、是非之心，人的生活在於發揚這四種善心。這就是孟子的性善論。荀子反而主張性惡，以人生來就有爭奪之心，就有自私之心，人須按聖人的敎訓，勉力改正這些惡心，以能修德行善，所以善爲人爲之僞。

漢唐儒家分人性爲三品或五品，有生來的聖人或惡人或中等的人（可善可惡）。然而孟、荀和漢唐儒者都沒有指出性的善惡所有根由。朱熹乃用他的哲學思想，解釋這個問題。人性本來是天理，沒有善惡，卽所謂天地之性無善惡。每一個人的性乃是個性，個性由理和氣而成。理是天理，常是一樣，氣則有清濁。氣清的個性爲善，氣濁的個性爲惡。不過，朱熹以形上本體論思想解釋性在倫理上的善惡，使本體和倫理相混，問題並沒有解決。清朝儒者顏元、李塨都予以反駁。

但無論怎樣看，性善性惡的問題，儒家都以性爲倫理規範，大學標『明明德』，中庸建立至誠的人格，王陽明乃主張致良知，良知在人作事時，把天理昭示給人，使人知道這事的善惡，決定行止。良知便是行事的規範。

乙、中　庸

在宇宙的變化中，一切都在自己的適當位置，變化乃能和諧，人的行動也皆有適當的位置，這種適當的位置，稱爲『中庸』。

「喜怒哀樂之未發，謂之中；發而皆中節，謂之和。……致中和，天地位焉，萬物育焉。」（中庸　第一章）

中節稱爲中和，爲天地的和諧，使萬物可以化育。這種中節，要適合時與位，所以稱爲庸，庸是日常之道。中節，要和每日的生活相適合。例如孝道，一個富人和一個窮人該盡的孝道，所有的中節便不相同。富人事奉父母要豐富，窮人事奉父母便簡便了。

爲能中節，孔子主張「守禮」，他告誡顏淵說：「非禮勿視，非禮勿聽，非禮勿言，非禮勿動。」（論語 顏淵）禮爲聖王按照天理所定。

「故聖人作則，必以天地爲本。」（禮記 禮運）

禮既本於天理，不是聖人便不敢作禮。中庸說：

「雖有其位，苟無其德，不敢作禮樂焉。雖有其德，苟無其位，亦不敢作禮樂焉。」（第廿八章）

禮爲行動的規範，使人的活動有次序。在祭祀和婚喪各種典禮中，參禮的人都按照禮規各就自己的位，然後各種行動也按照禮節有先後的次序。所以禮是爲分別，是有次序。樂則是使各種聲音合成一曲和諧的樂曲，所以也說「異口同聲」，樂便是使人心合一。儒家看重禮樂，一爲分，一爲合，使人的行動合乎中庸。

「子曰：中庸其至矣乎，民鮮能久矣！」（中庸 第三章）

中華民族的民族性，從堯舜時代起，就開始固守『中庸』。厭惡走極端，因而也喜愛和平。

丙、孝

宇宙爲生命的一大洪流，生命達到人類已得圓滿的表現，人的生命最重貴。人的生命由男女結合而傳生，男女結合以婚姻爲基礎，婚姻便是人間的大事。

「象曰：歸妹，天地之大義也；天地不交而萬物不興。歸妹，人之終始也。」（歸妹卦篇 象曰）

「天地不合，萬物不生；大婚，萬世之嗣也。」（禮記 哀公問）

由婚姻成家庭，家庭爲中國社會的基礎，家庭則以生命爲基礎。男女成婚爲連續自己和祖先的生命，生命的連續，以祭祖爲象徵。祭祖由嗣子主祭，嗣子爲家中的長男，祭祖的祭祀象徵祖先的生命連續不斷。若一個人沒有兒子，因而絕嗣，便是他的生命絕了，而祖先傳到他的生命也絕了。孟子所以說：「不孝有三，無後爲大。」（離婁上）

儒家的孝道，以生爲基礎。因著生命的連續，父子便是一體，兒子的身體，乃是父母的遺體，在縱的方面，兒子一生要孝養父母；在橫的生命，兒子一生的事都歸於孝，凡是不道德的行爲，都是不孝。

「曾子曰：孝有三，大孝尊親，其次弗辱，其下能養。」（禮記 祭義）

這三種孝道，包括兒子一生的行動，一個尊爲天子的皇帝，也要履行孝道；而且皇帝的孝道最高，因爲他能够在祭天時，以父母配天。在私人家裏，常供有「天地君親師」的牌位，天地爲生命的根源，皇帝代表天，保護人民的生命，親則是生命的來源，師教人善用生命。家庭中的道德，都根據生命的意義。孝道也就成了『德之本也，敎之所由生也。』（孝經 開宗明義章）

丁、仁

孔子雖重孝，更重仁，中庸說：

「仁者，人也。」（第二十章）

仁字有什麼意思？朱熹說：

「愛非仁，愛之理是仁。心非仁，心之德是仁。」（朱子語類　卷二十）

仁是愛之理，是什麼要愛呢？因爲有自己的生命，便愛自己的生命。愛自己的生命，也就愛人和物的生命。朱熹以仁爲生。

「生底意思是仁。」（朱子語類　卷六）

在天地間生命稱爲『生』，從天地愛生之德來說便是『仁』。有仁，便有生命。在醫藥上，若說手足痲木不仁，卽是說手足痲木沒有生命。桃仁杏仁，表示桃杏生命的根基。朱熹說：

天地以生物爲心，常是仁；人爲萬物的最靈部份，得天地之心爲心，人心乃仁。

「天地以生物爲心者也，而人物之生，又各得夫天地之心以爲心者也。故語心之德，雖其總攝貫通，無所不備，然一言以蔽之，則曰仁而已矣。」（仁說　朱文公文集　卷六十七）

人心自然而仁，孟子所以說：『仁，人心也』（告子上）中庸說『仁者，人也。』人自然愛自己的生命，自然愛生命的根由，自然愛父母。又自然愛和自己生命相關連的人。愛自己的生命，便發揚自己的生命。人的生命以心靈的精神生命爲主，孟子以人心爲仁，便要發揚人性之仁。孔子說：『己欲立而立人，己欲達而達人。』（論語　雍也）立己立人，達己達人的仁者，和中庸所說的至誠者相同。中庸說：

「唯天下至誠，爲能盡其性。能盡其性，則能盡人之性；能盡人之性，則能盡物之性；能盡物之性，則可以贊天地之化育。」（第二十二章）

贊天地之化育，爲儒家人生觀的最高目標。中庸讚美孔子，「辟如天地之無不持載，無不覆幬，辟如四時之錯行，如日月之代明。萬物並育而不相害，道並行而不相悖，小德川流，大德敦化，此天地之所以爲大也。」（第三十章）天地爲大，聖人也爲大，因聖人能贊天地之化育。

儒家因此乃有大同的思想，以天下的人都是手足兄弟，推愛自己和愛親人的心而愛別人和別人的親人。這是所謂「泛愛眾」。

因爲人在生命上，宇宙萬物的生命相連；人的愛，便推廣到萬物，張載在「西銘」篇主張「民吾同胞，物吾與也。」王陽明在「大學問」篇裏主張『一體之仁』，人和物在生命上相連爲一體，人應當愛萬物。孟子也曾說：『仁民而愛物。』

有了這種大同的精神，人心充滿快樂。孟子說：

「孟子曰：萬物皆備於我矣，反身而誠，樂莫大焉。強恕而行，求仁莫近

焉。」（盡心 上）

人愛萬物，心內包括宇宙萬物，人心便和天心相接，達到天人合一的境界。人人所想的，不是一己的自我，而是宇宙的整體，范仲淹說：「先天下之憂而憂，後天下之樂而樂。」心中沒有自己的憂患，常有積極愛人的精神。先總統 蔣公說：「以天下興亡爲己任，置個人死生於度外。」天地萬物都在我心中，我和天地萬物同生死。耶穌基督犧牲一己以救拔人類，和被救的人永生不死，也表現儒家仁愛大同的精神。

儒家的哲學爲一個有系統的生命哲學。歐美的廿世紀哲學，大都集中到生命上。演化論，行爲論，生命論，實用論，存在論，都研究生命的問題，儒家的哲學並不祇是研究生命問題，而是有系統地講解人的生命，給人一個發展生活的整體觀念。

（民國六十八年七月十六日爲孔孟學會演講稿）

儒家的人論

『人』爲人生一切活動的中心，人生的一切活動由人而發動，也爲人而發動。物質的活動是這樣，精神的活動也是這樣。科學的研究和發明，可以和人生沒有關係；但是科學的研究和發明是以有利於人生爲目的。在冥冥的天空和在地層深淵的物體，科學加以研究，是爲增加人的智識，對於宇宙認識更清楚，使人生更有意義。同樣，哲學所研究的對象，雖然是宇宙萬物的本體，可以和人沒有關係，然而究其實，哲學的哲理都在於使人更了解自己。宗教雖以神爲主，宗教的目的還是在於人，宗教以對於神的信仰，說明人生的途徑，指引人向這途徑而生活。

因此，我們研究中國的傳統思想，就不能不研究中國傳統思想中的人論。

儒家的思想，在現代中國學者的眼中，稱爲人文主義。孔子的全部學理，總括於一個仁字，仁就是人之所以爲人之道；而且孔子把人的生命，範圍在現生的宇宙以內，不談身後的來生，孔子的人文主義便以人的現生爲對象，使人盡量發揮現生的意義。

1. 萬物之靈

在宇宙的實體裏人爲最高，而且人包括萬物的特性，孟子說：「萬物皆備於我」。(盡心上)禮記說：「故人者，其天地之德，陰陽之交，鬼神之會，五行之秀氣也。」(禮記 禮運)

甲、心 靈

儒家的宇宙論，以太極爲元氣，爲氣之本體。太極元氣無形無像，稱爲太虛之氣。由太虛之氣，變化成形而有陰陽之氣，由陰陽相交而有五行，由五行相結合而有萬物。氣分清濁，清者爲秀，爲神明；濁者爲重，爲物質。人得秀氣而生，有神明之心。

周濂溪說：

「二氣交感，化生萬物。萬物生生，而變化無窮焉。惟人也得其秀而最靈。形既生矣，神發知矣，五性感動而善惡分，萬事出矣。」(太極圖說)

人爲萬物之靈，這是儒家一貫的主張。易經以人和天地，稱爲三才。人和天地並列。人之所以高於萬物的，即是在於有靈：『識彼理，有智識。』邵康節以人靈於萬物，在於五官之識。朱子則說：『知覺運動，人物若不異。』人物所不同的，在於能全於仁義禮智信。按朱子的主張，萬物也有仁義禮智信之理。王陽明也曾主張萬物都有『仁』之理；但是萬物不能明通仁義理智信之理，人則能够明通。「爲什麼人能明理，物不能明理呢？朱子說因爲人之氣正，物之氣偏。然而正偏兩個字，並沒有什麼意義，實際則是人之氣清，物之氣濁。氣清則明，氣濁則塞。氣清，『故是理通而無塞』。氣濁，『故是理塞而無知』。理學家說人之靈，在於識理，並不是指的各種事理之智識，乃是指的識仁義禮智信。所謂識，又在於實行。朱子所以說全於仁義禮智信，王陽明說致良知，全和致，都是說能够實行仁義禮智信。」㈠

易經八卦以三爻而成卦，三爻代表天地人。八卦爲宇宙重要變異的象和數，宇宙變化的象數，由天地人的變化而包括；天地人便代表宇宙萬物。人居天地之中，又爲天地萬物的代表，孟子分人的本體爲大體和小體：大體爲心思之官，小體爲耳目之官。

「公都子問曰：鈞是人也，或爲大人，或爲小人，何也？孟子曰：從其大體爲大人，從其小體爲小人。曰：鈞是人也，或從其大體，或從其小體，何也？曰：耳目之官，不思而蔽於物，物交物，則引之而已矣。心之官則思，思則得之，不思則不得也。此天之所與我者。先立乎其大者，則其小者不能奪也，此爲大人而已矣。」（孟子・告子上）

人有心有體：體是身體，具有五官四肢，有感覺的生活；孟子稱爲小體，和禽獸相同。心是神明的中樞，具有思維的官能，爲人身的主宰；孟子稱爲大體，爲人所獨有高於禽獸。心由秀氣而成，秀氣爲淸氣，氣淸則明，明便沒有雜物爲礙，因此心乃虛，虛便不是物質，乃是精神體。

心因虛靈，能够有認識和思維，孟子稱爲思，荀子稱爲徵知。徵知的特點，在於綜合各種感覺而成概念，在於徵集概念而作思維的評判，又在於能够徵召以往所有的知識而能回憶。儒家所重於心的功能，在於能知天理。

乙、魂 魄

人有大體和小體，然而最重要的，則在於有生活。大體生活的根本爲魂，小體生活的根本爲魄；或者更清楚一點說：人的心理生活之根本爲魂，人的生理生活之根本爲魄。

「按照理學家的思想，心理和生理的作用，一概是氣的運動。因此魂魄，也只是氣的兩種狀態。」(二)

「問：在天地爲鬼神，在人爲魂魄否？曰：死則謂之魂魄，生則謂之精氣。天地公共底謂之鬼神。是恁地模樣。」(朱子語類　卷六三)

氣分清濁，分陰陽；在人以內，有清氣也有濁氣，有陽氣也有陰氣。魂爲清爲陽，魄爲濁爲陰。

朱子以爲『死則謂之魂魄』，儒家便有死後的魂魄問題。禮記說：

「宰我曰：吾聞鬼神之名，不知其所謂？子曰：氣也者，神之盛也；魄也者，鬼之盛也。合鬼與神，敎之至也。衆生必死，死必歸土，此之謂鬼。骨肉斃於下，陰爲野土。其氣發揚於上，爲昭明，焄蒿悽愴，此百物

之精也，神之著也。」（禮記·祭義）

這一段話，不像孔子的話，乃是戰國時候或漢初陰陽家的話；但是代表漢以後儒家的思想。

「人有魂魄，魂爲氣之精。人死，魄歸於地，稱爲骨，跟着骨肉爛化。魂氣則上升，稱爲昭明。中國哲學上的氣，有物質性，也有精神性，我曾說過。凡古人所說氣之清者、氣之盛、氣之精，大約都指的精神性之氣。那麼人魂是精神體，所以在死後，上升於天，而能昭明。」㈢

魂雖上升於天，魂是否永久存在？在儒家思想裏是個沒有答案的問題。朱子認爲魂上升於天，漸漸消散，歸於天地之氣中。但是歷代祭祖的典禮，似乎肯定祖宗的魂，死後常在。因此，儒家不談人身後的問題。

2. 人性

中庸說：「天命之謂性，率性之謂道，修道之謂教。」（第一章）人有心思之官，高於禽獸。可是人要怎樣纔能表示自己高於禽獸；就是在心思時，按着什麼途徑去思想，去主宰人的動作呢？中庸給人指示一條穩當的途徑，在於按照人性去行動。

甲、性的意義

告子曾說『生之謂性』。這種主張可以有兩種解釋：一、人所天生而有的，稱爲性；二、人求生的傾向，就是性。

天生的，或者說生來而有的，都是很籠統的說法。孟子乃加以反對。「然則犬之性，猶牛之性；牛之性，猶人之性歟！」（孟子 告子上）

中庸以『天命之謂性』，天命在儒家的思想裏，指着上天給人的生活規範。詩經說：「天生蒸民，有物有則」。（大雅 蒸民）上天給人定了生活規範，這種規範在人的心裏。人心裏的生活規範，乃稱爲性。按照人性去生活便是人生之道。修養人生之道，便是教育。

孟子更具體地解說人心的生活規範，爲人心的自然傾向，孟子說：「天下之言性也，則故而已矣。故者，以利爲本。」（離婁 下）朱子註說：「故者，其已然之跡，若所謂天下之故者也。利，猶順也，語其自然之勢也。」孟子稱爲良知良能；人的良知良能傾於善：

「孩提之童，無不知愛其親也。及其長也，無不知敬其兄也。親親，仁也；敬長，義也。」（孟子 盡心 上）

「惻隱之心，仁之端也；羞惡之心，義之端也；辭讓之心，禮之端也；是非之心，智之端也；人之有是四端，猶其有四體也。」（孟子 公孫丑 上）

孟子以人心天然傾向於善，乃主張性善。「這是孟子由『心善』以言性善的實際內容。換言之，孟子在生活體驗中發現了心獨立而自主的活動，乃是人的道德主體之所在，這才能作爲建立性善說的根據。僅從人所受以生的性上言性善，實際只是一種推論。孟子由心善以言性善，這才是經過了自己生活中深刻地體認而提供了人性論以確實的根據。」(四)

荀子也由人生的經驗中去講人性，卻認爲人的自然傾向，在於向惡，乃主張性惡論。然而荀子所說的性，卻是沒有經過心思之官的傾向，可以說是下意識的傾向，人的心既然能夠『知』天理，便能統制人的自然傾向，而使之向善。這種向善，稱爲人爲之善；荀子稱之爲『僞』。

「生之所以然者謂之性。生之和所生，精合感應，不事而自然，謂之性。性之好惡喜怒哀樂，謂之情。情然，而心爲之擇，謂之慮。心慮而能爲之動，謂之僞。」—（荀子　正名）

荀子以性爲一種材質，由這種材質可以做成一個善的人格。但這要由於人去努力；人不努力，則常傾於惡而成惡人。

「故曰：性者，本始材朴也。僞者，文理隆盛也。無性，則僞之無所加；無僞，則性不能自美。」—（荀子　禮論）

「荀子對性的內容的規定如前所說，有官能的欲望，與官能的能力兩方面；而他的性惡的主張，只是從官能欲望這一方面立論，並未涉及官能的能力那一方面。官能欲望的本身不可謂之惡，不過惡是從欲望這裏引出來的；所以荀子說：『生而有好利焉，順是故爭奪生而辭讓已焉』。問題全出在『順是』兩個字上；這與孟子『物交物，則引之而已矣。』的說法，實沒有多大出入。孟子根本不曾從人的官能欲望這一方面去主張性善。並且孟子主張寡欲，而荀子主張節欲，對欲的態度更是一致。不過孟子不把由耳目所發生的欲望當作性；而荀子則正是以欲爲性。兩人所說的性的內容並不相同。則荀子以孟子爲對手來爭論性的善惡，不僅沒有結果，並且也沒有意義。」(五)

荀子有時把性和情相互混用，有時則加以分別，但並不是以欲爲性，只以欲爲性的動向，人天生的欲望向惡，就表示人性爲惡。

宋朝理學家從形上本體論研究人性，張載以物的本體爲性。

「有無虛實，通爲一物者，性也。………感者，性之神；性者，感之體，惟屈伸動靜，終始之能一也。故所以妙萬物而謂之神，通萬物而謂之道，體萬物而謂之性。」(正蒙 乾稱篇)

「由太虛，有天之名；由氣化，有道之名；合虛與氣有性之名，合性與知覺，有心之名。」(正蒙 太和篇)

朱熹則以性爲理，情爲氣；性爲形而上，氣爲形而下。理成人之性，氣成人之形。

「性，卽理也。在心喚作性，在事喚作理。」（朱子語類　卷五）

但是理和氣不能分，在一物內理氣相合，在人以內也是一樣。朱子乃有『天地之性』和『氣質之性』的分別。『天地之性』爲『本然之性』，卽是抽象的性，卽是理。『氣質之性』，乃是具體的人性，是理和氣相結合的性。

「命者，天之所以賦予乎人物也。性者，人物之所以禀受乎天也。然性命各有二。自其理而言之，則天以是理命乎人物，謂之命；而人物受是理於天，謂之性。自其氣而言之，則天以是氣命乎人物，亦謂之命；而人物受是氣於天，亦謂之性。曰：氣不可謂之性命，但性命因之而立耳。故論天地之性，則專指理言；論氣質之性，則以理與氣雜而言之，非以氣爲性命也。」（朱子大全　卷五十六　答鄭子上）

朱子以『天地之性』，無善惡之可言，而實質是善，『氣質之性』則有善有惡，得氣之淸者爲善，得氣之濁者爲惡。人之氣，本來較比萬物都更淸，但淸中又有濁。氣濁則情重，情重則惡。

丙、性卽天理

性的善惡，在儒家裏爲一爭論不決的問題。朱子自以爲用理氣二元論解決了性的善惡；然而清代儒家則都反對他的主張。但是無論對性的善惡有什麼主張，儒家都主張性有天理。

書經中有『人心』和『道心』的分別。儒家以道心爲人心的天理，人心爲人慾；人慾能蔽塞天理，人心能掩蔽道心。「人心惟危，道心惟微，惟精惟一，允執厥中。」(大禹謨)

中庸以『天命之謂性』，天命卽是天所命的生活規範，卽是人心的天理，也就是人性。大學說：『大學之道，在明明德。』所謂明德，卽是人性天理。人生的大道，在於了解和顯明人心的天理。

中庸講『誠』，誠在於誠於人性天理，內外一致，按照天理去行動。這種行動稱爲『和』，中庸說：『喜怒哀樂未發之謂中，發而皆中節之謂和』。『和』是和於天理。

張載分別人的知識，有『見聞之知』和『德性之知』。見聞之知爲感覺的知識，德性之知，則是心對天理的知識。這種主張和荀子相同。荀子主張心能知『道』。

「故治之要在於知道。人何以知道？曰：心。心何以知？曰：虛壹而靜。」(荀子 解蔽)

「見聞之知，乃物交而知，非德性所知。德性所知，不萌於見聞。」(正蒙 大心)

朱子以性爲天理，以心包性情；陸象山和王陽明則以性對心，以心爲天理，進而主張『心外無理』。

因此儒家乃有兩種最重要的主張；致知和格物。大學以致知格物爲修身的根本，進而也是齊家治國平天下的根本。致知是什麼？是知道天理，格物是什麼？是怎樣知道天理。孔子曾說『下學而上達。』(論語 憲問)上達爲往上而達到天理；下學則爲在日常事上，追求知識。

儒家最注重知道天理；天理爲人生的規範，人不知道天理將不知道行善，必流爲惡。知天理，則是有人生之道。

「志道，則進據者不止矣。」(正蒙 中正)

「不尊德性，則學問從而不道。不致廣大，則精微無所立其誠。不極高

明，則擇乎中庸失時措之宜矣。」(正蒙 中正)

大學的致知和格物，在於指導人認識人性的天理，但是在步驟方面，便有朱熹和王陽明的兩種不同的解釋。朱熹和王陽明都主張人性是天理，而人性的天理和宇宙萬物的天理相同。因爲人道出自天道。然在認識天理的步驟上，兩人的步驟不同：朱熹主張研究外面的事物之理，然後纔可以知道人心的天理，因此他解釋『格物』爲研究外面的事物；王陽明則以爲人心具有天理，而且人心的天理爲完全的天理，『心外無理』；他便主張返觀自己的心，就可以知道人性的天理了，他解釋『格物』爲格除人心的物慾，以明明德。『明明德』本是大學的思想，人心有明德，明德卽是天理。天理在人心自然昭明，但是人心的情慾可以掩蔽天理。人爲使天理昭明，便要格除人心的物慾。物慾被格除了，天理卽昭明，成爲明明德。王陽明以昭明天理的心，爲良知，明明德便是致良知。

3. 人是倫理人

西洋哲學論人，以人爲理性動物，注意點在於理性，以理性爲人的特點，儒家論人，則以人爲倫理人，倫理爲人的特點。

易經建立天地萬物的氣，氣分陰陽，運行不息，陰陽兩氣運行時，互相結合，乃成一物：

「一陰一陽之謂道，繼之者善也，成之者性也。」（繫辭上 第五章）

陰陽成物，繼續不息，化生萬物，宇宙成爲生命的洪流，長流不斷，宇宙間的萬物都含有生命之理，朱熹曾說天地間之理爲一，然在萬物卻又各不相同，所以說：『理一而殊』，卽萬物都具有生命之理，生命之理的表現則各不相同。礦物不表現任何的動，植物表現生理之動，動物表現感覺之動，人表現心靈之動，心靈之動爲生命中最高的、最貴的。朱熹常說人得理之全，物得理之偏，人表現生命的全部之理，萬物各表現生命之理的一部份。

生命之理的全部表現，在於仁義的生命，仁義的生命就是人性天理的表現。

孟子說人心生來有仁義禮智四端，卽是惻隱之心、羞惡之心、辭讓之心、是非之心。沒有惻隱之心，不是人；沒有羞惡之心，不是人；沒有辭讓之心，不是人；沒有是非之心，不是人。可見人性天理便是仁義禮智之理，人性便是倫理之人心，中庸說『仁，人也』。孟子也說：『仁，人心也。』人，就是仁，仁是愛之理，人生來就有愛之理，不仁，便不是人，人的生命，雖以心思生命爲貴；然心思生活，不在於知理，而在於行仁義，大學說：「大學之道，在明明德，在親民，在止於至善。」，大學本爲求學，然大學求學之道，是爲明明德，親民，止於至善，就是爲修德。

儒家的人是一個倫理人，倫理人是人性天理爲倫理之理，人心的天生傾向，是傾於倫理之善，人的生活爲倫理生活，沒有倫理便不是人。

儒家的哲學思想，以倫理人爲對象，討論倫理人的生活，因此儒家哲學爲倫理學，人既是倫理人，孔子的政治哲學也是倫理政治，孔子說：「政者，正也。」（顏淵）孟子稱儒家的政治爲仁政，倫理政治以教民爲善爲本，孔子主張用禮不用刑，用禮教民，民心傾於善；用刑，則民免於作惡而無恥。大學講齊家治國平天下，都以修身爲本。

倫理人的基本點是人性本善，倫理人的生活是發揚人性之善，爲發揚人性，先要知天理，大學乃說致知格物，儒家求學不是求知識，而是爲行善，「尊德性而道問學」，朱子以求學，旨在爲成君子，最後爲成聖人。

倫理人的生活以倫理爲主，孔子所以說：「君子謀道不謀食。」（衛靈公）「朝聞道，夕死可矣。」（里仁）「道也者，不可須臾離也，可離非道也。」（中庸 第一章）「志士仁人，無求生以害仁，有殺身以成仁。」（衛靈公）

4. 人性的發展

人心的天理，既是人性，和宇宙萬物的天理相同；人若率性而行，不僅於使自己的生活合於理，並且能够和宇宙萬物相通，使人心的境界擴充到整個宇宙。這種生活，便是儒家所提倡的發展人性，或說『盡性』。

甲、盡　性

中庸說：

「唯天下至誠，爲能盡其性；能盡其性，則能盡人之性；能盡人之性，則能盡物之性，能盡物之性，則可以贊天地之化育，可以贊天地之化育，則可以與天地參矣。」（第二十二章）

中庸以天地萬物之理相同而且相通；至誠的人，完全按照自己心中的天理而行動，他的行動便不會和別人相衝突，也不會和宇宙萬物相衝突，並且還會和別人以及和宇宙萬物相融會，共同參加宇宙的變化。

在儒家的思想裏，宇宙萬物爲一整體，人爲宇宙萬物的最高部份。宇宙萬物的構成，由一氣而成，人之氣爲氣的最秀者；宇宙萬物的構成有自己的理，宇宙萬物之理也相同。

「儒家的整體宇宙觀，雖然是由易經的形上宇宙變化而來，建立在同一氣同一理上，但並不是物質的整體宇宙論。……因爲儒家承認有精神，人的心就是精神體，儒家又不講進化，只講宇宙的變化。變化乃是陰陽兩氣的結合，由陰陽兩氣的結合而成物，物則沒有進化。」(六)

雖說宇宙萬物有同一理和同一氣，在實際上則物各不相同；因爲氣有清濁，理在清濁不同之氣中，表現的程度就不相同。

所謂宇宙萬物相同之理，究竟是什麼理呢？天地變易之理和人生活動之理，包括的規律相當複雜；易經以天地變易之理爲簡易，易經六十四卦的變易則仍然複雜。在這些複雜的變易之理中，有沒有一項可以被認爲基本之理，而爲萬物相同之理呢？易經答應說有，就是『生生之謂易』(繫辭上　第五章)，即是生生之理。

生生之理，有兩種意義，第一，每個物體都有求生之心。求生卽是求存在，求生之心卽是保持存在的天然傾向。宇宙之間的每個物體，都有這種保持自己存在的傾向；不單是生物有求生的傾向，就是無生物的礦石，也有保持存在的天然傾向，石頭和金屬也不自動分化，只有遇到外面強力的侵蝕時，才分化消散。㈦

保持自己的存在，在生物裏是求生，使生物存在，便是使生物生存，易經乃說生生之理。易經以生生之理代表存在之理，因爲在『存在』裏以生命爲高，孔子因此說：「天何言哉，四時行焉，百物生焉。」（論語·陽貨）

在宇宙的變化裏，普通能爲人所觀察到的，爲春夏秋冬的變易，這種變易的目的，在於使五穀發生。五穀的成長也最易被人觀察，也表現得最有意義。

儒家的盡性，在於發展自己的生命；發展了自己的生命，也就發展別人的生命；發展了人的生命，也就發展了萬物的生命，發展了萬物的生命，就是參加天地的發育。

乙、仁

每個人要發展自己的生命，同時也發展別人的生命和萬物的生命；這種發展不能是求發展自己的生命而摧毀別人的生命，而是和天地相通以助別人的生命和萬物的生命一同發展；這種發展，儒家稱爲『仁』。

仁，是人爲人之道；爲人之道，在於兩個人的關係；兩個人的關係，是我與非我的關係。這種關係，在於彼此相愛相助。

孟子主張『仁』是人心生來就有的，爲人心的良知良能，爲人心的善端，也就稱爲性。

「無惻隱之心非人也，無羞惡之心非人也，無辭讓之心非人也，無是非之心非人也。惻隱之心，仁之端也；羞惡之心，義之端也；辭讓之心，禮之端也；是非之心，智之端也。人之有是四端也，猶其有四體也。」（孟子 公孫丑上）

「仁義禮智，非由外鑠我也，我固有之也；弗思耳矣。」（孟子 告子上）

仁義禮智都指着我與非我的關係，都可以包括在仁字裏；孔子便用『仁』總攝一切倫理道德，以仁人爲最高的人格。

理學家常以『仁』代表『生』，把天地生生之理解爲仁。朱子說：

「天地以生物爲心者也。而人物之生，又各得夫天地之心以爲心者也。故語心之德，雖其總攝貫通，無所不備，然一言以蔽之，則曰仁而已矣。」(朱文公文集　卷六十七　仁說)

「仁，是箇生理，若是不仁便死了。人未嘗不仁，只爲私欲所昏，克己復禮，仁依舊在。」(朱子語類)

盡性，便是發展仁道，發展我和非我的關係，發展的原則在於愛。「儒家的發展哲學，在發展人性，人性發展便是擴充自我。擴充的圓周，第一個圓周是『四海之內，皆兄弟也』，即是大學的親民；第二個圓周是『大同』；第三個圓周是『萬物一體』；第四個圓周是『天人合一』。」(八)

王陽明說：

「故見孺子之入井，而必有怵惕惻隱之心焉，是其仁之與孺子而爲一體也。孺子猶同類者也，見鳥獸之哀鳴觳觫而必有不忍之心焉，是其仁之與鳥獸而爲一體也。鳥獸猶有知覺者，見草木之摧折而必有憫恤之心焉，是其仁之與草木而爲一體也。草木猶有生意者也，見瓦石之毀壞，而必有顧惜之心焉，是其仁之與瓦石而爲一體也。是其一體之仁者，雖小人之心亦必有之，是乃根於天命之性，而自然靈昭不昧者也；是故謂之明德。」

（大學問）

以愛萬物生存之心，人心可以和萬物相通。人在『存在』上，和宇宙萬物相同；人心在愛惜『存在』上，和宇宙萬物相通，發展這種『生生』和『仁』的精神，人便盡了自己的性；不僅完成了中庸第二十二章講盡性的話，而且也完成大學第一章所說：「大學之道，在明明德，在親民，在止於至善。」

5. 人的最高生活

『至善』是什麼意義呢？人『止於至善』，表示什麼境界呢？『至善』爲人生最高的生活，『止於至善』爲達到最高生活的境界；這種境界在於天人合一。

孟子分人的成份爲小體和大體，小體爲感覺之官，大體爲心思之官，「從其大體爲大人，從其小體爲小人。」感覺之官因外面物體的刺激，傾向物體，「物交物，則引之而已矣」，物引物而有物慾，物慾能掩蔽心的明德天理，孟子乃主張克慾。

甲、克　慾

克慾爲儒家一致的主張，孟子、荀子，和中庸、大學說的很明白：

「養心莫善於寡欲。其爲人也寡欲，雖有不存焉者寡矣。其爲人也多欲，雖有存焉者寡矣。」（孟子・盡心下）

情慾遇着外物，不能不動，情慾一動則心也動，心動則可以正不正，情慾過強，心動則偏，情慾清淡，心動則正。心正，合於天理，心不正，則違背天理。中庸說：

「喜怒哀樂之未發謂之中，發而皆中節謂之和。中也者，天下之大本也；和也者，天下之達道也，致中和，天地位焉，萬物育焉。」（中庸・第一章）

人在自己日常生活裏，不能不有情慾之動，都能中節，孔子主張用禮。儒家乃以禮爲人生的規律。孔子說：

「非禮勿視，非禮勿聽，非禮勿言，非禮勿動。」（論語・顏淵）

守禮在外面的表示，造成兩種善德：一是敬，一是義。敬，使人在外面的舉止，常按着禮義，而有端敬的威儀。孔子自己常是「席不正不坐」，「割不正不食。」（論語・鄉黨）「食不語，寢不言。」「升車，必正立，執綏，車中，不內顧，不疾言，不親指。」（鄉黨）外面容貌舉止的敬，可以使心也敬，心敬則不亂；因爲心敬，則專於一。宋明理學家很注重持敬。程明道說：

「學者不必遠求，近取諸身，只明人理，敬而已矣。」（二程遺書　卷二）

程伊川也說：

「涵養須用敬，進學在致知。」（二程遺書　卷十八）

義，和利相對。人在行動時，常求自己的利益，假使沒有規律以限制求利之情，人便祇知道自利而防害人了。孔子和孟子最重義利之分，好義者爲君子，好利者爲小人。

「子曰：君子喻於義，小人喻於利。」（論語　里仁）

「君子義以爲尚。」（論語　陽貨）

對於爵位，對於金錢，合於義則取，不合於義則不取。孟子說：「仁，人心也；義，人路也。」（告子上）人的生活，循着『義』而行。

「子曰：富而可求也，雖執鞭之士，吾亦爲之。如不可求，從吾所好。」（述而）

「子曰：飯疏食，飲水，曲肱而枕之，樂亦在其中矣。不義而富且貴，於我如浮雲。」（述而）

「孟子曰：生，亦我所欲也；義，亦我所欲也，二者不可得兼，捨生而取義者也。」（孟子・告子上）

『殺身成仁，捨生取義。』這是儒家的傳統精神。這種精神，以物質爲輕，以精神爲重；人的精神生活藉以發揚。

乙、中　庸

中庸說：

「君子尊德性而道學問，致廣大而盡精微，極高明而道中庸。」（第二十七章）

『中庸』在儒家的思想裏，佔着很重要的地位，不僅是一項原則，也不僅是一種美德，而是中華民族生活的一種精神。

『中庸』，在中庸一書裏，繼續尚書『允執厥中』的思想。朱熹在中庸注解的序裏說得很清楚。

「夫堯舜禹，天下之大聖也，以天下相傳，天下之大事也。以天下之大聖，行天下之大事，而其授受之際，丁寧告戒，不過如此；則天下之理，豈有以加於此哉。自是以來，聖聖相承，若成湯文武之爲君，皐陶伊傅周召之爲臣，旣皆以此而接夫道統之傳。若吾夫子，則雖不得其位，而所以繼往聖，開來學，其功反有賢於堯舜者，然當是時，見而知之者，惟顏氏曾氏之傳得其宗，及曾氏之再傳，而復得夫子之孫子思，則去聖遠而異端起矣。子思懼夫愈久而愈失其眞也，於是推本堯舜以來相傳之意，質以平日所聞父師之言，更互演繹，作爲此書，以詔後之學者。」（朱熹全集卷七十六）

「子程子曰：不偏之謂中，不易之謂庸。中者，天下之正道；庸者，天下之定理。此篇乃孔門傳授心法。子思恐其久而差也，故筆之於書，以授孟子。」（中庸章句釋題）

天下的正道和天下之定理，在於遵行人性的天理。人性的天理和宇宙間的天理相同。宇宙間的天理，孔子認爲在四時運行裏可以看見。四時的運行，在於調節冷熱，使萬物發生。過於熱，萬物不能生；過於冷，萬物也不能生。萬物的生長，要有冷熱的中道。人的生活，也就要以中道爲原則，過與不及都不好。

尙書「舜典」說：

「帝曰：夔，命汝典樂，教冑子，直而溫，寬而栗，剛而無虐，簡而無傲。」

尙書「皐陶謨」說：

「皐陶曰：都！亦行有九德，亦言其人有德，乃言曰：載采采。禹曰：何？皐陶曰：寬而栗，柔而立，愿而恭，亂而敬，擾而毅，直而溫，簡而廉，剛而塞，彊而義，彰厥有常，吉哉！」

尙書在兩篇裏所講的善德，都在於遵守中道，以兩種相對的德行互相調節，以表現『允執厥中』的精神。

孔子自己很着重『中庸』，他說：「中庸之爲德也，其至矣乎！民鮮能久矣。」（論語・雍也）孔子自己外貌雖然很莊重，但是他的品格，則是「溫而厲，威而不猛，恭而安。」（論

語・述而）

不僅是在修德方面，在生活方面，儒家也表現中庸的精神。儒家不贊成墨子的犧牲一己爲人服務的精神，也不完全接受道家棄絕物質享受的人生觀，更不同意佛教以萬法皆空的學說，就連法家嚴刑峻法也不以爲好。儒家追求現世的享受，但卻不以物質享受爲生活，而能看重精神上的享受。孔子讚嘆曾點的人生觀：「莫春者，春服既成，冠者五六人，童子六七人，浴乎沂，風乎舞雩，詠而歸。」（論語・先進）

歷代名人、學者、詩人，都享受這種人生的樂趣。古文古詩中的山水記、遊記、棲閣記，便表現這種精神。中國人的享受要不俗，有雅興；中國人的舉止要溫合，有禮貌；中國人好錢，但不要吝嗇。孔子說：「老者安之，朋友信之，少者懷之。」（論語・公冶長）沒有錢的時候，心中也能安樂。「子曰：賢哉回也！一簞食一瓢飲，居陋巷，人不堪其憂，回也不改其樂。賢哉回也！」（論語・雍也）「子曰：士志於道，而恥惡衣惡食者，未足與議也。」（論語・里仁）

儒家的人生觀是樂觀的人生觀，是自知滿足的人生觀。易經說盛極必衰，以乾卦的九五，即最上一爻爲不利，因此歷代的賢人，知道功成身退，用錢和做人都知道留些餘地，這種精神生活乃是樂道的生活。

樂道的生活爲賢者的生活，聖人的生活則更高超。聖人的高超生活，在於發揚自己生性之仁，仁民而愛物，在精神上與天地相通。

丙、誠

易經說：

「與天地相似，故不違，知周乎萬物，而道濟天下，故不過。旁行而不流，樂天知命，故不憂。安土敦乎仁，故能愛。」(繫辭上·第四章)

這種精神生活，「人心合於天心，人與天地相似，則不違於天地之道了。於是能知萬物之理，能以仁心包涵萬物。」(九)

人心合於天心，在一位至誠的人纔能實現。誠，是率性。天地常是按照自性而行動，因爲宇宙萬物都遵守自然法則，宇宙的自然法則則爲好生之德，使萬物發生。至誠的人，完全率性而行，他的心便無貪，以仁愛包涵萬物。

「誠者，天之道也；誠之者，人之道也。」（中庸 第二十章）

「誠者，非自成己而已也，所以成物也。成己，仁也；成物，知也；性之德也，合外內之道也。故時措之宜也。」（中庸 第二十五章）

聖人能够誠於自性的仁，擴充的精神和天地相通。聖人的心乃深淵廣博，聖人的氣概乃有浩然之氣。

「大其心，則能體天下之物。有物未體，則心為有外。世人之心，止於聞見之狹。聖人盡性，不以見聞梏其心，其視天下，無一物非我。」（正蒙·大心）

「夫聖人之心，以天地萬物爲一體。」（王陽明全書 卷二）

孟子說：

「吾善養吾浩然之氣。敢問何謂浩然之氣？曰：難言也！其爲氣也，至大至剛，以直養而無害，則塞於天地之間。其爲氣也，配義與道，無是餒也。

是集義所生者，非義襲而取之也。」（孟子・公孫丑上）

「孟子的浩然之氣，充塞天地，由集義而生。即是說人克除私慾，行事常合於義理。人心既不困於物，精神乃與天地相接，自覺自己的精神充塞天地。所謂精神，並不是一種感情，也並不是一種感覺，乃是自己的心，即統性情的心，即能知覺的心。這種心，是人的大體。人與天地的氣相接。人到了這一地步，便進到安和的境界，便是止於至善了。」(十)

「中國哲學中，孟子派之儒家及莊子派之道家，皆以神秘境界爲最高境界，以神秘經驗爲個人修養之最高成就。但兩家之所用以達此最高境界，最高目的之方法不同。道家所用之方法，乃以純粹經驗忘我；儒家所用之方法，乃以『愛之事業』去私。無我無私，而個人乃與宇宙合一。」(十一)

儒家之仁愛之心和天地好生之心相合；儒家天地好生之心應該是上天好生之心，因爲天地無心，祇代表造生萬物的皇天上帝之心。儒家以仁愛之心直接合於天地好生之心，間接合於皇天上帝之心。祇是儒家不講來生，也不講超於現世事物的生活，儒家的最高精神乃以合於天地之心爲止境，不明說皇天上帝。但是最高精神生活既是神秘的境界，則含有超現實的成份，進入了和最高神靈相接的境界。

註

(一) 羅光　儒家形上學　頁二三九。輔仁出版社　民六十九版。
(二) 同上，頁一四〇。
(三) 羅光　中國哲學大綱上册。頁八九　臺灣商務印書館。
(四) 徐復觀　中國人性論史（先秦篇）　頁一七四。私立東海大學出版　民五十二版。
(五) 同上，頁二三八。
(六) 羅光　儒家的整體宇宙論　中國哲學的展望　頁一五七。學生書局　民六十六年。
(七) 同上，頁一二九。
(八) 羅光　儒家的發展哲學　中國哲學的展望　頁一四七。
(九) 羅光　中國哲學大綱　上册，頁二〇二。
(十) 同上，頁二一一。
(十一) 馮友蘭　中國哲學史　上册，頁一六五。

易經的人生哲學思想

易經在中國哲學思想史上的位置，近年更見提高了；而且是在中國儒家形上學方面，易經已經佔住了重要的位置，易經講宇宙的變易，變易爲生生，生生乃是中國形上學的中心點。西洋形上學以『存有』爲研究對象，中國形上學以『生生』爲研究的對象。『存有』爲物的本體，『生生』爲物的行；『生生』就是『存有』。

易經既然研究『生生』的變易，變易的表現爲進退。由生生的進退，進而研究人事的吉凶。易經的卦便是爲推算吉凶之用。

但是在孔孟和後代儒家學者的眼裏，人事的吉凶，沒有重大的價值；人事的價值在於倫理道德；因此「十翼」的思想都是倫理道德的思想。易經的倫理道德的思想和大學中庸的立場不同，卽是易經常以天地變易的思想爲基礎。宋朝理學家因此以易經和中庸大學共同研究，作爲理學的根基。

民初以後，考古運動在學術界活動，顧頡剛等人以易經的「十翼」爲僞作，以易經的卦詞爲卜詞，貶抑了易經的價值。易經在中國哲學史上失去了地位。但是民初摧殘古代文化的考古風氣在現在失去了勢力，圖騰崇拜的中國古代文化起源的學說也失去了依據，易經的價值乃逐漸提高。

現在我們不討論易經的形上思想，我們所要討論的是易經的人生哲學思想，就易經對於人生的理想，加以說明。

1. 天人相通的人生

易經的一個基本原則，是天人相通。天地爲自然界的宇宙。自然界宇宙的變易有一定的原則，這些原則和人事的變易相通。自然宇宙的變易，由陰陽兩個元素互相結合而成，人也是由陰陽結合而成。

「天地交而萬物通也。」（泰卦，彖）

「天地不交而萬物不通也。」（否卦，彖）

「天地絪緼，萬物化醇。男女媾精，萬物化生。」（繫辭下 第五章）

天地之道和人道相通，人道合於天地之道。易經的卦由三爻而成，重卦六爻即爲三爻的一倍。三爻代表天地人，人處天地之中，貫通上下。

「易之為書也，廣大悉備；有天道焉，有人道焉，有地道焉，兼三才而兩之，故六。六者非它也，三才之道也。」（繫辭下 第十章）

『三才之道』爲儒家傳統的思想，後代儒家都常保持。中國繪畫的山水畫，以天地人相調協爲原則。人和天地相通，在本體上說，是因爲天地人共一氣；雖說人之氣爲最秀，然也是氣。在運用上說，則是人贊天地的化育；因爲天地變易的目的在於生生，「天地之大德曰生，聖人之大寶曰位。何以守位曰仁。」（繫辭下，第一章）在成效上說，人若與天地相通，則可以深通天地變易的奧妙，可以預知人事的順逆，可以明瞭事件將發的『機』。

「夫大人者，與天地合其德，與日月合其明。……」（乾卦，文言）

「聖人有以見天下之賾……聖人有以見天下之動，……」（繫辭上 第八章）

在這種天人相通的境界裏，人在行動上常以天地爲法。

「是故天生神物，聖人則之。天地變化，聖人效之。天垂象見吉凶，聖人象之。」(繫辭上 第十一章)

聖人效法天地，天地代表自然界的宇宙。自然界的宇宙則由造物者所造。易經在經文裏多次提到上帝或上天，而且說『天地之心』，『天地之大德』，『天地萬物之情』，易經的自然天地，和老子的天地不同，老子以天地無心不仁，易經却以天地有心有仁。天地之心和天地之仁，不是自然天地的天地，而是代表造物者的上天。因此，孔子常說君子要知己、知人、知天，理學家朱熹以人得天地之心爲心。人和天地相通，卽是人心和上天之心相通，相通之道在於仁。

「天地感而萬物化生，聖人感人心而天下和平。觀其所感，而天地萬物之情可見矣。」(咸卦，彖)

天地的心情，在於萬物化生，聖人的心情，在於天下和平。這種心情，貫通天地人，表現上天的好生大德。

2. 積極前進的人生

易經講宇宙的變易，宇宙的變易由天地的變易而顯明出來，天地的變易則由一年四季而實現。

「變通莫大乎四時。」（繫辭上 第十一章）

「變通配四時。」（繫辭上 第六章）

從事農耕的中華民族，對於天地的變化當然由一年四季去看。漢代易學的象數易，以卦配一年四季，二十四節氣，七十二候，三百六十五日，便是以卦的變化由一年四季的變化而實現。

一年四季的變化，循環不絕，沒有一刻的停止。天地的變化也就循環不息，天地間的生命係一道洪流，川流不停。人的生活便應該繼續前進。易經乾卦說：

「九三，君子終日乾乾。象曰：天行健，君子以自彊不息。」

老莊的人生觀，以靜爲主，以退爲貴。易經的人生觀則以動爲主，以進爲貴。人的生命沒有停止的一刻，若一停止，生命就滅了。肉體生理的生命到了壯年以後，趨於衰頹；可是人的精神生命，却能繼續發揚；而精神生命乃是人的眞正生命。

「君子進德修業，欲及時也。……君子以成德為行，日可見之行也。」(乾卦 文言)

易經最重剛德，剛爲陽爲天；柔應順從剛，柔爲陰爲地。剛則强，則健，常積極前進。

「其德剛健而文明，應乎天而時行，是以元亨。」(大有，象)

剛健則動，動而進，進而文明。中華民族爲一耐勞勤奮的民族，海外華僑的創業，充份表現這種積極前進的人生觀。

「天地以順動，故日月不過，而四時不忒。聖人以順動，則刑罰清而民服。」（豫卦，彖）

按理隨時而動，乃動的一項原則。孔子主張有勇，然而勇而猛而暴，則爲失德而生亂。動雖剛，剛應順理。普通人的心理和生理活動，常不能保持同樣的高度熱忱，時强時弱，過久則停息。人的精神生活則應有恒，能够持久。易經講有恒，講反復；反復卽是爲持久有恒的方法。

「動以順行，……反復其道。七日來復，天行也，利有攸往。剛，長也。復，其見天地之心乎。」（復卦，彖）

卦爻的變化，因是六爻，便有六變，六變就恢復原卦。卦變的基礎爲乾坤兩卦，兩卦的變，以七爲來復。有來復乃能週而復始，持久不停。

「天地之道，恆久而不已也。……日月得天而能久照，四時變化而能久成，聖人久於其道而天下化成。觀其所恆，而天地萬物之情可見矣。」（恒卦，象）

天地變易的原則在於有恒，因有恒，日月久照，四時久成，萬物乃能化生。人的精神生活便也應有恒，人能有恒則『天下化成』。

在動時不能沒有阻礙；遇着阻礙，當然該停止。然而停止時，便該想解決阻礙的方法，然後再動。

「見險而能止，知矣哉！」（蹇卦，象）

「解，險以動，動而免乎險。」（解卦，象）

蹇解兩卦相連，遇險而止，譬爲明智。遇險却要行動，有行動纔能脫險，纔能解除阻難，可以繼續前進。

3. 中正的人生觀

易卦的變易，以爻爲代表，爻的變易在於位的變易。在一卦中每一爻有每爻的位置，從最低的一爻起，依次數到最上一爻，乾卦的爻有初九、九二、九三、九四、九五、上九；坤卦的爻有初六、六二、六三、六四、六五、上六。六爻的卦分爲上卦下卦，或外卦內卦。第二和第五兩爻，處在上下卦的爻的中央，二和五便是卦的中央位置，非常重要。爻分兩類，有陰爻和陽爻，陰應在下，陽應在上。若陽爻處於第五位，陰爻處於第二位，便是得其正，乃稱中正。中正的位置在易經中乃是最吉利最理想的地位。

例如陽爻居第五位：

「九五，飛龍在天，利見大人。」（乾卦）

「利見大人，尚中正也。」（訟卦，彖）

「剛中正，履帝位而不疚。」（履卦，彖）

「中正有慶。」（益卦，彖）

例如陰爻居第二位：

「不終日，貞吉，以中正也。」（豫卦 六二，象曰）

「受茲介福，以中正也。」（晉卦 六二，象曰）

對於中正、中貞、正中、中，的例，在易經的卦裏非常多。易經非常着重陰陽得其位。位的價值在變易者代表「時」，因爲變易雖在時間和空間裏而完成，以時間爲主。卦的象是圖，圖是在空間裏，故祇有位。然而卦爻的位代表變，位就代表時了。例如乾卦的爻，很明顯表示這種性質：

「初九，潛龍勿用。……九二，見龍在田，利見大人。……九三，君子終日乾乾，夕惕若厲，無咎……。九四，或躍在淵，無咎。……九五，飛龍在天，利見大人。……上九，亢龍有悔。」

這六個位都代表時。

『時』在易經裏有很高的意義，天地的變易順着時候而動，不能違時，否則會造成非常的現象，稱爲災異。易經卦裏很多次有『時義大矣哉』的話。

「革之時義大矣哉！」（革卦，彖）

「旅之時義大矣哉！」（旅卦，彖）

「豫之時義大矣哉！」（豫卦，彖）

「隨之時義大矣哉！」（隨卦，彖）

「姤之時義大矣哉！」（姤卦，彖）

變易是在時間以內，常該隨時。易繫辭說：

「變通者，趣時者也。」（繫辭下　第一章）

人的行動，便該適合時候，孔子在論語裏常常提出這條原則。易經的原則是：

「時止則止，時行則行，動靜不思其時，其道光明。」（艮卦，彖）

孔子很守這項原則，可以進則進，可以退則退。亂世而得厚祿爲可恥，盛世而不得厚祿也是可恥。孟子所以稱孔子爲『聖之時也』。

時既代表位，位在儒家的生活觀裏佔重要的位置，『君子以思不出其位。』孔子以不在位則不談政治；而且最重正名，正名的意義就是守位。每個人在那個位置上，就盡這個位置所有的職務。易經的家人卦，說明「女正位乎內，男正位乎外。男女正，天地之大義也。」（家人卦，彖）

但是易經的時位觀念，以中正爲標準。中正的意義是適當。適當的標準則是天道或天理，天道的表現爲禮。禮的精神在於避免偏激，防止暴亂，使事事有秩序，即是使人有中庸之道。易經的卦裏有幾點特別表示中庸之道。

「知至至之，可與幾也。知終終之，可與存義也。是故居上位而不驕，在下位而不憂。故乾乾因其時而惕，雖危無咎矣。」（乾卦，文言，九三）

可以往前，就往前；這樣纔可以說是認識事件將發生的跡兆。跡兆是幾。可以停止，就停止，這樣可以保全自己的令譽和事業，即是有義。這等的賢哲，必定不會偏激，常保持心中的平衡，在上不驕，在下不憂，合於中庸。

「亢之為言也，知進而不知退，知存而不知亡，知得而不知喪。」（乾卦 文言，九六）

亢代表不中庸，祇知道一面而不知道另一面，所以不能折中而執。知進不知退，在該退的時候不退，乃招身敗名裂的禍，便是不知道中庸。

易經又用另一個名詞，代表中道，即是謙。謙雖說是自下，實際乃是中道，不走偏激的亢。

「謙，亨。天道下濟而光明，地道卑而上行。天道虧盈而益謙，地道變盈而流謙，鬼神害盈而福謙，人道惡盈而好謙。謙尊而光，卑而不可踰，君子之終也。」（謙卦，彖）

「謙，尊而光，卑而不可踰。」說明謙雖是退，雖是自下，同時却是在上，正得其中。

4. 君子聖人的人格觀

聖人和君子的人格觀，由孔子所創建。聖人的人格，在古書裏雖然有，但沒有標出非爲人生的努力目標。孔子在論語和中庸裏標擧了聖人的人格，又創建了君子的人格，同時也描寫了小人的卑鄙。聖人、賢人、君子、小人，在儒家的傳統裏成了人的階級。易經的「十翼」裏，很多次標擧君子的人格。

「君子終日乾乾，夕惕若厲。」（乾卦，卦辭）

「君子體仁足以長人，嘉會足以合禮，利物足以和義，貞固足以幹事。君子行此四德者，故曰：乾元亨利貞。」（乾卦，文言）

「君子敬以直內，義以方外，敬義立而德不孤。」（坤卦，文言）

「師，君子以容民畜衆。」（師卦，象）

「象曰：天地不交，否。君子以儉德辟難，不可榮以祿。」（否卦，象）

「君子以教思無窮，容保民無疆。」（臨卦，象）

「君子以明庶政，無敢折獄。」(賁卦，象)

「君子尚消息盈虛，天行也。」(剝卦，象)

「君子以虛受人。」(咸卦，象)

「君子以立不易方。」(恒卦 象)

「君子以遠小人，不惡而嚴。」(遯卦，象)

「君子以非禮弗履。」(大壯卦，象)

「君子以言有物，而行有恆。」(家人卦，象)

「君子以反身修德。」(蹇卦，象)

「君子以見善則遷，有過則改。」(益卦，象)

上面所引已經很多了，其他各卦講君子的還有不少。易經講君子常在「象曰」。「象曰」以上下兩卦的象，說明這卦的意義；所說的意義，常是君子所行之道，例如益卦，上卦爲震，震爲雷，下卦爲巽，巽爲風。「象曰：風雷，益，君子以見善則遷……」因有「風雷之勢，交相益助。」(周易本義 注)又如家人卦，上卦爲離，離爲火，下卦爲巽，巽爲風。「象曰：風自火出，家人。君子以言有物……」，因爲『身修則家治』。又如明夷卦，上卦爲離，離爲火，下卦爲坤，坤爲地。「象曰：明入地中，明夷。君子以莅衆，用晦而明。」

用「象曰」說明君子所行之道，易經的思想是表明天人相通，以天地之道用於人事，使自然界的現象常有一種精神的意義。君子所行之道，乃儒家的倫理道德觀。君子是一位努力前進，修身齊家治國的人。易經「象曰」的一些話成了後代儒家的修身原則。例如『敬以直內，義以方外。』在宋朝理學家中，爲一項重要的修身之道。又如『君子以自彊不息』，在現代的中國，還是一條修身的標語或座右銘。祇從這一點去看，「十翼」若非孔子自己所作，一定是孔子門生所錄，因爲「十翼」的思想和論語、大學、中庸的思想相同，而不是漢朝儒者的思想。

君子的人格，爲修身的模範。每個人應求爲君子，而不流爲小人。易經的卦象本來爲卜算人事的吉凶，但是「十翼」的解釋，則常歸到倫理的善惡。這一點也表明；孔子的思想。人所注意的在於善惡，而不在於吉凶，吉凶隨着善惡而定。善就是吉，惡就是凶。

但是人生努力的最高目標，不祇是成爲君子，而是成爲聖人。易經講聖人在經文裏很少，在繫辭裏較多。聖人的人格很高，不易達到，也不易認識。這種最高的人格，實現在天人相通的最高境界。乾卦的文言稱揚『大人』的人格，大人爲一位聖人皇帝，或是一位有德的大臣。

「夫大人者，與天地合其德，與日月合其明，與四時合其序，與鬼神合其吉凶。先天而天弗違，後天而奉天時。天且弗違，而況於人乎！而況於鬼神乎！」（乾卦，文言）

周易本義的朱子注解，以人和天地鬼神，同有一理。聖人沒有私慾的阻礙，故能和天地鬼神相通。實際上，朱子所說的天地之理，即是生生之理，聖人能贊天地的化育，所以便是天人相通。這種相通的境界，自然流行，不加努力，聖人的心已穩定於善，遇事就自然流露。君子人，須事事努力以求善，聖人則自然而爲善。孔子曾說他自己「七十而從心所欲，不踰矩。」便是聖人的氣象。

「夫易，聖人之所以極深而研幾也。唯深也，故能通天下之志；唯幾也，故能成天下之務；唯神也，故不疾而速，不行而至。子曰：易有聖人之道四焉者。」（繫辭上 第十章）

易經的卦爲聖人所作，易經表現了聖人的四種「道」；「易有聖人之道四焉：以言者尚

其辭，以動者尚其變，以制器者尚其象，以卜筮者尚其占。」（同上）

爲什麼聖人能作易呢？因爲聖人和天地相通，乃能知道天地變易之道。

「聖人有以見天下之賾，而擬諸其形容，象其物宜，是故謂之象。聖人有以見天下之動，而觀其會通，以行其典禮，繫辭焉以斷其吉凶，是故謂之爻。」（繫辭上 第八章）

聖人製造了易卦，卦代表天地的變易，從天地的變易中可以推知人事的吉凶。卦既是聖人所造，聖人便可以知道人事的吉凶。

「子曰：夫易何爲者也？夫易，開物成務，冒天下之道，如斯而已者也。是故聖人以通天下之志，以定天下之業，以斷天下之疑。……是以明於天之道，而察於民之故，是興神物，以前民用，聖人以此齋戒，以神明其德夫！」（繫辭上 第十一章）

這種神妙的人格，可望而不可卽。宋代理學家雖以成聖爲修身的目標，然也知道聖人的境界不是常人所能達到。但是聖人的人格觀，則常懸在心目中。

5. 結語

易經原爲占卜的書，秦始皇焚書時未遭焚燒。漢代易學專以占卜爲主，沒有注意到「十翼」的人生哲學思想。王弼注易，纔開始以易經的義理爲重，掃除了漢易的象數占卜學。宋代理學家除研究易經的宇宙變易思想外，也專心於易經的人生哲學；因此理學家的基本資料，爲易經和大學、中庸。

易經的人生哲學思想，乃是孔子的思想，成於漢代儒學以前。漢代儒學一心注重天人感應的謬論，又以道家思想滲入儒家，把易經的積極而動的人生觀，變爲了靜而無爲的人生觀。又因魏晉南北朝天下紛亂，人都不能安於位，於是士人或者避世以求脫離政治生活，或者趨合時機，以求苟安。於是易經的注重時和位的人生觀，變成了投機的企圖。中華民族的民族性經過了戰國和魏晉南北朝的亂世，失去了積極向前的特性，改成了靜而保守的特性。於是幾千年來，中華民族的文化成了保守的文化。在目前，民族和國家又遭遇空前浩刼，在國際最困難中求生存，總統　蔣公乃提出自强不息的標語，直追易經的人生觀，眞是看清了中華民族的根本思想。蔣公取名介石，號中正，都是出自易經。目前研究易經的風氣頗盛，但若拘泥在占卜卦的解釋，乃爲考古；最重要的，則在於研究易經的哲理，以明瞭中國哲學的根本；然後加以發揮，與以新思想的充實以構成現代中華民族的人生哲學。

（曾載於哲學與文化 第五卷第一期）

易經的生生

1. 宇宙一體

中國的哲學是一部人生哲學，人生哲學的基礎則是宇宙本體論，中國哲學以易經爲開端，建立了宇宙一體的觀念。易經講天地的變易，以卦形象徵變易的現象，卦的構成以三爻爲構成素，三爻則代表天地人。

「易之為書也，廣大悉備，有天道焉，有人道焉，有地道焉，兼三才而兩之，故六。六者，非它也，三才之道也。」（繫辭下 第十章）

每一卦代表宇宙的一種變化現象，每一變化現象都包括天地人；卽是說每一種變化現象都是天地人的變化，也就是宇宙的變化；而宇宙的變化，乃是天地人的變化，天地人代表宇宙，天地人結成一體。

「日月得天而能久照，四時變化而能久成，聖人久於其道而天下化成。觀其所恒，而天地萬物之情可見矣。」（恒卦 彖曰）

日月四時的變化，乃是宇宙的變化，這些變化常繼續不斷，也常繼續不亂，所以有恆。有恆必是因爲有變化之道，聖人與天地相通，能夠明瞭宇宙變化之道，又能按照天地變化之道去治國，民衆乃能向化。這表示聖人和天地相合，又表示民衆也和萬物相合，所以聖人才能用天地變化之道去化民。

「與天地相似，故不違，知周乎萬物而道濟天下，故不過。旁行而不流，樂天知命，故不憂。安土敦乎仁，故能愛。」（繫辭上 第四章）

智慧周涵萬物，仁道濟愛天下；聖人的精神周流在萬物之中，乃能樂天知命。這表示聖人體驗天地萬物一體，表現於自己的生活中。

人是宇宙的一部份，而且是最優秀的部份，因為人最靈，在人的靈性上反映出宇宙的一切特性，人也可以稱為一個小宇宙，一個小天地。小宇宙和大宇宙相連，互相貫通。天地變易的原則就是人的生活原則，天地運行的氣，也在人的身體中運行。因此，人中的最智慧者，卽是聖人，能明瞭宇宙原則的奥妙，又能够仿效宇宙的原則去實行。

「聖人有以見天下之賾……聖人有以見天下之動。」（繫辭上　第八章）

「夫易，聖人之所以極深而研幾也。唯深也，故能通天下之志；唯幾也，故能成天下之務；唯神也，故不疾而速，不行而至。子曰：易有聖人之道四焉者，此之謂也。」（繫辭上　第十）

「是故天生神物，聖人則之。天地變化，聖人效之。」（繫辭上　第十一章）

人的生活成為宇宙變易的一部份，也是最高貴的一部份。在人的生活中，宇宙變易的原則成為有靈性的原則，經過人的智慧和情愫，表現內部所含的意義，這種意義又能為人所知。宇宙乃不是一個塊然無靈的物質，而成為有目的，有心靈的整體。易經所以講『天地之心』和『天地之情』。

2. 宇宙萬物常動

易經一書所有的一個中心觀念是『動』，『動』是變易，簡稱爲『易』。天地中的現象在古人的簡單觀察中，最引起注意的，必定是白天和黑夜，兩個相對又相反的現象互相繼續。另一個最引起注意的，是一年的四季。在四季分明的大陸，地上的草木按照季節而現出不同的色彩，嫩芽的淺藍、茂葉的深綠、衰草的暗黃、枯木的黯黑，一年內輪流變換。再觀察自身和家人常能發覺年歲過得很快。

古人便知道天地萬物常在變易，沒有停止的一刻。白天黑夜，春夏秋冬從來不會停留，而是永遠地繼續在動。

「易之為書也不可遠（猶亡也），為道也屢遷，變動不居，周流六虛（卦的六位），上下無常，剛柔相易，不可為典要，唯變所適。」（繫辭下 第八）

伏羲作卦，象徵宇宙的變易。卦由『剛柔相易』而成。卦的變化，在於陽陰兩爻在六位裡，上下變動位置（周流六虛，上下無常）。

萬物是存有體，每一物爲一有，爲一存在體。中國古代哲人觀察萬物，不注意物的存在，而注意物的變易，注意物的動。每一存在的『有』，就是一個繼續的變易。『有』是存在，存在是變易的動。中國的哲學乃講『動』，而不講『有』。

「觀變於陰陽而立卦，發揮於剛柔而生爻，和順於道德而理於義，窮理盡性以至於命。」（說卦 第一）

從觀察宇宙內因著陰陽而起變化，乃成卦；把陰陽代表剛柔互相結合而製定爻；按照宇宙變化的原則而設立人生活的原則，乃有倫理道德的意義；研究宇宙變化的原理，以知道人物的本性，而後認識每人所有的命。易經的用處和價值在說卦的這四句話裡，很圓滿地表現出來，這四句話的基本之則在於『觀變』。

「變通莫大乎四時。」（繫辭上 第十一）

「變通配四時。」（繫辭上 第六）

宇宙中的變化最明顯而又具有圓滿意義的，乃是四時，漢朝易學者講氣，特別創立卦氣說，以六十四卦，配四時、配十二月、配二十四節氣、配七十二候、配三百六十五日，以氣爲宇宙變化的原素，是因氣在萬物裡流通運行。

通常在哲學上，以生物本身有變動，無生物本身沒有動。易經則以萬物都有動，凡是存在的物（有）都不是呆靜的；因爲氣是運行不停。

3. 變化的兩元素

王船山曾主張易經是『乾坤並建』，即是說易經的卦變由乾坤兩元素而成。乾坤平等，沒有先後。

張載曾說變化要有『二』才能成立，祇有『一』不能起變化；因爲變化的最基本點（原則），是由一點而到另一點。這二點可以是空間，可以是時間，可以是量，可以是質，也可以是本體的存在。再者，變化要有兩種元素，互相結合或互相對抗，才可以出現。

易經稱呼這兩個元素，用各種不同的名詞，或稱爲兩儀，或稱爲剛柔，或稱爲陽陰，或稱爲動靜，或稱爲乾坤，或稱爲天地。

「是故易有太極，是生兩儀，兩儀生四象，四象生八卦。」（繫辭上　第十一）

太極爲變化的根源，爲變化的起點，爻也是變化的本體。張載主張太極爲『太虛之氣』，爲『氣之本體』。由太極而生兩儀，兩儀爲陽陰兩氣，有了陽陰兩氣，乃生四象八卦。漢朝學者撇開四象而講五行，五行卽是金、木、水、火、土，爲陰陽的五種結合，如四象爲陰陽的四種結合。由二到四，爲數學的變化；由二到五，爲宇宙的變化，宇宙的變化，在時間和空間以內。空間分東西南北和中央，空間爲五；時間分春夏秋冬，時間爲四，然而由冬到春，由夏到秋，暖寒起變化的時候，有個起點的時間，這個時間相當於中央，就是寒暖平衡的時候，漢朝易學者把易經的卦配合五個時間五個空間，再配合五行，五行便代表宇宙的變化。

五行由陰陽兩元素而成。陰陽兩元素爲宇宙變化的元素。中國古代哲人觀察宇宙萬物的變化，萬物中當然以生物爲最貴，生物是由兩性相結合而來。由生物推到其他的萬物，則每一物都是來自兩性的結合。易經乃說：

「彖曰：泰，小往大來，吉亨。則是天地交而萬物通也，上下交而其志同也，內陽而外陰。」(泰卦)

「彖曰：否之匪人，不利君子貞。大往小來，則是天地不交，而萬物不通也。上下不交而天下無邦也。內陰而外陽，內柔而外剛。」(否卦)

泰、否兩卦爲兩個相反的卦，由乾坤兩單卦，上下的位置變動而成。泰卦是內乾外坤☷☰，所以說「內陽而外陰」，由下而上乃起變化，陽居首位，上下相交。否卦是內坤外乾☰☷，所以說「內陰而外陽，內柔而外剛」，由下而上，陰居首位，上下不交。易經以天地代表乾坤、陽陰，然而也常以剛柔和動靜進退代表乾坤陽陰。

「動靜有常，剛柔斷矣。」(繫辭上 第一)

「剛柔相推而生變化。」(繫辭上 第二)

「變化者，進退之象也。」(繫辭上 第二)

實際上，宇宙變化的元素，乃是陰陽兩氣。一切的變化，都是陰陽的結合，繫傳說：

「一陰一陽之謂道，繼之者善也，成之者性也。」（繫辭上 第五）

每一物有一物之性，性由陰陽結合而成。陰陽變化而結合，就是宇宙變化之道；陰陽的變化，繼續不斷，以成萬物，表現天地好生之德，就是『善』。宇宙間陰陽的變化，目的在於使萬物發生。

4. 易經的變易乃是生生

陰陽兩元素的結合，化生萬物，萬物的『有』乃是『生』，易繫辭說：

「生生之謂易。」（繫辭上 第五）

『生』字在易的繫辭裡是一個專門的術語，易傳爲說明宇宙變易的歷程，就用「生」字。

「是故易有太極，是生兩儀，兩儀生四象，四象生八卦。」（繫辭上 第十一）

在這同一章裡，易傳又說：

「是故天生神物，聖人則之。」

這個『生』字，當然不是父母生育子女的『生』字；因爲兩儀不是由太極懷孕而生，神物也不是由天懷孕而生，這個生字，第一、表示『存在』的由來，兩儀的存在是由太極而來，神物的存在是由天而來。第二、生字在由來或根由上又加上另一意義，即是化生。『化生』的動作，非常神妙，可能爲我們人所認識。易繫傳常以『神』來解釋萬物的化生。因爲『化生』沒有形體可見：

「故神無方而易無體。」（繫辭上 第四）

周易本義的注釋說：「如此，然後可見至神之妙，無有方所，易之變化，無有形體。」

「陰陽不測之謂神。」（繫辭上 第五）

「子曰：知變化之道者，其知神之所為乎。」（繫辭上 第九）

陰陽變化之道不可推測，神妙莫可言，乾陽坤陰互相結合以生萬物。

「夫乾，其靜也專，其動也直，是以大生焉。夫坤，其靜也翕，其動也闢，是以廣生焉。」（繫辭上 第六）

『大生』和『廣生』，用以形容宇宙間萬物化生的多和盛，宇宙萬物的數量既多，質量也廣。

「易，無思也，無為也，寂然不動，感而遂通天下之故，非天下之至神，其孰能與於此？夫易，聖人之所以極深而研幾也；唯深也，故能通天下之志；唯幾也，故能成天下之務；唯神也，故不疾而速，不行而至。」

（繫辭上 第十）

這一段話形容宇宙化生萬物的變化，在沒有形跡可見的動作中，整個宇宙互相貫通，似乎不行動，却達到目的，似乎很慢，却非常快速，宇宙萬物的化生，是一種很深奧的動作，是種很幾微的動作；所以稱爲『天下之賾』，祇有聖人才能知道，用卦象去表現。

「是故夫象，聖人有以見天下之賾，而擬諸其形容，象其物宜，故謂之象。聖人有以見天下之動，而觀其會通以行其典禮，繫辭焉以斷其吉凶，是故謂之爻。極天下之賾者存乎卦，鼓天下之動者存乎辭，化而裁之存乎變，推而行之存乎通，神而明之存乎其人。」（繫辭上 第十二）

「日往則月來，月往則日來，日月相推而明生焉。寒往則暑來，暑往則寒來，寒暑相推而歲生焉。往者屈也，來者信也，屈信相感而利生焉。……窮神知化，德之盛也。」（繫辭下 第五）

宇宙萬物的化生，可以用卦象卦爻來代表，又可以用日月和四時來代表，日月四時的變化，調節寒暑，利於五穀的化生。這乃是天地好生之德，聖人以心靈的清明，和天地萬物相通，乃能『窮神知化』。

在同一章中又云：

「天地絪縕，萬物化醇。男女構精，萬物化生。」(同上)

所謂天地男女，都是代表陽陰兩個元素。周易本義的注釋說：「絪縕，交密之狀。醇，謂原而凝也，言氣化者也。化生，形化者也。」

5. 生生爲有目的之仁

易經講變易和道德經講變易，在變易過程中雖都有用『生』字，但其意義中有一點很不相同，道德經說：「道生一，一生二，二生三，三生萬物，萬物負陰而抱陽，冲氣以爲和。」(第四十二章)老子所講的宇宙變化的歷程，在節目上和易經所講的歷程不相同，在變化的意義上則相同，兩者都是講宇宙的變化有『一』爲基本，有『二』爲變化元素，有『次序』為變化的程序。但是宇宙變化的目的則不相同，易經以宇宙的變化有目的；道德經以宇宙的變化沒有目的。易經所講宇宙變化的目的是生生之仁，道德經則說：「天地不仁以萬物為芻狗。」（道德經 第五章）

易經承認宇宙的生生是有目的的變化。易經在講宇宙的變化時，稱宇宙的變化為天地之大德，為天地之情，為天地之心。

「天地之大德曰生，聖人之大寶曰位，何以守位？曰仁。」（繫辭上 第一）

「復，其見天地之心乎。」（復卦，彖曰）朱熹注說：「積陰之下，一陽復生。天地生物之心幾於滅息，而至此乃復可見。」

「天地感而萬物化生，聖人感人心而天下和平，觀其所感，而天地萬物之情可見矣。」（咸卦，彖曰）

「日月得天而能久照，四時變化而能久成，聖人久於其道而天下化成，觀其所恒，而天地萬物之情可見矣。」（恒卦，彖曰）

「大者正也，正大而天地之情可見矣。」（大壯卦，彖曰）

宇宙變易而化生萬物，乃是因爲天地有生物之心，有心乃有情，有情乃有德。宇宙變易便是一種有目的的變易，以生生爲目的。生生的目的稱爲仁。仁就是『生物之心』，也就是『好生之德』。

老子以天地不仁，萬物自然而生，而且盲目地化生，該生就生，該滅就滅，萬物不過是一種芻狗（儀牲品），沒有什麼價值。易經則以天地愛萬物，因愛萬物而使化生。聖人認識天地的『好生之德』，乃能『通天下之志』。『志』是志向，是目的。「天下之志」就是天地生物的目的。

「文明以健，中正而應，君子正也，唯君子為能通天下之志。」（同人卦，彖曰）

「夫易，聖人之所以極深而研幾也；唯深也，故能通天下之志。」（繫辭上第十）

聖人懂得宇宙的變易，所以能深入而『通天下之志』，明瞭變易的目的，在於生生之仁；聖人乃愛民而以謀人民的福利爲目的。

「子曰：夫易何為者也？夫易開物成務，冒天下之道，如斯而已者也。是故聖人以通天下之志，以定天下之業，以斷天下之疑。」（繫辭上 第十一）

聖人如何去採通天下的志呢？就是仁民而愛物。「何以守位？曰仁。」聖人以仁而守自己的名位。

易卦指示聖人和君子該修的德，乾卦為六十四卦之首，乾卦的卦辭是「乾，元亨利貞」。這四個字代表乾的四種特性，乾代表陽，代表天，又可以代表皇帝，代表君子，代表聖人。元亨利貞四種特性即是「生生之仁」。

「文言曰：元者，善之長也；亨者，嘉之會也；利者，義之和也；貞者，事之幹也。君子體仁足以長人，嘉會足以合禮，利物足以和義，貞固足以幹事。君子行此四德者，故曰乾元亨利貞。」（乾卦，文言）

乾卦文言解釋卦辭，以元亨利貞為仁禮義智。但是在卦序的原來意義，則是指着生生的四種過程：『元』指著生命的發育。『亨』指著生命的茂盛。『利』指著生命的成熟。『貞』指著生命的收藏；就是後來漢朝易學者所講，春生夏長秋收冬藏。周易本義的注釋說：

「元者，生物之始，天地之德，莫先於此，故於時為春，於人則為仁，而衆善之長也。亨者，生物之通，物至於此，莫不嘉美，故於時為夏，於人則為禮，而衆美之會也。利者，生物之遂，物各得其宜，不相妨害，故於時為秋，於人則為義，而得其分之和。貞者，生物之成，實理具備，隨在各足，故於時為冬，於人則為知，而為衆事之幹。」

漢朝易學者造了卦氣說，把八卦配一年的季節和日數，完全根據五穀的生長，以宇宙間的變化在一年四季裡周流，周流的結果，是一羣一羣的生命。

宋朝理學家乃以仁爲生，仁爲愛之理。天地之心爲生生，人得天地之心爲心，人心爲仁。

6. 生命哲學

易經生生的觀念，在中國哲學裡成了一個最基本的觀念，造成了中國哲學的特色。中國的哲學就是生命哲學。

西洋哲學以『有』爲形上學的研究對象，以形上學爲各部哲學的基礎。『有』是由靜的方面去研究萬有，由『有』而到『性』，而到『存在』，而到『個性』。中國哲學以「有」爲生生之動，以每一「存在」都是『動』，『動』卽是『生』，由『生』而研究「性」。

漢朝哲學建立了氣的觀念，發揮易經的思想，由抽象的太極到實有的氣，由象徵的兩儀而成爲變動無常的陰陽，由數理變化的四象而到普遍的五行。陰陽五行之氣，周行天地，貫通萬物。宇宙乃一活的宇宙，一切都緊緊相連，人事的善惡，因着相同之氣的感應而招致祥瑞或災殃。自然界現象的交流，影響人事的凶吉。天人感應的學說，爲漢朝的特殊思想，在漢朝學者的心目中，宇宙乃是一個生活的整體，上自朝代的更替，皇帝的承繼，下至婚姻的結合，喪葬的時日，旁至音樂的五音，醫藥的脈絡，都在五行之氣中，互相關連，互相影響。而漢朝的易學的卦氣說，更是以六十四卦配合一年季節時日的循環，構成一個生命盛衰的大系統。若從自然科學方面去看，漢朝人的思想近乎迷信。從哲學方面去看，漢朝人的思想更是武斷和幻想。然而在中國的哲學裡，漢朝人的思想正代表中國哲學的特色。不在抽象學裡方面嚴密去推論，而從人生活的深處，環環相連，構成一個活的宇宙。

漢朝人近乎迷信的思想，影響了後代中華民族的生活，中國人誰不講五行？中國人誰不看相擇地擇日？中國人講醫學，誰不根據五行以察看病源？就是宋代理學家，完全在理論方面追求性理，絕不染於迷信，然而理學家都以氣和五行的觀念，作爲理學的根據。

宋朝理學研究人的性理，以天理爲出發點，歸結到人性的善惡。朱熹主張天地祇有一個太極，萬物又各有一個太極。太極按照朱熹的主張爲理之極至的天理，天地祇有一個天理，萬物又各有一個天理。天理爲性；若是天地祇有一個性，則萬物完全相同相等，便成了莊子的「齊物論」。若萬物各有一個性，天地便不能祇有一個天理。因此，理學家所講的理，不是物理，而是生生之理，卽是物的存在之理。在『生』的方面，卽在存在方面，萬物都是『生』，所以天地祇有一個理。易經常說天地相交而萬物生，又說陰陽相交謂之道，這種生生之道在抽象方面說祇是一個普遍的觀念。好比「有」是一個普遍觀念，『存在』也是一個普遍觀念，『生』就是一個普遍觀念。生生之理也就是一個普遍觀念。

朱熹以萬物各有一太極，乃是每一物的「生生」，卽是每一物的實際存在各不相同。每一物的實際存在，由理和氣而成，理爲抽象的是生生之理，氣爲具體成形的氣。氣有淸濁，程度不相同，每一個人由理氣合成的氣質之性，便各不相同。人和物的性既不相同，我和非我的性又不相同。朱熹說物得理之偏，人得理之全。生生之理，在各等的物體中，因著所禀的氣在清濁程度上不同，生生之理的表現隨着也不相同。礦物的氣最重濁，生生之理表現得最少，植物的氣稍清，生生之理表現得稍多。動物的氣更清，生生之理表現更多。人的氣最清，稱爲秀氣，人乃有靈明的心，生生之理乃能完全表現。萬物所有的生生之理，即是天理雖然相同，每物都有的具體天理便有差異，人雖都是萬物之靈，人之中每人所禀的氣又有較清較濁的分別，人之中便有智愚賢不肖。

因此，理學家的理氣觀念，以『生生』爲基礎，乃爲解釋生生之理。陸象山和王陽明以人心就是理，理就是人心，倡心外無理的學說。陸、王所講的理，不是物理，而是生生之理。但萬物的物理不同，不能都在人心，更不能說心外無理，理既是生生之理，人的生生之理包括各級物體的生生之理，人的生生之理在靈明的人心完全表現出來；若說人心等於理，或說心外無理，乃是合理的主張。

王陽明在大學問裡講『一體之仁』，仁就是生，在生的方面，萬物都是一體。宋朝理學家在王陽明以前已經以仁爲生，沒有生命便稱爲不仁。朱熹說：「人得天地之心爲心。」人心便是仁，仁和生緊緊相連。

仁代表孔子所說的一切善德，善德的根基在於人心。人心代表生生之理的全部，全部生生之理不是人的生理和心理生命。而是人的倫理生命，也就是人的精神生命。人心靈明能够有知識，知識生活當然是人的高尙生命，但是儒家孔、孟所看重的生命，乃是仁義道德的生命。孟子以人心生來有仁義禮智之端，人的生活就在於發育仁義禮智之端，使成爲仁義禮智的全德，孔子講『學』，不在於求普通的智識，而是在於求知人生之道，在於求知天理。顏回所以被稱爲好學，因爲他能三月不違仁，能够不貳過。全部的生生之理，在於仁義禮智之理。易經以乾卦代表天，乾的特性爲元亨利貞。人心卽是天心，元亨利貞在人心便是仁義禮智。

中庸以『天命之謂性，率性之謂道，修道之謂敎。』大學講『明明德，親民，止於至善。』明德卽是人心的天理，卽是天命之性。明德是什麼呢？中庸第二十二章說明至誠的人，完全發揭自己的性，次第發揭人性和物性，最後參天地的化育。參天地化育乃是人的至善，至善則是完全發揚個人的性理。中庸、大學都以人的性理是仁，是愛萬物的生存，而助予發育。

儒家的倫理便是建築在形上本體論的性理，而性理乃是生生之理。

在儒家的心目中，宇宙萬物是『生』，『生』的表現不同而有各種的實有物，整個完全的生生之理則是仁義禮智的理，整個的完全生命就是倫理性的精神生命。在倫理性的生命裡，反映出各級物體的生命，而又再加上因著仁而使生命永遠繼續的意義，在人的倫理性精神生活裡，不僅是人的生命，而是綜合萬物的生命，又使萬物的生命因著人的認識和體驗，不留在一種盲目自然的無知覺狀態中，而是使之成爲一種有意義、有生命、有美妙的整體。

老、莊主張無，孔、孟主張有。老莊以道不可認識，道在萬物中，萬物也不可認識，那麼道等於無，萬物也等於無。孔、孟以心的靈明，可以『下學而上達』，可以認識宇宙變易之理，可以認識萬物之理，萬物對於人都是有，都有意義。老、莊的人生觀以虛無爲根據，敎人空虛一切，而一切成爲虛無，乃有幸福。孔、孟的人生觀以生生之理爲根據，使人和人，人和物在『有』卽在『生』上結成一體，乃有幸福。

西洋學者常以爲中國哲學沒有形上學，祇有倫理學；實際上中國哲學具有形上學，由形上學而到倫理學，中國形上學講論萬物的存在，以存在爲生生。生生在各級物體逐漸表現，達到最完美的程度時，乃有高尚的倫理生活。

中國哲學的倫理生活爲整個生活的表現，爲整體生命的實現。中國形上學和倫理學的連貫，不僅在於學理上的連貫，而是在於同有一個活的對象，兩者都在討論生命。所謂生命乃是動的存在。

馬克思（Karl Marx）唯物辯證論，以宇宙常動，但却以宇宙爲物質，物質就是動，人的生命也是物質的生命。易經以宇宙常動，每一物的存在都是變易，變易稱爲『生生』，或『生』。『生生』由物質的動，升到心靈的動，生命的完滿意義在於精神生命。

因此，我們可以看出易經的生生觀念，構成中國儒家哲學的基礎和骨幹，在生生的觀念上，整部中國哲學的各部份互相聯繫；在生生的觀念上，中國哲學有自己的特色。對現代的中國人來說，生生的哲學在現在還可以是適合時代的哲學，我們不能看易經僅爲卜卦的迷信書，也不必捧易經爲近代數學天文學或別種科學的先驅，易經自有它的意義和價值。我們更不應該把中國哲學看成古老陳舊的廢物，不能和西洋理性哲學相比。中國的生生哲學或生命哲學應該在現代還是活的思想，祇要加以合理的補充和革新，就可以成爲現代的中國哲學。

（曾載於哲學與文化　第五卷第八期　五四頁）

生生之謂易

（國際漢學會議所提論文）

1. 注　疏

易經的易，在漢朝時被解釋爲三易。三易的含義有兩種：一種說三易爲連山、歸藏、周易，一種說三易爲簡易、變易、不易。周禮春官太卜說：

「掌三易之法：一曰連山，二曰歸藏，三曰周易。」

鄭玄注說：「連山，似山出內氣也。歸藏者，萬物莫不歸而藏於其中。」賈公彥的疏說：「連山易其卦以純艮爲首，艮爲山，山上山下，是名連山。雲氣出內於山，故名易爲連山。歸藏易以純坤爲首，坤爲地，故萬物莫不歸而藏於其中，故名易爲歸藏也。」這些注疏，都是作者憑自己的理想所推測的，大家都沒有見到連山易和歸藏易，因爲連山易，有的說是伏羲或神農的易，有的說是夏朝的易；歸藏易，有的說是黃帝的易，有的說是商朝的易，兩者現今都佚失而不存在了。周易，則大家承認是周朝的，就是現今的易經。

易經的易有什麼意義？易緯乾鑿度說：

「易一名而含三義：所謂易也，變易也，不易也。」

「易者，以言其德也。通情無門，藏神無內也。光明四通，佼易立節，天地爛明，日月星辰布設……不煩不擾，澹泊不失，此其易也。變易也者，其氣也。天地不變，不能通氣，五行迭終，四時更廢，君臣取象，變節相和，能消者息，必專者敗，……此其變易也。不易也者，其位也。天在上，地在下，君南面，臣北面，父坐子伏，此其不易也。」

這兩種對易的解釋，第一種是歷史性的名稱，現在已經不可考了。第二種是易的意義，雖在易經中能有根據，但不是易經本書所講。易經解釋易有兩處；一處是繫辭上第五章說：

「生生之謂易。」

一處是繫辭下第三章，說：

「是故易者，象也，象也者，像也。」

易的意義，卽是變易，繫辭上第二章說：

「聖人設卦，觀象繫辭焉而明吉凶，剛柔相推而生變化，是故吉凶者，得失之象也；悔吝者，憂虞之象也；變化者，進退之象也。剛柔者，晝夜之象也。六爻之動，三極之道也。」

易，爲宇宙的變化；宇宙的變化，以象去表現。八卦就是這種變化的象。按卦象而看卦辭，可以斷定吉凶。吉凶的理由，在於六爻的變動，六爻變動的理由，卽是天地人三才之道。因此說：「是故，易者，象也。」八卦六爻的變動，以斷吉凶，這是卦的用處。然而八卦所象徵的宇宙變化，用處則不在於吉凶，而是爲化生萬物。因此說：

「生生之謂易。」

周易本義注說：

「陰生陽，陽生陰，其變無窮。」

荀爽注曰：

「生生之謂易，陰陽相易轉相生也。」

九家易注：

「『原始反終，故知死生之說』；陰陽交合，物之始也；陰陽分離，物之終也。合則生，離則死，故原始反終，故知死生之說矣。交合、泰時，春也；分離，否時、秋也。」

韓康伯注說：

「陰陽轉易，以成化生。」

虞翻注說：

「乾易顯仁，故盛德；坤簡藏用，故大業。可大致富有，可久故日新；陰陽消息轉易相生，故謂之易。京氏曰：八卦相盪，陽入陰，陰入陽，二氣交互不停，故曰生生之謂易。」

來知德注說：

「此一陰一陽之道，若以易論之。陽生陰，陰生陽，消息盈虛，始終代謝，其變無窮。」

王船山在周易內傳解釋說：

「生生之謂易。此以下，正言易之所自設，皆一陰一陽之謂道，而人性之全體也。生生者，有其體而動幾必萌，以顯諸仁；有其藏必以時利見，而效其用；鼓萬物而不憂，則無不可發見，以與起富有日新之德業，此性一而四端必萌，萬善必興，生生不已之幾。而易之由大衍而生數，由數而生爻，由爻而生卦，由卦而生變占，由變占而生天下之亹亹。有源故不窮，乘時故不悖，皆卽此道也。」（周易內傳 卷五，頁十四）

歷代易經注疏家對於「生生之謂易」的註解，以陰陽兩氣交互不停，化生天地間的萬物，因此『易』稱爲『生生』。

生生兩字的意義，上一「生」字爲動詞，卽是化生；下一「生」字爲名詞，卽是物。『生生』卽是化生萬物。『易』爲天地的變化；「生生之謂易」的意義，就是化生萬物稱爲易，也就是說天地變化是爲化生萬物。

物稱爲生，則是生物。普通把物分爲生物和無生物，易經却以萬物卽「天地之亹亹」都稱爲生物。以天地間的一切物都是生物，意義何在？

生物的意義，是有內在自動的物稱爲生物。易經以每一物的構成，由於陰陽的結合。繫辭說：

「一陰一陽之謂道，繼之者善也。成之者性也。」（繫辭上 第五章）

「陰陽消息轉易相生，故謂之易。」陰陽交互結合乃成一物。陰陽結成一物後，在這物裏仍然繼續變動，因此宇宙間沒有一個靜止之物，整個宇宙又是變化不停。易經由本體的動態以觀物，以觀宇宙，乃有動的哲學，稱爲易。

「天下之理，未有不動而能恒者也；動則終而復始，所以恒而不窮。凡天地所生之物，雖山嶽之堅厚，未有能不變者也。故恒非一定之謂也，一定則不能恒矣，惟隨時變易，乃常道也。」（二程全書 伊川 易傳三）

但是僅只有內在的自動，也不能都稱爲生物。現代物理學發現物體的構成素有原子有電子，原子和電子都常在運動，可是不能因此就說一切物都是生物，而生物的特徵，則在於自體內有自動的新陳代謝。

易經所謂生物，別有一種意義；這種意義，由宋朝理學家與以說明。程頤和朱熹都主張『理一而殊』。

「萬物皆只是一個天理，己何與焉！」（二程全書一 二程遺書二上，頁十三）

「曰：太極只是天地萬物之理，在天地言，則天地中有太極，在萬物言，則萬物中各有太極。」（朱子語類 卷一）

「西銘一篇，始末皆是『理一分殊。』」（朱子語類 卷九十八）

天地只有一理，萬物又各有自己的理。朱熹以月亮作譬喻，天上祇有一個月亮，映在水裏的月亮則很多，海裏、湖裏、江裏、河裏、池裏、杯裏都能有反映在水裏的月亮，這麼多的月亮，則是同一個月亮。

理是性，乃是理學家一致的主張。若是理祇一個，那麼性也祇一個；萬物既同一理，便同一性。若萬物同一性，則沒有所謂萬物，祇有一物。佛教以實相祇有一個，乃是眞如，其他的萬法（萬物）都是假相。儒家不以萬物爲假，又不以萬物爲同一物，朱熹便說理一而殊。那麼這個『理』和『性』應另有意義。

『理』在禮記裏稱爲天理，乃是聖人作禮的根據。

「故聖人作則，必以天地爲本。」（禮記 禮運）

「禮者，天地之序也。」（禮記 樂記）

理，乃是節，乃是序。天理是天地的序，天地的節。所謂節或序，卽是變動的規律和次序。

「天生蒸民，有物有則。」（詩經 大雅，蒸民）

一物有一物之則，便是一物有一物之理，每一物之理卽是性。天地之則，在易經稱爲天道地道，人之則，稱爲人道。天地萬物的變化之理，在原則上是相同的。例如易經的『中』、『位』、『循環』，乃是天道地道人道的共同原則。但是在實行上則按各物的本體而不相同。因此，乃有理一而殊的主張。

這種變動之理，祇有一個。在自體上說是一個成全之理，卽是變動的最完全最美好之理；這個完全之理在實現時却常不完全。理學家以爲「物得理之偏，人得理之全。」

明朝湛若水解釋天理爲生生之理：

「舜臣問正應事時，操存此心，在身上作主宰，隨處體認吾心身天理真知覺，得吾心身生生之理氣，所以與天地宇宙生生之理氣脗合為一體者，流動於腔子，形見於四體，被及於人物。」（明儒學案 卷三十七，甘泉學案一 語錄）

戴東原也解釋這個理爲生生之理。生生之理爲生命的條理，生命的條理爲仁。

「生生之呈其條理，『顯諸仁』也。惟條理是以生生，藏諸用也。顯也者，化之生於是乎見。藏也者，化之息於是乎見。生者，至動而條理

也。息者，至靜而用神也。卉木之株葉華實，可以觀夫生。果實之白（核仁），全其生之性，可以觀夫息。」（原善 卷上）

變動的條理，使物變動有秩序，物的變動把變動的條理表現出來。表現的程度高下不齊，程度的高下來自結成物體的氣，氣有清濁，得氣清者，條理的表現高而全。得氣濁者，條理的表現低而偏。

「問：或問氣之正且通者為人，氣之偏且塞者為物，如何？曰：物之生，必因氣之聚而後有形。得其清者為人，得其濁者為物。」（朱子語類 卷十七）

人得氣之淸，故得理之正，得理之全。天地之理在人裏爲一完全美善之理，這個理即是人性。孟子以人性爲善，人性具有仁義禮智的善端，大學以人性爲明德，中庸以率性爲人生之道。

生生之理，物的內在變化之理，這種理因物之氣有淸濁，表現程度不同，表現最高者是人，人的生活以心靈生活爲最高，人的生生之理，便是道德生活之理。又稱爲『仁之理』。

孟子和中庸都說「仁者，人也。」(孟子 盡心下，中庸 第二九章) 仁之理，既指生命之理，儒家以生命爲有條理的內在自動，條理的內在自動在人的生命中完全表現出來，乃是道德生活，道德生活由心去表現，心表現生命之理時爲仁，仁爲愛之理，包括一切善德。

「生生之謂易」的意義是指宇宙的變化爲化生萬物，萬物常有自己的內在變化，稱爲生命。生命的表現有高下的程度，最高最完全的生命，爲人的心靈生命，心靈生命的本質爲仁義的道德生活。

2. 生生的變化

「生生之謂易」由宇宙變化去看，一切在於化生生物，生物乃是有條理的內在自動之物。

這種變化是怎樣呢？

易經說明變化的性質：

「聖人設卦，觀象繫辭焉而明吉凶，剛柔相推而生變化。……變化者，進退之象也。」(繫辭上 第二章)

「天尊地卑，乾坤定矣。卑高以陳，貴賤位矣。動靜有常，剛柔斷矣。方以類聚，物以羣分，吉凶生矣。在天成象，在地成形，變化見矣。」（繫辭上 第一章）

在繫辭開端的第一章和第二章，說明易經以卦爲主，卦爲明吉凶，吉凶來自變化。天地的變化，第一有位的變化，位在於定尊卑，尊卑的代表爲天地；第二有剛柔的變化，剛柔的特性來自動靜；第三有吉凶的變化，變化的理由在於同類相應；第四有象的變化，象來自天地形象。

卦是象，伏犧氏作卦：

「仰則觀象於天，俯則觀法於地，觀鳥獸之文，與地之宜，近取諸身，遠取諸物，於是始作八卦。」（繫辭下 第二章）

觀察天地人物之象，伏犧氏作八卦，卦是做什麼呢？

「以通神明之德，以類萬物之情。」(同上)

卦象徵天地變化之道，人事的變化因着同類相應，在天地變化中所引起的感應，感應可以是吉，可以是凶。這種感應由天地變化之道，可以推究。然而操持人類吉凶賞罰的乃是鬼神，因此卦占便要「通神明之德」。

八卦「類萬物之情」，因爲象徵天地的變化，天地的變化包括萬物的變化，八卦便包括萬物變化之道。

天地怎樣變化呢？

「子曰：乾坤其易之門邪！乾陽物也，坤陰物也，陰陽合德而剛柔有體，以體天地之撰，以通神明之德。」(繫辭下 第六章)

乾坤爲宇宙變易之門，即是變化的開端和通道。易經的八卦和六十四卦，以乾卦和坤卦爲基礎，繼續變化而成。乾卦和坤卦以什麼爲元素呢？乾爲陽，坤爲陰，由陽陰兩元素而成。陽陰兩元素在變化中的價值，是剛和柔。易經的卦辭常以剛柔的變化，以定一卦的吉凶。乾坤爲陽陰的表現，剛柔爲陽陰的德性，宇宙的變化歸根是由陽陰交互而成。

「一陰一陽之為道，繼之者善也，成之者性也。」（繫辭上 第五章）

這三句話成了宋朝理學家對於解釋易經思想的關鍵，各人有各人的解釋。朱熹在周易本義注釋說：

「陰陽迭運者，氣也，其理則所謂道。道具於陰而行乎陽。繼，言其發也。善，謂化育之功，陽之事也。成，言其具也。性，謂物之所受，言物生則有性，而各具是道也。陰之事也。周子程子之書，言之備矣。」

周敦頤通書說：

「天以陽生萬物，以陰成萬物。生，仁也；成，義也。」（通書 順化 第十一）

張載的易說疏解說：

「一陰一陽，是道也。能繼繼體此而不已者，善也。善之猶言能繼此者也。其成就之者，則必俟見性，是之謂聖。仁者不已其仁，始謂之仁；知者不已其知，方謂之知。此是致曲，曲能有誠也。誠則有變化，必仁智會合，乃為聖人也。……」（張子全書 卷十一）

程頤易說解釋說：

「道者，一陰一陽也，動靜無端，陰陽無始，非知道者，孰能識之。動靜相因，而成變化，順繼此道則為善也。成之在人則謂之性也。易道廣大，推遠則無窮，近言則安靜而正。天地之間，萬物之理，無有不同。乾，靜也專，動也直。……故其生物之功大。坤靜翕動闢……開闔而廣生萬物……。」（二程全書三 伊川 經說一，易說 繫辭 頁二）

王船山疏解說：

「一陰一陽之謂道，推性之所自出而言之，道謂天道也，陰陽者，太極所有之實也。……動靜者，陰陽交感之幾也。動者，陰陽之動，靜者，陰陽之靜也。……非動之外，無陽之實體，靜之外，無陰之實體，因動靜而始有陰陽也。故曰陰陽無始，言其有在動靜之先也。……故可謂之靜生陰，動生陽，而非本無而始生，尤非動之謂陽，靜之謂陰也。合之則為太極，分之則謂之陰陽。……此太極之所以出生萬物，成萬理，而起萬事者也……。

道統天地人物，善性則專就人而言也。……繼者，天人相接續之際，命之流行於人者也。其合也有倫，其分也有理，仁義禮智不可為之名。而實其所自生。……成之，謂形已成而凝於其中也。此則有生以後，終始相依，極至於聖，而非外益，下至於牿亡之後，猶有存焉者也。」（王船山周易內傳　卷五）

理學家皆以宇宙間的變化，由陰陽兩氣交互而成。繫辭以易有太極，太極生兩儀，（繫辭上 第十一章）太極爲一，一爲變化的基礎，陰陽爲二，有二統的變化。張載曾說：「一物兩體，氣也。一故神，兩故化，此天之所以參也。」（正蒙 神化）變化的起點，即是宇宙的起點爲太極，朱熹以太極爲至極之理，然理不能無氣，有理有氣，則太極爲一實體，而不是抽象之理。張載以太極爲太虛之氣；太虛之氣不分陰陽，既分陰陽，乃有變化。

陰陽的表象爲乾坤兩卦，乾坤兩卦的實體爲天地，天地的德能爲剛柔。因此易經講變化，常講天地的交互和剛柔的交互。

「象曰：子克家，剛柔接也。」（蒙）

「屯，剛柔始交而難生。」（屯，象曰）

「姤，遇也，柔遇剛也。」（姤，象曰）

「渙，亨。剛來而不窮。柔得位乎外而上同。」（渙，象曰）

「節，亨。剛柔分而剛得中。」（節，象曰）

「雖不當位，剛柔應也。」（未濟，象曰）

卦的爻，分陰陽，易經却不稱爻爲陰陽，而稱爲剛柔；因爲在變化時，不看陰陽，而看剛柔的德能。因着剛柔的德能，乃起變化，剛柔的德能在人事裏，也常顯明；因此乃能解說人事的變化。

易經講宇宙的變化，又用天地去講：

「彖曰：大哉乾元，萬物資始，乃統天。」（乾，彖曰）

「彖曰：至載坤元，萬物資生，乃順承天。坤厚載物，德合無疆，含弘光大，品物咸亨。牝馬地類，行地無疆。」（坤，彖曰）

「天地變化，草木蕃，天地閉，賢人隱。」（坤，文言）

「泰，小往大來吉亨，則是天地交而萬物通也。」（泰，彖曰）

「否，之匪人，不利君子貞，大往小來，則是天地不交，而萬物不通也。」（否，彖曰）

「謙，亨，天道下濟而光明，地道卑而上行。」（謙，彖曰）

「家人，女正位乎內，男正位乎外，男女正，天地之大義也。」（家人，彖曰）

「歸妹，天地之大義也，天地不交而萬物不興。」（歸妹，彖曰）

宇宙的變化，由剛柔的德能而相交，剛柔的實體爲天地，宇宙的變化乃成爲天地的交互，周敦頤畫太極圖，以男女代表天地，因爲男女在萬物裏更是具體的實體。男女的交互，化生萬物，太極圖便以男女生萬物。「男女構精，萬物化生」。宇宙的變化的意義和價值是化生萬物。因此說：「生生之謂易」。

3. 化生萬物

易經標明天地的變化爲化生萬物，這種思想貫通易經的整體思想。十翼雖不是孔子自己的著作，然必定代表孔子研究易經的成果，由弟子或再傳弟子們所紀錄，易卦原來爲占卜之用，占卜有占卜的理由。易卦的理由在於天地變化之道。孔子研究易經深深體會了天地變化之道的意義，看到了整個宇宙變化成爲一個整體的系統，在變化裏萬物彼此相連，宇宙不是盲目的機械，無情的自然運轉，而是萬物相連在同一的目標裏，運轉不息。

「天地之大德曰生，聖人之大寶曰位，何以守位，曰仁。」（繫辭下 第一章）

「天地絪縕，萬物化醇，男女構精，萬物化生。」（繫辭下 第五章）

程頤易說加以發揮說：

「運行之跡，生育之功，顯諸仁也。神妙無方，變化無跡，藏諸用也……天地無心而成化，聖人有心而無為，天地聖人之盛德大業，可謂至矣。」（二程全書一 伊川 經說 一）

王船山疏解說：

「天地之大德曰生，統陰陽柔剛而言之。萬物之生，天之陰陽具而噓吸以通，地之柔剛具而融結以成。陰以歛之而使固，陽以發之而使靈，剛以幹之而使立，柔以濡之而使動。天地之為德，卽立天立地之本，德於其生見之矣。……」（周易內傳 卷六）

「絪縕，二氣交相入而包孕以運動之貌。醇者，變化其形質而使靈善，猶酒醴之釀而醇美也。男女兼牝牡雌雄而言。……按此言天地化醇，男女化生，形質交資而生。乃遂則乾坤稱父母，而父母一乾坤之理，於此可見。人不能離生以養醇，則父母之恩均於天地，不可專歸生化於天地，以遺志父母。仁人孝子事親以事天。」（同上）

由天地變化的成效而看到天地的大德，由天地的大德而體會到父母的大恩；天地父母同爲生命的根源。

易經的八卦和六十四卦，以乾坤兩卦爲根基，六十四卦的變化，就是乾坤兩卦的變化，乾坤變化的意義爲生生。

「大哉乾元，萬物資始，乃統天。雲行雨施，品物流行。」（乾，彖曰）

「大哉坤元，萬物資生，乃順承天，坤厚載物，德合無疆，含弘光大，品物咸亨。」（坤，彖曰）

乾乃萬物所資以始，坤卽萬物所資以生。王船山疏解繫辭上第一章「天尊地卑」說：

「乾者，陽氣之舒，天之所以運行；坤者，陰氣之凝，地之所以翕受。天地一誠無妄之至德，生化之主宰也。」（周易內傳　卷五）

六十四卦的基本卦乾和坤，爲萬物化生的根由。在乾卦和坤卦的彖象文言，生的觀念貫澈一切。「乾，元亨利貞」。周易本義朱熹注說：「元者，生物之始，天地之德，莫先乎此，故於時爲春，於人則爲仁，而衆善之長也。亨者，生物之通，物至於此，莫不嘉美，故於時爲夏，於人則爲禮，而衆美之會也。利者，生物之遂，物各得其宜，不相妨害，故於時爲秋，於人則爲義，而得其分之和。貞者，生物之成，實理具備，隨在各足，故於時爲冬，於人則爲知，而爲衆事之幹。」周易本義注坤卦的彖說：「始者，氣之始，生者，形之始。順承天施，地之道也。」乾象天，又象大人。大人則「與天地合其德，日月合其明」（乾，文言），德高配天，「與天地相似故不違，知周乎萬物而道濟天下故不過，旁行而不流，樂天知命故不憂，安土敦仁故能愛。」（繫辭上　第四章）坤象地，地順承天以生萬物，「含萬物而化光，坤道其順乎。承天而時行。」（坤，文言）繫辭闡揚乾坤化生的德能，「夫乾，其靜也專，其動也直，是以大生焉。夫坤，其靜也翕，其動也闢，是以廣生焉。廣大配天地，變通配四時。」(繫辭上 第四章)乾坤配天地，天地的變化實現於春夏秋冬四時，四時的變化使五穀繁殖。漢代的易學，特別發揮這種配四時的思想。

六十四卦的基本兩卦，既然被認定爲萬物化生的根源和開端，六十四卦的變也就象徵生命的變化。漢朝宋朝的易學對於六十四卦的變化次序，有幾種不同的主張，當代學人方東美教授還作了一篇易之邏輯問題，提出一種解釋方式。易經的傳文裏，有序卦一篇，對於六十四卦在易經次序予以一種說明。序卦說明的理由，是生命的變化：

「有天地，然後萬物生焉。盈天地之間者唯萬物，故受以屯，屯者盈也。屯者，物之始生也。物生必蒙，故受之以蒙；蒙者，蒙也，物之穉也。物穉不可不養也，故受之以需，需者飲食之道也。……物畜然後有禮，故受之以履。……物大然後可觀，故受之以觀。……物不可以終盡，剝窮上反下，故受之以復。……。」(序卦 上篇)

「有天地然後有萬物，有萬物然後有男女，有男女然後有夫婦，有夫婦然後有父子，……物不可以久居其所，故受之以遯，遯者退也。……物不可以終壯，故受之以晉，晉者進也。……物不可以終難，故受之以解，解者緩也。……物不可以終動，止之，故受之以艮，艮者，止也。物不可以終止，故受之以漸，漸者進也。……物不可以終離，故受之以節。……物不可以終窮，故受之以未濟終焉。」(同上下篇)

序卦，說明六十四卦的次序，在上篇，以「有天地，然後萬物生焉！」開端，在下篇以「有天地，然後有萬物。」開端，表明上下篇的次序都是以天地生萬物爲次序。整個六十四卦的次序，由萬物化生的變化去解說，明明表示六十四卦的意義，在於象徵萬物的化生。

繫辭上第一章說：

「乾道成男，坤道成女，乾知大始，坤作成物。」

第四章說：

「易與天地準……範圍天地之化而不過，曲成萬物而不遺。」

第五章，有「生生之謂易」，第六章，講乾坤的大生廣生，第七章主張「成性存存，道義之門。」第十章指出「易，無思也，無爲也，寂然不動，感而遂通天下之故，非天下之至神，其孰能與於此！」第十一章建立宇宙變化的過程，「是故易有太極，是生兩儀，兩儀生四象，四象生八卦。……是故天生萬物，聖人則之，天地變化，聖人效之。」第十二章說明變化的性質，「化而裁之存乎變，推而行之存乎通，神而明之存乎其人，默而成之，不言而信，存乎德行。」繫辭下篇第一章肯定「天地之大德曰生。」第五章乃說：「天地絪縕，萬物化醇，男女構精，萬物化生。」說卦傳解釋卦的意義：「觀變於陰陽而立卦，發揮於剛柔而生爻，和順於道德而理於義，窮理盡性以至於命。」（說卦 第一章）「萬物出乎震，震東方也。齊乎巽，巽東南也，齊也者，言萬物之絜齊也。離也者，明也，萬物皆相見也。南方之卦也。……坤也者，地也，萬物皆致養焉，故曰致役乎坤，兌正秋也。萬物之所說也，故曰說言乎兌。戰乎乾，乾西北之卦也，言陰陽相薄也。坎者，水也，正北方之卦也，勞卦也，萬物之所歸也。故曰勞乎坎。艮東北之卦也，萬物之所成終，而所成始也，故曰成言乎艮。」（說卦 第五章）「神也者，妙萬物而爲言者也。動萬物者莫疾乎雷，撓萬物者莫疾乎風，燥萬物者莫熯乎火，說萬物者莫說乎澤，潤萬物者莫潤乎水，終萬物始萬物者莫盛乎艮。」（說卦 第六章）

說卦解釋八卦的意義和價值，以對萬物生發的次序作標準。八卦的象名：天地雷火風水山澤，象徵各卦參預萬物生發的功能。因此八卦的方位，排在天地的八方，配合春夏秋冬的四季，更明顯地隨著五穀在一年中的成長而顯出各卦的生生價值。春生夏長秋收冬藏，由卦的象而予以表現。說卦傳和序卦的思想相同。說卦按照生生的理想而定八卦的分位，序卦以生生的思想而解釋六十四卦的次序。乾坤兩卦既居六十四卦之首，爲萬物生生的根源。由乾坤而變爲六十四卦，象徵陰陽交互的結合而化生萬物。陰陽的交互，乃「天地絪緼」，「男女構精」萬物因此化生。這種化生的工程，「無思也，無爲也，寂然不動，感而遂通天下之故。」「默而成之」，「範圍天地之化而不過，曲成萬物而不遺。」「是以大生焉，……是以廣生焉。」這種生生工程，神妙莫測。「非天下之至神，其孰能與於此！」面對偉大神奇的生生工程，孔子曾嘆說：「天何言哉！四時行焉，百物生焉，天何言哉！」（論語，陽貨）人祇有欽佩讚頌：「顯諸仁，藏諸用，……盛德大業至矣哉！富有之謂大業，日新之謂盛德，生生之謂易。」

4. 生命洪流

中華民族以農業爲生活，在歷史開始時，在黃河流域，面對一片無垠的黃土，播種大麥小麥；進入長江流域後，在山水環繞的田地裏，揷播稻穀，播種揷秧後，耘草灌水。看著稻麥發出嫩芽，長成綠綠的葉幹，結出金黃的長穗。日出而作，日入而息，一年四季，胼手胝足，所盼望的，在收穫的一日，能够把麥粒穀粒藏在倉庫裏，但其間多少勞苦，多少憂慮！陽光雨露應得其時，風雪冰雹不能作災。農夫們每早每晚，翹首看天，推測天氣；每月每季，計算節候，配合農作。他們的心專注在五穀，看嫩芽的出生，看麥稻的長成，慶幸秋冬的收穀。生命的觀念籠罩一切，宇宙的觀象都歸之於五穀的生命。易經的思想乃是這種農業生活的寫照，繪畫卦象以象徵生命的化生程序，繫辭以推測吉凶而闡說生命化生的哲理。易經乃成為生命哲學的基礎，統系了中國哲學的思想。

孔子「述而不作」，整頓了古傳的經書，傳遞了這種生命的哲學。書經和詩經記述中華民族的遠祖的生活，信仰上天，仁民愛物，道德生活的價值，居在私人生活社會生活的高峯。莊子天下篇曾說：

「不離於宗，謂之天人；不離於精，謂之神人；不離於真，謂之至人。以天為宗，以德為本，以道為門，兆於變化，謂之聖人。」

這是道家的思想，道家以完全的成人，在生命上常和天地相連，儒家的成人，易經有所說明：

「夫大人者，與天地合其德，與日月合其明，與四時合其序，與鬼神合其吉凶。」（乾，文言）

這種思想：

大人爲聖王，聖王和天地同德，和日月同明，照顧全國人民，參天地的化育。中庸發揮

「唯天下至誠，為能盡其性；能盡其性，則能盡人之性，能盡人之性，則能盡物之性；能盡物之性，則可以贊天地之化育；可以贊天地之化育，則可以與天地參矣。」（中庸 第二十二章）

至誠之人，誠於自己的性，發揮人性的生命。體會生命的無限。生命在宇宙間，發展在一切萬物中，繼續在萬代間。中庸所以說：

「唯天下至誠，……知天地之化育，夫焉有所倚！肫肫其仁，淵淵其淵，

浩浩其天。」(中庸 第三十二章)

生命爲仁，仁爲生命的發揚，仁爲生命的愛心。聖人之心和天地同心，發揮自己的仁心：

「大哉聖人之道，洋洋乎發育萬物，峻極于天。」(中庸 第二十七章)

孟子乃說：「仁，人心也。」(告子上)又說：

「萬物皆備於我矣！反身而誠，樂莫大焉！强恕而行，求仁莫近焉！」

(盡心上)

孔子曾教門生以生命的快樂。生命的意義不在於一己的享受，而在於生命的發揚。生命的發揚，貫通於萬代。易繫辭所以說「通天下之志」，「曲成萬物而不遺。」

宇宙的變化爲生命的洪流，一陰一陽交互相通爲生命的創造力。漢朝易學家的卦氣說，以六十四卦配四季，十二月，二十四節氣，七十二候，三百六十五日。宇宙的變化，空間的八方在時間的四季裏運行。孟喜創「消息說」：「陽進爲息，陰進爲消，立十二消息卦，配合十二月。由十一月復卦的一陽，漸次升進，到泰卦的三陽爲正月，到六陽的乾卦爲四月。五月姤卦消爲一陰，十月坤卦爲六陰。十二消息卦象徵一年裏陰陽的盛衰。」秦末呂氏春秋有十二紀，漢初禮記有月令，記述十二月的寒暑。以陰陽五行作哲理，和孟喜的消息十二卦理由相同。十二月的變化，爲陰陽的變化，而陰陽的變化，乃五穀生發的次序，由十二消息卦，再進爲二十四節氣，以四方的正卦坎震離兌的二十四爻配一節氣，再又以十二消息卦的七十二爻配七十二候。最後除去四正卦，以六十卦的爻配每年的日敉，每卦配六日七分說。這種卦氣說，以六十四卦象徵宇宙的變化。

京房又創「納甲說」，以天干地支配合卦爻，以紀卦爻，用於記時記地。天干的甲乙丙丁十字，也象徵五穀的生發現象。例如甲象徵初芽從兩片實仁中生出，乙象徵嫩芽的委屈。

漢朝的易學同漢朝董仲舒的儒學相合，使整個宇宙成爲一大生命，人和天地相合，五臟骨骼和天地日月相配，人事感應天地，發生祥瑞災異。卦變象徵宇宙變化，產生五穀百菓。天地間沒有一物是塊然無靈的物，石頭、樹木、飛禽、走獸，互相貫通。漢朝的迷信，充斥社會，桓譚王充乃力主災異感應的不可信。

宋朝理學家排除了漢朝易學的卦氣說，重回到易學的理義。首先周濂溪作太極圖說，從太極到男女，「二氣交感，化生萬物。」他以圖表說明天地的變化，是「生生之謂易」。張載倡乾坤和人合爲一宇宙：「乾稱父，坤稱母，……民吾同胞，物吾與也。」(西銘)「聖人盡性，不以聞見性其心，其說天下，無一物非我。」(正蒙，太心篇) 他乃倡四句教：

「為天地立心，為生民立道，為去聖繼絕學，為萬世開太平。」(近思錄拾遺 卷三)

程顥心胸開拓，有古儒仁者之風，他心喜易經的生生之道。他說：「生生之謂易，是天之所以爲道也，天只是以生爲道。繼之生理者卽是善也。」(二程全書一 二程遺書二上，頁十二) 又說：「一人之心，卽天地之心。一物之理，卽萬物之理。」(同上，頁二) 朱熹乃說明天地以生物爲心。「天地以生物爲心，天包着地，別無所作爲。」(朱子語類，卷五十三) 這種生物之心稱爲仁。

「仁者，天地生物之心。」(朱子語類 卷五十三)

人得天地之心以爲心，人心必仁。

「發明『心』字，曰：一言以蔽之，曰生而已矣。天地之大德曰生，人受天地之氣以生，故此心必仁，仁則生矣。」（朱子語類 卷五）

人心充盈生生之理，又充滿生物之氣，人心必仁而愛生。仁乃愛之理。愛己之生命，推而愛人愛物的生命，心乃包萬物，萬物皆備於我。王陽明遂倡『一體之仁』。仁卽生命，在生命上，人和物相連，人爲發育生命，須食物吃蔬菓，喝水飲藥石。

「陽明子曰：大人者，以天地萬物為一體者也。其視天下猶一家，中國猶一人焉。……大人之能以天地萬物為一體也，非意之也，其心之仁本若是，其與天地萬物而為一也。」（大學問）

張載曾說「天之生物也有序。」（正蒙，動物篇）王船山注曰：「其序之也，亦無先設之定理，而序之在天者卽爲理」（張子正蒙注 卷三）人的貴賤高下，沒有先設的次序，萬物的化生則有天定的次序，礦物、植物、人三級卽天所定，人則爲萬物之靈。故在生命上，萬物就有先天的次序，構成一個偉大的系統。王船山注易繫辭的「安土敦乎仁故能愛」說：

「天地普愛萬物，而德施無窮。……是體天地廣大之生，以詔人而利物也。」(周易內傳 卷五)

戴震在清朝雖然和顏元李塨一樣，反對宋朝理學的空疏，然而他的思想仍以易經爲根基。他在原善裏說：「一陰一陽，蓋言天地之化不已也，道也。一陰一陽，其生生乎，其生生而條理乎，以是見天地之順，故曰『一陰一陽之謂道。』」(原善上)又說：

「易曰：『天地之大德曰生』，氣化之於品物，可以一言盡也；生生之謂歟！」(同上)

劉蕺山反朱熹，信王陽明，然又辯駁王學，但他對於易經、中庸仍有專好。他在學言裏有一條說：

「一元生生之理亘萬古常存。先天地而無始，終天地而無終，渾沌者元之後，開闢者元之通。」

清末譚嗣同演繹仁學，以「仁以通爲第一義。」「不生不滅，仁之體。」（仁學 卷上）仁由心而顯。

中國的哲學思想，由古到今，以『生命』相貫通，生命爲仁，仁乃爲中國哲學的中心和脈絡。普通講儒家哲學的人，常說儒家哲學爲倫理道德哲學。爲人文主義；殊不知儒家的倫理道德以形上的生命哲學爲基礎。天地的變化，由陰陽而成，陰陽繼續交互結成，化生萬物，生生不息。宇宙萬物的生命，互相聯繫，自然和諧。人得天地的理和氣，人心乃仁。人的生命和萬物成一體，人道和天地之道成一系統，人心的仁發而爲仁義禮智，顯而爲中庸和平。中國詩人歌唱天籟，中國畫家講神韻生氣，中國政治家先天下之憂而憂。先總統蔣公乃說生命的目的爲創造宇宙繼起的生命。易經生生之理，由形上的變化哲理形爲天地一年四季的循環，因着人心之靈能『知周乎萬物，而道濟天下。』演爲精神生活的仁道，『是以明於天之道而察於民之故。』（繫辭上 第十一章）上下貫通，構成一種生動的宇宙，成爲一系統的生命哲學思想，此正是「天地之大德曰生，聖人之大寶曰位，何以守位？曰仁。」（繫辭下，第一章）

（曾載於哲學與文化 第七卷、第十一期）

儒家的仁

（民國六九年七月十五日於國學講習會講）

1. 先儒的仁

甲、孔子以仁爲修身之道

在書經這本書裏，有講論道德的話，堯典且說『克明俊德』，皐陶謨說『九德』，康誥說『不孝不友』；然而却很少見到仁德的『仁』字。但是到了論語，則書中充滿了仁字；孔子對於仁字的解釋，意義非常廣泛，也特別深刻，我爲各位舉出幾個例子：

「子曰：巧言令色鮮矣仁」（學而）

「子曰：惟仁者，能好人，能惡人。」（里仁）

「子曰：苟志於仁矣，無惡也。」（里仁）

「子曰……君子去仁，惡乎成名，君子無終食之間違仁，造次必於是，顛沛必於是。」(里仁)

「子貢曰：如有博施於民，而能濟衆，何如？可謂仁乎？子曰：何事於仁，必也聖乎！堯舜其猶病諸。夫仁者，己欲立而立人，己欲達而達人。能近取譬，可謂仁之方也已。」(雍也)

「顏淵問仁，子曰：克己復禮為仁，一日克己復禮，天下歸仁焉，為仁由己，而由人哉！顏淵曰：請問其目。子曰：非禮勿視，非禮勿聽，非禮勿言，非禮勿動。」(顏淵)

「仲弓問仁，子曰：出門如見大賓，使民如承大祭，己所不欲，勿施於人。在邦無怨，在家無怨。」(顏淵)

「司馬牛問仁，子曰：仁者其言也訒。」(顏淵)

「樊遲問仁，子曰：愛人。」(顏淵)

直。」(顏淵)

「樊遲問仁，子曰：居處恭，執事敬，與人忠，雖之夷狄，不可棄也。」(子路)

「子曰：剛、毅、木、訥，近仁。」(子路)

「子張問仁於孔子，孔子曰：能行五者於天下，為仁矣。請問之。曰：恭寬信敏惠。恭則不侮，寬則得衆，信則人任焉，敏則有功，惠則足以使人。」(陽貨)

上面每一段答詞，都只說到『仁』的一面，我們把這些話綜合起來，就可以看到『仁』在多方面的意義，孔子對於門生的問答，是就修身的工夫說話。修身有兩方面：一方面是對於自己，一方面是對於旁人。在對於自己說，仁是端重，所以說仁是剛毅木訥，是訒言，是居處恭，是守禮。孔子很重視端重，在言語行事上，處處都要端莊。孔子說：「君子不重則不威，學則不固。」(學而)孔子自己生活的姿態，「溫而厲，威而不猛，恭而安。」(述而)大學和中庸講論修身，特別指出愼獨，愼獨就是端重，獨自一個人的時候，也不能輕佻放蕩，仍舊要謹愼端莊。宋朝理學家便標出『持敬』，作爲修身的主要工夫。漢朝揚雄還說明『四重』：「重言、重行、重貌、重好；言重則有法，行重則有德，貌重則有威，好重則有觀。」(法言，修身)

仁在對自己本身的修養，應該是端重，在言語上，木訥少言；在行動上，恭正不苟，端重的標準則是禮，所以守禮便是仁，在視聽言行上，處處遵守禮的規則。

對於旁人，仁是愛。所以說「惟仁者能好人」、「己所不欲勿施於人」。又說：「寬則得衆，信則人任焉，惠則足以使人。」孔子在論語和中庸裏講三達德：「智仁勇三者，天下之達德也。」（中庸，第二十章）達德的仁，就是愛。

從孔子對於『仁』的解釋，仁字等於修身，包括一切的善德。但是在一切的善德裏，有一種善德居於中心的地位，可以代表一切善德；這種居於中心地位的善德，就是仁愛。

仁等於修身，因爲孔子說過：「夫仁者，己欲立而立人，己欲達而達人。」立己立人，達己達人，乃是修身的最高原則和目標。中庸說：「子曰……修身以道，修道以仁。」（第二十章）

仁爲中心的善德，因爲孔子曾經說：「吾道一以貫之。」（里仁）曾子解釋孔子的話，說：「夫子之道，忠恕而已矣。」（里仁）忠恕都是對人而有的善德，忠是與人有忠信，恕是推己及人，忠恕便是好好待人，便是愛人。從曾子的解釋，我們可以知道孔子的一貫之道，乃是仁愛。

乙、孟子以仁爲仁政

孔子的思想，到了孟子，有了很深刻的又很具體的發揮。孟子說：

「仁也者，人也。合而言之，道也。」(盡心下)

這句話非常深刻，仁就是人，仁就是人之所以爲人之理。一個人若沒有仁，便不是人。爲什麼仁是人呢？孟子說：「仁，人心也。」(告子上)人的心是仁，人心爲人的大體。中庸也說過同樣的話：「修身以道，修道以仁，仁者人也。」(中庸 第二十章)孟子曾說人有小體和大體，小體爲耳目之官，大體爲心思之官；耳目之官，人和禽獸相同，心思之官纔是人所特有。(告子上)心思之官的大體便代表人，人心既是仁，所以「仁也者，人也。」

人心是仁，孟子以人心生來有仁義禮智四端，四端乃是人性之理，在人心理和情相合，便有惻隱之心，羞惡之心，辭讓之心，是非之心。「惻隱之心，仁之端也；羞惡之心，義之端也；辭讓之心，禮之端也；是非之心，智之端也。人之有是四端，猶其有四體也。」(公孫丑上）孟子乃講仁義禮智四端，又以仁義代表四端，最後則講仁政，作爲自己思想的代表。

『仁政』的思想，爲孟子思想的中心，仁政就是愛民。大學曾說：「大學之道，在明明德，在親民，在止於至善。」（大學，第一章）孟子以親民爲仁政，以仁政爲堯舜之道。他說：「堯舜之道，不以仁政，不能平治天下。」（離婁上）又說：「三代之得天下也以仁，其失天下也以不仁。國之所以廢興存亡者亦然。天子不仁，不保四海：諸侯不仁，不保社稷，卿大夫不仁，不保宗廟：士庶人不仁，不保四體，今惡死亡而樂不仁，是猶惡醉而强酒。」（離婁上）他引孔子的話作爲根據，孔子曰：「道二，仁與不仁而已矣。」（同上）孟子在週遊列國時，向諸侯所說的政治理想，回鄉以後，向弟子們談論政治，都以政治爲目標。因此，「仁政」一詞成了儒家政治思想的代名詞。

丙、漢儒以仁爲元爲本

秦始皇焚書，易經未被燒毀，漢朝儒者在思想上便以易經爲主。易經論宇宙變化，以陰陽兩氣爲元素。董仲舒以仁爲陽氣。「陽氣煖而陰氣寒，陽氣予而陰氣奪。陽氣仁而陰氣戾。陽氣寬而陰氣急，陽氣愛而陰氣惡，陽氣生而陰氣殺。是故陽常居實位而行於盛，陰常居空虛而行於末。」（春秋繁露，卷一一，王道通三）。仲舒所列舉陽氣的特性；煖、予、仁、寬、生、愛，都代表仁愛，於是仁，不僅是人心之德，而也是宇宙萬物的天生特性，因爲宇宙萬物，都由陰陽相合而成。

漢朝儒者特別講五行，以五行爲陰陽的變化，由五行而結成萬物，天地間的事物，便都和五行相配。宇宙的變化在空間的東西南北四方，在時間爲春夏秋冬四季。漢朝易學家將五行配合四方和四季，以仁配東配春，東和春都代表陽氣漸盛，萬物都有生意。易緯說：「夫萬物生於震，震東方之卦也，陽氣始生，愛形之道也，故東方爲仁。……故道興於仁，立於禮，理於義，定於信，成於智；五者，道德之分，天人之際也。」漢儒以五德爲五常，配於木、火、水、金、土五常。

漢儒思想的中心，在於天人相應，董仲舒以人爲一小宇宙，和天地的大宇宙相配合；因此人的道德也和天地的現象相應，道德的理論由倫理思想進入了宇宙論和形上學的理論。仁乃代表天地的陽氣，代表萬物的化生。

2. 理學家的仁

甲、朱熹以仁爲生爲愛之理

宋朝理學家朱熹，可以說是集儒家思想的大成，他承繼了孔孟的思想，也採納了漢儒的思想。他論『仁』，由孟子以仁爲人性人心的善德，歸到孔子以仁爲全德。

「蓋天地之心，其德有四：曰元亨利貞，而元無不統，其運行焉則為春夏秋冬之序，而春生之氣，無所不通。故人之心，其德亦有四：曰仁義禮智，而仁無不包。其發用焉。則為愛恭宜別之情，而惻隱之心，無所不貫。」（朱文公文集，卷六十七 仁說）

仁義禮智爲人性之理，惻隱、羞惡、辭讓、是非之心，則爲人心之情。惻隱之心貫通羞惡辭讓是非之心，仁德包括義禮智之德。

朱熹以人心有四德配合天地之心有四德，這種思想來自漢儒。然而朱熹不願意停留在漢朝易學家的卦氣之說，他上溯到易經本身。易經以「天地之大德曰生。」（繫辭下 第一章）朱熹便說：

「『天地以生物為心』，天包着地，別無所作為，只是生物而已，亙古亙今，生生不窮，人物得此生物之心以為心。」（朱子語類 卷五十三）

天人相應，天地以生物爲心，人得天地之心以爲心，人心便也以生物爲心。

「天地以生物為心者也，而人物之生，又各得夫天地之心以為心者也。故語心之德，雖其總攝貫通，無所不備，然一言以蔽之，則曰仁而已矣。」（朱文公文集 卷六十七 仁說）

生物之心，卽是仁心，仁乃是生。朱熹說：

「仁者，天地生物之心。」（朱子語類 卷五十三）

「仁是個生理，若是不仁便死了。」（同上）

醫書上以手足痲木爲不仁，痲木卽是沒有生氣。桃杏的生命根源，在於核內的仁，桃仁杏仁就是生命的根。朱熹却不贊成以仁爲知覺，因爲二程的門生中有人以痲木不仁爲失去知覺爲仁。朱熹說：

「仁者固能覺，謂覺為仁，不可。」(朱子語類 卷六)

生稱爲仁，仁稱爲生，在仁的意義上加了一層形上的意義。生由天地之心而來，天地之心稱爲好生之心，好生之心稱爲天地好生之德。好生之德卽是愛萬物愛生命，天地代表上天，上天因愛萬物而使萬物化生，乃稱爲仁。仁便是好生之德。生稱爲仁或仁稱爲生，就是萬物的化生由於上天之愛，上天之愛表現於天地之心。人得天地之心爲心，人心也愛萬物。所以朱熹說「仁爲愛之理」。

「愛非仁，愛之理是仁。心非仁，心之德是仁。」(朱子語類 卷二十)

「愛雖是情，愛之理是仁也。仁者，愛之理，愛者，仁之事。仁者，愛之體，愛者，仁之用。」(朱子語類 卷二十)

爲什麼要呢？每一種物體，都由本性就愛自己的存在，這種存在常動，稱爲生命。凡是生物，更表現對於自己生命的愛。愛自己的生命，就發揚自己的生命，而萬物的生命彼此相連，一個人愛自己的生命，也要愛別人的生命，而且還要愛萬物的生命。孟子所以說「仁民而愛物」。人若能達到這種境界，孟子說：「萬物皆備於我矣。」（盡心上）

乙、王陽明的一體之仁

王陽明發揮孟子的這種思想，主張一體之仁。人和萬物在生命上相連，因此在愛上也互相貫通。王陽明在「大學問」一文裏說明人爲維持生命，要吃肉吃蔬菓吃藥，人的生命便和動物植物礦物的生命相連，人需要動植礦各種物質。人愛惜自己的生命，也就愛惜別的人物的生命。

「故見孺子之入井而必有怵惕惻隱之心焉，是其仁之與孺子而爲一體也，孺子猶同類者也，見鳥獸之哀鳴觳觫而必有不忍之心焉，是其仁之與鳥獸而爲一體也，鳥獸猶有知覺者也，見草木之摧折而必有憫恤之心焉，是其仁之與草木而爲一體也，草木猶有生意者也，見瓦石之毀壞，而必有顧惜之心焉，是其仁之與瓦石而爲一體也。是其一體之仁者，雖小人之心亦必有之，是乃根於天命之性，而自然靈昭不昧者也，是故謂之明德。」（王陽明，大學問）

大學以人性爲明德，王陽明以明德爲仁。人生來知道愛人愛物。就是作惡的人，他心中也有這種明德，祇是被私慾所掩蔽。大學乃說：「大學之道，在明明德。」

儒家的大同思想，在論語和「禮運篇」標明四海之內皆是兄弟，孟子講推己及人。張載在「西銘篇」主張：「民吾同胞，物吾與也。」王陽明更建議「一體之仁」，萬物因着仁而成爲一體、清末民初的譚嗣同作一篇「仁說」，以仁爲通，仁能貫通萬物。「是故仁與不仁之辯，于其通與塞。通塞之本，惟其仁不仁。通者，如電線四達，無遠弗屆。」（譚嗣同，仁說，仁學界說）

仁的思想，由孔子到譚嗣同，常是一貫地流傳在儒家的思想，成爲儒家思想的主流。中華民族的傳統文化也以仁道爲特徵。在今天世界的國際關係中，這種仁道，還是救世的良藥。以愛對抗共黨主義的恨；以合作撥正自由世界的自私；以互相關懷，以改正民族的自私。世界大同，乃是大家所期望的國際新秩序。

（曾載於哲學與文化 第七卷第九期二六頁）

一 體之仁

1.

「聖言開始就與天主同在，萬物是因祂而受造。凡受造的沒有一樣不是由祂而造成的。」（若望福音第一章第二——三節）在舊約「創世紀」第一章，天主創造天地萬有，都是『說』有，就有了，例如「天主說：有光。」（第三節）「天主說：要有空蒼。」（第七節）「天主說：地上要生出青草。」（第十一節）「天主說：要有光體。」（第十四節）「天主說：水中要繁生蠕動的生物，天空中要有鳥飛翔。」（第二十節）「天主說：地上要生出各種生物，卽各種牲畜，爬蟲和野獸。（第廿四節）天主一說，事就成了。祇有天主用泥土造了人，則是在他鼻口噓了一口氣，人就成了一個有靈的生物。」（第二章第七節）

「創世紀」的話和「若望福音」的話相符合。天主造天地萬物是由聖言而創造。「創世紀」記述「天主說」，『說』卽是言，「天主說」卽是天主聖言。聖言造天地萬物，聖言便是天主的能。萬物不是由天主的本體變化而成，而是由天主的『能』從無中造成。既然由無中造成，萬物須要常有天主的『能』去支持，纔能存在。創造紀述天地剛造成了，一切是混沌空虛，「天主的神在水面上運行」。天主的『神』卽是天主的『能』在宇宙間運行，使萬物繼續存在。萬物因天主的『聖言』而『有』，因天主的『神』而繼續『存有』。

天主的聖言和天主的神，和天主聖父同體，都是精神。聖言造天地萬物的能和聖神支持萬物的能，也必定是精神。雖然萬物是物質，但是都由精神之能而有，由精神之能存在。天主的「精神能」深入每一件物體以內，萬物的所以存在和所以變動的最後之能，便是天主的「精神能」。因此，萬物雖是物質，他們的存在則是附在「精神能」上。「若望福音」說：「凡受造的，沒有一樣不是由祂而造成的。在祂內有生命。」(若望福音第一章第三——四節)法文的翻譯說：「De tout être il était la vie.」卽是說「祂是一切存有的生命。」所謂一切存有的生命，卽是一切存有都是由聖言的精神能而有，又附在聖言的精神能而存在。在萬物裏普通都分爲精神和物質兩種，又都分爲有生物和無生物。這種分類是從物體的本性上去說：但若從更高一層或深一層說，萬物都有聖言的精神能，由這一方面說萬物都有「生命」，所以說聖言是萬物的生命。這種生命當然和普通哲學上和生物學上所說的生命，意義不完全相同；這種生命的意義，是說物體的存在和變動都由自己內部所有精神能而來，所謂內部的精神能就是天主的神。「創世紀」說：「天主的神在水面上運行。」不僅在水面上運行，而是在宇宙萬物以內運行不止。

因此，宇宙萬物便有一種「神聖」的價值，因爲萬物因天主的聖言而受造，又因聖神而存在，且又代表天主的仁愛，而且又回向天主聖父。聖保祿宗徒說在原罪以後，一切萬有都在罪惡中呼號以求解脫，就是說萬物因着人類的罪而不能回向天主，等待基督降生以後，萬物也得來了救贖。在現在彌取第三式的感恩誦（成聖體經）說：「上主，您實在是神聖的，你所創造的造物理當讚美祢，因着祢藉着祢的聖子——我們的主耶穌基督，以聖神的德能養育聖化萬有。」一切萬有都有聖神的德能而後纔能存在，纔能變動；而且聖神的德能還聖化每一物體。一個物體爲能被聖化，必須具有精神力。物體的精神力便是聖神的德能，或稱爲天主的精神能；這就是萬物的生命。萬物中有些物體，還能在自己的本性裏，表現天主的「精神能」，表現的程度高下不等，人則是以最高程度表現「精神能」。這種內在表現的精神能，祇是普通哲學和生物學所稱的生命。「創世紀」說天主向人的鼻孔噓了一口氣，人從天主得了生命，人是按天主的肖像受造的。

從聖經去看，整個宇宙是活的，是相連的，是表示天主的愛；因爲有聖神的德能，即天主的「精神能」在萬物內運行。所以聖教會歌唱說：「普天地頌揚上主」。

2.

聖經的這種思想，在西洋哲學裏沒有表現出來；就是士林哲學也是繼承亞立斯多德的傳統，重在分析，不重體驗，將宇宙和天主分開，避免泛神論，又分別精神和物質，避免唯物論和唯心論。這樣的宇宙便是一個死的宇宙，一個被分解的宇宙。

中國的儒家哲學卻可以表達聖經的思想。

易經說：「天地之大德曰生。」（繫辭下 第一章）朱熹說：「天地以生物爲心。」（朱子大全卷六十七，仁說）萬物的化生，由於天地愛萬物而使萬物化生，化生乃稱爲天地的大德，又稱天地的心在於化生萬物。『生』字便和『仁』字相連，仁是生，又是愛之理。天地本來是無心的，又不能有所謂德或心，更不能說天地以生物之心。天地應該代表上天。上天是上帝，有靈明，爲無形的精神。

天地怎樣化生萬物呢？由於陰陽相接合而成物。易經說：「一陰一陽之謂道，繼之者善也，成之者性也。」（繫辭上 第五章）陰陽互相接合，繼續變化，乃化生萬物。陰陽不僅變化而成物，就是在物體以內，還是繼續變動，王船山乃說「性日生而命日降。」

儒家以陰陽繼續變化，爲一氣在宇宙間運行不停，循環不息。清朝戴東原說：

「生生者。化之原；生生而條理者。化之流。分者其進；合者其止；進者其生；止者其息。……是故生生者仁。條理者禮。斷決者義。藏主者智。智通仁，發而兼中和，謂之聖。」（戴震集 卷八，法象論）

不僅是人有聖，天地也有聖，天地的變易使萬物化生，這種變易具有仁義禮智的道理，即是元亨利貞，而且合於中和之道，可以稱爲聖。

生生的變化，不能是物質，易經說：「陰陽不測之謂神。」（繫辭 上 第五章）「易，無思也，無爲也，寂然不動，感而遂通天下之故，非天下之至神，其孰能與於此。」（繫辭上 第十章）陰陽變易化生萬物，神妙莫測，乃是一種不可見的氣運行於天地之間，這種氣具有精神德能，使萬物生，使萬物繼續變化。

儒家乃以宇宙爲一活的宇宙，有一氣在運行，氣運行而生萬物，萬物又繼續變化。整個宇宙爲一個有生命的宇宙。生命繼續不斷，好似一條大江，流行不息。

宇宙生化的變易，有一定的原則，變易乃不停而不亂，整個宇宙有中和的調協與和諧，好比一曲音樂，高下相合而成一種美妙的樂曲。

在宇宙生命的流行中，萬物互相連繫。沒有一個孤立的物體，沒有一個獨立的生命。萬物都彼此相連，人也和天地萬物相連繫，這種連繫稱爲仁。仁是愛之理，因爲人在生命上和萬物相連，人的心便愛萬物。朱熹說：「天地以生物爲心者也，而人物之生，又各得夫天地之心以爲心者也。故語心之德，雖其總攝貫通，無所不備，然一言以蔽之，則曰仁而已矣。」（朱子大全，卷六十七，仁說）孟子乃說：「仁民而愛物。」（盡心下）王陽明乃說「一體之仁。」（大學問）

我不說這種思想和聖經的思想是一樣，也不是說這種思想和聖經的思想完全相合，因爲兩者間有許多不同點。但是，我卻敢說：儒家的思想可以解釋聖經的思想，而且較比西洋哲學更能表達聖經的思想。中國哲學不講分析，而講體驗或體會；分析的對象是客觀的，是靜止的，體驗的對象是主觀的，是生動的。聖經的宇宙是有聖神德能的活宇宙，是得聖神德能聖化的宇宙，人和宇宙相連；儒家的宇宙是有一氣運行而成陰陽變化的活宇宙，是由陰陽繼續變化而有生命長流的宇宙，是有調協和諧而有元亨利貞的宇宙。以儒家的宇宙去解釋聖經，聖經的宇宙可以解釋明瞭，以聖經的宇宙來提高儒家的宇宙，可以順理成章。儒家的生生之理，則是儒家哲學的中心點，也是中華民族文化的主流，我很簡單提出這一點要求作比較研究，亦是爲講福音和未來中國文化的關係和方向。

三民主義的仁道——統一中國的基礎

1. 緒　論

許多人問我：三民主義統一中國，對於宗教有什麼影響？我答說：影響很大，民權就是人權，人權就是自由，自由就是宗教自由。在中國大陸，共產主義爲唯物的辯證無神論，以宗教爲人民心理的毒素，有計畫地予以剷除。爲應付實際情形，共產黨辦「愛國教會」，把教會放在無神政黨的統制之下，宗教失去了信仰自由的意義。例如：天主教爲全世界一統的宗教，領袖是羅瑪教宗，「愛國教會」卻嚴禁天主教和羅瑪教宗往來，使天主教會變了質。三民主義不是唯物論，承認人有精神生活，精神生活宜有宗教信仰。國父孫先生和先總統　蔣公都是基督教的信徒。在三民主義治理下的臺澎金馬，享有宗教自由，各種宗教按照自己的教義和教規，合理地發展。假使三民主義統一中國，大陸宗教恢復自由，乃是宗教界的大事。

這一點就事實談事實，我們若要研究三民主義的哲學思想，更可以看到三民主義的基本思想和宗教教義的基本信念，互相吻合，更可以明瞭三民主義統一中國和宗教的關係。我曾經發表兩篇論文，一篇是「由宗教信仰看民生史觀」；另一篇「三民主義和基督信仰」。在兩篇文章裏都研究了三民主義和基督信仰的相合點。在現在這篇文章裏，再要深入研究一個基本的共同點，爲加強從事討論三民主義統一中國對宗教的益處，所有的理論根據。

2. 三民主義的基本爲仁道

三民主義是一種政治主張，是治國的一種原則。中國最早的一種治國原則是大學。先總統蔣公在民國二十三年九月十一日對廬山軍官團第三期學員講「大學之道」，在演講開端說：

「我昨天引了總理民族主義中的一段話，提示我們中國固有的政治哲學之精微博大，高明切實，爲任何國家政治哲學所不及。所以總理說：『中國古時有很好的政治哲學。我們以爲歐美的國家，近來很進步；但是說到他們的新文化，還不如我們政治哲學的完全。中國有一段最有系統的政治哲學，在外國的大政治家，還沒有見到，還沒有說得那麼清楚的，就是大學中所說的格物、致知、誠意、正心、修身、齊家、治國、平天下那一段話。把一個人從內發揚到外，由一個人的內部做起，推到平天下止。像這樣精微開展的理論，無論外國什麼哲學家都沒有見到，都沒有說出，這就是我們政治哲學的知識中獨有的寶貝，是應該保全的。』……大學一書，把個人的內在修省以及向外發揚的道理，發揮到了極致，可以說政治上一切基本的原理都不外此。」

中國儒家傳統的政治思想在於「以人治人」。這種思想不止是行仁政以愛民，而是要自己本人要正心誠意。先總統 蔣公又說：

「所以大學一書，是自古以來傳下的做人做事最根本的原理。」(同上)

政治是先正己而後正人。己和人都是人，政治就是以人治人，也就是自己先好好做人，然後使別人也好好做人。

儒家的人，是「倫理人」。人不僅是理性動物，而且是有倫理的人。

人之所以爲人，因人有心思之官，心思之官卽是心。心生來有仁義禮智之端，如同天地之德，卽乾坤，具有元亨利貞，元爲始，包括亨利貞。仁爲元，包括義禮智。所以孟子書中說仁爲人心，又說仁爲人。中庸書中也說仁爲人心。人旣是仁，人爲正心正人，便要發揚仁道。

仁道，乃是生命之道。仁爲元，元爲生命的開始，接着有亨利貞，卽是春生，夏長，秋收，多藏。仁，乃是生命的發揚。人的生命和宇宙萬物相連，不能單獨存仁，王陽明講「一體之仁」。發揚一己的生命，應發揚別人的生命，應發揚萬物的生命。孔子說仁者立己立人；孟子說仁民愛物；中庸說至誠的人，盡己性而盡人性，盡人性而盡物性，以參預天地的發育。

總理在民生史觀中說明人的進化，不像獸類的鬭爭，而是以合作共存；合作共存卽是仁道。

總理又常講博愛，並親題「博愛」二字的橫匾或中堂。先總統 蔣公說：

「仁的內容是什麼？就是博愛。在倫理方面推演出來，就是『忠孝仁愛信義和平』八德。在實行方面，其實質就是以『天下爲公』的三民主義。」

又說：

「民主爲宇宙大德的表現，仁愛爲民生哲學的基礎，亦即革命的根本條件。」

三民主義以民爲基本，民以生爲本，民生乃三民主義的目的。民生的哲學基礎爲仁愛，因此仁乃革命的根本條件。這一點就和共產主義針鋒相對，互相衝突。共產主義革命的根本條件爲階級鬥爭，階級鬥爭的哲學基礎，推翻共產主義的哲學基礎。

蔣公又說：

「我們最廣深的理論，以仁愛爲出發點，物我內外表裏精粗，都以仁愛爲本源。這仁德就是我們中華民族固有的德性，無論對物對人都以此爲本。所謂『仁民愛物』。」

仁爲中華民族傳統的德性。易經說：

「天地之大德曰生，聖人之大寶曰位，何以守位？曰仁。」（繫辭下第一章）

孔子在論語書裏很多次講仁，仁卽是孔子思想的「一貫之道」。漢朝儒家講易經，創「卦氣」說，以陰陽五行配六十四卦，再以六十四卦配一年四季，十二月，二十四節，七十二候，三百六十日。六十四卦象徵宇宙的變易，宇宙的變易在一年四季中運行，一年四季的運行爲春生，夏長，秋收，冬藏。宇宙的變易便是五穀的生長，也就表現「天地好生」之德。宋朝理學家朱熹乃說：

「天地以生物爲心，天包着地，別無所作爲，只是生物而已。亘古亘今，生生不窮。人物則得此生物之心爲心。」（朱子語類卷五十三）

「發明心字，曰：一言以蔽之曰生而已矣。天地之大德曰生，人受天地之氣而生，故此心必仁，仁則生矣。」（朱子語類卷五）

在天地一方面說，爲『生』；在人一方面說爲『仁』。生是仁，仁是生。在醫書上，手足痲木沒有生氣，稱爲不仁。在生物學說：桃仁杏仁，爲桃仁的生命之源。天地生化萬物，人發揚自己的生命。發揚生命爲仁。朱熹乃說：「仁爲愛之理」。愛惜自己的生命，也愛惜人物的生命。孟子乃說「仁民而愛物。」

這種生生不息爲仁的思想，由宋朝一直傳到清朝，清朝戴震講生生之仁，清末譚嗣同講大同之仁。

3. 仁道即行的哲學

總理的「孫文學說」爲發動革命精神，主張「知難行易」，以突破傳統中的「知易行難」。先總統 蔣公爲解說 總理的思想，運用王陽明的「知行合一」創「行的哲學」。

> 「古往今來宇宙之間，只有一個『行』字纔能創造一切，所以我們的哲學，唯認知難行易爲唯一的哲學。簡言之，唯認行的哲學，爲唯一的人生哲學。」

『行』是什麼意義？蔣公說：

「這個『行』字包含的意義，要比普通所說的『動』廣得多，我們簡直可以說『行』就是人生。……

我們要認識『行』的眞諦，最好從易經上『天行健，君子以自強不息。』一句話去體察。……

凡是眞正的行，他必然是有目的、有跡道、有步調、有系統。……

說到這裏，我再將行的本義以及與人生關係說一說。古人說：『行』爲性之表，所以『行』亦與生俱來。……

我們可以明瞭所謂『生』，就是人類生活，民族生存，國民生計而『生』。所謂『行』，也應當爲人類生活，羣衆生活，民族生存，國民生計而『行』。人和禽獸的不同，就在於此。古人說：『民之秉彝，好是懿德』，所謂『懿德』就是自立和立人，就是生民從天性上就具備了仁愛的德行，所以我說『行』是與生俱來的。」(行的道理，蔣總統言論彙編第十四册)

蔣公講『行』，從王陽明的良知出發。王陽明以良知爲心的本體，心自然靈明，自然發而爲知。心自然的發而爲知，就是『行』。蔣公也說宇宙的自然運行卽是『行』，這就是中庸所說的誠。中庸說：「誠者，天之道也；誠之者，人之道也。」(第二十章)天自然運行，天的運行化生萬物，自然是善。易經說：「一陰一陽之謂道，繼之者善也，成之者性也。」(繫辭上第五章)陰陽之道自然繼續運行，人的心自然「行」不息。心爲仁，爲明德，心的「行」，便是「明明德」，便是「誠」，便是「良知」，便是「仁」。吳經熊資政說：「行的哲學妙在能用一個行字，貫通天人及大自然。蔣公在哲學上最偉大的貢獻，就是他把行字同良知良能及大自然法呵成一氣，使人人發憤而爲頂天立地的大丈夫。」(一)

人心是仁，心自然流行爲行，行便是仁的自然表現。蔣公所以說：「所謂懿德，就是自立和立人(仁)，就是生民從天性上就具備了仁愛的德行。」

4. 三民主義的仁和天主教教義的仁

我雖不主張由天主教教義去解釋三民主義，但我則主張由天主教教義去研究三民主義。前年，秦孝儀先生編民生史觀論文集，邀請專家由各種學術方面去看民生史觀。他邀請我寫一篇由宗教信仰去看民生史觀，我答應了，也寫了這篇文章。但是當時很匆忙，沒有從仁字方面去看民生史觀，現在我就補充所缺的這一點。

普通，從宗教信仰去看三民主義，常從倫理方面去看。從倫理方面去看，三民主義和天主教的教義不但不相衝突，而且很相合。再者，從政治方面去看，三民主義主張平等自由，主張私產制，這也和天主教教義相同。現在，我從『仁』去看三民主義和天主教教義，則可以看到兩者在思想的基礎上相合。

仁是三民主義的哲學基礎，在這一點上，總理和先總統蔣公繼承了中華文化的傳統。『仁』不僅是一種德行，而是人之所以爲人的理由，即是人的本性，人若是不仁，便不是人，和禽獸無異。

天主教的教義的基本，在於相信最高尊神——天主，又相信天主救人而降凡的基督。聖若望宗徒說：

「仁愛是出於天主；凡有仁愛的，都是生於天主，也認識天主；那不愛的，也不認識天主；因爲天主是仁愛。天主對我們的愛在一樁事上已顯出來，就是天主打發自己的獨生聖言，降凡人世，好使我們藉着他得到生命。」（若望一書　第四章）

天主是仁愛，不僅具有仁愛的德行，而是天主的本性就是仁愛。一切的愛都由天主所生，人的心由天主所生，人心即是仁愛，仁愛乃是人心的生命。不幸，人類因罪惡而泯沒了自己的心，乃不愛而恨而妒，天主遣聖三的第二位聖言降凡人世，犧牲自己以贖人罪，以他生命賜給人們，人乃重新有仁愛，這種仁愛是出於天主，而是和天主同性質的愛。因此，仁，是天主教義的基本。

三民主義的仁，來自儒家的傳統。儒家以天地之心為仁，化生萬物，人得天地之心為心，仁乃是人之心，就是人之所以為人之理。仁，在三民主義思想中為哲學基礎。總理和先總統　蔣公都是虔誠的基督信徒，都懷有悲人憫世的愛心。先總統　蔣公講求『天人合一』，以『仁』而組合。他們的三民主義，即是中華民族傳統文化的結晶。以三民主義統一中國，是在中華文化的傳統基本上去統一中國人。若從宗教立場去看，也是在天主教義的基礎上統一中國。

（原載於民國七十一年十一月六日　臺北　中央日報）

(一)　吳經熊　蔣總統的精神生活　頁四四　華欣文化事業中心出版

行的哲學與中國傳統哲學精神

1.

中國哲學的特點在於講論生命，西洋形上學以『有』爲研究對象；『有』爲一最普遍的觀念，也爲一最單純又最抽象的觀念。『有』在人所認識的對象裏，爲第一個對象；在人的思維裏，爲最基本之點。宇宙中的一切都是『有』，每一客體也是『有』。

『有』加上一個『存』字，表示實際存在之有，西洋哲學研究『存有』，就是研究萬物的最基本點。知道了『存有』是甚麼，明瞭了『存有』的理由，認識了『存有』的價值，我們便可以進而研究物體和人，再進而研究人生。

中國的哲學則以『有』爲生。物體從本體方面去看是『有』，萬物稱爲萬有，從實際方面去看是『存在』，從存在的內容方面去看是生命。生命卽是生化，卽是『行』。凡是物都不是靜止不動的，而是靜中有動。

易經爲中國第一部哲學書，易經的哲理講論宇宙的變易。宇宙的變易，以乾坤，陽陰，天地代表兩種變易的原素，兩種原素運流不息，互相結合互相分離，循環周轉，宇宙乃變易不停。這種不停的變易，目的在於『生生』，「繫辭」乃說「生生之謂易。」（繫辭上　第五章）「夫乾，其靜也專，其動也直，是以大生焉。夫坤，其靜也翕，其動也闢，是以廣生焉。」（繫辭上　第六章）易經以萬物的化生，由於天地相交，「天地感而萬物化生。」（咸卦　彖曰）「天地不交而萬物不興。」（歸妹卦　彖曰）「天地交而萬物通也。」（泰卦　彖曰）易經以宇宙間爲一生命的洪流，長流不息，乃說「天行健，君子以自強不息。」（乾卦　象曰）

易經的思想在中庸裏很系統地表現出來。中庸第二十二章，以至誠的聖人，發揚了自己的性而發揚人性而發揚物性，發揚物性乃能參天地的化育。天地的化育在於化生萬物。人性和物性都有生理，發揚人性物性，就是發育生理使人物有舒暢的生存。性之理便是生之理，發揚生之理稱爲誠。『誠者，天之道；誠之者，人之道。』（中庸　第二十章）天地的生化常是自然不息，誠是天地的特性。人則有自由，可以按照人性之生理使自己的生命發揚，也可以反背人性之天理而摧殘自己生命。人的生命在於精神，人性的生理爲精神生命之理，即孟子所說的仁義禮智四端，爲人心生來所有。人要誠於自己精神生命之理，發揚而有聖人的全德的浩然之氣。

宋朝理學家繼承了這種生命之理的思想，朱熹以理一而殊。天地萬物所有的性理同一，這同一之性理爲生命之理，好像西洋哲學的存在之理。每一物都存在，每一物也就有生命之理。存在由靜一方面去看，生命由動一方面去看。但是同一生命之理，在每一物中又不相同，因爲生命的表現程度不相同。在礦物裏，生命不能表現，在植物裏生命稍有表現，在動物裏生命的表現較高，在人則生命全部表現，朱熹說物得理之偏，人得理之全。原因在於人得天地的秀氣，人心最靈明。人心具有善的本性，善的本性稱爲明德，『明明德』就是發揚人性的高尚生命，就是中庸之『誠』。王陽明以善的本性爲良知，發揮良知使見於事，乃是致良和，是知行合一。

理學家又稱人的心爲仁。朱熹說人得天地之心爲心，天地以生物爲心，化生萬物乃是仁，人心便是仁；因爲仁卽是生，桃仁杏仁指着桃和杏的生命中心，手足痲木不仁指着手足沒有生命。每物每人既有生命，生命自然而然有表現，每物每人就都要求保全自己的生命，也要求發揚自己的生命，沒有一物一人自己摧毀自己。仁便有愛惜的意義，稱爲『愛之理』。孔子乃說仁者立己立人，達己達人。

萬物既都有同一的生命之理，(生命指着動的存在)在生命上便彼此相連，張載乃在「西銘」說「乾稱父，坤稱母，……民吾同胞，物吾與也。」王陽明在「大學問」主張人和萬物在仁上爲一體，即『一體之仁』。

這種生命哲學思想，爲中國的傳統哲學思想，也是中國哲學的特色。

2.

蔣總統在思想方面，可以說有五部基本的書：大學，中庸，陽明傳習錄，三民主義，聖經。從這五部基本書裏結成了一種中心思想，即是『行的哲學』。行的哲學上承中國傳統哲學的生命哲學，下開中國將來哲學的途徑。

蔣總統對於行的哲學有一篇演講，題目爲「行的道理」。在這篇演講裏，總統蔣公很明顯地說明行的哲學爲生命哲學。（蔣總統言論彙編第十四冊）

「古往今來宇宙之間，只有一個行字纔能創造一切，所以我們的哲學，唯認知難行易爲唯一的人生哲學，簡言之，唯認行的哲學，爲唯一爲人生哲學。」「這個『行』字所包含的意義，要比普通所說的『動』廣博得多，我們簡直可以說『行』就是『人生』。……人生自少到老，在宇宙中間，沒有一天可脫離『行』的範圍。可以說人是在『行』的中間成長。……我們要認識『行』的眞諦，最好從易經上『天行健，君子以自強不息。』一句話上

去體察。」(同上)

易經以宇宙因氣而變易不息，氣有陰陽；陰陽因結合之道繼續變易，生化萬物。每一物體無論人或物，也都繼續生化。每一物的生化即是生存的變易，就是稱爲生命。生命的變易乃是行，行是自然的，是出自本性的，是生命的表現，是生命的完成。在人的生命上來說，人的生命的表現和完成，乃是人心的仁道的表現和完成，也就是明明德，就是誠，就是致良知。蔣總統說：「所謂行，祇是天地間自然之理，是人生本然的天性，也就是我所說的實行良知。」

生命自然有變易，變易自然繼續不息。生命的變易就是行。生命沒有行便活不了，便是死的，便已經不是生命。蔣總統說：「宇宙與人生，無時而不在行進之中，……無一刻是眞正休止而不行。」

生命的自然發揚和完成，乃是生命的善，易經說「一陰一陽之謂道，繼之者善也。」(繫辭上　第五章)所以『行』常是善的。蔣總統說：「動則多半是他發的，行是應乎天理順乎人情的。……就其結果和價值來說：動有善惡，而行則無不善。」

但是人爲什麼不常是善而多是惡呢？因爲人有自由作主的心，心能受私慾的掩蔽，行不能表露。大學所以講『明明德』，中庸所以講『誠之』，王陽明所以講『致良知』。蔣總統乃講『力行』，「我們以革命爲『力行』，爲天下倡，就是造成普遍的風氣，恢復人類的本性，亦就是要恢復我們民族固有仁愛的德性。」

3. 結 語

從上面很簡單的說明，可以明瞭地看出『行的哲學』，就是生命哲學，而且是人的精神生命之哲學。這種哲學繼承易經，中庸，大學，和宋明理學『生生爲仁』的思想，在今日的中國予以發揮，以貼合 總理所講的『知難行易』和王陽明的『知行合一』。最後再進一步發揮中庸參天地化育的理想，以基督的博愛而愛人，達於和造物主——上帝（天主）的『天人合一』。

這種哲學思想指示中國哲學在將來發展的途徑。第一，說明中國哲學的中心思想並不是昨日黃花的老古董，而是在今日仍舊具有生活的魄力。第二，指示中國哲學在將來仍舊須要繼續發揚精神『生命哲學』，在天地人物的大結合中顯出生命的活力，使人的精神浩然與天地相終始，而且能超越宇宙以上，和絕對精神的造物主相接。這種哲學絕對不是唯物的辯證論，也不是祇講認識論的洛克，休謨，和康德以及現象論的主張，並不是僅看現實的美國實用主義，而且較比常在焦慮中的存在論更適合人生。這種哲學乃是中國的生命哲學。

十翼和論語、中庸、大學的比較研究

「十翼」是否為孔子的著作，在中國學術史上是一樁重大的問題，近代考據家的意見大都認為「十翼」不是孔子的作品，而是漢代人的偽作。因此，有些學人講中國哲學史，把十翼作為漢朝初年的書籍。這樣使它們的思想在中國學術上的價值大為減低。

從我研究中國哲學的經驗，我認為易經是中國第一册哲學書。書中的思想對於漢代宋代的思想，影響很大，假使「十翼」完全是漢朝人的偽作，這種現象便不容易解釋。

我不是研究考據學的，更不擅長歷史考據；但是在歷史研究法裏有一種間接的考證，就是從所考證的書所有的思想方面去研究，我用這種方法，可以考證「十翼」的思想是孔子的思想；但中間夾雜有漢朝人的學說。

間接考證「十翼」的辦法，是把「十翼」的思想和論語、中庸、大學的思想作比較研究。論語、中庸、大學都不是孔子的著作，論語是孔子弟子記述孔子的言詞，中庸、大學是孔子再傳弟子記述孔子的話。因此，這三本書的思想乃是孔子的思想。「十翼」除「說卦」、「序卦」、「雜卦」三篇外，其他各篇所有的主要思想，和論語、中庸、大學的思想相合。這樣，我便承認「十翼」的思想是孔子的思想，不過，並不承認它們的文字是孔子自己寫的。寫書的人，必是孔子的弟子或再傳弟子。司馬遷史記曾記述了易經的傳授史，直接溯到孔子。

爲作這種比較研究，我舉出孔子的幾種重要思想。

1. 共同點

甲、仁

孔子曾說：「賜也，汝以予爲多學而識之者與？對曰：然。曰：非也，予一以貫之。」（論語　衛靈公）孔子對曾參也曾說過這樣的話：「參乎，吾道一以貫之。曾子曰：唯。子出，門人問曰：何謂也？曾子曰：夫子之道，忠恕而已矣。」（論語　里仁）

孔子自己說自己的思想有一個中心點，以這個中心點可以貫通他的全部思想。這個中心點，雖然曾子說是忠恕，實則是個「仁」字。仁在論語書裏佔着很重要的位置，不僅是孔子說仁的次數很多，而且孔子以仁在聖以上。他自己說：「若聖與仁，則吾豈敢！抑爲之不

厭，誨人不倦，則可云爾已矣。」（論語 述而）

仁字的意義很多，宋朝理學家，有兩種主要的解釋，一是以仁爲生之德，一是以仁爲愛之理。

孔子的倫理原則在於「法天」，他說：「大哉堯之爲君也！巍巍乎，唯天爲大，唯堯則之。」（論語 泰伯）

天的偉大處，孔子說是在於使萬物生發，「天何言哉！四時行焉，百物生焉，天何言哉！」（論語 陽貨）孔子願意效法天的偉大處，『予欲無言』不言而行天的大事。易傳說：「天地之大德曰生，聖人之大寶曰位。何以守位？曰仁。」（繫辭下 第一章）論語裏以天地不言而使萬物生發，「繫辭」則明明說天地之大德曰生，聖人仿效天的大德便是仁。「繫辭」中這種仁的思想和論語的思想相合。

中庸第二十二章說至誠的人，發揚人性和物性，「則可以贊天地之化育。可以贊天地之化育，則可以與天地參矣。」中庸以至誠之人爲聖人，至誠之人乃是誠於自己的人性，即是『率性』之人。率性之聖人，贊天地的化育，參與天地化育萬物的工程。易經泰卦「象曰：泰，小往大來，吉亨，則是天地交而萬物通也。」天地生發萬物，爲易經的重要思想，又是中庸的重要思想，也和論語的思想相合。中庸沒有講仁，但是說：「致中和，天地位焉，萬物育焉。」（第一章）這種思想卽是發育萬物的仁道。大學講仁，「一家仁，一國興仁。」（第九章）「仁者，以財發身，不仁者，以身發財。」（第十章）大學的仁爲愛。論語講仁：「夫仁者，己欲立而立人，己欲達而達人。」（論語 雍也）這種愛由仿效上天好生之德而來，愛的理由在於好生，好生便是仁。好生是愛惜物的存在，每個人愛惜自己的存在，願意發揚自己的存在，也就愛惜別的人、物之存在，助他們發揚存在。這種思想在論語、中庸和易傳裏，互相連貫。

生生的思想爲易傳的中心思想，乾卦的彖曰：「大哉乾元，萬物資始，乃統天，雲行雨施，品物流行。」坤卦的彖曰：「至哉坤元，萬物資生，乃順承天。坤厚載物，德合無疆，含弘光大，品物咸亨。」乾坤爲易卦的元始卦，也是六十四卦的母卦；這兩卦的意義乃是萬物生生的根源。因此整個六十四卦都和萬物生生有關係，「序卦」一篇裏講六十四卦的次序，就以生生爲標準。「有天地，然後萬物生焉。……屯者，盈也；屯者，物之始生也。……蒙者，蒙也，物之穉也。……」「序卦」全篇的解釋雖不免有牽強附會的痕跡，不能爲孔子所說；然而以生生爲六十四卦的基礎，則符合易經的思想。「易傳」說：「天地絪縕，萬物化醇，男女構精，萬物化生。」（繫辭下 第五章）因此「易傳」乃說：「天地之大德曰生。」這種生生的大德，在聖人方面乃是仁。這一立卽是孔子的思想。

乙、中庸

『中庸』的思想在孔子的思想中和『仁』相連，有中庸纔能有仁。孔子曾說：「四時行焉，百物生焉。」天爲使萬物生發，乃分日月的運行爲四季，四季是爲使寒暑得其時，而能有風調雨順，萬物乃能發生。

『中庸』的善德，在合於中道，不偏不倚，不過而及。所謂合於中道，是說『中節』，卽是恰到好處。「喜怒哀樂之未發謂之中，發而皆中節謂之和。中也者，天下之大本也，和也者，天下之達道也，致中和，天地位焉，萬物生焉。」(中庸 第一章) 所謂中節，並不是中道的一條呆板的規矩，而是合於此時此地的道理。例如孝子葬親，要看親的身份和兒子的身份，又要看喪親的時代，合於身份和時代的喪禮，纔算是中庸，時、地兩字在中庸裏意義很大。例如第一章說「致中和，天地位焉。」天地的位，卽是在適合的地位。第二章說：「君子之中庸也，君子而時中。」朱熹注說：「以其有君子之德，而又能隨時以處中也。」這是說『時』字對於中庸的重要。第十四章說「君子素其位而行，不願乎其外。素富貴，行乎富貴；素貧賤，行乎貧賤。……」朱熹注說：「素，猶見在也。言君子但因見在所居之位，而爲其所當爲，無慕乎其外之心也。」爲所當爲，就是中庸，所說的當爲，要看所在的位。

孟子稱讚孔子爲「聖之時者也。」他說「孔子之去齊，接淅而行。去魯，曰：遲遲吾行也！去父母國之道也。可以速而速，可以久而久，可以處而處，可以仕而仕，孔子也。」孟子曰：「伯夷，聖之淸者也；伊尹，聖之任者也；柳下惠，聖之和者也；孔子，聖之時者也。」（萬章下）朱熹注說：「愚謂孔子仕止久速，各當其可，蓋兼三子之所以聖者而時出之，非如三子之可以一德名也。」可見『時』字在儒家思想中的重要。至於『位』，在孔子的思想裏也很重要，「子曰：不在其位，不謀其政。」（論語 泰伯）曾子曰：「君子思不出其位。」（論語 憲問）朱熹注說：「此艮卦之象辭也。」

時和位，在易經裏乃是一種基本的思想，因爲天地生物，常要合於時地。卦在易經裏爲天地變化的象，卦由爻而成，爻的變化在於位置，所以位是卦變的基礎。卦既是天地變化的象，天地變化不僅在空間裏也在時間裏，爻的地位也就代表時間。例如乾卦的六爻，每爻代表一個位，也代表一個時；「初九，潛龍勿用。九二，見龍在田，利見大人。」初爻，代表潛龍的地位，也代表龍潛在的時候，結論是「勿用」。第二爻，代表龍在田的地位，也代表龍在田的時候，結論是「利見大人」。每一地位和每一時候，都有適合的結論。按照適合的結論去做，就是『中庸』。

但是易經的彖象，特別看重中爻的地位，即第二爻和第五爻，稱這兩爻的地位爲中。又以陰該居下，陽該居上，故陽在第五爻爲正，陰在第二爻爲正。在一個卦裏，若陰在第二爻，稱爲中正；陽在第五爻或第二爻，稱爲中正，有中正的卦，算爲好卦。例如蒙卦䷃第二爻爲陽爻，「彖曰……蒙亨，以亨行，時中也。」需卦䷄第二爻和第五爻都是陽卦，「彖曰……需……位乎天位，以正中也。」訟卦䷅第二爻和第五爻都是陽爻，「彖曰：訟……利見大人，尚中正也。」師卦䷆祇有一個陽爻，在第二爻，其餘五爻都是陰爻，「彖曰：師……正也。能以衆正，可以王矣。」履卦䷉祇有一個陰爻，居在第三爻，「彖曰：履……剛中正，履帝位而不疚，光明也。」因爲第五爻是陽爻。這種以爻的中正時位而定吉凶的原則，通行於之六十四卦。「易傳」說：「若夫雜物撰德，辨是與非，則非其中爻不備。噫！亦要存亡吉凶，則居可知矣。知者觀其彖辭，則思過半矣。二與四同功而異位，其善不同。二多譽，四多懼。……三與五，同功而異位，三多凶，五多功，貴賤之等也。」（繫辭下　第九章）「易傳」以中爻能辨是與非和吉凶存亡，中爻雖指二三四五爻，然四爻之中，以第二第五爻爲多譽多功，這就代表易經貴重時位的中。時位的中卽是中庸的中和，也就是孔子和後代儒家所說的中庸。「易傳」沒有提出中庸兩字，然而中庸兩字的思想則由時位的中以表現。因此，「易傳」在這種重要思想上，和論語、中庸相符合。

丙、君子

爲了不把這篇講演拉的太長，我祇再舉出另一個重要的思想，卽是關於君子的思想。

諸位誰若讀論語，便見到篇篇都有『君子』兩字。論語的這種現象給人一種印象，認爲『君子』的名詞是孔子特別提出來作爲人格的標準。孔子的人格標準本是聖人，但他知道聖人不是一般人所能做到的，他便提出『君子』作爲一般人修身的標準。「子曰：聖人，吾不得而見之矣！得見君子者，斯可矣。」(論語 述而) 孔子在論語裏說出君子的各種善德；君子好義，君子勉力於做人之道。在大學和中庸裏也多有談君子的話，大學以君子愼獨誠意，君子有諸己而後求諸人。中庸以君子中庸，君子和而不流。中庸而且有幾章專講君子之道。所以可見『君子』的思想爲孔門的重要思想。孟子也把『君子』作爲理想的人格。但是我們若去看老莊的書和墨子的書，則就看不見他們講『君子』的話。君子的人格，乃是孔子所建立，流於後世，成了儒家的傳統。

我們現在翻開易經一看，『君子』的名詞也滿書都是。在六十四個卦的「象曰」，幾乎都用君子的美德來解釋卦象，也就是以卦所象徵天地的變化，運用到君子的人格上，成爲君子的一種美德。乾卦的象曰：「天行健，君子以自強不息。」坤卦的象曰：「地勢坤，君子以厚德載物。」屯卦的象曰：「雲雷屯，君子以經綸。」蒙卦的象曰：「山下出泉，蒙，君子以果行育德。」這種例可以繼續下去，幾乎到六十四卦。而且每次提出君子法天地變化而有的美德，都是合符論語、中庸、大學所講君子的美德。這一點正是作證孔子講論易經，由宇宙運行之道，轉到人生之道，把卜卦的吉凶，由倫理的善惡去替代；一方面實行法天的原則，一方面使倫理規律取得形而上的根據。孔子暮年時曾說，若再給他數年，專心學易，可以明易理（論語 述而），「繫辭」下第五章舉出幾個例，表示孔子怎樣把易經的卜筮詞，應用到倫理道德。

2. 不同點

但是我們並不能因着上面所說而認爲「十翼」的思想都和論語、中庸、大學相符合。「易傳」裏有些思想，在論語、中庸、大學裏沒有，而且有的還是相反。

甲、不同點

「十翼」文章的作法，和論語、大學不相同，這是因爲內容的性質不相同，論語是語錄，大學是以各章分別註解第一篇經，「十翼」的「彖」、「象」、「文言」，爲卦爻的說明，「繫辭」，「序卦」，「說卦」，「雜卦」，則說明卦和『易』的意義，因此都是說明思想的，爲哲學的文章，和中庸的文體有些相近，因此，宋明理學家研究性理，以易經和中庸作爲基本文據。

「十翼」的思想的中心點，在於講論宇宙的變易，變易由乾坤爲元素。乾爲剛，坤爲柔；乾爲陽，坤爲陰；乾爲天，坤爲地。陰陽乾坤的思想，在論語、中庸、大學裏沒有。天地的思想，則在中庸和論語裏有。中庸說：「天地之道：博也，厚也，高也，明也，悠也，久也。」(第二十六章)論語有孔子所說：「天何言哉！四時行焉。」(陽貨)易經講宇宙變化，變化由陽陰乾坤而運行，這是中國的宇宙論，爲中國的形上學，這一點不是論語和大學所講的。中庸則講到形上宇宙論，說明「誠者，天之道也；誠之者，人之道也。」(第二十章)

「一陰一陽之謂道，繼之者善也，成之者性也。」(繫辭上 第五章)這種宇宙變化的程序，爲易經思想的骨幹，在論語、中庸、大學都沒有。所以然的理由，是易經的卦已經先孔子而有，孔子講易，是解釋卦意，不是自己創造學說，這樣，關於易卦的變化所有的思想，當然在論語、中庸、大學裏沒有。而且，據歷代學者注解論語所說：「加我數年，五十以學易。可以無大過矣」(述而)乃是孔子晚年所說。

「十翼」所講的數，更是和論語、中庸、大學的思想不相符合。「數」爲卜筮之用，以成所卜得的卦。然而易傳將「數」從卜筮延伸到哲學的範圍內，給與「數」字一種宇宙變化的思想。「引而伸之，觸類而長之，天下之能事畢矣。」（繫辭上 第九章）但是「數」的思想，和論語、中庸、大學的思想並不相衝突，「數」爲卜筮，卜筮爲求知吉凶，吉凶操之在鬼神。在「繫辭」論「數」之後，便說：「顯道神德行，是故可與酬酢，可與祐神矣。子曰：知變化之道者，其知神之所爲乎。」（繫辭上 第九章）乾卦「文言」說：「夫大人者，與天地合其德……與鬼神合其吉凶。」中庸第二十四章說：「至誠之道，可以前知，國家將興，必有禎祥，國家將亡，必有妖孽，見乎蓍龜，動乎四體。禍福將至，善，必先知之，不善，必先知之；故至誠如神。」一般的人用卜筮去求知將來事件的吉凶，聖人至誠則自己和鬼神相通，事先知道吉凶。

乙、相衝突點

歐陽修曾作易童子問三卷，在第三卷他指出易傳中自相衝突之點，如乾卦「文言」以卦有四德，稍後卻又說祇有兩德。又如「繫辭」以八卦源出河圖洛書，又以伏羲氏觀天地之象作卦，再又說卦出於蓍法。歐陽修乃說：「何獨繫辭焉？文言說卦而下，皆非聖人之作，而衆說淆亂，亦非一人之言也。」「其曰原始反終、故知死生之說。又曰：精氣爲物，遊魂爲變，是故知鬼神之情狀云者，質云夫子平生之語，可以知之矣。」

「繫辭」下第五章，引孔子的話以解釋易經，所引孔子的話和論語、中庸、大學所有孔子的話，有時相衝突，如「往者屈也，來者信也，屈信相感而利生焉。」孔子素不言利，在論語中常以義爲重，以利爲輕；而且對於吉凶禍福，孔子也主張不要多說，所說的該是善惡，「易傳」竟說『而利生焉。』「說卦」第一章說：『窮理盡性以致於命』，和論語所說孔子很少談性命，互相衝突。至於「說卦」講卦的位置，講卦的象和卦的次序，也和論語、中庸、大學所有孔子的思想互不相合。

從上面所說的相合和不相合兩方面的事實看來，「十翼」不是出於一個人的手筆，決不是孔子自己的著作。孔子的著作祇有春秋，然而論語、中庸、大學的主要思想必定是孔子的思想，弟子或再傳弟子記述時，參加了別的思想。「十翼」的作者，也是孔子的弟子或再傳弟子。書中的主要思想是孔子的思想，書中還有其他許多思想則是作者所收集的思想。胡適之以易經的主要觀念，爲易、象、辭。他說：「孔子研究那時的卜筮之易，竟能找出這三個重要的觀念。」（胡適之　中國哲學史大綱，卷上，頁九十一）

方東美曾極力反對考古學家以「十翼」爲漢朝人的著作，主張易經代表孔子的思想。

我認爲易經爲中國第一冊哲學書，爲中國形上學的根本。書中的主要思想爲孔子的思想，書的作者則是孔子的弟子或再傳弟子。

書經、詩經以及後代儒家的「天」

在儒家的形上學裏，易經爲第一册書；在儒家的人生哲學裏，書經詩經則爲最早的文獻。詩、書的人生哲學觀念雖不很多，但是其中有一個觀念對於儒家以及中華民族的生活和思想，有着很深刻的影響，這個觀念就是『天』。

講社會學的人，常以文明起於宗教信仰，又常把文明分爲幾個時期，例如宗教信仰或神權神學時期、哲學思想時期、科學技術時期。這種講法就大體上，可以說是正確的，歐洲文明和亞洲文明都經過這種階段。但是對於非洲文明來說，則就從未開化時期而躍入開化時期，從宗教信仰時期，跳入了科學技術時期，並沒有所謂哲學時期。再者在歐洲和亞洲的文明裏這種進化的階段雖很顯明，然而不是正反合的辯證式，而是互相融洽的方式，在哲學時期仍舊有神學，也有宗教信仰；在科學技術時期，宗教信仰、神學和哲學也一併存在。

在中華民族的文明裏，『天』的觀念貫通這三個階段，成爲中華民族文明的基本要素。在夏商周的書經詩經時代，天的觀念爲宗教信仰。在漢唐宋明的儒家哲學裏，天的觀念爲人文哲學的基礎。在現代的科技時代，天和自然相合，成爲研究的對象。

1. 宗教信仰的天

社會考古學者，考證各原始民族的信仰，漸漸地走向一個歷史的事實，即是最原始的宗教爲一神教。多神教的各種崇拜爲原始一神教的嬗變，圖騰崇拜，精靈崇拜，人鬼崇拜等等宗教，都在失去一神的觀念後纔起來，各地所有的崇拜對象和方式都不相同，也不依循一致的途徑。中華民族的原始宗教信仰，不必要經過圖騰方式。在人類進化到理智運用最高的時期，又再回到一神的信仰。這一點可以證明一種推測，即是最原始的一神信仰，來自神的啓示，原始人的理智並不能由人自己而想到，經過了長久的時期，人們失去了這種啓示的宗教知識，乃由自己的心理感受，編造各種的神靈信仰。

中華民族的原始宗教信仰，現在可以知道的是甲骨文所記錄的和書經、詩經所記載的。從這幾種古代文獻的記載，我們可以知道中華民族的原始宗教信仰爲一神信仰，即是『天』。雖然原始宗教信仰也崇敬別的天神地祇和神鬼，然而『天』被尊爲至高的崇拜對象，其餘的神祇都在『天』以下，又不是一般人所要崇拜的。

中華民族文明所有的最古文獻爲卜筮的甲骨文。可能不是一樁偶然的事，甲骨當然可以在土中保存；然而當時朝廷用的金屬書簡也可以保存，到現在却沒有發現。這一點至少證明一事，就是當時中國人的宗教信仰很盛，支配一切人事。

金文和石鼓文也是一種很古的文獻，稍在甲骨文以後。書經和詩經的時代雖不能絕對確定，然而大致來說，和甲骨文以及金石文的時期相同，兩書的內容也證明了當時中國人的宗教信仰非常濃厚。

宗教信仰對於民族思想的形成所有的影響，可以從多方面去看：從生活的價值，從政治的制度，從倫理道德，從哲學的形上論，都由宗教信仰去形成。

甲骨文和金石文的天，書經和詩經的天，有同樣的宗教涵義，都指着宗教信仰中的最尊神靈。現在我們有考古學者和宗教史學者的著作，解釋在文字方面，天字在原始的意義。這些學者也說明詩、書中的『帝』字，也和『天』字一樣都指同一最尊神靈。

我們不去考證天和帝在文字學上和宗教史上的遞嬗，是天字在先呢？或是帝字在先？我們所要研究的，是宗教信仰的天，在中國思想史所有的地位。

甲、一神信仰

天字的最始意義，是指着蒼蒼的形天。形天在人的頭上，甲骨文和金石文的天字，都像一個人伸開雙手，頭上頂着東西，所頂的東西就是蒼蒼的天。說文解釋天字：「天者，巔也，至高無上也。從一從大。」

從甲骨文、金石文、和書經、詩經裏所有天字，通常都指着一位最高的尊神。這位尊神的稱呼有好幾個：帝，上帝，天，上天，皇天，皇天上帝。名稱雖在字面上不同，實際上都是指着同一位尊神：這位尊神爲中華民族有史以來的宗教信仰。

中華民族所信仰的天，爲有位格的神，和印度的梵天不同，和天主教及基督教所信的尊神則在基本上相同，因此天主教稱所信仰的尊神爲天主，基督教稱爲上帝。

天是一位尊神。中華民族在統制上很注重領袖的唯一，俗語云「天無二日，民無二王。」在人世的最高統治者祇能有一個，在宗教信仰上的尊神也祇有一位。

但是從古以來，天地常一同併出在中國人的心目中。宗教方面的祭祀有郊社之祭：郊祭天，社祭地，同爲祭祀中的最高的祭祀。在易經的思想裏，天地常是併立。不過，郊社之祭具有等級的分別，在祭禮上郊祭最隆重，社祭較低。郊社都是祈福感恩的祭祀，祈求天地豐賜收穫，感謝天地能得豐收。農事的收穫爲五穀的長成，五穀的長成靠天靠地，風調雨順是靠天，土地肥沃是靠地。在農人的生活裏，天地同樣重要，因此皇帝代表人民舉行郊社祭祀。但在一般的信仰裏，天特別高，地居其次；天不稱神，地可稱爲神，神在天以下。秦漢時五行的思想盛行，支配一切，在宗教信仰方面乃有五帝的祭祀。五帝的祭祀起於秦朝，成於漢代。齊鄒衍按所倡五行的思想，倡言天有五常，青、黃、赤、白、黑，循環用事，以配四方四時。漢文帝在渭陽立五帝廟。史紀封禪書說：「同宇，帝一殿，面各五門，各如其帝色。祠所用及儀，亦如雍五畤。夏四月，文帝親拜霸渭之會，以郊見渭陽五帝。」於元十五年，西元前一六五年，文帝祭五帝，儒者上書說：「天一而已，而曰有五帝，非古也。……夫帝一而已，安得有五。」鄭玄又以皇天上帝立在五帝之中，乃有六帝六天之說。宋神宗即位元年即下諭罷六帝的祭祀，祇祭上帝，因六天之說，為鄭玄的異說。

乙、精神體的尊神

中華民族所信的天，不像古希臘人所信的邱匹特；邱匹特為神而人化，追逐戀愛和表揚仇恨；天則是無形像的精神。「上天之載，無聲無臭。」（詩經 大雅，文王）書經和詩經沒有講『神』的特性，易經和中庸則說明『神』是無形的精神體。易經說：『神無方而易無體。』（繫辭上，第四章）「惟神也，不疾而速，不行而至。」（繫辭上，第十章）中庸說：「鬼神之為德，其盛矣乎！視之而弗見，聽之而弗聞，體物而不可遺。」（中庸，第十六章）天雖不是鬼神，但在鬼神以上，更是不可見不可聞的精神體。

神為精神體或精神性，在中國哲學裏是一個普通的觀念。凡稱為神的，都有精神的特性，漢儒和宋明理學家都稱人的心爲神，就是因爲動作，「不疾而速，不行而至。」而且靈妙不可測。

上天既是無形無像的精神體，祂和人們的關係怎樣可以建立呢？這種關係的建立，不能是一端，以眼耳爲關係起點的人，一端是不能見聞的精神：而是須要兩端有同樣的性質；因此中國古人觀察自己的生活，以天象代表上天的工作，這些工作乃是天人關係的基礎。中國古人以宇宙常常運行，運行目標爲生生，生生的根源則來自天地，於是天人的關係，乃建立在人和有形的天地之間，有形的天地代表無形的上天。在祭祀裏便有郊社之祭，在易經裏便以天地乾坤爲生命之源，荀子、王充和宋明理學家便以天代表自然。在詩經裏已經以有形天代表無形上天的思想，「悠悠蒼天，此何人哉！」（詩經，黍離）「彼蒼天者，殲我良人。」（詩經，黃鳥）「旻天疾威，敷于下土。」（詩經，小旻）以有形的蒼天代表上天，理由很簡單，因爲古人相信上天是在蒼天之上，蒼天爲上天的住所。中國普通人要發誓，常指天作誓。

丙、天生神物

「天生蒸民，有物有則。」（詩經，蒸民）「天作高山，大王荒之」（詩經，天作）上天造生人物，乃是中國從古到今的一個民衆化觀念。中國思想裏，造物者的觀念也很普遍，就連莊子也有。中華民族原始的信仰，相信上天爲人物的創造者。後代的中國人，常常保全這種信仰。歷代的中國人家裏，都供有『天地君親師』的神位牌，信天地爲生命之本。

中國古人的信仰沒有上天創造人物的說明，不說上天怎樣創造了天地。至於盤古開天地，女媧氏造人，則是古代的神話，不屬於宗教信仰：中國古人從來沒有祭祀盤古和女媧。『天造人物』的信仰，對於中華民族的思想影響很大，歷代的農人都是『靠天吃飯』。但是對於中國的哲學則不見有什麼影響。

西洋的哲學，以神學爲基礎。這是因爲西洋的人民都信仰天主上帝。西洋哲學認定宗教信仰爲人生的規範，因此便認定上天創造萬物爲宇宙的源起，在哲學裏不講宇宙源起的問題，祇有在最古的希臘哲學裏有粗俗的論說。西洋宇宙論講『物』的意義，研究『物』的構成素。西洋形上學講『有』的意義，研究形上的基本原則。宇宙源起則在自然宗教哲學裏討論。西洋古代哲學和神學不能分離；若是把神學和哲學分開，哲學便對於宇宙和人生，有許多基本問題沒有辦法交待。西洋的現代哲學則離開神學而和科學相連，把宇宙的源起問題交給科學，形成和古代哲學的脫節。

中國的哲學不以宗教信仰爲基礎，因爲中國人對於宗教信仰的評價和西洋人的評價不同。西洋人以宗教信仰爲整體人生的規範，一切都要以宗教信仰爲依據，哲學也包括在內。

中國人以宗教信仰祇是人對神靈的崇拜，宗教信仰所包括的祇有神的敬禮。雖然後來佛教傳入中國，把整體人生包括在宗教信仰以內；然而中國人雖然信佛，却不採納佛教的哲學。

因此，中國哲學沒有天造人物的問題，却另以太極或道作爲宇宙的起源；且進而討論宇宙萬物生化的歷程，老子有道的生化歷程，易經有太極的生化歷程，宋朝周敦頤作太極圖，以說明宇宙萬物的源起和生化的經歷。中國的宇宙論，乃是宇宙的源起論，包括形上學的『有』，又包括宇宙論的『物』。

但是中國的哲人，却不因爲自己的哲學思想而拋棄自己的宗教信仰。荀子和王充講自然之天而仍舊信靈明的上天，宋明理學家講理性之天也仍舊信神明之上天。

2. 自然之天

現在一些中國學者，講述中國古代思想史，特別强調中國古代宗教信仰的變遷。他們認爲書經詩經的位格上天信仰，到了春秋戰國時已經變成了一種形天的信仰，由着形天的觀念，再進到『自然』的觀念，因此書經和詩經的上天，變成了自然的形天。所謂形天，並不是僅指着蒼蒼的形天，而是指着自然界的現象。

春秋戰國時的宗教生活，人神雜處，各國所信的神靈，糅合一起。書經和詩經初期所信的上天，被羣神信仰所掩蔽。

胡適之曾說：「這是秦帝國的宗教，其中最尊的大神仍是秦民族的上帝四時，最時髦的仍是秦民族的『陳寶』；而地方舊祠祀，如齊之八神，周之杜主，以及各地的名山大川，都成爲這國教的一部份。天地，日月，星宿，山川，都是自然界的實物；杜主等是人鬼，陳寶是物神。故秦的國教是一種拜物，拜自然，拜人鬼的宗教。」(一)

徐復觀說：「按春秋時代，在進步的貴族間，天已由宗教的意義演變而爲禮的根源的意義，此爲儒家所承，而成爲道德的最高根據，這當然是價值的意義。」(二)

「古代天由宗教的意義，演變而爲道德價值的意義，或自然的意義，這都不足以構成天的哲學。因爲這只是由感情、傳統而來的『虛說』，點到爲止，沒有人在這種地方認眞地求證驗，也沒有人在這種地方認眞地要求由貫通而來的體系。到了董仲舒，才在天的地方，追求實證的意義，有如四時，災異。更以天貫通一切，構成一個龐大的體系。他這不是直承古代天的觀念發展下來的，而是直承呂氏春秋十二紀紀首的格套，內容，發展下來的。……天由四時之運行而見。四時由氣候不同，春主生，夏主長，秋主收，冬主藏；……這便是呂氏春秋應同篇中所說的『與元同氣』。四時雖春夏主生主長，秋冬主收主藏，但必先有生與長，然後才有收與藏。所以呂氏的賓客們，實際是把天的功能重點，放在『生』與『長』的上面。政治上的布德施惠，慶賞敎化，都配在春夏；實際上政治設施的重點，也收在德惠敎化方面。董氏的天的哲學，便是由此而發展下來的。」㈢

唐君毅談論儒家的人生觀，以儒家肯定人世現生爲重點，以孔子的「未知生，焉知死？」爲最高範疇。他說：

「此儒家之思想，要在對於人當下之生命存在，與其當前所在之世界之原始的正面價值意義，有一眞實肯定，卽順此眞實肯定，以立敎成德，而化除人之生命存在中之限制與封閉，而銷除一切執障與罪惡所自起之根，亦銷化人之種種煩惱苦痛之原。人之成德，要在循序而成，以由今至後，由近而遠，由本之末。……故亦必不可先神而後人，先念天堂地獄而後人間，先念前生來世，而後此今生。」㈣

「吾意首當細認取：前所謂吾人生命之生於此世界，初爲一破空而出之一赤祼祼之生命，乃表現一先天的空寂性，純潔性，而爲一善之流行，爲第一義。亦卽以自覺的超越忘去此生命之來處，以及其超越的根源，爲第一義。……由上所說，則生命之存在，自當有其超越的形上根原，亦依此根原之有而有。……此形上根原在中國儒家名之爲天，而此理卽天理，此道爲天道，吾人之生命存在之具此理此道爲性，爲天性，亦爲人性。」㈤

上面所引三位當代學人對於中國『天』的意義的轉變歷史。胡適所說爲由位格的精神尊神信仰變到自然物的信仰。但是對於這種信仰的轉變，並不是自然物的信仰代替了位格的尊神之信仰，而是在位格的尊神之信仰以外，加上了，也滲雜了自然物的信仰。漢朝有五帝的信仰，然而位格的尊神之信仰仍舊存在，漢武帝行封禪之禮，就是在泰山祭皇天上帝。宋朝的皇帝廢五帝祭祀，恢復古代的郊祭，繼續了古代位格的尊神之信仰。

徐復觀所講的演變，是中國哲學上『天』的意義之演變。這種演變是在漢代的天人感應說裏表現出來。這種學說的代表是董仲舒。但是王充在另一方面也代表漢代自然的天之思想。這種自然的天之思想是一種哲學思想，但有宗敎信仰作根據。由宗敎信仰的位格尊神演變爲自然的天，這種演變是一種增加水流，而不是斷絕水源而另開信仰之源。漢朝人仍舊信有書經詩經的皇天上帝，但他們又信皇天上帝和人的關係，由自然的天而表現，即是以自然之天爲皇天上帝的表形。當然在一般人的單純信仰裏，自然的天可以代替了位格的精神尊神。

唐君毅所說的儒家思想，爲由宋明理學家所演變出來的義理之天。在下一段我必加以研究，在這一段裏我研究的是——自然之天。

在中國哲學上自然之天的思想，當然以老子爲先。儒家的自然之天，則以荀子爲開路的人。荀子在天論篇强調人爲能够勝天。他所謂的天卽是指自然界的物和現象。「大天而思之，孰與物畜而制之；從天而頌之，孰與制天命而用之；望時而待之，……故錯人而思天，則失萬物之情。」（天論篇）這個天，和易經所用的天地之天，意義相同，都是指着自然。荀子恨當世人「不遂不道而營巫祝，信譏祥。」（史記 荀卿列傳）一切都要隨着天意。他以法家的精神提倡禮法，以正人心。他本主張性惡，然很看着『善』，『善』爲僞，僞爲人爲。在禮樂方面，人要以自力來改正天性的『惡』；在國家建設方面，人要以自力去改正自然的阻礙。荀子在宗敎信仰上，信有皇天上帝；因爲他在書裏，表示這種信仰；但他不願意把皇天上帝和自然現象合而爲一，他敬仰皇天上帝，却要物畜自然而加以制裁。

董仲舒的哲學思想，可以說是建築在『天』的意義上。他的『天』，是自然的天。但他提倡自然之天和荀卿提倡自然之天，目標互相對抗，荀卿反對戰國社會的迷信，想把自然之天和皇天上帝分開，董仲舒則把自然之天和皇天上帝相連。「在春秋繁露裏，天有兩種意義：一種指着無形無像的最高上天，一種指着由事物可現的自然之天。這兩種天似乎互相混合，又互相衝突，使現在研究董仲舒思想的人感到困惑；因爲一方面看到他誠心信仰上天，一方面又看到他講人和形天的合一，便不容易了解他對於『天』究竟有什麼意義。」㈥

董仲舒以人配天，「唯人獨能偶天地。人有三百六十節，偶天之數也。形體骨肉，偶地之厚也。上有耳目聰明，日月之象也。體有空竅理脈，川谷之象也。心有哀樂喜怒，神氣之類也。……天以終歲之數成人之身，故小節三百六十六，副日數也。大節十二分，副月數也。內有五臟，副五行數也。外有四肢，副四時數也。乍視乍瞑，副晝夜也。乍剛乍柔，副冬夏也。」（春秋繁露 卷十三，人副天數）這個『天』，完全是形天，是自然現象。董仲舒以自然之天和人身相合，解說天人合一，牽涉到皇天上帝。

尤其是漢朝，人們相信天人感應，人事的善惡，特別是皇帝行爲的善惡，必招到相合的天象。祥瑞災異，就是人事所招引的感應。這種思想在呂氏春秋裏很濃厚，在淮南子裏也有，爲漢朝最流行的思想。天人感應的天爲自然之天，而天人所以感應是在於氣的同類相應，那麼天人感應之天乃是氣所成，不能是無形無像的位格尊神。但是我們不能夠肯定說這種自然之天代替了位格尊神之天，更不能說漢朝人祇信自然之天而不信皇天上帝。追究這是以皇天上帝的信仰爲根本，自然之天代表天意行賞行罰，以祥瑞災異而表現。在一般社會上人的心目中，自然之天和皇天上帝相混，中國人的宗教信仰有了演變。不過，在詩經裏所說的『悠悠蒼天』，就有這種意義。同時，皇天上帝的信仰，依舊存在。

這種自然之天的信仰，造成一切都詢問神意的迷信，較比荀卿當時的迷信爲重。漢朝有識之士，都起來反對天人感應所造成的讖緯。王充便是其中最有代表性的學人。

王充回到荀子的自然之天，以天無意志，因天沒有口目；不能看，不能言，當然不能和人事有感應。「夫天道，自然也，無爲。如譴告人，是有爲，非自然也。黃老之家論說天道，得其實矣。」（論衡，譴告篇）因此，他反對讖言。但是他却很相信妖，但不信神；所謂神，是人死後的神鬼，書經詩經的皇天上帝，王充仍舊相信。

漢朝人所講的自然之天，在天人感應說裏，和位格尊神的皇天上帝相混，但並不互相衝突或互相否決，漢朝人信皇天上帝，也相信自然之天。在自然天道的學說裏，自然之天和易經的天地之天相同，代表陽氣。王充在自然篇說：「天地合氣，萬物自生，猶夫婦合氣，子自生矣。……或說以爲天生五穀以食人，生絲麻以衣人，此謂天爲人作農夫桑女之徒也，不合自然。」這種思想則又和易經所講天地好生之德不相同了，而是和老子的『天地不仁』的思想相同。

3. 義理之天

義理之天來自法天的思想。儒家的人生理想在於法天，以天爲生活規範。在詩經裏有「天生蒸民，有物有則」的話。天所定的規律，爲人生活的規範。天所定的規律，稱爲天道。天道的觀念，在書經和詩經裏，和天意天命相同，所謂天意天命卽是上天之命。在易經裏則是自然界的原則。易經的卦，以三爻代表天地人，卦的意義代表天道人道地道。卦的來源呢？則是伏羲氏仰觀天象，俯察鳥獸之跡，卽是觀察自然現象而畫成的。易經的天道可以說是自然律。

孔子以禮作爲人生規範，「非禮勿視，非禮勿聽，非禮勿言，非禮勿動。」（論語 顏淵）禮的來源本於天，所謂天，指着易經的天道，然也指着書經的天意。

中庸則以性爲人的生活規範，「天命之謂性，率性之謂道。」人性爲人生之道，中庸以至誠的人爲最高尚的人格，至誠的人就是盡性的人。

這種思想在漢朝中斷了，到了宋朝纔由理學家重振起來，加以發揚。

理學家的思想以易經爲根據，以中庸大學爲骨幹。周敦頤作太極圖，演變易經的宇宙變易論。張載講太虛之氣，以宇宙的元素爲氣。二程由氣而到理，朱熹乃有理氣的學說。宇宙萬物都由理氣而成，而理氣却不能分離。人有理氣，理爲性，氣爲形；形限制理，理範圍氣。人的一切，以理爲根基，氣則是形成理的表現。人的氣爲清氣，因此人表現理的形式爲靈明，人的靈明是心；心既是靈明，理便能全部表現，因此人的理是偏是全。

理是人性，性爲天生，理便是天理。所謂天理，卽是自然之理，爲人天生所有之理；因此便可以稱人的理爲天。朱熹說：「性者，人所受之天理。」（朱子語類・卷五）程頤說「在天曰命，在人曰性，循性曰道；性也，命也，道也，各有所當。」（二程全書 伊川文集五，頁十）朱熹又說：「天之賦於人物者謂之命，人與物受之者謂之性，主於一身者謂之心，有得於天而光明正大者謂之明德。」（朱子語類・卷十六）程頤和朱熹都說：天、理、性、心、命，在名詞上都不同，在內容上所指的客體同是一個，祇是觀點不相同。天是從來源方面去看，性是從人方面去看，心是從動方面去看。簡單來說就是中庸所說的「天命之謂性」。

理學家以天命爲人生來所有者，這個天命不是指皇天上帝的命。天是自然，而這種自然的本體是理，天卽是理。人，天生就有理，理是人的性，人的生存和活動，都按照性理去成就。理學家的哲學研究到這一點就止住了，沒有再追上去，天命的天究竟是什麼？唐君毅說：「生命之存在，自當有其超越的形上根原，亦依此根原之有而有。……此形上根原在中國儒家名之爲天，而此理卽天理，此道卽天道。」

唐君毅以人的生命根原，是超越形上的天。這超越形上的天，究竟是什麼？是天理嗎？天理可以說是本體方面的生命根源。人的生命由理和氣而結成，理既是天，天便是生命的根源。然而這種根源只是原素式的根源。若問理和氣由何而來？答是天生如此。天生究竟是由何而來，則說是天命。天命又是什麼？再往上追，祇能假定有一最後的實有體，或說是『道』或說是『太極』。但都不能解說所追問的問題，需要進入宗教信仰纔有答覆。將天命的天，解釋爲位格的尊神——皇天上帝，要說「天作人物」。

理學家所講義理的天，乃是易經所說：「一陰一陽之謂道，繼之者善也，成之者性也。」（繫辭上，第五章）爲解釋人之所以爲人的理，和人的生活之理。在哲學上爲形上學的本體論。這個天字，來源還是來自宗教信仰之天。書經講天命，爲皇天上帝之命。理學家講天命，認爲自然之理，然而自然之理之所以成，理學家祇能說是天生的或自然而有的。實際上所謂天生的或自然而有的，在儒家的思想裏，應該和書經所說的皇天『天作人物』相連貫，纔能表現儒家的整體思想。

義理的天可以說是相當於自然，天理相當於自然。在近代歐美的哲學裏，也有這種思想。辯證唯物論把這種思想推到了極點，而且也應當說是必然的結論。因爲若一切都以自然爲根本，宇宙當然是物質的宇宙，宇宙一切都是物質。

儒家雖然根據易經的思想，以天地代表形天，而又以天代表天理；然而在形天和天理的後面，有皇天上帝作根基。皇天上帝爲精神體，由上帝而來的宇宙便不完全是物質，而是具有心靈的。理學家講自然天理，同時却也强調靈明的人心。人心爲靈，爲精神，能知。理學家主張心物並存。因此理學家便不能以物質爲人生存的根本。雖然唐君毅以天爲超越形上的。但若不以超越形上者爲絕對精神體，天必要落爲物質的自然。

中國哲學注意生命，無論儒家道家佛教，都是人的生命哲學。生命哲學常講生命的由來，生命的意義，和生命的發揚。道家的生命哲學以道爲生命的根源，以自然爲生命的意義，以人合於道爲生命的發揚。佛教以因緣論爲生命的根由，以解除痛苦爲人生的意義，以入涅槃爲生命的發揚。儒家則以天爲生命的根本，以仁爲人生的意義，以天人合一爲生命的發揚。

4. 天人合一

天人合一的思想在易經上很明顯地表現出來。易經的天人合一思想，以聖人爲主體。聖人的心靈光明純潔，能够洞悉天道，明瞭天地變易的奧妙。易經繫辭說：「聖人有以見天下之賾，而擬諸其形容，象其物宜，是故謂之象。聖人有以見天下之動，而觀其會通以行其典禮，繫辭焉以斷其吉凶，是故謂之爻。」（繫辭上，第八章）「是故，天生神物，聖人則之；天地變化，聖人效之。天垂象見吉凶，聖人象之。」（繫辭上，第十一章）

聖人既因心靈的清明，洞悉天地變化的奥妙，又因心靈的清明，沒有情慾的紛擾，能够在一切行動上合於天道。易經以這種境界爲天人合一的境界。「夫大人者，與天地合其德，與日月合其明，與四時合其序，與鬼神合其吉凶。」（乾卦，文言）這種天人合一的境界是知和情的境界，而所謂天，爲自然之天。然而這種自然之天，不是老子的自然之天。易經講天地好生之德，好生之德表示皇天上帝『天生神物』之德。自然之天乃是皇天的表現。

中庸的『誠』，爲天人合一的道徑和方法。「誠者，天之道也；誠之者，人之道也。」(中庸 第二十章)朱熹註釋「天之道」爲「天理之本然」，「誠」爲「眞實無妄」。誠的對象爲性。中庸說明至誠的人能盡自己的性，而後盡人性，而後又盡物性，終而能够「贊天地之化育」。(中庸 第二十二章)「可以贊天地之化育，則可以與天地參矣。」朱熹註說「與天地參，謂與天地並立爲三也。」天地人並立爲三，代表宇宙萬物，也是易經的思想。中庸的「與天地參矣」，有天人合一的價値與境界。至誠的人，與天地合一；合一之道在於贊助化育，卽是在於仁。易經也說：「天地之大德曰生，聖人之大寶曰位。何以守位，曰仁。」(繫辭下，第一章)中庸的天人合一和易經的天人合一相貫連，然已進了一步指出了天人合一的內容。內容卽是好生之德，既然是好生之德；雖說是『贊天地之化育』，歸根仍然要歸到「天作神物」的皇天。

宋明理學家承接易經中庸的思想，周敦頤講『誠』，張載講聖人淸虛之氣，都能達到天人合一。但張載更進而講「乾稱父，坤稱母，予茲藐兮，乃渾然中處。故天地之塞，吾其體，天地之帥，吾其性。民吾同胞，物吾與也。」(西銘)人與天地同體，這種思想應該是由他的太虛之氣而發展出來。天地萬物同具一氣，雖氣分清濁，然都是一氣。一氣的天地萬物，可以說同是一體，因此以『物吾與也』。同是一體的結果，在於人與萬物相通，萬物各按次序，互相貫通共存。人因所具之氣爲清氣，乃有靈明之心，人以靈明之心，體會並體驗萬物一體，『大其心，則能體天下之物。』（正蒙・大心篇）。心體萬物，卽是愛萬物，愛就是仁，就如孟子所說：『仁民而愛物』。

王陽明更明白提出一體之仁。所謂仁卽是生，人和萬物在生命上乃是一體。「大學問」講一體之仁，以人爲保存生命，需要動物植物和礦物，吃肉吃蔬菜，吃藥石，這一點表示人的生命和動植礦等物相連，可稱爲一體之仁。因着生命相連，彼此便相關，相關便不能互相殘殺，而應互相愛護；因此生生之仁而進爲愛之理，人心要愛萬物。在相連和相愛而實現天人合一。

愛之理爲仁，是朱熹的思想，朱熹曾著一篇「仁說」，以人得天地之心爲心，天地則以生物爲心。天地生物而愛物，人心旣是和天地之心相同，也應該生物而愛物。人心能體驗這種仁心，便是天人合一。朱子的『天地之心』，所謂爲自然天理，然而在天理的後面，應該是皇天以生物愛物爲心。

先總統　蔣公曾說：「我們中國『天人合一』哲學思想，乃是承認了『天』的存在，亦就是承認了『神』的存在。故『天曰神』，又曰『神者，天之本，而爲萬物之始也。』又說惟有『天人合一』的尊神論者，纔能樂道順天，不憂不懼，安心立命。」(七)這種解釋，爲一種符合中國思想傳統的正確解釋。若祇以天人合一的天爲自然天理，儒家和道家，孔子和老子，便沒有分別了。

5. 結　語

儒家的天，首先的意義，爲宗教信仰的位格尊神。這種宗教信仰從古代流傳到現今；而且在中國歷代的祭天郊祀裏常被保存。歷代儒家的學者，沒有不信上天的，孔子和孟子信仰上天，荀子也信仰上天。漢朝董仲舒和王充都保有這種信仰，二程和朱熹，以及王陽明、王船山都信天而敬神。

在中國宗教信仰的變遷過程裏，漢朝人最相信形天，主張天人感應，讖語流傳社會，把形天混在皇天上帝的信仰裏，使哲學的思想也以形天作人生的根本。

理學家破除漢朝人的迷信，追踵孔孟而回到易經和中庸，以天命之性爲人的根本，天命旣是天理，天理卽是自然之天。理學家講論人的本體，止於理和氣。然而天理之天，和自然之天，不能是形天；因爲若是形天，則墮於唯物論。

因此，儒家的義理的天和自然之天，都和宗教信仰之天相連貫。義理之天爲自然之天的演變，自然之天爲形天的演變，形天爲皇天上帝的演變。在演變的歷程裏有宗教信仰的演變，又有哲學的演變。但是演變的結果，自然之天和義理之天，並沒有摧毀古代宗教信仰之天。我們祇要看北平的天壇，就可以知道中國歷代社會都保留了上尊神的信仰。

註：

㈠ 胡適 中古思想史長編 頁五一四 民國六十年。

㈡ 徐復觀 兩漢思想史 卷二，頁四三六，學生書局 民國六十五年。

㈢ 徐復觀 兩漢思想史 卷二，頁三七一。

㈣ 唐君毅 生命存在與心靈境界 下册 頁八三六，學生書局 民國六十六年。

㈤ 同上 頁八六七，八七一。

㈥ 羅光 董仲舒哲學思想 頁一一，輔仁大學人文學報第六期。

㈦ 蔣經國 風雨中的寧靜 頁三—四。

（曾載於哲學與文化 第五卷第九期，五五頁）

中國哲學與宗教

在輔仁大學召開的國際哲學會開幕詞裏，我曾論中國哲學與宗教，但因爲是開幕詞，不宜太長，我只寫了稍爲詳細的大綱，却並沒有發揮。今天，在宗教與文化的研究班，我便就這個問題，向大家作一次系統的講演。

1. 中國古代的宗教

宗教，就普通的意義說，是對於有超越性的神靈所具的信仰。這種意義只能說是宗教信仰，由信仰而發生敬禮，宗教便有敬神的儀典。因有儀典，便應該有舉行儀典的人，宗教乃有司祭。既有司祭，便應該有聯繫，有從屬，於是便有宗教組織。這種宗教稱爲有組織的宗教。

我國古代的宗教，在漢末道佛兩教成立以前，沒有宗教的司祭，沒有宗教的組織，只有宗教信仰，也有宗教儀典。沒有信仰，當然沒有宗教；有了信仰，必定表之於外，便有祈禱和祭禮。祈禱可以私人擧行，祭祀則是公開儀典，應有人主禮。禮記說：

「天子祭天地，諸侯祭社稷，大夫祭五祀。天子祭天下名山大川，五嶽視三公，四瀆視諸侯。諸侯祭名山大川之在其地者。」(王制)

中國古代只有宗教信仰和信仰的表現儀典，儀典的主禮人，卽是負責管治民衆的官員。皇天后土爲全民族所敬拜的神靈，敬禮由一國之主的皇帝主禮，其他神靈的敬禮由地方官主禮，家族祖先的祭祀由族長和家長主禮，這一點表現中國古人以信仰生活爲人生的一部份，宗教敬神的敬禮爲社會活動，由社會主管人負責。

中國最初的宗教信仰，現在可以考據的，是甲骨文的卜辭。甲骨文中有「帝」，帝卽書經中的上帝。書經和詩經的年代有的較比甲骨文還早。這兩册古書中充滿了「帝」和「天」的信仰。「帝」多用在商代，及商代以前，「天」則多用於周代。帝或上帝或皇天上帝，天或上天，都指着同一的尊神。在現代的商周銅器中，有毛公鼎和宗周鐘的銘文，銘文中刻有「皇天」，「唯皇上帝」。足以證明中國最初的尊神信仰。

當對人在信仰尊神以外，還信仰別的神靈。從書經裏我們可以看到有上下神祇的信仰，上天的神靈爲日月星辰風雨雷電的神明，地下的靈祇，爲山川湖海和家屋的五祀。

在書經詩經的時代，上帝的信仰很虔誠，人君的政治都奉天命為依歸。到了春秋戰國，周室皇位的權威日形衰弱，終至於被霸主所淹沒；於是上天的信仰也漸式微，鬼神的崇拜越來越廣，以至人事的吉凶，幾乎都決於鬼神，詢神問卜的風很盛，孔子乃說：「敬鬼神而遠之。」（論語 雍也）左傳關於鬼怪的紀錄很多，屈原九歌更顯出有物類的精靈。戰國末年的齊國的術士，更信神仙，倡言長生不死之術。五行的思想產生了五帝的說法，幾乎亂了上天尊神的信仰。民間的鬼神信仰及在漢末產了道教，道教興起的同時，佛教由印度傳入中國。道教和佛教有信仰，有祈禱和祭祀，有司祭的道士和僧尼，便成為有組織的宗教。因此，普通講中國的宗教，常講道教和佛教，對於中國古代的宗教，雖有人稱為儒教，然其實只能說是中國古代的宗教信仰。

對於宗教信仰的意義，在書經和詩經的時代，人都認為上天信仰乃是政治的基礎，也是人行善行惡的監督。到了孔孟時代，孔孟都相信天命，作為自己一生的規範。在後代的中國人心理上，上天的信仰和命運相連，人到了窮困時則呼天。

2. 中國古代宗教與哲學

宗教和哲學的關係，在中西的哲學裏互不相同。西方的宗教信仰，從羅瑪帝國以後，只有天主教（基督教）的信仰。天主教的信仰對於人的生活，在平面和縱面上都包括一切，有如中國的孝道，把兒子的一生所有的行動都涵蓋在內，兒子的一切善行爲孝，一切惡行爲不孝。天主教的信仰支配整體的人生，指示人生的來源，啓示人生的歸宿，以倫理的誡律，規範人的一切行動。因此一切學術都以信仰爲準繩，學術不會反對信仰。哲學既爲研究事物的最高理由，更不能違背信仰的啓示。而且信仰還須要理智去解釋，哲學便視爲信仰的解釋者。方東美先生說這是從宗教的途徑去研究哲學。

中國古人對於宗教信仰，則視爲人對於神靈的關係，這種關係的實現是人對於神靈的敬禮，敬禮的意義爲求福免禍。求福免禍的行動，不是研究事理的理由，故不進入哲學以內。中國古代哲學所研究的對象，以人的生命爲中心，由生命在人心的表現，而和宇宙萬物相連，進而研究宇宙萬物的生命，然後歸到至誠以贊天地化育的至善。方東美先生稱爲從人文的途徑去研究哲學。至於現代的西方學者，多以科學包括規範一切學術，哲學也以科學爲原則，則是從科學的途徑去研究哲學。（方東美 中國哲學的智慧。中國文化月刊 民六八年十一月號，頁六五）

不過，透過宗教研究哲學，並不否認哲學的獨立性，也不是以現世的宇宙和人生爲虛妄，而只追想形上的世界。例如聖多瑪斯的哲學爲實在論哲學，深深地研究事物的本體。同樣，透過人文研究哲學，並不否認宗教的信仰，更不是以人作宇宙的絕對主人翁。只有抱守狹見的學者，以科學爲萬能，除科學實證外沒有學術，則透過科學研究哲學，哲學便排斥宗教信仰，同時，哲學本身也失去了意義。

甲、中國古代形上思想與宗教

中國儒家形上學以易經爲根本，易經講宇宙的變化，講生命的來源。宇宙變易來自太極，太極自身有內在的變易，太極變易乃生陰陽，陰陽互相結合而有四象和八卦。

「易有太極，是生兩儀，兩儀生四象，四象生八卦。」（繫辭上 第十一章）

陰陽的變易，繼續不斷，乃化生萬物。

「一陰一陽之謂道，繼之者善也，成之者性也。」（繫辭上 第五章）

陰陽繼續變易，萬物乃得化生。易經以這種變易而化生萬物，爲天地好生之德，所以說：

「天地之大德曰生。」（繫辭下 第一章）

天地有德，而且有心有情。易經在解釋卦辭時，許多次說到天地之心和天地之情，例如：

「彖曰：復見其天地之心乎。」（復卦）

「彖曰：觀其所感，而天地萬物之情可見矣。」（咸卦）

「彖曰：觀其所恒，而天地萬物之情可見矣。」（恒卦）

天地而有德，有心，有情，這不能是象徵式的說法，而是代表古代儒家思想，以天地代表造物主上天。易經在形上的宇宙變易論裏，沒有包括宗教尊神的信仰；但是在生命的哲學裏則含有宗教信仰。例如：

「象曰：大有上吉，自天祐也。」（大有卦）

「象曰：先王以作樂崇德，殷薦之上帝，以配祖考。」（豫卦）

「彖曰：天命不祐，行矣哉。」（無妄卦）

「六二，王用享於帝，吉。」（益卦）

「彖曰：利有攸往，順天命也。」（萃卦）

這些卦的彖或象，說到上帝和天，乃是表示易經對於生命，相信有上天的照顧。道家的形上學為道德經，道德經以道為萬有的根由。道自動自化，由道之無而生有，由有而生陰陽。

「道生一，一生二，二生三，三生萬物。萬物負陰而抱陽，冲氣以為和。」

（道德經 第四十二章）

道為無，有為氣，氣分陰陽，陰陽調和而有和氣，乃化生萬物。在這種化生過程中，沒有宗教信仰。老子只相信盲目的自然，以天地為不仁，萬物自生自滅，受自然的支配，否認有天地好生之德。莊子却承認有造物者，在「大宗師篇」和「應帝王篇」就明明說出「偉哉造物者！」「彼方且與造物者爲人（偶）。」「予方將與造物者爲人（偶）。」而且在「齊物論篇」還說：「若有眞宰，而特不得其朕。」郭象注說「萬物萬情趣舍不同，若有眞宰使之然也。」莊子是否相信上天尊神，很難根據上面的文據而予以確定。然而他旣承認有造物者，則有點似乎易經，在生命方面相信有神。

漢朝的儒者，有經學家和易學家，兩者都受當時社會篤信鬼神的影響，而有天人感應的思想。天人感應以上帝和人民所行的善惡，在天地的自然現象裏引起感應。行善有祥瑞的感應，行惡有災異的感應。感應是種預兆，也是種警告，表示上天將予賞罰。呂氏春秋、淮南子、春秋繁露等書都有這種思想。他們的理由，在於宇宙萬有，無論物體或人事，都由陰陽之氣而成。人事之氣，可以引起宇宙間同類之氣的感應。呂氏春秋說：

「類因相召，氣同則合，聲比則應。」（應同篇）

易學家更以陰陽五行，配合六十四卦，再以六十四卦配合一年的四季，十二月，二十四節氣，七十二氣候，三百六十五日；又以干支配合日時；五行又能配合到天上的星辰和神明；整個宇宙萬事萬物，都受五行的支配，神和人之間沒有距離。

宋朝理學家擯棄了漢朝人的思想，直追易經和中庸大學的根源。周敦頤作太極圖說：

「無極而太極，太極動而生陽，動極而靜，靜而生陰，靜極復動。一動一靜，互為其根。……陽變陰合，而生水火木金土。……無極之真，二五之精，妙合而凝，乾道成男，坤道成女，二氣交感化生萬物。萬物生生而變化無窮焉。……」

這幅萬物生生圖，不含有宗教信仰，只綜合易經的太極兩儀和漢朝的五行，繪畫了萬物化生的過程。朱熹集理學的大成，主張物體由理氣而成，理成物性，氣成物形。人的心和性，卽是天理。天理爲天道，人心爲天地之心。在宋朝理學的形上思想裏，只有「天地之心」可以上溯到造物者上天之心，但其宗教信仰則不明顯。

中國的形上學，不像西方的形上學。西方形上學研究萬有的本性，追溯萬有的最高根由，乃歸到宗教信仰的上帝天主。萬有按照本性既不能自有，必定須有一自有而能使萬有可以有的尊神造物主。中國形上學講『道』—萬有的來由，一切由變而化生，變易由兩元素而成，兩元素來自最高之一；這個最高之一，爲太極，爲道，然不稱爲尊神。因此中國形上學和宗教信仰相分離，而只由理性去講求事理；然而並又排擠宗教，更不反對宗教信仰。

乙、中國古代倫理思想與宗教

在西方的倫理學裏，倫理的規律和標準，歸之於上天尊神，倫理的賞罰也歸之於尊神。倫理和宗教信仰不能分離，宗教信仰乃是倫理的基礎。

中國古代倫理的規律和標準，在開始時是由上天而來，到了後來則歸到人性天理。書經和詩經以天意爲倫理標準和規律；桀、紂因不奉行天意，暴虐人民，罪惡滔天。天爲上天的意旨。不僅皇帝的選擇，來自天意，善惡的規律也來自上天。易經以倫理標準爲天道地道，人的生活之道取法於天地之道，天地之道卽天地運行之道，爲自然界的規律。這種規律當然來自造物者上天；但是易經只講天地之道當然若何，不講天地之道的所以然之來源。孔子重禮，禮則作於聖王，聖王按照天道而作禮，孔子說：

「非禮勿視，非禮勿聽，非禮勿言，非禮勿動。」（論語 顏淵）

中庸則倡言遵從人性。中庸第一章開端就說：

「天命之謂性，率性之謂道，修道之為教。」

性爲人的本性，人的本性卽是人的善惡標準和規律。人性來自天命，天命本是上天的命，然宋明理學家則解釋爲人所天生的，所以稱爲天性。

孟子乃倡性善，性由心而顯，人心有仁義禮智的良能，存心養性，人就成爲善人君子。性的善惡問題，由孟子開始，而後有荀子的性惡，有漢唐的性三品或五品說，到了宋朝朱熹乃以理氣說分性爲天地之性和氣質之性，天地之性本無善惡，氣質之性則有善惡。明朝王陽明則倡良知說，以良知爲善惡標準。良知卽是人性的具體表現，致良知便是大學的明明德和中庸的誠。

中國倫理的標準和規律，在書經和詩經爲天道，天道和宗教信仰相連。到了易經的天地之道，以及後代的人性，則都是一種自然之天理，而不和尊神上天的信仰相連了。天理在外界爲自然律，在人內爲人性良知。因此中國古人講倫理少有提到皇天上帝；雖然在倫理的根源，大家都假定有上天的信仰。這種信仰在倫理規律和標準上，不大明顯，但是在倫理的賞罰上，則很明顯了。中國人沒有人不信上天對於善惡的賞罰的。孔孟相信負有上天的使命，他們認爲遇或不遇，乃是上天的旨意。現在春節時，人家門上還貼着「積善之家，必有餘慶。」中國人的孝道，連繫父子的生命爲一體，父親行善行惡，兒孫可以受天命的賞罰。

倫理沒有賞罰，則不能完成任務。所謂行善而不存受賞之心的人，可以自唱高調。實際上行善而良心得安，已經是一種賞。行惡而得良心的指責，也是一種懲罰。但是良心的賞罰對於社會上一般的人，缺乏督促的動力。倫理須有超越人世的造物者予以賞罰，纔可以實現。書經說：

「乃訓于王曰：惟天監下民，典厥義。」（高宗肜日）

詩經「周頌」說：

「敬之敬之！天維顯思。……陟降厥士，日監在玆。」（敬之章）

上天監視全國上下，善者賞，惡者罰。

中國古代的哲學和宗教信仰，不直接相連繫，哲學研究人生，在理性的範圍內作研究。超乎理智的信仰，只在祈福免禍，和悲嘆一生的命運時，乃表現明白。

3. 中國當代哲學與宗教

中國當代哲學思想，指着中華民國時代的哲學思想，在清朝末年，社會上已經掀起改革的呼聲，這種呼聲到了民國初年，隨着五四運動的政治革命，擴張到思想的革新，和社會生活的改革，當時中國人因受歐美列强的欺侮。自覺不如人，願意採取歐美的社會生活方式和制度。歐洲當時盛行科學萬能的思想，貶抑形上的哲學思想。中國當時在自覺不如歐美的自卑感中，尤其覺得在科學上不如人；因此當時中國社會的傾向，傾向科學，輕視哲學，更輕視宗教，以宗教爲迷信，這種傾向在哲學上的代表爲胡適。胡適向中國青年介紹實驗主義，他說：「我敢說實驗主義是十九世紀科學發達的結果……上面我說了兩大段的話，現在我把它結束起來，就是(一)一切眞理都是人定的，人定眞理不可徒說空話，該當考察實際的效果。(二)生活是活動的，是變化的，是對付外界的，是適應環境的。」（實驗主義介紹　胡適選集　演說，頁八一—一〇，傳記文學社印）。一切眞理都要由實驗去證明，宗教信仰也要實驗的證明，人類的思想都是假設，假設有了試驗，才成爲信仰，「然而信仰並不是一定不易的，須得試驗試驗才好。」（同上，頁一二）胡適並不反對宗教，但是他不信宗教，因爲宗教信仰不能有實驗的證明，他所說的實驗，乃是科學的實驗。

胡適的實驗主義是由美國杜威到中國來演講而發起的，後來英國羅素到中國來講學，邏輯實證論在中國也漸漸傳揚，這一派的代表，是殷海光，殷海光以「科學經驗論者對於證實原理倚若長城。但是，這道長城在經驗論底範圍以內基礎是否穩固實在大成問題。」（殷海光，科學經驗論底徵性及其批評　殷海光先生文集㈠，頁六二），他主張以經驗與邏輯作爲正確思想的評準，那麼「宗教的教條，傳統的說法，祖宗的遺訓，……這些東西充滿了特殊的色調，沒有普遍的效率。我們把他叫做『有顏色的思想』，古往今來這些東西常常侵犯了知識的疆界，常常被人拿來代替知識，於是乎毛病即產生。」（殷海光，正確思想的評準。殷海光先生文集㈡，頁七二三）。

在這種西化程度過高的呼聲中，引起了一些學者的反感。研究歷史的錢穆先生，堅決肯定中國儒家以人心爲倫理標準，用不着像西洋的宗教信仰。「我們所謂的中國道德精神與西方宗教精神不盡同，也與他們的團體精神與個人自由精神不盡合。我們常覺得自己既沒有宗教，而在團體組織與個人自由兩方面，其表現的精神力量也都不如人，實際這種看法，只是忘記了自己所特有的一套，而把別人的尺量來衡量自己。自然要感到自己的一無是處的了。中國的歷史文化民族，既是以一種道德精神來奠定了最先的基礎，今天此一精神墮落，自將顯得一切無辦法，存在都發生了困難。如果我們能再把爲自己歷史文化民族作基礎的這一種道德精神，重新喚醒，我想當前的許多問題，也都可以迎刃而解。」（錢穆　中國歷史上的道德精神

中國歷史精神，頁一一四。東大圖書公司）

眞正代表中國當代哲學思想的兩位哲人，一位是方東美，一位是唐君毅。方東美對於人生，特別注意精神生活的超越性，以聖人的人格，超越人生的一切部份，而能統攝全世界，爲有這種精神，宗教信仰可以予以助力。「如此，他不僅僅是一個自然人，也不僅僅是一個藝術家，不僅僅是一個道德人格，而且在他的生命裏面，各方面的成就都閱歷過了，都提昇他的精神成就到達一個極高尙的地位。……他整個的生命可以包容全世界，可以統攝全世界，也可以左右支配全世界，那一種人我們可以叫做『全人』，而那個全人的生命能力叫做全能，那個全能，從世界許多文化上面看，我們拿藝術名詞，讚美他不够，道德名詞讚美他不够，世界上許多宗教等宗教的神聖價値讚美他的生命，才庶幾乎近之。除掉在口頭上談談之外，事實上在近代世界上面很少人在他的生命裏面眞正把他的精神提昇到一種盡善盡美的神聖境界。像這樣一種全人，我們可以叫做宗教的，這種宗教的人在宗教上就可以說是全人」。（中國哲學對未來世界的影響，方東美先生演講集，頁二二　黎明書局）

唐君毅在生命存在與心靈境界書裏，討論了宗教信仰在生活中的地位。「吾人今之說，則不以此諸信仰爲滿足情感上之要求，可容人自由信仰者，而承認此諸信仰，爲人依其道德生活之求相續，其生活之求理性化之要求，其思想所必然產生之不容已的信仰。」（唐君毅，生命存在與心靈境界 下册，頁九七六，學生書局)。但是唐君毅認爲這種信仰只是生命的外圍；生命的核心，乃是人當下的道德心靈，道德心靈，即是自覺心靈，能够在生活上和所處的境和事相感通，能包括這種種超越的信仰，在自覺心靈中，各種宗教信仰將溶化在一極單純的信仰中，即「一切止於至善的信仰」。「而人誠能默存此一信仰之心，亦可涵攝此一切超越的信仰而無遺也。」(同上，頁九七八)。

4. 結語

我若要作一結論，講一講在當前的中國哲學思想裏，可不可以有宗教信仰，我的結論應該是肯定的。

當今中國的社會處在道德崩潰的時代，大家都感覺到應該恢復民族的道德遺產，提高人民的精神生活。在工業發達的社會裏，人民追求物質的享受，但是在有了物質的享受時，心頭却覺空虛，進而自覺生活的痛苦。這種現象乃是目前全世界人類所感到的現象。但是素以精神生活高尚，生活滿足的中華民族在自由國家裏，有了物質壓迫，精神失常的感覺，則應深加檢討。

中國人的精神生活，素來以君子和聖人爲目標。君子重義不重利，即是看精神價值在物質價值以上，以道德爲重；聖人則是和天地相通，以天地好生的仁心而愛人。這種目標在工商社會，日日以取利爲目標的人看來，已經不合時代，然而爲求中國社會的安定和繁榮，爲求能統一大陸，復興中華文化，就必定要把傳統的生活目標：君子和聖人，重新標舉起來，吸引全體同胞，實踐這種生活，君子重義，義由禮去規定，因此孔子說仁道就是「非禮勿視，非禮勿聽，非禮勿言，非禮勿動。」（論語 顏淵）。禮不是以法律爲根基，法律則是以禮爲基礎，禮的根基是天理，天理爲造物主的天命。雖然現代歐美哲學家和法學家，有些人不主張有天命，不主張有自然律和性律，而主張一切規律都由人按時地環境所造，但是他們所主張而發生的結果，就是現在歐美社會的墮落和紊亂，我們中國既然有我們的傳統，就應該不蹈他的覆轍，我們應該繼承古人的道德思想，以『天命』爲倫理、道德、禮法的根基和來源。而且聖人以天地之心爲心，天地之心代表『上天』的愛心。以『上天』的愛心，參天地的化育，能以天地萬物爲一體，懷抱張載所說『民吾同胞，物吾與也。』（西銘）的大同精神。

我們要把徇於物慾的人心，提昇到一種精神化的境界裏，不僅有「仁民而愛物」的仁心，而且有「富貴於我如浮雲」（論語 述而）的心理，而後有「富貴不能淫，貧賤不能移，威武不能屈。」（孟子 滕文公下）的大丈夫志氣。這種高尚的精神界不是科學所發明的物質宇宙，更不是金錢所造成的酒肉世界，而是宗教信仰所啓示和實現的超越境地，拒絕幾千萬的賄路，以保自身的淸白，這需要超越物質的精神力；不怕揷在身上的白刃，寧死不屈，以保全自身的貞潔，這更需要超越物質的精神力。這種精神力不是科學可以給的，也不是哲學可以產生的，而是由信仰而來。

當今的自由中國，需要這種精神力量；今日的哲學思想便要結合宗教的信仰，以答覆現在民族和國家的需要。

中國的倫理道德需要宗教信仰作根基，中國的形上學也需要宗教信仰作根基，今天的形上學需要宗教，這並不是反背時代的趨勢，現在中國社會的趨勢，在於科學，科學的精神在於事事求有理由，形上學對於萬有的源起，不能不予以交待，或者以宇宙萬有爲自有，如馬克斯的唯物辯證論，如各種進化論，如各種各式的泛神論，或者以宇宙爲尊神所造，從哲學立場去看，受造論較比自有論，更合於理，也就合於科學的要求。

中國儒家形上學，主張太極爲最先的實有，由太極而生變化，由變化而生萬物。儒家不以太極爲自有，同時主張太極的哲學家，如周敦頤、朱熹等人，都信書經和詩經所信的上天。今天我們講中國哲學接受易經所講的宇宙繼續變化，天地爲一『道』的生命洪流。生命的起點爲沒有生命的頑石，生命的最高峯，爲人的精神生活；頑石的來源不是來自自己本體，而是來自超越萬物的絕對實體，一個最高神靈，生命的最高峯，不是停在人的自心，也不停止萬物，而是直向超越萬有的絕對實體。人心無限，超過宇宙萬物而有餘，也可以包括宇宙萬有而有餘；人心的幸福快樂，在止於至善，體驗到絕對完滿的眞、美、善。科學所發明的宇宙，只能刺激人心再向前追求智識；哲學所講的思想系統，只能激勵人的理智向深處瞭解，藝術所創造的美，只能令人感嘆美的形式多不勝計。人心唯有達到絕對的實體時，纔能覺到如魚在海中，自由游泳。

歐美來源最遠、流傳最久的士林哲學，接受亞里斯多德的形上思想和倫理思想，以造物主的信仰作爲形上學和倫理學的根基。這種信仰可以貫通全部哲學思想，並不和科學思想相衝突。因爲若是科學家可以相信宗教，哲學家爲什麼不可以相信宗教呢？若是科學家不以宗教信仰和科學智識相衝突，爲什麼哲學家就要以宗教信仰和哲學相衝突呢？

士林哲學有的絕對實體，稱爲天主或稱爲上帝，也就是中國詩經書經所信的皇天上帝。這樣，今天我們講中國哲學，當然可以有宗教的信仰，而以信仰作爲基礎。

（曾載於輔仁大學第一屆國際哲學會論文集）

關於天主教哲學在中國的我見

1. 天的解釋

近年公開攻擊中國天主教哲學的，已經有三次：第一次在前年漢學會議時一位學人所提的論文，攻擊中國天主教哲學人企圖使中國哲學接受基督洗禮。第二次在去年，一位委員在立法院攻擊鄔昆如教授以天主教教義解釋三民主義。第三次，一位投稿者在鵝湖雜誌攻擊天主教學人把中國的天和命解釋爲天主的命令。除這些公開在報章雜誌所見的攻擊外，還有一次在去年中國哲學會舉行全體大會時，有一會員發言，攻擊基督教文化侵略。這些攻擊是公開的，私地的攻擊一定更多，但都生於誤會，又都因爲不了解天主教哲學的意義。在社會排擠哲學於建國大業之外時，哲學界人士理應團結，共同提高哲學對於人生的價值。

現在在中國還沒有所謂中國天主教哲學；就是在西方各國也沒有天主教哲學。天主教的性質是趨於理性的，不受一種哲學的限制，也不能由一種哲學去代表；代表天主教思想的，是它的教義。但是從聖奧斯定以來，神學家常以哲學解釋教義而成神學，天主教的哲學家又以教義爲自己思想的標準，不使哲學違背教義，因而不違反教義又能解釋教義的哲學，便被視爲天主教哲學，這種哲學就是士林哲學。在我們中國士林哲學尚在開始發展的時期，還沒有成立一個學派。

在中國的思想界，可以稱爲天主教的哲學思想，祇是在對於中國古書的『天』字的解釋。利瑪竇進入中國以後，圖謀在中國宣傳福音，想從中國的文化裏找一點根據，讀到中國經書的天和上帝，便認爲天主教信仰和中國人信仰有一共同點，中國經書的天和上帝，就是天主教的天主。利瑪竇寫了一本天主實義。清康熙年間，中國天主教會發生了禮儀問題，對祭天祭祖的意義，爭辯不休。現存有漳州嚴保祿的天帝考小册，抄錄書經、詩經、四書有關天和上帝的文句，加以注解，說明天和上帝就是天主教所信天主。但是羅瑪教宗下令禁止祭祖祭禮，並禁止用『天』字或上帝代表天主。『天』字的解釋遂停止了，及到民初馬相伯先生和雷鳴遠神父重新提出這個問題。民國二十八年教廷取消祭祖祭禮的禁令，于斌樞機恢復利瑪竇的思想，解釋古書的『天』爲天主，後來有別的神父，把太極、誠、道，解釋爲天主。這種思想可以說是現在中國天主教在哲學方面較爲重要的表現。至於在倫理和修身學方面，天主教已有書籍作比較研究，說明天主教倫理和修身之道，跟儒家的倫理和修身之道，有許多相同點。

這種比較研究，關於「天」，關於倫理修身，不是以天主教哲學思想解釋中國哲學，而是以中國哲學術語解釋天主教教義。因此，外面人攻擊天主教學人企圖把中國哲學加以基督洗禮，實在是一種誤解。而且以中國哲學的天、仁、正心誠意等術語解釋天主教教義，在中國哲學思想中是有根據的。至於說中國哲學思想裏的天、命、天心、天意，究竟怎樣解釋，各家意見頗多，不可把自己的意見去打擊另一家的意見，應看所有的解釋合不合於中國哲學的傳統。

我在中國哲學思想史九册書裏，常以客觀態度解釋各家的學說。在研究生命哲學，儒家的仁，儒家的天，太極，誠等術語的內容，常用分析的方法，很嚴肅地予以分析，從來不敢把中國哲學的觀念牽強到天主教的教義。中國宗教信仰的天和天主教信仰的天主，必然相同。道、太極、誠三個觀念，都和天主的觀念不相等，各有分別。因此，外人指責我爲首，要把中國哲學予以基督洗禮，實是一種錯誤。

2. 中國天主教哲學

中國天主教哲學是將來的事，也就是我們的目標。這種目標，不是把中國哲學予以基督洗禮，而是建立一種新哲學系統。這種新哲學系統可以有兩種：一種是新士林哲學，一種是中國新哲學。

士林哲學在歐美的哲學界，傳統地代表天主敎哲學。近世紀因著歐洲哲學的變遷，士林哲學也有了新的觀念和新的方法，構成了新的士林哲學。

在中國介紹士林哲學的工作，在利瑪竇時代已經開始，有傅汎際（P. F. Futardo）所譯的名理探，講解理則學。有畢方濟（B. F. Sambiasi）和徐光啓合譯的靈言蠡測，講解心靈。有艾儒略（Julio Aleni）著萬物眞原和性學觕述。另外有利類思（Ludovicus Buglio）翻譯聖多瑪斯的神學大全（Summa Theologica）。利氏翻譯神學大全三十卷，安文思(Galriel de Magalhaens)另譯四卷，共三十四卷，僅只神學大全的一小部份。三十四卷中有二十八卷當時刻印，書名超性學要。其他各卷祇有手抄本。可惜在康熙朝禮儀問題發生後，這種工作隨卽停止。

民國五十年主徒會張金壽神父翻譯神學大全，刊行一册，書名神學集成，僅祇譯完神學大全第一卷的二十七題。主徒會的另一會士呂穆廸神父又重新翻譯神學大全，譯有論天主一册、論萬物上下册、論奧理一册、論眞原一册，宇宙間靈智實體問題一册，都由臺灣商務印書館出版。這些譯書都祇是神學大全的部份翻譯。目前臺南碧岳神學院周克勤神父糾合同志，已將神學大全全書譯完，正進行修訂，不久可以出版。

為介紹士林哲學，歷年來已經有多種書籍，最早的有陳哲敏神父的實在論哲學上冊，民國三十九年出版，討論認識論。民國四十九年由香港眞理學會出版羅光神父的實踐哲學上下冊，民國五十一年眞理學會又出版羅光神父的理論哲學上中下三冊，介紹全部士林哲學，這兩部書在臺灣已重印三次（現由學生書局重印）。以後介紹士林哲學各部的，有李震神父的基本哲學的研討（哲學的宇宙觀），有周克勤神父的道德論要義上中下三冊，有袁廷棟神父的普通倫理學和陳百希神父的倫理學，有陳百希神父的宗教學和曾仰如神父的宗教哲學，有葛慕藺神父的形上學和曾仰如神父的形上學，另有葛慕藺神父的西洋中世紀哲學史綱，最近有張振東神父的士林哲學的基本概念三冊。這些書都是就我家中所收藏的予以陳述，可能還有別的介紹士林哲學的書。

為建立中國的天主教哲學，我們須要對士林哲學的基本觀念和新士林哲學的方法，深入研究，有系統地予以講解，有系統地寫書說明，而且要注入中國哲學的觀念。在這方面，輔仁大學的哲學系和哲學研究所應擔任一分重大的責任。

第二種中國天主教哲學，在於建立一種中國的新哲學。據我的想法，中國的新哲學，要以儒家哲學思想和士林哲學作根基。

哲學是人的最高心靈活動，代表人的精神生命。哲學不僅是理智的分析研究，同時也是人心情感的深深體驗，包括整個的人的活動。

人的生命活動，首先是體驗，體驗自己的存在，然後體驗外界人物的存在，進而予以分析研究。這種體驗和分析研究爲人的認識活動。認識活動不能是唯物的，也不能是唯心的，而是心物相合的活動。認識當然是我對客體的認識，認識行動爲我心靈深處的活動，然能達到客體，又能和他人有共同的結果。我認識客體，客體和我的生命有關係，生命的關係，則要由我心靈去體驗。因此哲學的認識不是冰冷的抽象分析，而是和我生命相關的活潑關係。

整個宇宙萬有的存在，都連接在這種生命的活潑關係裏。上面有生命的根源，乃是眞美善的絕對存在，我的生命從絕對生命中取得生命的理由，也取得生命的滿足。在傍面則有週圍一切的萬有，萬有都是動的，不是呆板靜止的萬有在動中具有和諧的規律。

萬有的動由陰陽兩元素而成，陰陽兩元素按照動靜之『理』，互相反，又互相成。宇宙萬有的『有』，乃是一種『成』，都是由『能』而到『成』。『成』是『行』(actus)，絕對的有，是『純粹』的『行』(actus purus)。宇宙萬有則是雜有『能』的行，爲從『能』而到『行』，需要「絕對的行」的動力。「絕對的行」給與萬有從『能』到『行』的力，這種力週遊宇宙，使萬有繼續而有，使萬有不停的動。宇宙萬有的動互相連繫，互相調協，宇宙間乃有自然的中和。

宇宙萬有的動，形成萬有的『生生』。『生生』的動由物質而到精神，人的心靈生命代表『生生』的最高點，也就是最高的生命。

萬有的動具有自然的規律而有和諧，人的心靈也生來具有生命的規律以得和諧。萬有的動自然而誠於規律，人的生命須要人自己勉力誠於自心的規律。萬有的動所有的自然規律，在於發展自己的生命，稱爲『生』；人心的規律，在於發展心靈的生命，稱爲仁。

宇宙萬有在發展生命時，表現出和諧的美，靜默地顯映造物主的美善。人的心靈生命，發展到完全點時，同萬有的生命相合，升到絕對的眞美善的造物主，浸溶在絕對眞美善的欣享裏，反向宇宙人物顯映物主的美善，形成聖人的境界。

這種新哲學，以哲學爲心靈生命的活動，由生命去看宇宙萬有，在生命裏連接萬有。這種哲學具有儒家哲學的生命意識，又具有士林哲學的形上基本價值。我想在這個大綱上，可以發展成爲一種中國天主教的哲學。

中華民國第一屆國際哲學會議

去年十二月廿八日到今年正月一日，輔仁大學爲紀念創校五十週年，召開了中華民國第一屆國際哲學會議，邀請了外國哲學教授二十人、國內哲學教授三十人。討論的主題爲「現代的哲學與宗教」。

所宣讀的論文共二十八篇，沒有宣讀的論文共七篇，共計三十五篇。三十五篇論文中，除少數幾篇和主題沒有關係外，極大多數都直接地或間接地和主題有關。把有關主題的論文分別起來，可分爲三組：①從認識論研究宗教問題；②從哲學研究宗教問題；③從人性和倫理研究宗教問題。

1. 認識論的問題

輔大德國籍教授孫志文的一篇論文，詳細討論「唯理的思考方式對現代人的衝擊」。唯理性思考從古希臘哲學到現代自然科學，一脈相承，德國唯心派哲學家康德以先天的理性範疇，調解偏激的理性主義和經驗主義，建立一種新的形上學基礎。費希特、謝林、黑格爾結成一種「超越哲學」系統。二十世紀時，科學進入了哲學，布朗克的量子論和愛因斯坦的相對論都含有重大的哲學意義。因此科學家進而研究科學的哲學基礎。哲學家和科學家着手研究形上學的認識基礎，大家發現科學的認識方法應用到哲學上愈來愈小，精神方面的問題，沒有辦法可以應用科技的實驗去研究。

輔仁大學德國籍教授柏殿宏提出了「科學與宗教」論文。柏殿宏是輔大的化學教授，他在論文裏指出一般人以爲科學與宗教的認識途徑和世界觀，爲兩種涇渭分明的不同邏輯領域，既不能整合爲一，也不會有衝突。又有一些懷有偏激主張的人，以爲科學與宗教爲兩個不能併存的世界觀，一個人必須祇能接受兩個世界中的一個。但是這兩種意見都不能對於問題提出適當的答案，一個較爲適當的答案可以在羅納剛的思想裏找到。透過人類認知的分析，發展出來認知行爲基本操作型式的「先驗方法學」，結成一種「批判實在論」，實有體不僅是物質，精神也是實有體。實有體爲一個單一的整體，這整體是可以被認知的。實有體的性質不相同，被認知的型式也相異。但是沒有一種認知是孤立的，科學的認知有相連性，宗教經驗的認知也是有相連性。科學的認知不足以滿足認知的要求，必須達到宗教的對象。

武長德教授認爲神和宗教觀念的起源，是和人類的理性緊密相連。任何人，如果靜心而客觀地對現代科學和技術作一番深省，他會容易地發現，二十世紀的科學和技術，不僅沒有相反神信任的任何因素，反而呈顯着深爲有利於此的不少層面。科學和技術進步越多，我們便越發看出機械界、生長界、感覺界，和理智界都具有奧妙的特色，然而並不能是無限永存的，而人類的本性則具有永恆的企望。

美國鮑納希教授在「有關神與創造之科學與哲學」的論文裏，提出兩個問題：①是不是可以在科學上建立一個宇宙論？沒有最高的實體，作爲宇宙的創造者？②最近天文學與太空學的發明，是否對於宇宙的起源一點沒有關係，絕對沒有宇宙被創造的形跡？這兩個問題是相連繫的。雖然有些科學家聲明自己的宇宙不須有造物主，可是蘇聯的唯物論哲學承認人的理性不是物質，理性的動作不能用唯物辯證論去解釋，而最近天文學和太空學對於「力」的發現，都證明宇宙的力量日漸減少，因此物理學便要承認宇宙是有限的。哲學家便提出結論，有限的宇宙不能自有，須要有外在更高的原因。

有一篇由會外的巴思摩教授所提的論文「爲什麼有宗教哲學」。科學的哲學，起因在於認識問題，有的主張一個沒有主體的認識論。有的主張不受實驗和數學錯誤的認識論，有的主張數理學和邏輯學的合作，有的主張傳統形上學的原則來自科學的發明，有的主張由達爾文進化論建立倫理原則，巴思摩述說了這些學說。結論爲科學與哲學各有自己的領域，不宜相混，但是兩者在有些方面互相聯繫，互作研究，互有助益。

政大項教授的一篇論文，講「中國傳統思想中之目的論與機械論傾向」，爲一哲學思想的問題，自然界的運行，是否有目的？中國傳統哲學中，儒家主張有目的，道家主張盲目的自然，西洋的機械論和科學的哲學相連。卡納普想把一切人文科學最後歸約於化學定律，諾貝爾生物學獎金得主莫諾主張生命和思想都可用化理定律去解釋。

這一部份的論文，都在於說明當代哲學的趨勢，從認識論方面怎樣去看宗教信仰，舉出多方面的問題。

2. 宗教與哲學的問題

從宗教和哲學的關係，來講近代哲學的趨勢，會議中所有論文，可以分成三方面：一方面是中國哲學；一方面是西方哲學；一方面是印度哲學。

①中國哲學與宗教：在中國傳統的哲學中，宗教的信仰和形上學以及倫理學都沒有顯著的聯繫。形上學的太極、道、天理、性等觀念結成一系統，往上溯到皇天上帝，然而也不否認有上天。倫理的善惡原則，先有天道和天理，後來轉爲禮，又進而爲人性和良知，也連成一系統，不明明歸結到皇天的神律，但是倫理的賞罰則歸之於上帝。鄔昆如教授指出在古代

哲學中，有憂患和救援的意識，進而體驗到人身的有限，而要求外面高超的救援力量。久幸玄川敎授則指出在中國傳統哲學中有罪和恥的觀念，因此，在修身上力求愼獨，不欺暗室。

中國當代哲學與宗敎，從民初以來，社會風氣傾向西化科學，學者所介紹的爲西方無神論的哲學思想，如康德、黑格爾和柏格森的唯心論，詹姆士、杜威、羅素的經驗論，馬克思的唯物論，介紹這些思想的人以先期的陳獨秀和胡適最具影響力，後期的殷海光的邏輯學也曾吸引了靑年人。但在中國當代哲學中有所建樹的學者，則是方東美和唐君毅，他們兩人的思想雖不相同，然都承認宗敎可以提昇人的精神，進入超越的境界；然而兩人都主張精神生活的最高境地，還是由中國的儒道的心靈哲學而登達至人至善。

②西方哲學與宗敎：有九篇論文討論這個問題，可以說是這次會議的中心題材。論文的作者雖各人的觀點不同，然都深入了「宗敎與哲學」這個問題的中心。

哲學對於宗敎，可以有三種態度：無神論的態度、不討論的態度、有信仰的態度。態度的決定，在對於「神的存在」問題。哲學對於這個問題當然可以深入地討論，討論的態度應是中立的態度，使有信仰者和無信仰者都可以接受。

當前西方許多哲學者和神學者重新討論基督信仰和理性（形上學和科學）的關係，這般學者的中心態度是一切「人化」，而人文的中心思想，則是人的將來和理想，西方乃興起

「希望的神學」和「未來的神學」，因此對於基督信仰，予以「人化」。一切以人作中心，一切知識以理性作標準。基督的信仰不能使人性和時空內的生活相脫離，時空生活在歷史內完成，時空常向未來，基督的信仰祇能在人時空生活的未來希望表現意義。

在這種學術風氣所造成的社會生活裏，產生了兩種互相矛盾的反應：一種是西方流行的無神思想，一種是新起的神秘主義。無神思想的流行，原因非常複雜，其中最重要的原因是理性主義和唯物辯證論。由理性主義產生的思想，否認一切超乎人性的存在，基督的信仰應洗除不合理性的部份。唯物辯證論則進而以一切爲物質，物質自有自動，沒有超乎物質的神。同時，人的觀念被神化了，又被物化了，一方面人代替了神，成爲宇宙的主人，一方面人祇有物質性，整個地傾向於物質享受。

西方社會的人，不滿於這種唯理性和無神的物質生活，又對科學失去信心，乃轉而趨向東方印度的宗教神秘主義，同時基督信仰的天主教內也興起了新的神秘主義。兩種神秘主義既都排斥唯物論，又都輕視理智的推理活動，以直接的靈感，體驗與絕對實體的融會境界。直接的靈感不加分析，不用理論，而是直接趨向整個的絕對實體。破除二元論，主體和客體相融。印度神秘主義和基督神秘主義又有不同之重要點：印度神秘主義爲自然主義，一切由人力，而以人身爲重，在達到頂點時，與絕對實體融合爲一，失去我與絕對實體的二元。基督信仰神秘主義，爲超乎人性的神秘主義，由心靈超昇與絕對實體——天主相融，然不失人和天主的二元存在。新的神秘主義不是抽象或孤獨的靜觀生活，而是由神秘的與絕對實體的結合而回到日常的生活，成爲行動的神秘主義。西方人現在有許多人偏向靜默，失去政治的興趣，哲學者則以神秘主義爲不可思索、不可言喩的境界，作爲對理性主義，對唯科學主義和唯物主義的反抗。

③東方宗教與哲學：在會議裏，發表對東方宗教與哲學的論文者，除中國的教授外，有非律賓敎授庫頭女士的「當代非律賓的哲學與宗教問題」；有羅瑪的印度籍達瓦墨教授：「吠陀的宗教哲學」。非律賓的哲學與西方的哲學相彷彿，受西方哲學的影響，又受印度哲學的影響，很少和中國哲學有所聯繫。印度哲學則自成體系，而印度宗教在印度學術史上佔有重要地位，和中國宗教在哲學上的地位不同，而且印度的宗教和哲學在目前西方的學術界，代表東方的思想。

吠陀的宗教哲學，爲奧義書的宗教哲學，所信仰的對象爲梵，所有著名學者有羅摩路闍和商卡拉（商羯羅）。

印度哲學的基礎在於神的啟示，啟示中的眞理不爲理性和感覺所知，祇能以信服權威的信仰而接受。奧義書的神爲至高的梵，乃是絕對的實體，爲宇宙的根源。認識絕對的實體即是人的得救，凡認識梵者卽是梵，梵卽是我。

吠嚐多派，字義是「最後的吠陀」，以奧義書爲吠陀思想的極峯。梵爲宇宙的光也是人心的光，人在自己心內可以見到梵的光明，直接體驗到梵。商卡拉提出一元論。宗敎的本質在於靜默，靜默乃是人心和神的融會。靜默可以使心和梵的部分相融，或和整個的梵相融。由各色的靜默產生解救的智慧，人心除去一切束縛不再有分析或推論，而是整體的梵，完成眞正的自我。

羅摩路闍則反對商卡拉的一元論，主張心物二元論。受造物有心與物，兩者爲宇宙一切變易的原由。神則爲宇宙的創始者，爲永久的實體。人的靈魂也是永久的，爲從時空的束縛中得有解脫，可以用對於神的智慧和愛慕而得救。人心常和梵相結合，結合卽是靜觀，靜觀一方面由人舉心向主，一方面神因愛而指引人。人由靜觀而與神相結合，結合爲神的恩惠。人和神的結合有似部份與全體的結合，人和神同爲一，又不同爲一。

這種靜默和靜觀的思想和佛敎的禪觀，現在風靡歐美的青年，造成新的神秘主義。

3. 人性與倫理

韓之一敎授說明當代西方哲學不注意形上的問題，所注意的乃是在求語意的正確和邏輯的嚴密，哲學的方法因此更加精明了，但是哲學的範圍則縮小了。在當前哲學的範圍內，人生哲學仍佔有重要性。美國從皮爾和杜威以來，興起一種境遇人生哲學。什麼是「境遇論」？境遇論是一種變易哲學，是自然利益主義，一切的變易都不是孤獨的，必定在一種互相銜接的境遇裏，而且每種變易都要從互相銜接的境遇，纔可以懂得它的意義。因此人的活動，爲繼續的變易，人活動的意義和價值，都要從周圍的環境去解釋。周圍的環境在時間和空間裏，非常的複雜，人的生活經驗也是多元性的；因爲倫理的原則和價值，必定要在這種多元的複雜相銜接的境遇裏去追求。生活的倫理道德不能是一元的，也不能是不變的，這種追求稱爲「批判的研究」。

這種人生哲學爲杜威思想的人生哲學。美國費多瑪教授則認爲可以眞正有一種基督信仰的倫理。倫理雖是哲學，哲學的研究途徑雖爲理性推論，然而倫理乃是生活的規律，人在生活裏很可能有宗教信仰，信仰範圍生活；生活的倫理便可以和信仰相聯繫，而以信仰作爲原則。

羅瑪鮑黎樂教授指出人的自我，在於人的精神位格，也就是人的人格。人的精神由理智以求眞，由意志去求善，理智和意志傾向於無限的絕對目標，絕對的實體——天主，成了人的自我之基礎。

加拿大康尼克教授，概論當前哲學對於人性所加各種的解釋，大都認爲人性不是一成不變的單元，在一切變動的宇宙中，人性也成了難以捉摸的對象。然而人應有自己的自我，自我就是一致，一致的自我便建立在人性上，人性的表現則表現於變易之中，表現也有變易。

從中國哲學去講倫理，蔡仁厚教授肯定儒家的道德宗教精神，具體地表現在中國的禮教之中。禮教的形式雖已衰微，但內涵的思想精神，仍然活躍在文化心靈之中。

黃公偉教授舉出莊子的道德修養論和莊子的心性修養論。莊子善用『同』而捨『異』，以成物我統一之宇宙大全。由主觀的大覺大悟，以實現統一，主客一致。

4. 結論

在以上所介紹的論文以外，還有幾篇和會議主題沒有聯繫的論文，也各有各的價值。

這次會議的論文和討論，表現出當前的哲學趨勢。十八、十九世紀的科學獨尊以及唯理性主義，已經在歐美失去了地位，雖然仍舊還有一些走在這種趨勢的哲學者，然而所引起的反抗，已造成歐美哲學的新趨勢。一種是傾向東方哲學的新神秘主義，一種是以自我爲中心而「人化」一切的思想。這兩種趨勢雖不純正地標明宗教信仰，然都從相反的地位各有各的宗教追求。新神秘主義所追求的是爲消失自我於絕對精神的點觀宗教，自我思想所追求的是神而「人化」以滿足自我的宇宙宗教。

在我們中國，目前社會處在道德崩潰時代，人心也常對未來生活產生徬徨的心情，我們需要有信仰的精神，來支持，來振作國民的心靈。

目前我們爲整理和創作中國哲學，要使傳統形上學有一最高的根基，太極和上天可以相連結；要使倫理學有一超越宇宙的至善，使天人合一的境界，能成爲一種滿全人心要求的至善。因此，我們講士林哲學的學人，努力使宗教和哲學相聯繫，人生沒有孤獨的現象，生命的活動由理智意志的有限目標而升入無限。

（曾載於中央日報　民國六十九年三月十三、十四日）

從宗教信仰看民生史觀

1. 宗教信仰與歷史哲學

宗教信仰表示人對於一種精神體的崇拜。所崇拜的精神體可以是多種的：可以是純粹的無形的精神體，可以是人，可以是禽獸，可以是草木石頭，若是所崇拜是人獸植礦等物時，這些物祇是一種外面形式，實際上這些物都精神化，成了所信仰的精神體。

講社會史的學人，常以宗教信仰起於原始人對於自然界所有不能抵抗的現象，發生恐懼，乃興起精靈的觀念，發出崇拜的行動。因此有圖騰崇拜、精靈崇拜、天神地祇崇拜、一元的尊神崇拜。

五大洲各民族的演進史並不完全相同，所有經歷的階段也都有各自的特點，一洲的原始民族所有的某種信仰，例如圖騰崇拜，在別一洲的原始民族信仰中，不一定有，絕對不能強詞。如以北美和非洲有圖騰崇拜，而中國古代也應有圖騰崇拜，則不免牽強。(一)

但在各民旅的文化演進史有一共同的歷史綱要，即是法國社會學家孔德所說：神權時期、君權時期、民主時期，又說：神學時期、哲學時期、科學時期。當然這種演進大綱還是按照歐洲文化的進化史而定的，在中國並不適用。無論如何，各原始民族的社會組織和思想，都是先有宗教信仰，而後發展出有其他的社會組織和思想。

原始民族的宗教信仰，按理說不能僅由對自然界不可抵抗的現象而引起精靈的崇拜。原始人民的智識，有如一個小孩，他對於雷電的現象心中一定很害怕，也會認爲雷電是個活的東西，因爲他看見人和禽獸。但是若沒有人給他講鬼怪精靈，他斷決不會有精靈的觀念，也不會知道什麼是崇拜。奧國一位有名的人類學者斯密特 (Wiilliam Schmidt) 主張原始民族的最原始信仰爲一神教，所信仰的對象爲一位最高的尊神 (二) 。神的觀念應來自神的啟示，這種原始的啟示，後來漸漸誤傳，愈傳愈遠，越錯越多，乃有各種的信仰崇拜，及到最後尊神再有啟示，加上人類理智的進步，人類又回到一神教的信仰。

宗教信仰在人類的歷史裏，爲一椿普遍的現象。從人類歷史去看，沒有一個不信宗教的民族。越是往上溯，各民族的宗教信仰越熱烈。埃及人的歷史，巴比倫人的歷史，希臘人的歷史，羅馬帝國各蠻族的歷史，都充滿了宗教信仰。非洲各原始民族，北美和澳洲的原始民族，都是宗教信仰很濃厚的民族。印度的文化史，中華民族的文化史，在開始的階段都是以宗教信仰爲主。

中國現在所有最古的文字爲甲骨文，甲骨文的用途在於占卜，占卜的來源，來自宗教信仰。中國現在所存最久遠的古器爲銅器，因爲石器時代的石器祇是一些不完整的碎片；銅器中的最古的爲禮器，禮器多用於祭祀，祭祀則是宗教信仰的活動。中國最早的一册哲學書爲易經，易經本爲卜筮之書。因此可見中國現存古代歷史遺跡，多爲宗教信仰的產物。

從這些古代歷史遺跡去研究，當時的中華民族早已脫離了原始民族的生活，已經進入了文明生活的階段。傳說中所說燧人氏敎民取火，有巢氏敎民結巢，神農氏敎民稼穡，似乎是反映原始民族演進的過程，到了黃帝時代，黃帝已建造宮室，后妃敎民養蠶，開始了文明生活的時期。宗敎生活在原始生活中，已經存在，古代的神話，如盤古開天地，女媧氏造人，雖是後代人所記錄；但神話的傳統，可能起於中國漢族的原始生活時代。

宗敎信仰在各民族的歷史裏，都是首先記載的史蹟。從歷史哲學方面去解釋，這種現象乃是人類生性的一種基本要求。我們不能像黑格爾以宗敎信仰爲精神哲學的高峯，要求人類從理則學和自然哲學及社會哲學以後，上升到精神哲學，以宗敎信仰、哲學、藝術使人回到最高的絕對精神，完成絕對精神的正反合辯證過程。我們認爲宗敎信仰爲人類生性的要求，在人類進化的各階層生活中都存在，且爲人類生活的最深基層生活。因爲從歷史哲學去看，人類生活的發展，常常追求生活的舒適和生活保障。在各階層的生活裏，人類都感覺自己的生活沒有保障，不必說家庭生活和社會生活，常有危險的遭遇；就是每個個人的生活，也有疾病和死亡的威脅，這種威脅，不是人自己的力量，就連現代科學的力量也不能抵抗。人類便可超於人類和宇宙自然界的神靈，祈求保祐。這種祈福免禍的心理，在科學不發達的時代，和社會不安寧的時代，更形強烈。我們中國在戰國時代，求神問卜的活動，成了社會生活的主要部份。孔子乃主張『敬鬼神而遠之。』（論語 雍也）以破除民眾的迷信心理。漢朝人繼承了戰國和秦朝的迷信心理，且越變越深，王充乃主張沒有鬼神，以矯正社會民心。

當人類進化到使用理智構成各種哲學思想的時期，宗教信仰必要經過一種過濾。中國宋朝理學興盛，學者都以理智的思想去解釋人生，對於超乎自然界的神靈避而不談，宋朝人的宗教信仰便不像漢朝那麼複雜。

但是中國的文化，並沒有經過神學時期而後進入哲學時期。在古代的中國文化裏，沒有神學；而且在中國古代也沒有宗教信仰統治國家的時期。書經所表現的社會，是一個禮義之邦。雖然在禮義之邦裏君權和禮義都來自皇天上帝；然而上帝並不直接干預人間的事。

從各國歷史去看，當民族進入理智思考的時期，宗教的信仰並不消失；祇是原始粗陋而簡單的宗教信仰，必加入許多理智的成份，而變成一種以哲學為基礎的神學。印度的古代哲學，便和神學相連；歐洲中古的神學，乃是理智哲學最高深的學術。

在中國的學術裏沒有以哲學爲基礎的神學，也沒有和神學相近的哲學。這種學術現象來自中國人對宗教信仰的看法和實踐。中國人常以宗教信仰爲神靈的關係，這種關係以崇拜神靈而實踐。在這種觀念之中，宗教信仰的範圍很狹，祇限於神靈崇拜的禮儀，其他各方面的生活，都可以和宗教信仰沒有關係。神靈崇拜的禮儀爲感情的活動，理智不必去解釋，因此中國沒有以哲學爲基礎的神學。至於哲學則以理智爲主，完全和神靈崇拜的禮儀不相關，中國的哲學所以和神學沒有關係。但是中國人無論學者或普通人，都信宗教。孔子信天信鬼神，朱熹信天信神。中國人常以宗教信仰在理智以外，況且中國人運用理智研究哲學，不用歐洲的分析思考方法，而是運用直接的體驗。在人生的體驗裏，宗教信仰爲一種很重要的體驗。在中國的詩歌和繪畫彫刻的藝術裏，宗教信仰也較濃厚。

人類歷史進展到科學時期，宗教信仰又要經過一次過濾；因爲人類的感情也受了科學技術的影響，幻想和冥想的機會很少，一切都注重實際。但是人的心靈爲精神體，本性就要求脫離物質。在因著科學而物質生活發展很盛的時代，人類的心靈感覺到被桎梏了，被乾涸了，被掏空了。人類的生活在機械化的冷酷裏，自覺是行屍走肉。因此，宗教信仰的要求，油然而興。美國現在除已有的基督教、天主教、猶太教的信仰外，產生出各種奇形怪狀的宗教。即是在物質的重重壓迫下，想要衝破物質的鐵箱，飛昇到超乎自然界的精神界。

歷史哲學家湯恩比說人類的將來，需要一種極普遍大同的宗教，以平衡物質的發展，安定人類的心理，使人類不因着科學的發明而自殺 (三)。

在人類文明的生長衰亡中，宗教信仰處於主要的地位。歐洲的文明，在古希臘和古羅馬的遺跡上，由基督信仰的天主教重新建設，當基督信仰在歐洲分裂而成基督教的許多派別時，羅馬帝國的一統政治制度也逐漸瓦解，接着興起歐洲的各種民族的獨立國家。科學技術發展到高峯後，物質的享受沖淡了宗教的信仰生活，結果德國斯賓格勒寫了西方的沒落一書，敲響了西方文明的喪鐘。

在我們中華民族的文明史上，宗教信仰的影響力常是隱而不顯；但是在中華民族的文明史之深處，蘊藏着宗教信仰，宗教信仰的潛動力，支配了中華民族的文明。中華民族的文明所有的因素，爲儒家哲學、道家哲學和宗教——佛教信仰。儒家哲學思想蘊藏宗教的信仰，書經的上天信仰，常常活在中國人的心中，孝經的孝道，以父母配天爲基礎，每家的人都供奉『天地君親師』的牌位，而中國的皇帝都相信自己是『奉天承運』，相信自己的王權來自上天。中華民族五千年的倫理道德，以天命天意爲規範；理學家雖以天命天意爲生來所有的性理，然而理性終究要歸到「天生蒸民，有物有則。」(詩經 蒸民)的皇天上帝。中華民族的精神生活，以達到『天人合一』爲至善的目標；所謂的『天人合一』卽爲中庸的『贊天地之化育』（中庸 第廿二章），在宋朝理學家則爲人得『天地之心』爲自己之心，這種合一卽是在『天地好生之德』上，人和天相合爲一。而所謂『天地好生之德』，不能僅僅指着無靈的自然，而是代表有位格的皇天上帝。因而中華民族的文明，是以宗教信仰爲基礎的文明。若是我們祇留在荀卿和朱熹的天理和人性上，則沒有進入中華民族文明的骨髓裏。

現代深受自然科學陶冶的人，對於事件都求拿出證據，便以爲宗教信仰不合於現代人的心理。這就是現代宗教信仰所受的打擊和考驗。然而在愛好自然科學的現代人心中，自己就體驗到自然科學的限界非常狹窄，人類的生活較比自然科學要廣濶得多，人的生活不能單單由自然科學去支配，人應該『役物』，而不『役於物』，精神超乎自然物質之上，而歸到永恒的絕對精神。

人類的未來命運，靠這種超乎物質的精神以求各民族的大同，以求各種科學的新發明之運用，以求物質享受不枯乾人的心靈。對於人類未來的命運，宗教信仰仍舊握有幸福的門鑰。

2. 宗教信仰與民生史觀

甲、民生爲歷史重心

民生史觀爲一種歷史哲學，指出了歷史的主體，說明了歷史的進展。國父說：

「人類求生存才是社會進化的定律，才是歷史的重心。人類求生存是什麼問題呢？就是民生問題，所以民生問題才可以說是社會進化的原動力。」

又說：

「民生就是政治的中心，就是經濟的重心，和種種歷史活動的中心，好像天空以內的重心一樣。從前的社會主義，錯認物質是歷史中心，所以有了種種紛亂。」

國父所批評的社會主義，是指馬克思的唯物辯證史觀。馬克思以物質爲宇宙的一切存有，物質常動，動的規律則是物質性的正反合。人類的進化也以正反合爲規律，規律的實現乃是對立矛盾的鬭爭，「在初民社會裏，人和野獸以及自然環境鬭爭，乃有石器時代，由單人進於民族社會。民族社會的矛盾爲奴隸制度，強大的家族奴役弱小的家族，用爲自己的奴隸，發展遊牧生活的畜產，進而發展大地的農產。大地的生產工具已由石器進爲銅器再進爲鐵器，據土地爲私有，以家族治理別的家族變成帝王的制度，於是出現封建制度。不料科學漸興，發明機器，工業制度逐漸成立。工商業的人鬥爭封建的貴族，造成資本主義的社會。資本集中在少數工業家的手中，一般工人都祇有工資而沒有產業，工人和資本家互相對立矛盾，互起鬥爭，乃有無產階級專政的共產社會。**歷史爲一部對立矛盾的鬥爭史，推動鬥爭的動因爲生產工具。**」(四)

國父反對辯證唯物論；第一，歷史的重心不是物質，而是人；推動歷史演進的動力，不是生產工具，而是人的求生存的慾望。第二，歷史的演進，不是依賴矛盾的鬥爭，而是靠着人類的互助合作。他說：

「人類初出之時，亦與禽獸無異，再經幾許萬年之進化，而始長成人性，而人類之進化於是乎起源。此期之進化原則，則與物種之進化原則不同，物種以競爭爲原則，人類則以互助爲原則。社會國家者，互助之體也；仁義道德者，互助之用也。」

國父的這兩項主張，由我們的宗敎信仰去看，和聖經的敎訓相合。聖經明白說出，天主（上帝）創造了宇宙萬物，以人爲中心，一切的物件都是爲人的利益。人旣是萬物之靈，相似造物主，具有靈性能够統馭萬物，又能够懂得宇宙萬物的存在意義。聖經上記載：

「天主於是照自己的肖像造了人，就是照天主的肖像造了人，造了一男一女。天主祝福他們說：『你們要生育繁殖，充滿大地，治理大地，管理海中的魚，天空的飛鳥，各種在地上爬行的生物。』天主又說：『看，全地面結種子的各種蔬菜，在果內含有種子的各種果樹，我都給你們作食物；至於地上的各種野獸，天空中的各種飛鳥，在地上爬行有生魂的各種動物，我把一片靑草給牠們作食物。』事就這樣成了。」（舊約 創世紀 第一章第廿七節——卅一節）

聖經的這一段話，說明宇宙的重心是人，宇宙萬物是爲人而設。人和物不同在一個水平線上，人超越萬物以上。人有理性，知道管理萬物。中國儒家也常以人爲萬物之靈，得天地的秀氣，而有靈明的心。

歷史是人的歷史，也祇有人纔有歷史。禽獸的活動，是機械化的活動，是沒有新事故的活動，歷史要有新的事故，有新的事故，歷史纔有演進，纔有進化。人具有理智，乃有新的創造和發明；同時，人具有自由，所以社會的人事沒有兩樁同樣的。歷史的主體便是人，而不是物。

人的存在，是活的存在；人若不活，便不存在。人爲保持自己的存在，又爲發展自己的存在，人乃有求生慾，又有享受慾。這兩種慾望催使人使用理智，尋求各種的方法，以求滿足，聖經說：「你們要生育繁殖，充滿天地。」老子所說的反歸太古的渾樸生活，絕聖棄智，那是反背人性的生活。國父乃說：「人類求生存才是社會進化的定律。」馬克思反賓奪主，以生產工具爲主體，以人爲附屬品，乃造成以人民爲犬馬的共產政權，使人失去了人性，剝奪了人的基本人權。但是在另一方面，人雖然是宇宙的重心，一切萬物雖然都是爲人所利用；然而人並不是宇宙的絕對主人，也並不是造物者造物的目標。新約上說：

「所以，誰也不可拿人來誇口，因爲一切都是你們的：無論是保祿，或是阿頗羅，或是刻法，或是世界，或是生命，或是死亡，或是現在，或是將來，一切都是你們的；你們卻是基督的，而基督是天主的。」（保祿致格林人雖然用自己的理智，可以創造許多新的發明，可以統治宇宙；但是人究竟不是宇宙的主人翁，宇宙的主人翁則是造物主天主，人向造物主要低頭，要獻上崇拜的敬禮。當前人類生活的進步是累積性的，決不能是摧毀前代所有的，重新打基礎來建設。人類社會的紛亂、空虛和徬徨，就是因爲人自認是宇宙的絕對主人，不承認有造物主，人以爲自己提高了自己，結果人卻墮入了物質的深淵，幾乎不能自拔。歷史哲學家湯恩比說：「它們（各高級宗敎）都相信，人在宇宙之間不是至高的精神體。這個信念，的確值得人去爲它奮鬪。如果我們失掉這個信念，我們便要走向滅亡。」㈥

國父是一位基督敎徒，他信仰創造宇宙的上帝（天主），以宗敎信仰爲構成民族的力量。（民族主義 第一講）先總統 蔣公更說：「人生不能無宗敎之信仰。」（民國二十六年三月二十六日耶穌受難節時美以美會東亞聯合會特別大會致詞）

因着基督的信仰，國父極力主張人類社會的進化，以互助爲原則。這種原則和馬克思的社會主張，針鋒相對。馬克思主張矛盾鬪爭爲社會進化原則，國父主張社會進化的原則爲互助。互助卽是愛，而且是仁。儒家的倫理以仁爲基礎，仁卽是生命，生命的發揚在於互助聯繫，互相協助。禮祀的「禮運」篇主張大同，張載的「西銘」以『民吾同胞，物吾與也。』爲最高，王陽明的大學問則說明『一體之仁』。

基督的教義總括在一個『愛』字。基督在最後晚餐，吩咐弟子們說：

「這是我的命令，你們該彼此相愛，如同我愛了你們一樣。」（若望福音第十五章第十二節）

聖保祿宗徒說：

「除了彼此相愛外，你們不可再欠人什麼！因爲誰愛別人，就滿全了法律。其實『不可奸淫，不可殺人，不可偷盜，不可貪戀！』以及其他任何誡命，都包含在這句話裏：就是『愛你近人如你自己』。愛不加害於人；所以愛就是法律的滿全。」（保祿致羅馬人書　第十三章第八節~第十節）

有愛，才有和平；有和平，才有建設；有建設，才有進步。馬克思認爲要有矛盾的鬪爭，才能有新的出現，這種原則是錯誤的；因爲人類所有的新發明，都是利用前代所有的智識，繼續向前。電燈對於油燈，沒有經過矛盾的鬪爭；輪船對於帆船，沒有經過矛盾的鬪爭；無線電對於郵差，沒有經過矛盾的鬪爭。一切新發明，對於前代，智識和方法，祇是和平式的前進和替代。馬克思接受達爾文的物競天擇學說，以弱肉強食爲生存的原則；究其實達爾文的原則，在生物界裏並不正確。古代生物的化石，證明當時有非常強大的動物，較比現代的動物要強大得多，那時的動物到現今卻滅了種，豈不是強死弱存嗎？宇宙間的秘密非常多，非常深遠，豈是達爾文一個人所想出的幾句話就能包括一切！

現在共產黨實行馬克思主義，提倡恨，提倡鬪爭，他們所造成的生活，誰敢說是幸福！誰敢說是進化！

先總統 蔣公曾說：

「我們中華民族有四千年悠久的歷史，崇高的倫理和以仁愛爲中心的文化，尊重人類自由，依據社會服務的精神，以助人發展更良好，更豐富生活的方式爲天職，與許多西方基督教先進國家立國的主旨，並無二致。今天朱毛共匪在大陸，極惡窮兇，傷天害理，已經揭開他僞裝民主的烟幕，暴露他猙獰面目於世人之前。並且以全力推行其恐怖政策，摧殘我們崇高的文化，覆滅我們民族優美的倫理，顛覆社會，出賣民族，這種喪心病狂，倒行逆施的罪行，已經完全畢露，無可掩飾了。不但在中國大陸如此，卽在世界各地亦正在散佈這種毀滅人性的毒素，導演人類相殘的慘劇。

同道們，我們是耶穌基督的信徒，也就是耶穌基督的精兵，我們有維護眞理的責任，我們有保障自由的義務，我們不能喪失『信仰與行動合一』的信念。」（民國四十一年四月十一日耶穌受難節證道詞）

有宗教信仰的民生史觀，從仁愛去建立民生，從互助去促進自由。歐美的民主政治由這項原則去推進社會進化，中國的儒家王道也由這項原則去求『治國，平天下。』

乙、創造與生元

國父講人類的進化，由低級生物而來。生物的由來，則來自「生元」。

「生元者，何物也？曰：『其爲物也，精矣，微矣，神矣，妙矣，不可思議者矣。』按今日科學所能窺者，則生元之爲物也，乃有知覺靈明者也，乃有動作思爲者也，乃有主義計劃者也。人身結構之精妙神奇者，生元爲之也；人性之聰明知覺者，生元發之也；動植物狀態之奇奇怪怪不可思議者，生元之構造物也。」（孫文學說）

國父把物體分成兩類：無生物、生物。無生物由元素而構成，元素來自太極。

「太極動而生電子，電子凝而成元素，元素合而成物質，物質聚而成地球。」（孫文學說）

這種思想，導源於宋朝的理學，理學家周敦頤的太極圖說以太極動而生陽，靜而生陰，陽陰相結合而有五行，五行結合有男女，男女相結合而有物。國父的這種思想也遷就達爾文的進化論，以宇宙進化由無生物進到生物，生物由低級進到高級。生物和無生物的不同則在於『生元』，『生元』爲生物的生命根元。

生命爲一個整體，不能分析，不由元素構成。即是在最低級的生物裏，一個生物的生命是整體的，雖然在各部份所表現的生命不同，然而整體的生命祇是一個。這種生命整體性，在最高的生物——人的身上，表現得最明顯。『生元』在人的身上，乃是『心』。宋朝理學家以『心』爲神爲靈，爲神妙不可測。所謂『心』，不是肉質的心，而是生元的心。在動植物裏有種生魂，爲生命的基本，也就是生元。『生元』所以是生命的根元，爲生命的中心，有高低程度的不同。

德國生物學家兼哲學家特里西(Hans Driesch 1867–1941)，經過多年的生物實驗研究，認爲生命的活動是由一生命的中心動力而發動，一切活動都是集中於一定向。生命中心和無生物的物質完全不同，不能由物質變化而來。因此生命中心應由『上帝』(天主)所造。

國父沒有說明『生元』是否來自無生物的物質，或由上帝所造。但是 國父有宗教信仰，相信聖經，聖經則主張『創造論』。

在達爾文發明進化論以後，有許多人以爲『創造論』就被推翻了。達爾文的進化論爲科學的發明，創造論爲宗教的信仰，兩者互不相容。

但是我們從宗教信仰看民生史觀，對於這個問題，我們看不到宗教信仰和民生史觀的衝突。因爲，第一， 國父沒有明白講述『生元』由物質而來，不來自『造物主』。第二，國父主張『生元』，明明把生物和無生物分開，兩者不相同。第三，『創造論』和『生元』並不是互相衝突而不相容。

在信仰基督的科學家和哲學家裏，有許多人相信進化論，同時又相信『創造論』。例如民國初年曾在中國考古的生物學家兼哲學家的法國籍德日進（Pierre Teilhard de Chardin 1881-1955），在所著的人的現象一書中，主張在無生物的物質內，由造物主天主賦予「先生命」（La Prévie）和稀釋的意識微粒（Grains de Conscience），這種意識微粒隨着物質的進化而發展爲生命。再進爲人的心靈㈦

德日進的學說，雖還不是天主教友所共同接受的思想，但是和宗教信仰在基本上並沒有衝突。舊約聖經「創世紀」所記述的創造史，不是文字所表現的歷史事蹟，而是文字所表現的事實本身，天主創造宇宙人物爲一椿歷史性的事實，事實的經過在紀述方面則是一種陪襯。所謂立天創造，可以解釋爲宇宙進化的一種暗示。

丙、精神與物質

國父在宇宙的進化中，認定有一『生元』，『生元』爲「精矣，微矣，神矣，妙矣，不可思議者矣。」生元便是精神。

馬克思的辯證唯物論，承認人有心靈，心靈爲非物質體，但不是精神體。「人的心靈爲頭部機官所構成，爲物質的一項特性，結構特殊，因此稱爲非物質性的。」(註六)心靈是怎樣來的呢？人的祖先猿猴，經過長時期的抵抗自然環境，漸漸進而成爲眞正的原人，再經過長時期適應生活要求的工作，反映系統漸漸提高，腦神經的機構也漸漸成全，於是便有了心靈。這種心靈雖是非物質性的，也不過是物質的一種特性，因此，馬克思的歷史觀，乃是唯物辯證史觀。國父反對馬克思的思想，堅決主張宇宙內有精神有物質，兩者相輔爲用。所以也反對黑格爾的歷史哲學思想，黑氏以歷史乃是絕對精神的正反合辯證過程。

國父在「軍人精神教育中」說：

「精神雖爲物質之對，然實相輔爲用。……故全無物質亦不能表現精神，但專恃物質則不可也。」

「物質文明與心性文明，亦相待而後能進步。中國近代物質文明不進步，因之心性文明之進步，亦爲之稽遲。」

宇宙內有精神，精神的代表爲人的心靈；歷史的重心既是人，歷史的重心便應該是精神。精神當然要有物質以作表現，然若獨有物質而沒有精神，則就沒有發明，沒有進步，也就沒有歷史。

沒有精神，更沒有宗教，因爲宗教信仰的對象爲神，神爲超物質的精神體。即使初民所信仰者爲圖騰，爲禽獸樹木，信仰的對象仍舊爲圖騰後面的精靈，仍舊爲精神體。

民生史觀的宇宙一定有精神，國父說物質文明和心性文明，互相合成民生的進步。孟子曾說人有小體有大體，小體爲感覺之官，大體爲心思之官。「從其大體爲大人，從其小體爲小人。」（孟子 告子上）大體爲精神，人體爲物質，人則同且有精神和物質。先總統 蔣公說：「精神與物質，原屬一體之二面，同物之異象，相因而生，相需而成。」（蔣總統集 哲學與教育對于青年的關係。）又說：「民生哲學最主要之點，是絕不同意古今哲學把精神與物質劃分爲二，致使二者的關係，發生爭訟不決的難題。反之，民生哲學承認精神與物質均爲本體中的一部份，既不是對立的，也不是分離的。……宇宙的本體應是心物合一的，宇宙與人生都必須從心物合一論上，才能得到正確的解釋。」（蔣總統集 反共抗俄基本論）所謂心物合一即是心物合成一個人，心靈和物質在一個整體的人生中，不能偏廢偏重。人須有物質生活，又須有精神生活，這兩方面的生活結合成一個整體的生活。然而按照人性的要求，精神生活應更受人的注意培養。中國儒家歷代所講的修身養性，就是爲培養人的精神生活。大家現在都說中國的文明爲重視精神的文明，西洋的文明爲重視物質的文明，這種評語雖不完全正確，然中國人重視精神修養，則是一貫的傳統。

國父說：

「惟恃有精神，卽能制勝。……若無精神，子彈雖多，適以資敵。……故兩國交戰，能撲滅敵國之戰鬭力者，卽在撲滅敵人之精神，而使失其戰鬭能力。兵法有云：『攻心爲上，攻城次之。』攻心者，務必打破敵人之精神、取得城地，猶其後也。……此足見物質之不可恃。所謂『固國不以山崤之險，威天下不以兵軍之利』者，其道何在？精神爲之也。」(軍人精神教育)

先總統　蔣公說：

「我感覺近年以來，科學愈發達，物質文明愈進步，而道德愈低落，精神生活亦愈貧乏，於是人們都感覺內心空虛，覺得人生渺茫和恐怖而無所歸宿，……這就是物質文明愈進步，精神生活愈貧乏的一個事實。」(民國四十七年耶穌受難節證道詞)

又說：

「因之，科學物質都是看得見的東西，而道德精神却是看不見的創造力和推動力。大家須知，今日共產匪徒所最懼怕的，亦是其最仇恨的，乃不是看得見的科學物質，而是看不見的道德精神。它們的科學物質現在雖然還趕不上自由世界，但是它們還是可有，還是能趕的；只是道德精神力量，特別是宗教精神力量方面，可以說它們一無所有，而且它們永遠亦不會有這樣不可見而又無可限量的精神力量。」（民國四十九年耶穌受難節證道詞）

民生史觀着重精神，以精神爲民生的創造力和推動力。儒家所講治國平天下之道，由易經、論語、大學、孟子到後代唐宋的明君賢相，都以正心誠意爲基本，以仁民愛物爲途徑，儒家的政治哲學稱爲統治，即是看重精神。

以天主教信仰發揚民生，所重的也在精神。歐洲一千多年的政治理想，常以道德爲基礎，歐洲中古時代更提倡禁慾。近數百年來，因着科學的發達，物質的享受提高，歐洲社會民生乃形成偏重物質的傾向。然而教會所呼籲的，仍是注重精神生活。

注重精神生活，社會才有道德，人生才有目的，先總統　蔣公說：

「生活的目的，在增進人類全體之生活；生命的意義，在創造宇宙繼起的生命。」（自述研究革命哲學經過的階段）

蔣公又肯定說：

「人的生活，除了物質以外，還有更重要更高尚的精神生活，這精神生活的本質，就是生命。」（解決共產主義的思想與方法的根本問題）

民生若沒有精神，祇有物質，那將是一羣形同禽獸的生活；這種生活的外形，靠著科學的產品可以超過禽獸生活千萬倍，然而在骨子裏，這種燦爛的物質生活也不過和禽獸生活一樣滿足生來的衝動，而且要造成滅斷人類的慘劇。現在一些思想家所警惕人類的，就是這種生活。

3. 結語

民生史觀爲一種歷史哲學，繼承中國文化的傳統，接受歐洲的思想。人類的歷史以民生爲中心，民生包括精神和物質兩方面的生活。人類的由來，爲由低級動物進化而來，進化的要素爲『生元』，『生元』爲神妙的精神。進化的途徑爲互助，互助爲仁爲博愛。進化的推動力爲心思，心思乃人類的特徵。

民生樂觀和我們的宗敎信仰，互相融洽。『生元』的來因，爲『天生蒸民』（詩經 蒸民）的創造主，『生元』可以因着環境的變遷，在物體中進化，到了人類則整個地發展出來。中國儒家的思想也以『生生』爲中心，『生生』的理卽是天理，理學家朱熹以物得天理之偏，人得天理之全。也就是這種思想。

基督的福音以愛爲中心，創物者天主愛人，以萬物供人使用，人與人則相愛而求生活的幸福。政府的責任在提高人民生活的享受，政府的政治以人民爲主體，政府的努力爲求人民的福利。民生史觀以民生爲歷史重心，三民主義也以民生爲目標。民族主義爲鞏固民生，民權爲保障民生。政府一切措施，都在謀求民生的幸福。

民生史觀的歷史哲學，由宗敎信仰去看，含有高度的智慧，攝取了歷史的精義。歷史是人的歷史，歷史的終極目的則在於反歸創造者的根源。這種歷史觀爲一有宗教信仰性質的歷史觀。馬克思的歷史哲學爲有神的唯心史觀。國父的民生史觀爲有宗教信仰的心物合一史觀。

國父在一八八五年，年二十歲，在香港基督教綱紀慎教會禮拜堂受洗。二十九歲，在檀香山創立興中會，會員必須宣誓，誓詞中說：「倘有二心，神明鑒察。」神明二字，表示具有宗教信仰。一八九六年在倫敦蒙難時，自述「惟有一意祈禱，卽以自慰，當時之所以未有犯疾者，賴有此耳。」「及星期五（十月十六日）上午祈禱完畢，起立後，覺心神一舒，若所禱者已上達天聽，因決計再盡人力。」（倫敦蒙難史　第四章）

先總統　蔣公於民國十七年信基督教，久而彌篤，以宗教信仰爲自己精神的基石，以聖經爲精神修養的源泉。民生史觀的創始者和發揚者，都是具有宗教信仰的偉人，兩位偉人的宗教信仰也蘊會在民生史觀中，使民生史觀能成爲中庸而又高明的歷史哲學。

民六七年九月十日　天母牧盧

附註

㈠　李宗侗　中國古代社會史（一）（現代國民知識叢書）

(二) Guglislms Schmidta Manuale di Storia comparata delle religioni 1943. morceliana.

(三) Amofd Toynbee. A Study of History.vol VII. universal chuaches.

(四) 羅光 評判辯證唯物論。哲學與文化月刊。民國六十七年三月號第八頁。

(五) 羅光 理論哲學。頁三六五，頁三七七·先知出版社民國六十五年第三版。

(六) 湯恩比 現代世界與宗教，項退結譯，先知出版社·頁六。

(七) Pierre Teilhard de chardin. The Phenomeuon of Mans.

中文有鄭聖冲神父的編輯本，由先知出版社發行。

評判辯證唯物論

1. 辯證唯物論

共產主義的哲學理論基礎爲辯證唯物論。

馬克思曾批評歷代哲學上的唯物論爲『庸俗唯物論』，稱呼他自己的唯物論爲『辯證唯物論』，乃唯一的純正唯物思想。馬克思批評庸俗唯物論思想不徹底，不能攻破唯心論的根基；因爲庸俗唯物論以物質不能自動，不能有本質的變易，這樣在根基上要承認有發動物質的精神，有造化宇宙的造物主，豈不是回到唯心論的懷抱嗎！馬克思乃創造一種新的唯物論，列寧和史達林繼承了他的思想。

馬克思和繼承他的思想的共產主義，在哲學上祇承認有兩派思想：一派爲唯心論；一派爲唯物論。他們以唯心論爲資產階級的哲學，唯物論爲無產階級的哲學。唯心論這個名詞在他們的思想裏包括三種主要的哲學思想：一種是存在論；一種是實徵論；一種是新士林哲學。存在論以自我的存有爲存有，存有由心靈的焦慮而體驗，屬於主觀的唯心論。實徵論以感覺的認識爲唯一的知識，理性知識的對象屬於不可知，因此不能成立形上學；然而實徵論並不完全否認形上的知識，應該視爲主觀的唯心論。新士林哲學承認外界的世物爲客觀的實際存有，不由主觀認識所造，但士林哲學主張有心靈，又主張有造物主的天主，便是一種客觀的唯心論。辯證唯物論則主張宇宙一切都是物質，一切自然現象或人事現象乃是物質的變動形式。物質宇宙不是絕對精神的化身，也不是宇宙精神或任何精神體的產物，物質是唯一的實有體，自有而自己存在，不需要任何的精神體。

甲、物質的意義

辯證唯物論主張一切都是物質，物質這種名詞有什麼意義呢？馬克思和黑格爾曾以物質爲由不可分、不可變、不可入的原子所構成。當代的物理學則已前進，證明原子不是最後的因子，原子可以分，分而成電子，電子也可以分，而且物理學也講物質的非物質化，化而成能量，物質的本質幾乎不能存在了。列寧乃修改馬克思的物質觀念，以物質爲一種哲學的範疇，這種範疇所指的爲感覺的客觀對象，對象的實在性可以用感官予以證明。列寧喜歡這種定義，能够適應物理學的新發明。但是這種定義乃是認識論方面的解釋，而沒有說明物質的本性。普通哲學以物質爲量性的結合體，現在物理學家則認爲物質沒有量，也不是結合體，而是變化成了『能』。辯證唯物論答覆物理學家的難題，說明物質在變成『能』時，有一部分並沒有變，沒有變的部份爲靜的部份，變的部份爲動的部份，兩部份都仍舊有『量』。

辯證唯物論不詳細解說物質的本性，卻詳細解說物質的特性。

(1)物質的第一項特性爲『動』。整個自然界都常在動，物質體的原子變動不停，原子內部的電子也繼續脫離外殼。辯證唯物論的主要點，就在於物質的動，沒有物質不動，沒有動不是物質，『動』乃是物質存有常久形式。物質常動而且自動，由單純而到複雜，由低級而到高級，常向上進，常是革新。

動的意義不僅指位置的變動，也不僅指量的變動，包括物理方面的變動，生理方面的變動，也包括社會方面的變動，上級的變動指導下級的變動，彼此結成一體。

(2)物質的本體是無限的。所謂無限從三方面去看：從時間方面去看；從空間方面去看；從深度方面去看。在時間上，物質和『動』結成一體，永久常存。每種個別的變動有時間性，時起時滅；但在整體上說物質和動繼續常存。物理學上有物質不滅和能不消耗的定律就證明這種物質特性。當然，物理學上也有另外一項定律相反物質永存的定律，物質在動時變成熱量，熱量再不重新變成物質。假使物質宇宙是永存的，則宇宙早已都變成熱量。黑格爾答覆這種難題，以物質不滅定律，包括量和質的變，物質變成熱量，乃是量和質的變，物體則仍存在。

物質宇宙爲一無限的空間，雖然現在物理學的相對論和星際光學都表現物質宇宙不是無限的空間，但是辯證唯物論者則以爲物理學所解說的現象，爲物質宇宙的某一部份的現象，不代表物質宇宙的全體。

物質的深度無限，按照列寧的主張是物質的元素，可以分到無限，由原子到電子，由電子到其他再分的元素，但總不能達到一種元素，說是物質的最後元素，而不能再分。

乙、物質宇宙結成一體

辯證唯物論堅持主張物質宇宙結成一體，在我們主體的認識以外，爲一個實際的存有。這個物質宇宙的實體，自己存在，而且是唯一的，不需要另一個精神宇宙。所有的一切都在物質宇宙以內，一切的變動都是物質的變動。

物質的變動由物質本身而發動，以往『庸俗的唯物論』主張物質不能自動，需有外力來發動，整個物質宇宙的動要從物質宇宙以外的精神而來，因此便應該有造物主。然而物質宇宙的動由本體以內而自動，因而這種自動便能使物質由量的變化而有質的變化，由一種形態的物質而變成另一種形態的物質。物質宇宙乃能變化無窮，而且日新月異。

丙、物質與心靈

傳統的『庸俗唯物論』，以宇宙一切都是物質變動，所謂物質變動祇是物理性的變動，人生所有的心理活動則是化學性的變動。辯證唯物論卻主張人有心靈的生活，而人的心靈乃是非物質性的。

人的心靈爲頭部器官所構成，爲物質的一項特性，結構特殊，因此稱爲非物質性的。然而心靈不是精神，因爲心靈的活動，都屬於腦神經的動作，腦神經越健全，心靈生活也越健全，腦神經有缺點有阻礙，心靈生活也就有缺點有阻礙，心靈便是腦神經的產物，也是腦神經的活動；雖然心靈的性質特殊，但是辯證唯物論也不接受庸俗唯物論所說心靈爲腦神經的產物，如同一切生理活動一樣，又不接受有些生理學者所說腦神經分成許多部份，每一部份管制一部份心靈作用。辯證唯物論主張腦神經的活動爲一種合一的活動。

心靈既然是腦神經的產物，而又是物質的一項特性，怎麼又可以說心靈是非物質的呢？辯證唯物論者認爲心靈活動的腦神經是物質的，又認爲腦神經的活動也是物質的，但是腦神經活動的結果則不是物質的，這些結果是感覺，是觀念，是思想，這一切都不能是物質的。

在一九五八年以前，蘇聯的唯物論者多不相信這種論調，多以爲心靈純粹是物質的。一九五八年出版的列寧唯物論綱要書中，則明白地申述心靈是非物質。因爲列寧對於物質所下的定義，以物質爲感覺的外在客體，心靈則是在主體以內，心靈當然不是物質。不過，這種分析，祇是在認識論裏面可以成立，在本體論裏面，心靈則是物質的一項特性。

這種特性的意義在於反映一件實際的存在，一面鏡子可以反映一切放在面前的實際存在物，一塊磁石可以吸引一塊鐵，陽電陰電可以相追逐。同樣，感覺是一種對於一些實際存在物的反映，反映也是一種物質活動。反映的種類當然有高下的程度。動物有感覺的反映，人則有語言和觀念的反映，這種反映不由聲色而生，而是由語言和觀念的涵意而生，然而語言和觀念的涵意，和產生語言和觀念的感覺相聯繫，都屬於符號的反映。

心靈爲一種反映系統，然較比別的物體的反映性都更高；因爲心靈的反映爲抽象性的，爲普遍共通性，而且能够使所反映的受主體的管制，這就是人的思想。

心靈究竟是怎樣形成的呢？這便是人的來源問題。辯證唯物論認爲心靈的來源在於工作。人的祖先猿猴，在相當的自然環境裏，爲謀生活，爲抵抗野獸和自然現象的襲擊，漸漸尋找方法。到了身體能够直立，前面兩肢體可以用爲工作，漸漸便創製粗糙的工具。經過長時期適應生活要求的工作，人的反映漸漸提高，腦神經的機構也漸漸成全。於是便有了心靈。

丁、認識論

在認識論裏分有兩部份：一為邏輯學——理則學；一為認識論。邏輯學的基礎建在兩條定律上：同一律和矛盾律。辯證唯物論的基礎則是辯證律，兩件互相矛盾的事物，可以同時存在；而且矛盾的存在，纔發動向前的革命運動。通常邏輯學的規律常久不變，嚴格實行；辯證唯物論則以事物繼續在變。因此辯證唯物論者常厭惡邏輯學，予以輕蔑，但在第二次大戰以後，蘇聯卻接受邏輯學，正式在學校教授；然在形式理則學上，加上辯證法，按照辯證而成邏輯的推理形式。因為邏輯學究竟是訓練思維的方法，使推理能有正當的途徑。但是形式邏輯的推論法祇用之於單純和暫時不變的事物，對於高一層的思考，則應按照辯證論方式而進行。

邏輯學的目的在於求眞理，使觀念能和實際存在相合。但眞理的問題不能在邏輯學裏求答案，而要在認識論裏去求。人的認識是否合於實際的存在客體？

認識的成立常經過三段歷程：第一段是感覺，第二段是抽象化，第三段是實踐。

辯證唯物論以人的一切認識都來自感覺，感覺是外面客體的實在反映，不祇是符號或象徵。從所有感覺而有抽象的觀念，觀念有普遍性，能反映事物的內性。抽象觀念的成立，則是由於感覺和心靈理性的合作。

抽象觀念究竟是否正確地反映事物的內性呢？人怎樣可以分辨正確或不正確，分辨眞和假呢？辯證唯物論主張唯一的眞假標準在於實踐。由抽象觀念的思想走到實行，乃是認識的必要過程，行爲知的一部份，行使知得以成全，然而知和行的關係不僅是知行合一，而是按照黑格爾的主張，知和實際存在爲一，實際存在的昇華而成心靈的反映，遂有認識。馬克思不完全接受黑格爾的主張，實際的問題並不因成爲觀念而能有解決，抽象的觀念也並不是精神本體對自己的自覺。抽象觀念所成的思想要在實際的實踐上纔能辨別眞僞。思想能够成爲實際的經驗，經驗和思想能够合一，思想纔是眞的。實際經驗不僅是眞假的標準，而且是認識的一部份，經驗還在觀念以上。

辯證唯物論以眞理是認識和實際客體的合一；然而人的認識是有限的，有限的認識在各種認識中都是不完全的，也不是純粹眞的。不過在各種不完全認識中可以有不變的眞理。不變的眞理就是一切都是物質，生命來自物質，人由物質進化而來，進化的定律爲辯證律，無產階級專政乃是辯證律的必然結果。

戊、辯證律

辯證唯物論以宇宙萬物都是物質，合成一個整體，整體永常在變動，變動的規律爲辯證律。

黑格爾曾經擬定三項辯證律：

一、由量變到質變，由質變到量變。

二、矛盾互相溝通。

三、否定的否定。

這三項辯證律爲共產主義普遍所信認；但是史達林則在一九三四年出版他的唯物史論另外擬了四項辯證論：

一、一切現象互相聯繫。

二、自然界與社會中的變進，互相依存。

三、革命爲量的變易成爲質的變易之動因。

四、革命爲對立矛盾的鬬爭。

史達林的四項規律，雖在形式上和黑格爾的三項規律不同，實際上則並不出乎黑格爾的思想以外。黑格爾的三項規律多含有哲學的成份，史太林的四項規律則多含政治的成份。在哲學方面，辯證唯物論爲一宇宙論，講宇宙的變易，變易的程序是辯證式。

宇宙由物質的變易而成，變易的辯證程序裏有沒有因果關係？辯證唯物論承認有因果關係。因果關係爲兩個現象互相聯繫的簡單形態，一個現象由另一個現象而發生，這種關連性就是因果關係。辯證唯物論反對休謨、洛克和康德，他主張因果關係爲客觀的實有關係，在自然界有因有果，在社會人事間也有因有果；然而應分別原因和條件以及機會。條件常爲一種事物的產生所必需有的，但並不產生這件事物。機會則使一種事物發生，然沒有絲毫的內在影響。

因果關係應該是必然的關係，但不是普遍的必然關係；有果必有因，有因不一定有果。必然性的關係在自然界成爲自然律，在社會人事間便是法律，不過自然界一切現象的相互關係不全是因果關係，自然律的必然性關係也不常是因果關係。社會的法律關係也是一樣。

宇宙物質變動既有規律，規律具有必然性，一切的變動便都預定在先。人類社會的變動也有規律，社會的變動便遵循一定的途徑。共產主義便主張無產階級專政爲一種歷史的必然現象。這豈不是定命論嗎？

然而在人類社會間偶然的事卻非常多，且在自然界也多有偶然的現象，辯證唯物論承認有偶然的現象，偶然現象的發生，是有兩種或多種因果系統互相結合，而這種結合沒有外在規律和內在本性的管制，因此，所生效果便不能是必然一定性的，而祇是一種偶然性的。因此，辯證唯物論反對機械性的命定論，而主張辯證命定論。

物質宇宙變動的規律為辯證律，辯證律以矛盾為基礎。在自然界和人類社會的事物裏常有對立的矛盾，因為矛盾乃有變動，變動本身就是矛盾。有了對立的矛盾，便起鬪爭，鬪爭出自矛盾的自身，鬪爭便是運動。矛盾經過了鬪爭乃有統一，統一為一新事物。新的事物不一定僅是量的變化，也是質的變化，變化向前大躍進，新的種類乃能產生。

己、辯證唯物史觀

辯證唯物論者把辯證唯物論應用於歷史，造成一種辯證唯物史觀。從辯證唯物的觀點看歷史，歷史便為辯證律的反映，人類社會和自然界相貫通，共產社會乃是歷史的必然趨向。

歷史的演進為對立矛盾的鬪爭，在初民社會裏，人和野獸以及自然環境鬪爭，乃有石器時代，由單人進於氏族社會。氏族社會的矛盾為奴隸制度，強大的家族奴役弱小的家族，用為自己的奴隸，發展游牧生活的畜產，進而發展大地主的農產。大地主的生產工具已由石器進為銅器再進為鐵器，據土地為私有，以家族治理別的家族變成帝王的制度，於是出現封建制度。不料科學漸興，發明機器，工業制度逐漸成立。工商業的人鬪爭封建的貴族，造成資本主義的社會。資本集中在少數工業家手中，一般工人都祇有工資而沒有產業，工人和資本家互有對立矛盾，互起鬬爭，乃有無產階級專政的共產社會。歷史爲一部對立矛盾的鬬爭史，推動鬬爭的動因爲生產工具。辯證唯物史觀分歷史爲五個階段：初民社會、奴隸社會、封建社會、資本主義社會、共產社會。

歷史演進的動因爲生產工具。人由高級動物演變而成，工作引起身體器官的演變，工作也啟發理性的思考，工作便是人生的基本。工作一改善，生活就改善；生活一改善，社會的歷史就改變。然而工作的改善，靠着工作的工具，工具改良了，工作便也改善，生產便也加高；因此，生產的工具爲歷史演變的主因和基礎。

生產的改良當然不完全靠工具的改良，自然的環境也有相當的重要性。自然環境可以加速或減低生產的速度，也可以指示一種特別生產的工作。

生產既爲歷史演變的動因，當生產工具改良而發明一種新的工具時，生產界遂起改變。生產界既起改變，社會的高層制度還保留原有形態，於是社會制度和生產界形成對立的矛盾，生產界遂起革命。

所謂社會基層組織爲生產界，所謂社會上層組織爲政府和社會各項組織。在基層組織中以生產工具和生產勞力的關係爲最重要，上層組織則有政治學理和社會經濟文化的學說。當基層組織的生產工具和生產方式發生矛盾時，社會的上層組織馬上起反映，且發生對立的矛盾，演成鬪爭，推動歷史的演變。

生產方式決定社會的結構，生產方式由生產工具和勞力而形成。在一個社會裏所能發展的生產力量還沒有發展以前，生產力不會消滅。生產力若還沒有脫開舊的社會環境，新的生產關係不會產生。生產力和生產關係合成一體，生產力居第一。

以生產方式爲社會歷史的基礎，以矛盾鬪爭爲歷史演進的動力，這就是辯證唯物史觀。

庚、無神論

辯證唯物論不僅主張宇宙的一切都是物質，而且主張摒除物質對於精神的一切要求。物質爲自立的客體，不是絕對精神或主觀理智的反映；物質爲自有體，不需要一位造物主；物質是自動體，不需要外在的最高動因；物質宇宙按照辯證律繼續演變，不需要亭毒宇宙的神明。因此，辯證唯物論攻擊一切的宗教信仰。

物質宇宙爲一個整體，物質有唯一性、有一統性，若在物質以外有精神、有神靈，就像黑格爾所說上帝爲宇宙的自覺心靈，就破壞物質的一統性。

馬克思以宗教從三方面去看，都不能成立；宗教爲一種學說，宗教爲一種思想，宗教爲一種現象。從學說一方面說，宗教信仰以物質外有精神，在哲理上不正確，哲理所證明的爲物質一元論。從思想方面去看，宗敎信仰爲人所造，而把人束縛在自己所造的觀念以內，把心靈放在物質以上，完全不符合眞理。從現象方面去看，宗敎信仰又是社會環境的產物，被強權的人用爲分化社會，使社會成爲壓迫者和被壓迫者的二元現象，幾時人類用自己的努力將社會分化爲二元的制度打破，而建立社會一統時，宗敎就歸於消滅。

宗敎信仰爲人的一種失常心理所產，加重社會的壓迫勢力，作爲無產階級的敵人。在民眾的心理上，乃是一種像鴉片的毒物，痲醉民眾的感受。馬克思認爲宗敎信仰爲一種不成全的心理，爲一種自卑感。他的辯證唯物論提高人的價值，從否定神的存在，人和自然乃有絕對性。辯證唯物論的倫理道德不建立在心靈良心上，而是建立在社會辯證變動的要求上。雖然仁義道德的名字和傳統的倫理道德相同，但是仁義道德的意義則都是無產階級的利益。責任義務的必要性，不同於康德所主張的先天要求，乃是辯證方式的要求。道德律不假定有天命的良心，而祇假定對於宇宙變動規律的自覺。自己知道按照辯證律事件應該怎樣進行而自願照着去做，這就是自由，就是責任義務的基礎；在這基礎上建立共產社會的倫理道德，以無產階級的利益爲前提。

辛、政治原則

共產黨根據辯證唯物論建立黨的政治原則。共產黨的政治原則，第一在於辯證式的階級鬪爭，第二在於辯證唯物史觀的無產階級專政，第三在於以無產階級的利益爲前提而取消私產。

辯證唯物論主張社會的階級爲私產制度下的生產關係所有的必然結果。階級分基本的階級和附和的階級。基本階級由生產關係而生，在奴隸社會裏有主人和奴隸，在封建社會裏有地主和農奴，在資本主義社會裏有資本家和工人。附加的階級在直接由生產關係而生，但依附生產關係而產出，如同在資本主義社會裏，有中等資產階級，有小商人階級，有智識階級等。階級的標準在於生產關係，每個人在生產過程中所處的位置，分別把每人放在一個階級裏。

階級的上下不同，在上的階級常剝奪在下的階級，奴役他們的勞力，壓迫他們的權利。然而國家的政權應當歸於在生產關係中爲主的人，生產關係的主人是勞力，勞力代表工人。在基本階級的利益互相衝突的時候，便發生對立矛盾的鬪爭。這種階級鬪爭造成革命，革命爲政治的必然現象。歷史的演變都是這種階級鬪爭，鬪爭的主要原因常是私有產業。按照辯證律歷史演變到共產主義的社會，消滅私有財產，人類進入了歷史的幸福時代。

辯證唯物論宣傳共產主義的社會爲歷史的幸福時代；然而依照辯證律共產社會也應當有

內在的對立矛盾，也要有鬪爭而將產生新的社會。共產主義乃說共產社會有自己的矛盾，然而不是對立相反的矛盾，因着矛盾也有鬪爭，然而鬪爭的結果不是另一種新的社會，而是共產社會的革新，毛澤東所以主張發動不斷的黨內鬪爭，黨內的鬪爭一旦停止，黨則將受黨外的鬪爭。

在國內只有黨和階級，共產黨代表無產階級，無產階級的利益高於一切。私人的意識應是對於黨的意識。

在國際上，共產主義相信資本主義的崩潰，共產主義將成爲世界的一個歷史階段，爲促成這種階段，共產主義利用武力作爲援助。

2. 心物並存論

共產主義的哲學理論基礎，爲辯證唯物論。辯證唯物論的基本哲學思想是：第一、以宇宙一切爲物質，第二、以物質遵照辯證律變動，第三、人和物質宇宙結合成一整體，物質宇宙的辯證律也應用於人類社會，第四、人類社會的辯證律乃是階級鬪爭。

辯證唯物論的這種哲學思想在基本上就錯了。

甲、精神的存在

中西哲學的開端是研究宇宙的奧妙，希臘古代哲學研究宇宙萬物構成的原素，中國古代哲學的易經和道德經研究宇宙演變的因素，印度古代哲學也研究宇宙的成因。中西哲學的古代宇宙論都以宇宙成素爲物質；但是在物質以外，也承認有精神的存在。柏拉圖主張有觀念的精神世界，亞里斯多德主張心靈爲精神體，易經主張宇宙變易神妙莫測『神無方而易無體』（繫辭上 第四章）。印度奧義書也主張心靈不是物質，而且東西的古代哲學，常主張有創造宇宙的神靈。唯物論的思想雖在希臘古代哲學中已經開端，歷代西洋哲學中也有這種主張；但是他們都保全物質的意義，物質爲有量的物體，常在空間和時間以內，沒有自動的能力。然而在宇宙裏一切物體雖都有形色，都是物質物，宇宙間卻有些現象，沒有形跡，超出物質以上。「繫辭」說：「易，無思也，無爲也，寂然不動，感而遂通天下之故，非天下之至神，其孰能與於此？」（繫辭上 第十章）整個宇宙的變化爲化生萬物。萬物的生滅繼續發揚，外面無形無跡，內面的活力則充沛而發於外，有條有理，不相混亂。整個宇宙像一道生命的洪流，貫通萬化。

這種神妙的化工，不能由物質而自然流露。神妙而有秩序的化生工程，超出物質自身的能力以上。易經乃說天地有愛生之心，又說天地有好生之德，而在書經和詩經裏更說是天造神物，天爲上帝。

若是宇宙沒有造物主，造物主若不是超於物質的最高神明，宇宙萬物便都是物質；而且應當是自具生動力的物質。這種物質已經不是純粹的物質，而是兼具精神特性的物質，就是辯證唯物論所講的物質。假使物質是按傳統的物質意義，則必須有創造物質的至高精神體。

辯證唯物論的物質在哲學上不能存在；因爲物質是有形色的，乃能作感覺的客體。形色的物體有量而且有限，有量而有限的物體從本體不能是自有的。有量的物體由分子構成，各分子不能自動結合，必須由一外在動力使牠們結合，結合了以後纔爲有量的物體，這有量的物體便不是自有的。物質的構成素也不能是自有的，因爲這種構成素也是結合體，如同辯證唯物論所說物質特性在深度方面是無限的。有限的物體也不能自有，即使是精神體也不能自有。因爲有限的物是多的，多的同類物怎麼能够都是自有的呢？辯證唯物論以物質宇宙的起源爲一物質；假使這個物質爲宇宙萬物的起源，當然是自有的。中國老子以道爲自有，儒家中也有學者以太極爲自有，以誠爲自生自成。但是若以物質之源是自有的，這種源起物便應該是絕對精神體，否則不能自有。老子以道爲無，周敦頤以太極爲無極，都是勉強把道和太極脫離物質的性質。老子所以說有生於無，無是不是物質，而後能生有；有不能生有，即是既有形色，不能爲有的起源。然而道家和儒家都沒有以道或太極爲精神體的尊神。莊子因此講造物者，儒家都信皇天上帝。這不是一個宗敎信仰問題，乃是一個哲學的基本要求。或是按哲學的理論承認物質不能自有，應該有創造萬物的精神體，或是承認物質具有精神體的特性。然而物質本身不能具有精神體的特性，若有這種特性，必定由外面的動因而有。結果還是歸到創造萬物的精神體。

宇宙萬物的變動，不能常是辯證式的變動。中國哲學講宇宙變易以循環爲規律。循環並不是不能有新事件，而是使變易能够繼續不斷。假使宇宙萬物的變動成直線形向上進，則或者原素耗盡不能繼續，或者祇有新的事物，原有的事物，逐漸消滅。辯證式雖然可以說是一種循環式，但是既互相矛盾，則矛盾的統一，應是新事物，而不是原有事物的繼續。宇宙間的事物卻都是相遞換，由原有而漸改爲新事，不能是否定原有的一切而化生新事物。

生物的演變沒有依循辯證律而變，達爾文所有的進化原則，在於自然環境的適合，適合者則生存，不適合者則滅亡。古生物學上有許多生物的種類，早已絕跡了。但是新的種類怎樣出生呢？在最初時，地球上沒有生物，最初的生命由何而來？後來的生物是否由最初的生命演變而來呢？生物學到現在還沒有定論，哲學上更不能憑空去幻想。按照哲學的理論說，物質內不能有生命力，最初的生命者來自無生物的物質，這種生命力不能來自物質的本身，必定來自外在的生命，就是該由創造宇宙的精神體所賜。賜與生命力的方式，則不是哲學所可推論而得的。

物質本身也不能是永久的，又不能是無限的。若是物質能是永久而無限的，這種能力不來自物質本身，而又是由外在的永久無限的創造者所賜。

因此，我們不能接受辯證唯物論的永久自生自動的物質，也就不能接受祇有物質而沒有精神體的主張。

乙、人爲心物合一體

中國哲學從古到今，常保全了一個傳統的觀念，以人爲萬物之靈。而人之靈在於人的心。荀子已經說人心虛明能知，宋朝理學家也主張人心爲神，神卽是精神。雖然中國哲學所說的精神爲淸氣所成，然已明白地和物質有分別，而不是物質。

西洋哲學家除少數的唯物論者以外，都主張心是精神。辯證唯物論因着人心的動作結果，超於物質以上，承認心爲非物質體。但是所謂非物質體，意義很不淸楚，而且祇就觀念和思想去看，不就心的本體去看。按照哲學的理論上，若是工作的結果是超於物質的，執行工作的本體便應該是精神體。

在哲學界常有唯物唯心兩派；唯物派以萬物都是物質，人心也是物質；唯心派以萬物的本體爲精神，物質形色祇是外象。但是實際上這兩派都是偏而不正，人是兼有物質和精神，而且是心物合一體。心是精神體，心的存在則是和肉體相合的。

聖多瑪斯曾在問題集內討論了這個問題，證明靈智（理智），實體即是心靈，爲理智和物質的組合。他所舉出的證明很多，我們可提出幾點最重要的：

靈智的實體，「是知識、道德和天賦神恩……等等的主體；可見不純是性理（抽象的非物質體），但也不純是物質。單純物質，對於生存，只是有虧虛性的潛能，沒有現實，也不有任何動作；既不純是性理，又不純是物質，所以是物質與性理的組合。……大哲（亞里斯多德）曾說：『物體有變化而不含物質，是不堪設想的。』宇宙間，靈智實體都有變化，只有天主的本性本體，不會受變化。天本是造物者，不屬於千變萬化的宇宙以內……故此，宇宙間，凡實體，都含有物質。靈智實體也不例外。……大哲（亞氏）形上學說：『無物質的實體，自己是自己生存和獨立的原因，自己以外，沒有別的原因。』宇宙間，凡是實體，它的生存和獨立，都是在自身以外，另有原因；因此，都不是沒有物質。靈智實體也不例外。所以，它也是物質與性理組合而成的。」㈡

人是一個實體，實體是一；心的精神和肉體的物質，合成一個實體，共有一個存在，也是一個存有。所以人心的活動要運用腦神經，而其結果乃能超出物質。

先總統　蔣公曾說：「歷來關於哲學上的辯證很多，最大的爭點就是唯心與唯物兩派，這兩派各有所偏，都不是哲學的正宗。我們　總理民生哲學思想，乃是不偏於唯心，亦不偏於唯物，而以民生爲歷史進化的重心，可說是綜合心與物二者的最高理想。」㈢　蔣總統且進而主張心物合一。「古今中外講哲學的書籍，每每不是偏於唯心，便是偏於唯物。其實精神與物質原屬於一體之兩面，同物之異象，相因而生，相需而成，在本質上既不可分離，在學理上自不容偏重。尤其是我們的一切學問是爲人生而學，如果偏於唯心，必至鑿空蹈虛，復無歸宿。偏於唯物，必至毀情滅性，由冷酷流於枯槁，都是違反人生的眞諦。」㈣

當然，現代西洋哲學對於『心』的解釋，意見很多，懷德黑主張心物合一，而以『事點』爲宇宙本體，『事點』爲非心非物，亦心亦物的複雜體。他所說的『心』，仍舊免不了是物質，而『事點』猶如易經的『易』，是用，是結果，而不是本體。

我們主體人心是精神體，不是物質，也不是非物質，然而心和肉體結合成一個人的實體。

心既是精神體，心的知識藉身體的器官而完成；則智識不能僅是感覺的智識，而智識正確的標準不能是『實踐』。毛澤東在一九三七年七月曾寫過一篇「實踐論」，抄襲馬克思的思想，以認識的過程有三步，第一步由感官接觸外物，取得感覺。第二步由理性綜合感覺的材料，作成概念而有思想。第三步，運用思想到實踐，由實踐取得眞的認識。認識由實踐開始，達到理論，又須回到實踐。

這種主張是不對的。雖然墨子在三段論證中也有這種在實踐上有利人民的一條論證，美國實用主義也有適合實用的論證；然而都不是以實踐爲眞理的唯一標準。我們主張眞理爲概念或思想和客觀對象相合，卽是名實相合。分辨眞假的難處，不在於名實相合一點，因爲這一點很簡單；難處在於辨別一種思想正確不正確，是眞是假。思想的客觀對象，常不是一件具體事物，而是一些抽象的理論。思想是理論，對象也是理論，便不容易看到兩者相合不相合，哲學家便想出許多辨別的條件或方法。唯物辯證論主張理論者能夠實現成爲有利的事實，便是眞的；而所謂有利的事實當然是合於共產主義的事實。

我們主張眞理的標準在於客觀的對象。思想的對象若是抽象的理論，這種理論必有所根據的原理，原理則有客觀的對象。例如說人人都應有自由，這種思想是對的，因爲所依據的原理是人人都有意志，意志有選擇的本性。因此有選擇便有自由。所依據的原理有客觀的對象。

人心旣是精神體，人旣是心物合一體，人的本性和禽獸有別，人的生活也和禽獸不同。

自然界的規律或法則，便不能一切都適用於人類。人的生活以自由爲主，自由以團體生活爲規範，以良心的規律爲標準。中庸以『率性之謂道』，中庸以喜怒哀樂『發而皆中節，謂之和』。宋明理學家以人心有天理。我們主張人心有造物主所給的規律。人類的倫理道德以天理或天生規律即性律爲根基。

丙、人類社會

人類社會的演變是否有普遍的原則，爲歷史哲學上的一問題，辯證唯物論主張有原則，原則就是辯證律，我們也主張有原則，但原則不是辯證律。

人類歷史的演進，由人心的自由爲主因，自由爲人精神的活動。精神活動的首要基礎是人心的自然要求，即是人性的要求。每個人的本性都要求成全自己，都要求有更多的享受，因此人類對於智識永遠追求長進，對於科學與工業的產物，常求日新月異。這種成全自己和追求享受的天性，乃是人類歷史演變的動力，然而人的生活以精神爲主，物質爲次。孟子以人性生來有仁義禮智的要求，所以他主張養心存性。雖然食色也是人心的自然要求，這種要求須合於仁義禮智，順從並放縱物質性的要求，便是人類的罪惡。人心自由的次要基礎爲周圍環境的要求，人心應與之適合。在這種適合裏不能祇用辯證法則。孫總理特別指出人類的進化，不能使用強食弱、大併小的進化法則；人類的進化，須應用合作共存的法則。階級鬥爭雖爲一樁歷史的事實，然而絕對不是普遍的歷史事實，更不是歷史進化的唯一動因。把黑格爾的辯證法用之於中國歷史是一種錯誤；把馬克思的辯證唯物史觀用之於中國歷史更是天大的荒唐。中國歷史上沒有所謂奴隸社會，沒有所謂資本主義社會，連正式的封建社會也衹有片段的歷史。圖騰社會和母系社會在中國歷史上也沒有痕跡，衹是一些社會學者強把非洲澳洲土人的歷史，套到中華民族的歷史上。中華民族的文明，在和平共存中得有發揚，在武力鬪爭時受到摧殘。

若要社會的革命，以生產工具和方式爲基礎，乃是以人爲物質的自然結論。但是人心是靈明的精神，人的活動以靈明的心爲根基。生產工具固然在人類社會裏爲革新的動力，然而新的工具乃是人心靈明的發明。電力固然改變人類社會，但電力是愛廸生所發明，發明是用人心。生產以勞力爲主，然而機器工具也佔同樣地位，爲供給勞力和機器工具需要資金，資產對於生產也佔同樣的地位。三者缺少，生產的工業便不能成立或不能存在。

人心的基本自然要求，在於有自己的財產，可以自由支配，而不作別人的奴隸，向人討錢；也不作團體、階級或國家的奴隸，向團體或國家討錢。私產制根之於人的本性；當然人天性在團體內生活，私財制度應該在消極方面不妨害公共利益，在積極方面有助於公共利益。國家政府的責任，在於使國民都能有適當的利益，而不是剝奪私人的財產權。

人心的本來要求是愛，失去了愛然後有恨。人類的社會便應建築在愛心上面，絕對不能建立在仇恨上面。人心有愛便有喜樂，便有滿足；人心有恨便有憤怒，便有憂懼。若使一國的人或全世界的人，互相仇視，互相鬪爭，人類的生活便比禽獸生活還更苦，更無意義。以階級鬪爭，以種類鬪爭，以響應鬪爭作一種政治運動的口號，能够爲合理合情的事，但以鬪爭爲永久的原則，爲人類歷史演進的必要途徑，那必造成人類的慘劇。

人心是精神體，要求精神的滿足，人愛自然美景、愛詩歌、愛藝術、愛哲學，都是出自人心的自然要求。黑格爾以藝術和哲學爲最高的精神學術。但是他認爲人心的最高精神要求乃是宗敎信仰。人心在宗敎信仰中，使自心的無限要求，能有一超出有限宇宙的對象，而取得滿足。湯恩比的歷史觀，看到人類歷史的未來，要由宗敎信仰去彫塑。宗敎信仰的要求，最實際的表現人心是精神而不是物質，根本和辯證唯物論的基本思想相反。有宗敎信仰便不能相信辯證唯物論，有辯證唯物論便不能有宗敎信仰。宗敎信仰和辯證唯物論根本相衝突。因此辯證唯物論是強烈的無神論。

人和禽獸的分別就在於有精神生活。中華民族傳統的文化常以精神生活爲重，而人生的至善就在於達到精神生活的頂點。這種頂點，在儒家是至誠的仁人，參天地的化育；在道家是眞人，和道相融會；在佛家是成佛，入涅槃和眞如同化。設若中國社會有社會階級，階級則是精神的階級，就是君子和小人。宇宙若祇有物質，不論將物質如何美化，加以各種高尚的特性，物質總歸是物質；人生便只有物質生活；若祇有物質生活，怎麼能够不鬪爭以取利、殺人以利己呢？人類社會祇有走共產的社會制度。然而人有精神的心靈，宇宙萬物供人心靈的驅使，則人類的社會便不能是永久鬪爭的社會，人類文化的進步，人類幸福的追求，便應該是愛與正義和平的社會。

註：

(一) 參考 gustave A. Wetter. Lídéologie soviétique contemporaine. Tome I. matérialisme dialectique et matérialisme historique. Payot. Paris.
Le Marxisme-Léninisme. La cité catholipue. Faris
袁廷棟——馬克思哲學簡介與評價。光啓出版社
張君勱——辯證唯物主義駁論。友聯出版社

(二) St. Thomas. Quaestiones cisputatae. 選譯。宇宙間的靈智實體問題。頁一呂穆迪譯。臺灣商務印書館

(三) 蔣總統集，演講，總理知難行易學說與陽明知行合一哲學之綜合研究。

(四) 蔣總統集，第二冊，哲學與敎育對於青年的關係。

民國六七年二月十六日　天母

中國哲學思想史後記

一

民國五十九年元旦，臺北的神父修女在靜修女中禮堂，舉行聚餐會，祝賀我的五九望六的生日，于斌樞機也在座。我在答謝時說，今後十年裏，我將努力寫一册中國哲學思想史。

寫中國哲學思想史的意願，早些年已經就有了。在羅瑪教中國思想史時，曾寫了一部中國哲學大綱，一共兩册，由香港眞理學會出版，後來在臺北由臺灣商務印書館再版。這部書不是哲學史，而是中國儒道佛三家哲學的大綱，以系統方法，說明三家的哲學思想。我當時已經有意寫中國哲學史，因爲讀了胡適的中國哲學史上册和馮友蘭的中國哲學史上下册，覺得過於簡單，對於胡適研究中國哲學的方法，則很讚成。但是我那時手頭所有的參考書過少，羅瑪又沒有中國圖書館，所以寫中國哲學史的意願，只是存在心裏。

民國五十年，我到臺南任主教，臺南係一新設立的主教區，一切建設都應從頭開始，又值敎宗召開全球天主敎大公會議，每年我須往羅瑪開會。在臺南五年，除了到臺北剛復校的輔仁大學哲學硏究所授課外，我不能作別的學術工作。民國五十五年我調任臺北總主敎，在輔大和文化學院哲學硏究所授課，家中所購的中西哲學書漸多；然而當時我在修改敎廷和中國的使節史、徐光啓傳、利瑪竇傳，又寫歷史哲學一書，沒有把心裏所有寫中國哲學史的意願，作成一個決定。到了五九望六的生日，我便作了這種決定。然併沒有馬上動筆，却收集以往所寫的文章，編成「牧廬文集」，一共六册，由先知出版社於民國六十一年出版。民國六十二年七月，動筆寫中國哲學思想史。

我當初的計劃，把全書分成四册：先秦篇一册，兩漢南北朝篇一册，宋代篇一册，元明清篇一册。

先秦篇，從民國六十二年七月動筆，到民國六十四年三月完結，十二月由先知出版社出版。寫了先秦篇，繼續寫宋代篇，因爲我素來硏究宋朝理學，對於程朱的思想頗爲熟識。用了十二個月，寫完了這一部宋朝理學，民國六十五年十二月，先知出版社出版了這部書，名爲中國哲學思想史㈢。宋代篇既寫完，便馬上寫兩漢南北朝篇。這時遇到了一個難題，乃是漢易的問題。易經我是硏究過，漢易則沒有。寫兩漢的哲學思想而不寫漢易，則缺一個大漏洞。可是漢易的卦氣、卦變、易緯，魏伯陽的納甲，眞正不是容易可以清理出一個脈絡。我費了六個多月的工夫，纔寫了漢易一章，其他各章則在十個月裏寫完，全書於民國六十六年十二月十五日脫稿，共六百八十三頁，交由臺灣學生書局於民國六十七年十一月出版。兩漢魏晉南北朝篇看來很少有哲學的價值，因爲在那一段時間裏，社會的思想都濃厚地帶有迷信的色彩，漢易也顯出這種特徵。可是漢易的五行和卦氣說對於中國的學術和民間生活，影響非常大。

佛教就是在這時期輸入中國，漸次成長，蔚然成爲中華民族所信仰的宗教。佛教各宗的思想先是隨着譯經，傳播在中國佛教法師中間，隋唐時，中國佛教法師自己作經論，創立新宗派，成立華嚴、天台、禪各宗，佛教的哲學思想便進入中國的士大夫裏，影響了中國哲學，使宋明能有理學出現。因此，便不能不寫南北朝和隋唐的佛學。

面對佛經，我眞有「望洋興嘆」的感觸。雖然，曾經研究一點佛學，若說要寫中國佛教哲學思想，我怎麼敢動筆呢？先閱讀佛經半年，還是沒有頭緒。直到民國六十八年暑假，看到日本高楠順治郎所著，藍吉富所譯的佛教哲學要義，突然想到了我要寫的這册書的大綱，以緣起論和本體論分述佛教各大宗的思想。有了大綱，我便動筆，進行很順利，到六十九年正月底，書已完結，共一千零三頁，分上下兩册，由學生書局在這一年的九月出書。

元明一篇，在民國六十九年寫完。學生書局趕於民國七十年元旦出版，爲賀我的六九望七生日。清朝一篇於民國六十九年十月動筆，當時我在羅瑪參加全球主敎代表會議，在羅瑪寓所，我仍舊寫稿。民國七十年寒假，我趕寫王夫之的哲學思想，夫之的著作又多，又不容易讀，思想且又深又贅，三十天裏寫了一百六十多頁，纔算寫完，可是我也弄病了，血壓驟然增高。以後便慢慢寫，到了今年六月十八日，全書完稿。我特擧行謝恩彌撒聖祭，感謝天主大恩。

二

八年來的寫作，使我深深地浸沈在中國的哲學思想裏，體驗了中國哲學的精神，也理出了中國哲學的脈絡。幾千年的思想，似乎都是一些私人的感觸，隨便地寫在那裏。哲學和文學分不開，思想都有憧憧迷幻的色彩。八年的光陰，將歷代哲學思想家的著作，自己親自閱讀，親手選擇，抉剔，從滿紙琳瑯的文句裏，清理出哲學的觀念，結成思想的系統。我受過西洋士林哲學的陶冶，對於觀念和系統，要弄到意義明顯，段落分明。

對於歷代許許多多的哲學家，當然有所評估，各人的份量不相同。在先秦篇，孔子和弟子們的哲學思想，居中心的地位；在兩漢南北朝篇，漢易佔主要的篇幅；在佛敎的思想篇，禪宗佔篇幅較多；在宋代篇，朱熹當然有集大成的身份；在元明篇，王陽明最爲特出；在清代篇，王夫之儼然稱王。每一篇有每一篇的中心和代表人物，從這些人物的思想裏可以看到中國哲學的精神和脈絡。

書經和詩經流傳了中國人對於人生的最初體驗。「相鼠有皮，人而無儀；人而無儀，不死何爲！相鼠有齒，人而無止；人而無止，不死何俟！相鼠有禮，人而無禮；人而無禮，胡不遄死！」（相鼠）這是一般平民的生活體驗。「堯曰：咨爾舜，天之曆數在爾躬，允執其中，四海困窮，天祿永終。舜亦以命禹。」（論語•堯曰）這是一位君王的生活體驗。人生以天命爲依歸，以禮儀爲規範。易經則由生活的體驗，進而探索人生的根由，先以卦象作象徵，次以爻辭作解釋，再則有文言繫辭作說明。宇宙爲一整體，由陽行運陰而成。陰陽運行不息，化生萬物。陽稱乾，萬物資始？陰稱坤，萬物資生。乾坤並立，天地得位。天地得位而相交，乃三陽開泰，化生萬物。故天地的大德曰生，生生便是易。「一陰一陽之謂道，繼之者善也，成之者性也。」（繫辭上，第五章）

八卦三爻而成卦，重卦重三爻而兩卦。三爻的上爲天，下爲地，中爲人，八卦象徵天地人，代表整個宇宙。易經探索宇宙的變易，變易以太極爲起點，以陰陽兩氣爲成素，以生生爲目的。

陰陽的變易，繼續循環，沒有一刻的停息。在循環之中，陰陽有自己的位，有自己的時。按照時位而行，宇宙形成一大協調，像似一曲天籟的音樂，和樂泱泱。

孔子從易卦裏，欣賞宇宙的奧義，自己嘆息說：「天何言哉！四時行焉，百物生焉，天何言哉？」（論語 陽貨）宇宙變化，化生萬物，孔子由生而到仁，發揚易傳所說：「天地之大德曰生，聖人之大寶曰位。何以守位？曰仁。」（繫辭下，第一章）在天曰生，在人曰仁；仁代表全德。中庸乃說：「天命之謂性，率性之謂道。」（第一章）大學乃說：「大學之道，在明明德。」（第一章）孟子說：「仁者，人也。」又說：「仁，人心也。」（告子上）人若盡人的性，便能發揮仁心，中庸以至誠的人，贊天地的化育。易經乾卦文言以大人的心，和天地合其德，中庸稱聖人之道，「洋洋乎發育萬物，峻極于天。」（第二十七章）化育和發育，都是發揚『天地好生之德』。

孔子從易經時位的思想，推到人的生活，應該有中庸，中庸就是在此時此地適當的行動。為守中庸，乃有禮樂。禮以天道為本，使人的活動適當而不偏倚。樂以人情為則，使人心相融洽。

道家的思想，老子偏於抽象理想，莊子則趨於生活的洋溢。「野馬也，塵埃也，生物之以息相吹也。」（逍遙遊）至人神人入火不焚，入澤不沉，「乘雲氣，騎日月，而遊乎四海之外。死生無變於己，而況利害之端乎！」（齊物論）易經的大人，和中庸的聖人，和莊子的至人神人，乃是生命發揚到最高境界的人。

漢朝易學家創卦氣的學說，雖含有迷信的色彩；但在哲學上則是繼承了易經生生的思想。宇宙的變易在於生生，變易的成就在時間和空間以內，宇宙的時間爲一年，宇宙的空間爲四方。易經象徵宇宙變易，畫有六十四卦。漢朝卦氣說就是把象徵宇宙變易的六十四卦，配合到一年和四方裏。一年的變易，由春到夏，然後到秋到冬。春夏秋冬配合四方，東爲春，南爲夏，西爲秋，北爲冬。卦氣說以陰陽的變易稱爲消息，六十四卦無非是陰陽的變易。於是以震離兌坎四卦配東南西北和春夏秋冬，稱爲四正卦。以十二消息卦配十二月，再以四正卦的每一爻配一年的二十四節氣，以十二消息卦的每一爻配一年的七十二候。卦氣說又有納甲，把天干地支也配入卦裏，又把五行配合四季四方。這樣整個宇宙的一切，都和卦，和五行發生關係。

佛教的各宗，雖都講修行，然沒有深入人的生命中。華嚴宗和天台宗講『觀』，然是留在抽象的哲理上。惟獨禪宗主張明心見性，直接體驗生命的眞諦。禪的生命體驗，不能言傳，乃不立文字。佛教自唐以降，各宗衰頹不振，竟至失傳，只有禪宗由宋到明，以及到清，還有傳人。

宋朝的理學由周敦頤開端；敦頤作太極圖，上追易經，下傳道敎易圖。太極圖說大意爲：太極而無極，太極動而生陽，靜而生陰，動靜繼續，互爲根源。陰陽生五行，五行生男女，男女生萬物。周敦頤說明易經生生的哲學。

張載改太極爲太和，太和爲氣的本體，氣分陰陽而生育萬物。在西銘裏，張載說：「乾稱父，坤稱母，…民吾同胞，物吾與也。」宇宙萬物共成一體，因着生命而相連。

二程創理氣說，朱熹繼承二程之學，且集理學的大成。他主張宇宙只有一個生命之理，萬物又各有生命之理，所以說『理一而殊』。又說天地間只有一個太極，萬物又各有一太極。同一的理，乃是同一生命之理。在萬物中都同一；但是每物有理有氣，理相同，氣則有清濁，清氣使生命之理能完全顯露，濁氣使生命之理遭蔽塞。他說「人得理之全，物得理之偏。」生命之理卽是物性，人性有完全的生命之理，完全的生命乃是人心的生命，人心爲神爲靈，統攝人性人情。朱熹主張人爲萬物之靈，得天地之心爲心，天地以生物爲心，人心乃是仁。仁的第一個意義是生命；仁的第二個意義乃是好生；因爲天地有生之德，人心乃有仁，仁便是好生。朱熹乃說仁是『愛之理』。人愛自己的生命，便愛別人的生命，也愛物的生命。這就是孔子所說的『己立而立人，己達而達人』；孟子所說的『仁民而愛物』。

宋朝理學家也都註解易繫辭所說：『一陰一陽之謂道，繼之者善也，成之者性也。』爲陰陽運行，化生萬物。

王陽明由陸象山的心學，走進良知的一路。陽明以人心爲良知，良知爲天理，良知又爲明德。自己看自己的良知，對於自己的心和性，得有直接的體驗。良知的體驗來自禪宗的明心見性，然不是直接體驗人生命的眞諦，而是體驗人生命的本體。生命卽是人的本體，在生命上萬物結成一體，他在「大學問」裏主張一體之仁。陽明的弟子，承認人的本體爲善，本體自然流露，不僅在良知，而也在情慾。他們後來走到極端，便一面是空疏，一面又是狂妄。清初學者乃罵陽明學說爲疏狂。

王夫之反對王陽明，而採納張載的氣說。宇宙爲一氣，氣有陰陽，陰陽運行不息化生萬物。陰陽且在每一物中，雖在成物時成物的性，仍舊繼續運行；因此王夫之主張乾坤陰陽並建，每一物常是『命日降而性日生』。宇宙是生動，每一物也生動，天地沒有不動之物。顏元、李塨反對理學爲空疏，主張實學。戴震以訓詁方法而解釋孟子，統情欲爲性，排擠抽象的性。萬物生生不息，有條有理，乃有仁義禮智。

清末譚嗣同著仁學，以仁爲通，宇宙萬物相通，天地有『以太』，仁就是精神的以太，貫通萬物。

從詩、書開始中國生命的哲學，易經予以形上的哲學基礎，歷代儒者予以發揮，成爲儒家思想的脈絡，上下連貫，從古到今。道家佛家也在生命的哲學上和儒家相通，生命乃是中國哲學的精神。

中國哲學將來的展望，便在生命之仁的哲學上往前走。

三

我寫這部中國哲學思想史，在方法上，我以哲學思想作範圍。有些哲學家乃是思想家，有政治、經濟、教育或科學的思想，如孔子、孟子、王陽明、黃宗羲、顧炎武、王夫之、戴震等等。我只選擇他們的哲學思想，作爲研究的題材。若有人要問，甚麼是哲學？我則採西洋哲學的範圍，有形上學、自然哲學、倫理學的三大類。

研究的方法，有的人可能會說過於西洋化。但是我覺得並沒有西洋化，更沒有士林哲學化，還是依照中國哲學思想的順序。在這一點上，我讚成胡適寫中國哲學史上册的方法。中國古代哲學家沒有方法學，也並不系統地寫一册書，所有的著作都是一篇一篇的文章。他們所用的名詞也沒有一定的意義。例如體和用兩個名詞，從佛家開始到元明清的儒家，都各人有各人所用的意義。我寫中國哲學思想史，對於每位哲學家所用的名詞，一定要界說清楚。

還有一個方法，有些人會不同意，其他研究西洋哲學史的人可能不會同意，卽是引用的文據太多。他們主張引用長的文據，要放在一章後的註裏。所以西洋的研究報告，或論文，常是連篇的註釋。但是我所引的文據，不是作家的研究文，而是所講的那位哲學家的文據，以作證明。例如講孔子，引孔子的話；講朱熹引朱熹的話；講王夫之，引王夫之的話。中國歷代哲學家從來都不寫系統的著作，他們的思想散在文章和語錄裏。我講他們的思想時，把他們所有關於這種思想的話引來，作爲證據，作爲說明，爲的是我自己說我的話，講我的思想，而不是他們的思想。假使我說戴震主張情慾是性，別人要問戴震在那裏說了這種主張，我便要引戴震的話來證明我的話。西洋哲學家常是有專著，系統地說明自己的思想；我們研究時，只要註出他著作的名字和卷數章數。而且爲研究中國哲學史的人，他們不一定都有古人的著作在家裏；我能夠在中國哲學思想史裏爲引古代哲學家的文據，就是幫助讀者去讀原書。這就是我多引原書的理由。方東美教授曾反對這種方法，所以不喜歡胡適和錢穆的學術史；但是我認爲這種方法，爲研究中國學術史，是必須用的方法。並不是敎讀者偷懶，自己不去閱讀原著；乃是爲使大家知道研究的方法，也就是考據的方法，說話要有根據。雖說我自己是不喜歡訓詁字音學。

有些人懷疑我是不是以天主敎的信仰或哲學去解釋中國哲學，把中國哲學予以洗禮，這種懷疑乃是多餘的，而且沒有根據。我最不讚成有些天主教人士，牽強地把中國古書裏的觀念和天主教的教義拉上關係。中國哲學思想的解釋應在中國哲學的思想系統裏去解釋。所以我反對現在一些沒有宗教信仰或反宗教信仰的人，把中國古代詩書的思想和孔孟荀子的思想，一定要往無宗教信仰一方面去解釋。中國古人，無論士人，無論庸夫庸婦，都是信天的。天道和天命的觀念，便不能常常絕對地解釋爲自然。我在這七冊書裏，可以說從來沒有提到天主教的信仰。我對古代哲學思想的解釋，都按照哲學家本人的思想去解釋。何況我是研究歷史哲學的人，很看重時代在歷史解釋的價值。

若有人要問我寫不寫中國當代的哲學思想史，我想我在最近幾年內不會寫。爲寫中國當代的哲學思想，我必須好好溫習，而且要好好研究西洋的當代哲學思想。中國當代的哲學人，大都是介紹西洋的哲學；即使熊十力，方東美，唐君毅三位有自己的中國哲學思想，他們也或多或少受有西洋哲學的影響。

我想在兩三年內，先寫完已經和中華文化復興委員會訂約該寫的中外宗教哲學比較研究和中外歷史哲學比較研究；然後寫一部我自己的哲學思想。我既然看到中國哲學的展望，我就要在這條展望的路上，去作嘗試。

出版這部中國哲學思想史，辛苦了我的學生李匡郎君。他爲印刷事務跑學生書局，又三校每本書的印樣，費了很多的精力和時間，他的熱忱非常可感。還有我辦公室的兩位秘書，汪惠娟小姐和吳克倫小姐，費心把我的手稿複印，又校正了先秦篇，以便刊行第二版。雖然我從來不寫這類感謝的話，我想還是應該感謝她們。

民國七十年六月廿一日　天母　牧廬

中國哲學未來的展望

1. 中國哲學與中華民族的歷史

哲學不是不着實際的思想，而是時代改革和文化改革的指導，在東西的歷史上，都可以看到這種實例，歐洲近代社會的組織和形態，起自文藝復興運動。文藝復興雖由文藝之趨勢而起，然其時也有笛卡爾等的哲學思想。歐洲當代的社會形態，則起自法國大革命。法國大革命雖為一政治史蹟，然當時有盧梭等人的哲學思想。我們可以先看一看中國以往的哲學思想史。春秋戰國的時代，是中國歷史上第一次大亂的時代，人心在久亂中思安，便產生了老、莊的清靜無為論。五霸繼續爭强，兵戈連年，乃有墨子的兼愛論。合縱連橫，游說的政客各逞舌辯，於是有公孫龍等人的詭辯名學。堯、舜之道已絕，民族文化將斷，孔子、孟子乃起而繼承堯、舜、文、武之道，建立了儒家的思想系統。漢高祖統一天下，迎合思安厭動的民心，以道家無為的思想，平治天下。到了漢武帝，天下已定，建立了一統的强國，便罷黜百家，一尊儒學。三國南北朝，天下鼎沸，朝代變換很快，沒有人能安於位；於是便有道家的清談，和竹林七賢的疏狂。唐太宗勵精圖治，國富兵强，中華文化達到高峯，詩歌和繪畫，大放異彩，佛教哲學建立了玄想高深的天臺、華嚴、禪各宗。唐末五代十國，消廢了儒家的人格。宋朝學者乃採道佛兩家的長處，結合儒家易經中庸大學之道，創立了理學，爲宋朝的讀書人建立了嚴肅的人生觀，提倡自律自重的人格。元朝蒙古人治理中國，士大夫盡力保存儒學，使中華文化繼續不絕。明初學者以篤行爲重，律身嚴厲，王陽明乃反而提倡致良知，他的弟子遂流於疏狂。明末學者謀救王學的流弊，趨向實學。清初學者痛惜王學疏狂，使明朝滅亡，致使滿清人入主中國，遂極力攻擊理學的空疏，主張回到六經和孔、孟之學，以求致用。清朝皇帝很怕漢人的民族思想，大興文字之獄，鉗制了思想的發展，學者乃趨於考據，使清朝三百年內沒有高明的哲學家。到了民國，因着反抗列强侵略的意識，力求「以子之矛，攻子之盾。」列强的科學發達而有兵力和經濟力，中國的青年就一心傾向科學，而且認爲清朝所有的傳統，乃是中國積弱的原因，於是養成反中國傳統的心理，胡適之講打倒「禮教」，打倒「孔家店」，把中國的哲學思想盡量抛除；然而也沒有接受歐美的哲學思想，以致形成社會生活的混亂，禮儀生活的脫節，哲學思想的眞空。這個現象遠的原因，是清朝的鉗制思想政策；近的原因，是追求革新社會的迫切企圖。

目前，臺灣的社會已安定下來，經濟繁榮，又急於以中華文化號召大陸同胞，社會乃漸復祖傳文化的趨向，青年人又漸漸重視中國固有的哲學思想。然而社會生活已經澈底改變，領導社會思想的三民主義應有一套完善的新中國哲學作後盾，所以我們很關心中國哲學未來的展望。

2. 中國哲學未來的展望

未來的中國哲學不能是懸空的玄想，而是要適合社會生活的領導思想。中國當前的社會是工商業的社會，是求進取的社會，和以往農業的安靜社會不同。中國當前的社會不是重視科學和科技的社會，而是求物質享受的社會，和以往重視人文思想和重視精神生活的社會不同。然而中國當前的社會又是民族意識很强的社會，大家追求國家在國際上的較高地位。我們研究這種社會的情況和需要，可以看到中國哲學未來的展望。

第一：中國哲學在未來的展望裏，一定是要從中國儒家哲學的基本觀念開展。中國歷代的哲學思想，雖有儒道釋三家，然而國民的生活和文化，都以儒家思想爲規範。儒家思想的中心爲生命哲學，講論人的生命，由天地生生之德，歸結到人的道德生命；因此儒家的哲學稱爲人文主義的哲學。

宇宙爲一整體，時時變化；變化的經歷爲萬物的生和死滅，卽是動靜不息。然而死滅乃是化生的歷程，死滅中含着新的生命，宇宙看來是一個活動的整體，是一道生命的洪流。而人的生命爲萬物生命中最高貴的生命，由心思之官去發揚。心思之官的生命爲靈明的生命，卽精神的生命。宇宙萬物的『存有』，由動的方面說，中國古人稱爲『生命』，生命有生命之理，爲生命的次序。人的生命之理爲最完全的，最高尙的倫理之理，卽仁義道統之理，儒家稱人爲『倫理人』，人的本體就是倫理的，就是善的。孔、孟講人性爲善。人的生命雖是最高貴的，然而和宇宙萬物的存有互相連繫，成爲『一體之仁』。宇宙萬物的連繫，各有自己的位置，各有各自的時間，互相調節，結成一個和諧的整體。儒家哲學所以講中庸之道，講大同之道，講『仁民而愛物』，這一個系統的觀念，就是儒家哲學的基本觀念，從易經一直到宋朝的朱熹、明朝的王陽明、清朝的王船山和戴震。未來的中國哲學也應保存這種思想，這種思想並不是一種陳舊不合時代的古董。當前的歐美哲學，趨向東方的生命哲學，接納印度哲學神秘生活的思想，因而歐美的社會在科學發展和物質享受到最高峯時，體驗到生活的枯燥，迷失了生命的意義，既拋棄了固有的宗教信仰，乃向印度的神秘主義尋找生命的玄妙。我們的社會正在由農業進入工商業，開始享受豐盛的物質生活，我們不能讓我們的社會步歐美的後塵，墮入枯燥的物質生活裏。我們傳統裏既然有高尙的精神生命意義，便應加以保存，加以發揚，使物質生活和精神生活能有平衡，能有和諧。

第二，中國哲學中所缺的，我們應該加深。中國哲學最缺乏邏輯方法，而歐美當前的哲學，以數學邏輯和語言邏輯最時髦，同時也還保存亞里斯多德的理則學。我們便在邏輯學方面，取歐美哲學之長，以補中國哲學之短。中國傳統哲學並不是不推理，然而因爲講宇宙之動，講人物的化生，講人心之靈明，習慣上使用直覺的體驗，少用客觀的推論。所有哲學著作，都是一篇一篇的文章，沒有連貫；所用名詞，意義多不確定；所有文句，在推理上多不嚴密。在歐美邏輯學和認識論已經發達到很嚴密的程度時，我們應採取這種哲學的優點。近年臺灣研究哲學的人，已經有人研究歐美的新邏輯。然而我們要採納長處而捨棄短處，歐美新邏輯的短處，是把邏輯學由方法論變成形上學，造成了語意邏輯和數學邏輯壟斷眞理。

第三，現在是自然科學發達的時期，雖然不能說科學萬能，也不能說自然科學以外沒有學術，我們不能走歐美前兩世紀的錯路，拋棄形上學，但是我們講形上學則不能明明地違背自然科學。中國傳統哲學裏的陰陽五行，形成了漢朝的易經卦氣和卦數說，以及董仲舒的天人感應說，也滋長了宋朝朱熹的天地構成說，以天在外，地在內，地由天氣運行的渣滓所構成。這些思想已顯然不合於天文學和物理學，在西洋哲學裏，希臘哲學的宇宙構成論也早已因不合於科學而被拋棄。我們中國未來的哲學，也要刪除漢朝和宋朝人的天地構成論，要用新的意義去解釋陰陽五行。張載曾說宇宙的變化以太極之一爲根源，以陰陽之二爲動力，這種思想是合於科學的思想。五行——金木水火土爲陰陽兩動力結合的基本形式，由五行而結成宇宙的物體。物體的質料爲氣，物體的物性爲理，理氣二元論，和西洋的士林哲學很相近。

第四，談到士林哲學，我們可以把它看作爲中國哲學未來展望的途徑。士林哲學雖然被人看作天主教的哲學，但是實際上它是代表歐洲的傳統哲學，由亞里斯多德，經過聖多瑪斯而傳到現代。在中古時它代表歐洲的唯一哲學，到了近代，歐洲哲學分成了許多學派，或者採納士林哲學的基本哲學，或者反對士林哲學的思想，直接地或間接地都和士林哲學有關係。而且這些哲學派別經過或短或長的時期就過去了，士林哲學則仍存在。別的哲學派常是討論哲學上的一部份問題，士林哲學則有整部哲學的系統。對於形上學，對於自然哲學，對於實踐倫理學和藝術論，士林哲學是有一貫的系統思想；對於人的生命觀和生活原則，也有高深的理論。理論雖高，却不是脫離人生的玄想；這一點和中國儒學思想很接近。士林哲學的認識論、本體論、倫理道德論，爲中國哲學未來的發展，在方法上、在原則上、在系統上，都能供給許多可以採用的途徑。歐美的新士林哲學已經採用了歐美新哲學派別的一些觀念。如數學邏輯、現象學和存在論。中國哲學的未來發展，當然也要採用這些新哲學的優點。

3. 結論

哲學是一種學術，然而又是一種生活的藝術。自然科學爲客觀事實的研究，和人的生命可以不相關連；哲學則是人的思想，是我們人去看宇宙萬物。人生活在宇宙萬物之中，人的生命和宇宙萬物相連結，對宇宙萬物所有的觀念，造成人對自己生命的看法，形成人的人生觀，由人生觀而構成人的生活價值觀。

各位青年同學，你們是受高等敎育的青年，敎育是敎育青年生活的智識、生活的技能、生活的意義和途徑。凡是人都有靈明的心，會思索，既有思索就在行動時常有目標。生活的目標由哲學去指點，哲學攀不到的地方，便借助於宗敎信仰。青年大學生對於生命的意義和生活的目的，應該確定。然而常有不少的青年，對於自己的生活感到迷惘，不知道生活的意義。因此，我常主張在大學裏，並且在高中裏，應設有人生哲學和哲學概論，敎導青年學生去思索、去追求、去體驗人生的意義。人是『倫理人』，人生命的本身就有倫理價值，人生活的本性就有道德規律，一切物體都要按照本性的規律，以求存在，一株花木，按照本性要有陽光，要有水。凡是人，按照本性，須要有倫理道德，否則不能發展人的生活。中國儒家的哲學講述了這種人生的基本思想。儒家哲學在未來的發展，就在於把這種基本思想更科學化、更時代化、更哲理化，使合於新時代中國人的要求，以指導中國新文化的建立。

（民國七十年四月十三日 講於東吳大學）

載於益世雜誌 第九期 民國七十年三月

「儒家形上學」第二版 自序

在二十五年前，我在羅馬寫過一本儒家形上學，由中華文化出版事業委員會出版，雖再版一次，現在已經是絕版了。

近十五年來，在輔仁大學和中國文化學院常講儒家形上學的問題，在報章雜誌上寫了好幾篇有關於這種問題的文章，有幾篇文章已經收集在中國哲學的展望一書裏。

近年便常想把原有的儒家形上學一書，重新改寫一次，但因時間難於抽出，到現今還不能如願，每次聽到有人問我這本書時，心中便有些著急，因此，在今年春天，寫完了隋唐佛學篇，在寫完元明清哲學思想史以前，把儒家形上學一書，整理清楚，交由輔仁出版社付印。

儒家形上學的改寫本，加了「儒家形上學」一章，說明儒家形上學的意義和內容，宇宙論全部改寫，後面各章稍有增添，改寫和增添的資料，採自近年我所寫的文章。

雖然歐美近世紀哲學界因著科學的影響反對形上學，認為不著實際，常屬空想，然而這班反對形上學的哲學家，他們把自己的理論建爲一種形上學，因爲哲學沒有形上學就沒有基礎，沒有系統。形上學不是別的，只是研究最高理論的學術，讀哲學而沒有哲學的最高理論，哲學的思想怎樣建立呢？

批評或輕視儒家哲學的人，就是說儒家哲學沒有形上學，只是講人生的倫理學，假使眞是這樣，儒家的思想爲什麼可以延續幾千年的命運，而又能成爲道統的思想呢？我深入研究儒家的思想，體會到唐君毅和方東美兩位學者歷年對中國哲學的研究，已經指出了儒家形上學研究的途徑。

儒家的思想，以易經的『生生』爲中心，生生由動的方面去研究『有』，西方傳統形上學由靜的方面去研究『有』。易經的宇宙變化爲『生生』，物既由陰陽互相結合而生，乃是繼續變化，整個宇宙沒有靜止的物，整個宇宙也沒有靜止的一刻。生生的動乃是生命，生命之理涵在每一物中，按照物所稟氣之清濁，表現於動。人之氣清，生命之理乃得完全表現於人的心。人心靈明，所表現的生命之理爲仁，仁是生，是愛，含有眾善。生命在天地之間因流於萬物，繼續於萬物，各物各有生命的規律，互相連接，互相調協，中國古人常以天地在自然的天籟旋律山水間都流露着生氣。人活在天地間和萬物成爲一體，融洽在萬物的旋律裏，且以自己的仁心，贊襄天地的化育，聖人乃以萬物皆備於我，以天下爲一人，仁民而愛物。易經乃說「夫大人者與天地合其德，與日月合其明。」仁義禮智信的生活，便是人性的發揚，倫理道德的基礎，建立在天地之道和人性之上，道德的價值，也是本體的價值。因此儒家的性善性惡論，常由形上本體論去求解釋，朱熹便以人所稟的氣，作爲性善性惡的根由。孔子最重禮。禮記以禮本於天理，天理爲天地之道，卽一陰一陽之道，禮的根本也向形上學的宇宙論去尋。

仁爲孔子倫理道統的中心，仁乃天地生之總，由天地生生不息而表現，中庸便以仁的最高點在於贊天地的化育。

儒家的標準人格爲聖人，聖人爲心無情慾的大人，大人和天地合德，和日月合明。儒家的仁義禮智信配合乾坤的元亨利貞，配金木水火土五行，中庸乃是天地萬物的調協，國家和平卽是宇宙間的天籟。

或者有人可以問說：儒家的宇宙論是否在科學昌明的時代還可以存在？儒家宇宙論的形下層面天地構成說，以及元氣周流萬物說，已不合科學的發明，形上層面的生生之理，則不但可以存在，而且還可以發揚。歐洲新的哲學不是趨向動嗎？形上學的對象已經不是『有』，而是『成』。易經和理學所講的對象，便是生生之成。

生命不僅是儒家哲學思想的中心脈絡，而且也是道家和佛教哲學的中心，我們由生命去研究中國哲學思想，可以貫通，可以體會，可以欣賞。

朱熹會議

1.

國際朱熹學會，今年七月六日到十五日，在夏威夷大學舉行。這次會議由東西學術中心及夏威夷大學、美國學術團體委員會聯合舉辦，經費由美國各方面人士捐助，邀請發表論文的學者三十八人。三十八人中錢穆和梁漱溟沒有到會，徐復觀則先數月去世。然而他們三位都有論文，在開幕儀式時由人代爲宣讀。還邀請了不發表論文的青年學人三十二人，觀察者十三人，共計八十人開會。八十人裏，中國人佔三分之一，共**廿七**人。中華民國七人，大陸七人，香港兩人，澳洲兩人，加拿大一人，美國八人。

夏威夷大學的東西學術中心素來有召開中國哲學會議的傳統，曾經召開過四次會議，當時胡適、方東美、吳經熊、謝幼偉等中國學人都參加會議，近年因經費困難，僅在兩年前召開小型的新儒學討論會，祇邀請四位學人，我是其中一位。這一次則爲最盛大的一次集會，所邀請參加的人士，較比以往都更多。祇可惜幾位著名的中國哲學人，或老或死，都不能來與會，僅一年邁的馮友蘭氏尚能在視聽行走都不便的狀況下，來與會議，我在中國哲學人中已算年長的了

這次會議所宣讀的論文，在內容方面很廣泛，討論太極和理氣的論文雖佔重要部分，然討論朱熹的文學、禮學、史學的論文也不少。將來出版這次會議的論文專集，眞可以作爲朱熹研究的專書。因此，我參加這次會議的感想，第一是一種興奮的感受。在全國高唱科技的聲浪中，能有八天的工夫，聽到亞洲、美洲、澳洲、歐洲的各國學者，討論朱熹的思想，大家不是聲斥朱熹的迂闊，而是探討天理和人生的意義。大家承認朱熹集中國哲學思想的大成，從朱熹思想的研究中，可以看到中國哲學思想的線索，也可以看出中國哲學思想的特徵。

在形上學方面，從朱熹的形上結構論，我們可以知道從易經、漢易、佛教、周敦頤、程顥、程頤的形上思想系統，我們進而加以研究，便可以看到和西洋形上學的異同，也理會出中國的形上學並不是廢紙堆中的老古董，而是和西方現代哲學趨勢可以融合的思想。宇宙爲一變動的整體，每一物體又是一繼續創新的存在體。朱熹稱讚天地以生物爲心，人得天地之心爲心，人心的生生稱爲仁。

在認識論方面，朱熹講格物致知，對外面物體細心研究，爲客觀的學術研究法，同時他又主張明認自心天理，物理和內心天理相通，客體和主體合一，打破西洋認識論的主體客體相分相對的問題。他不能被認爲唯物也不能被視爲唯心論者。

同時朱熹主張「道問學」及「尊德性」，雖被視爲和陸象山、王陽明不相同。陸、王以「尊德性」爲先，「道問學」爲附。實際上朱熹的方法，爲中國歷代學以修身的傳統方法，論語講下學而上達，中庸講博學審問而後篤行。朱熹繼承孔孟的教訓，以求學不僅是求智識，而是成爲聖人。「道問學」和「尊德性」相連，學以修德。他也不贊成，順乎人性，不加努力，就可成君子或成聖人。在歐美自由橫行的社會裏，有年輕的學人研究朱熹的這種方法，不詆以古老不合時代，可以使我們國內近五十年來一心毀謗中國傳統的學人，自加反省。

我們自己認爲漢學和中國哲學的中心在臺北，世界研究漢學和中國哲學的人，應該到臺北來找研究的資料和指導。但是在這次會議中，國外的學人則很少注意臺灣的學人，卻很注意大陸的學人；找他們談天，向他們詢問研究的消息。國外的學者同我們談話時，常說自己到過大陸，參觀孔陵以及發掘的古物。從他們的態度看來，中國思想的研究資料是在大陸。因此我們在臺北若對於漢學和中國哲學思想沒有研究的機構，決不能吸引國外學者的注意。

2.

我參加會議的第二種感受，是慚愧。日本的學人，盡心研究朱熹哲學，可以不使我引以為怪；歐美的學人，而且許多年輕人，專門研究朱熹，則不能不令我驚異。還有大陸的學人，還能研究朱熹，雖然他們指責朱熹為客觀唯心論，又批評朱熹為儒教的集成者，但也承認朱熹對中國現代文化的影響。此次召集這麼多的學人，來研究朱熹的思想，由美國私人和基金會捐款，大家不視為一項新奇的現象，而視為一種重要的學術工作，這一點使我欽佩。

反觀我們國內，大家認為哲學為一種不合時代要求的思想，更看不起自己的學術傳統。前年中央研究院召開了國際漢學會議，列舉了哲學和思想一門，但是中央研究院則祇承認考據為漢學，不以研究中國哲學為學術。中國哲學的研究流行在國外，國外學人視中國哲學思想可以補西洋哲學的不足。許多中國研究中國哲學的青年，散在美國各大學任教，繼續自己的研究。大陸為馬克思主義統制一切的政權，竟能設立哲學研究所，研究中國哲學，又設立宗教研究所，研究中國所有宗教，他們設立的目的，雖不是為宣傳哲學和宗教，但是在國際上，卻令大家相信共黨已開始重視哲學和宗教的研究。

我們中華民國的政府和社會到目前還沒有這種表現。現在立法院修改了大學法，大學能設宗教學院，以宗教爲學術研究的對象，但是哲學和宗教學者的培養不能僅靠大學的教育，因爲在大學博士班畢業後，若不在學校教書，便不能繼續研究。爲培植研究中國哲學的學人，須要有一種中國哲學研究中心，由政府撥款或由社會工商界的捐款，設立研究基金。

另一種慚愧的心情，是學問的無止境。我自己寫了七册中國哲學思想史，對中國哲學有不少的認識。但是在八天的討論中，聽到或讀到朱熹思想各方面的研究，自己覺到所知道的很有限。這幾十篇論文所討論的範圍很廣很大，但是卻很少有深入的研究，這種現象說明一個問題。外國學者研究中國哲學若能閱讀原文，已經很難，再深入研究各項問題，則所需要的年月，必定很長。然而他們研究的方法，則能作爲我們中國人研究的嚮導。我們中國人研究中國哲學很少有人講究方法，有的人僅祇套用一些西洋哲學方法，例如大陸馬思克主義者則硬用唯物辯證法。大家常說中國哲學沒有邏輯學，可是若一個人說話完全沒有邏輯則就爲一陣胡說，何況一位哲學家呢？中國哲學家有自己的邏輯法，並不能說是反邏輯。例如朱熹和陸氏兄弟來往的信札，討論「無極而太極」和「尊德性，道問學」的問題。我們現在研究中國哲學，對於方法應加注意。

3.

我的第三個感想，是一種文學的評價。中國大陸的學者很惋惜文化大革命摧殘了中國大陸的人文價值，現在還沒有辦法可以重建。歐美的學術界人文價值，雖被科技所掩蔽，但是人文思想常爲社會生活舖路。所以他們樂意花許多的錢，召開朱熹會議。這種會議看來跟美國的學術研究和社會生活，並沒有什麼關係。

我們國內近年的學術評價，所有觀點都集中在科技。科技爲生產的方法，基本科學則是學術智識，一意在學術研究上，提倡科技，若祇因國家在求經濟發展上，需要高深科技，而經濟發展爲國家生存的重要方法，因而看重科技；這一點是合理的，然而這種需要卻不能破壞學術研究的原則，也不能使人忘記人文價值的重要。另一方面，社會一般人的評價，也以科技爲最重要。我們從青年選擇學校，可以看出這一點來。求學爲就業，敎育爲國家建設，就業和建設相滙於科技敎育。這就是目前社會一般人的評價。我們不說這種評價不對，但要說這種評價不完全。若用朱熹的話說，這是看重用，而忘記了體。科技是生產和就業的一種方法；若是我們以生產方法作爲社會改革的根基，那就是使用馬克思的評價。國家和社會是人所組成的團體，青年就業是人以職業爲謀生活；所以這一切都以「人」爲根基。人爲謀生活，爲謀國家建設，首先應該認識「人」，應該知道「人的生活」。關於這方面的知識，乃是人文知識，朱熹和陸王的爭論在於以『道問學』爲先呢？或以『尊德性』爲先呢？朱熹主張先「道問學」，即以研究學術爲先；然而朱熹並不主張求學問爲求學問，而是求學問爲修身進德，即是求學爲做一個完好人。

人文價值若被科技價值所摧毀，人就會變成一架機器，失去人之所以爲人的意義。陸象山當時攻擊朱熹，責備他流於瑣碎，找不到做人的大道，朱熹的主張，本來尚沒有這種危險，目前的科技評價，卻具有這種危險。

在目前科技評價很高的時期，人文的評價更要提高，才可以使看重科技的人，認識『人』的意義。

民七十一年七月十二日夏威夷大學

（曾載於中央日報民國七十一年七月二十七、二十八日）

羅光全書

冊十七之二

儒家哲學的體系續編

臺灣學生書局印行

儒家哲學的體系續篇序

民國七十二年，曾出版儒家哲學的體系，那册書，不是有計劃的分章分篇地寫成，而是集合在不同機會裏所寫的文章所編成，不過大多數的文章，都與儒家哲學思想的體系有關，在自序裏，我也予以說明。

今年我出版這册儒家哲學的體系續篇，則是有計劃而寫的，我的計劃是將儒家哲學的幾個重要觀念，加以簡要的說明，爲能幫助開始研究儒家哲學的人。但是在五年前出版的儒家哲學的體系裏，對於儒家哲學的幾個重要觀念，已經講過了，不能再予以重覆。例如天、仁、生生、形上結構等。但有一點，對於這些觀念的變遷沿革，我上次沒有說到兩漢的思想，而兩漢的儒學雖然沒有深入的思想；然而在戰國以後，宋朝以前，兩漢儒學卻是變遷中的重要一環，可以連結孔孟和理學。因此，在這本續集裏的上編，便有幾篇講漢朝思想的文章，可以說明儒家哲學體系的連貫。

這本續集的下編，則專講儒家幾個中心觀念的意義和變遷，唐君毅教授曾寫了六巨册中國哲學原論，爲解釋這些觀念，我則很簡單，也很明瞭地予以講解，使讀者容易懂。

在這册書裏，我對儒家觀念的解釋，是以儒家歷代學者本人的意見去解釋，表示儒家的本來面目。根據這些解釋我在生命哲學修訂本，則予以新的解釋，以成現代化的新儒學。新儒學的成立，必須有傳統的思想作根基，再有新的解釋，也有新的結構，才可以成爲新的思想。

羅　光

民國七七年六月廿五日　天母牧盧

儒家哲學的體系續編

目錄

下篇

上篇

一、董仲舒的天論

天，在儒家的思想裏是一個很重要的觀念，在儒家的倫理生活中又是隱藏的基石，我在儒家哲學的體系一書中，曾收有一篇儒家的天的解釋（詩經、書經以及後代儒家的「天」），最近爲哲學大辭書又寫了一條長文解釋儒家的「天」字；但是我認爲解釋得還是不夠，因此就寫這篇文章，把董仲舒的天論，加以逃說。因爲漢朝的儒家雖然沒有高深的哲學思想，然而他們處於儒家思想的轉捩點，把儒家的觀念和道家的觀念，又和戰國以來的陰陽五行觀念，混合一起，造成一些新的意義，爲後代理學家所採用。

1. 上天—上帝

董仲舒爲漢朝的儒者，保有儒家的傳統思想，對書經的天命，相信爲上天的旨意，上天選任皇帝，「受命之君，天意之所予也，故號爲天子者宜視天如父，事天以孝道也。」（春秋繁露 深察名號）天，乃是主宰宇宙的皇天上帝，選擇人君，代天行道。

「故德侔天地者，皇天右而子之，號稱天子。……天子受命於天，諸侯受命於天子。……天子不能奉天之命，則廢而稱公。」（春秋繁露 順命）

「故受命而海內順之，猶衆星之共北辰。」（春秋繁露 觀德）

「天將授舜，……天將授禹，……天將授湯……天將授文王，……。」（春秋繁露 三代改制）

董仲舒所講天命之天，同於書經的皇天上帝，爲宇宙的主宰，無形無像，至尊至德。

「天者，百神之大君也，事天不備，雖百神猶無益也。何以言其然也？祭而地神者，春秋譏之。孔子曰：獲罪於天，無所禱也。是其法也。」（不祭天而祭）（春秋繁露 郊祭）

這種思想乃儒家傳統的思想，主宰的天即宗教的尊神，書經中連篇紀述。在後代的郊祀典禮中，繼續不斷。

2. 神化的自然天

戰國的時候，思想界興起了許多和儒家不同的思想，宗教信仰方面，產生了多神多鬼的迷信。儒家的荀況對於書經的上天雖不否認，卻在自己書中常談自然的天，有「畜天而用之」的天論，易經的「十翼」裏又講「天地之德」，和「天地之情」，以天地相合而化生萬物。「十翼」不是孔子自己的作品，但是必出自孔子門下的人，寫於漢朝初期。這種思想傳入董仲舒的思想中，他說：

「天高其位而下其施，藏其形而見其光，高其位所以為尊也，下其施所以為仁也。藏其形所以為神，見其光所以為明；故位尊而施仁，藏形而見光者，天之行也。」（春秋繁露　離合根）

在同書的「天地之行」一篇的開端，有這同樣的話，在後面加有一句：「是故天執其道爲萬物主。」又在後面說：「天不可以不剛，……天不剛則列星亂其行。……星亂則亡其天，……故爲天者，務剛其氣，爲君者務堅其政。剛堅然後陽道制命，地卑其位而上其氣，暴其形而著其情，受其死而獻其生，成其事而歸其功。」又云：

「天雖不言，其欲贍足之意可見也。古之聖人見天意之厚於人也，故南面而君天下必以兼利之。」（春秋繁露 諸侯）

「天不言，使人發其意，弗為，使人行其中，名則聖人所發天意，不可不深觀也。」（春秋繁露 深察名號）

「天地者，萬物之本，先祖之所出也。廣大無極，其德炤明。歷年衆多，永永無疆。天出至明，衆知類也，其伏無不炤也。地出至晦，星日為明不敢闇。」（春秋繁露 觀德）

「天積衆精以自剛，聖人積衆賢以自強。」（春秋繁露 立元神）

「天道積聚衆精以為光，聖人積聚衆善以為功。」（春秋繁露 考功名）

「故聖人之治國也，因天地之性情孔竅之所利，以立尊卑之制。」（春秋繁露 保位權）

「故愛而有嚴，樂而有哀，四時之則也。喜怒之禍，哀樂之義，不獨在人，亦在於天。而春夏之陽，秋冬之陰，不獨在天，亦在於人。……故曰天乃有喜怒哀樂之行，人亦有春夏秋冬之氣者，合類之謂也。」（春秋繁露　天辨在人）

上面文據所說的天，常和地相對，又以日月四時為運行，則是指自然的天。然而卻以天有天意，天有喜怒哀樂之情；再又講儒家的倫理原則「法天」，聖人法天不是法自然的形天。馮友蘭說：「董仲舒所講的天，就其主宰萬物的作用說，類似人格神的上帝，但沒有與人一樣的形體。他是把物質的天神秘化了。把它看為有意志，有意識，有目的的超越的實體，或者說，他把物質的天人格化了，看成為有人的意識和情感的實體。但這個被人格化的天，又不就是和人類的形體相類似的上帝，這是董仲舒所講的天的一個特點。」（中國哲學史新編　第三冊　頁五三）

馮氏的這的段話，有的對有的不對。董仲舒把形天神秘化了和人格化了，這一點是對的。但是他說書經的上帝有類於人的形體，則是錯誤，宗教學上所說尊神有人格，不是說神和人類一樣有形體，因為尊神是無形無像的，而是說尊神如同人有意志、有目的、有理智，這在西洋文的術語裏應該是「位格化」，不是「人格化」。馮氏又說董仲舒所講的天，不是已經說過。

書經的上帝，對於上面文據中所講的天，是對的，然而董仲舒有時也講上帝的天，我在上面

董仲舒把形天神秘化，是和易經「十翼」裏的思想相同，可以說是漢朝人的思想。但是這並不是在上帝之外，又增加一神秘的天，雖說漢朝人也祭「五上帝」，但不是這個神秘的天，這個神秘的天，乃是皇天上帝行動的代表，上天不言，上天沒有形像，可是上天掌管宇宙，上天愛人，這一切都由天地的運行，尤其是天的運行，表現出來。因此，形天便可看爲上帝的行動代表，形天便可以神秘化。董仲舒說：「天意難見也，其道難理，是故明陰陽入出，實虛之處，所以觀天之志。辨五行之本末、順逆、小大、廣狹，所以觀天道也。」（春秋繁露 如天之爲）

3. 感應的氣天

天人感應爲戰國時期興起的思想，在漢朝非常盛行。淮南子書裏詳有說明。董仲舒也接受這種思想，而且相信，只是因爲漢朝祖廟失火，他向皇帝大講「天人感應」說祖廟是因皇室有罪而失火，差點被皇帝殺了，以後不敢多講，但他常相信這種民間信仰。馮友蘭說：「天人感應論是董仲舒的哲學體系的核心，上面所講的關于天的理論和陰陽五行的學說，都是爲這種迷信服務的。」（中國哲學史新編 頁六六）董仲舒和漢朝的儒者一樣，主張宇宙萬物爲

氣所成，氣分陰陽，分善惡。宇宙間的自然界現象和人世間的人事，都由氣而成的。氣既分類，同類的氣互相感應，人事間的氣和自然界的氣乃能發生同類感應的現象。人事的罪惡爲惡氣，善事爲善氣；自然界的災異爲惡氣，祥瑞爲善氣；因此人爲的善惡，便引發自然界的祥瑞和災異。這種感應現象可以說是機械式的現象；但在機械性的現象背後，含有上天賞罰的意志，機械性的現象乃成爲有目的的位格性行動，代表上天的意志。發生的自然界感應，爲氣的運行，所稱的「天人感應」，乃是氣的感應，感應的天便是氣天。

「百物去其所與異，而從其所與同。故氣同則會，聲比則應，其驗皦然也。……美事召美類，惡事召惡類，類之相應而起也。如馬鳴則馬應之，牛鳴則牛應之。帝王之將興也，其美祥亦先見，其將亡也，妖孽亦先見，物故以類相召也。……天有陰陽，人亦有陰陽。天地之陰氣起，而人之陰氣應之而起。人之陰氣起，而天地之陰氣亦宜應之而起。其道一也。……非獨陰陽之氣可以類進退也，雖不祥禍福所從生，亦由是也。無非已先起之，而物以類應之而動者也。……尚書傳言，周將興之時，有大赤烏銜穀之種而集王屋之上者，武王喜，諸大夫皆喜，周公曰：茂哉茂哉！天之見此，以勸之也。」（春秋繁露 同類相

動）

表。

董仲舒解釋得很明白，同類的氣互相感應，感應則示天意，氣天又作爲上天的行動代

「天地之物有不常之變者，謂之異。小者謂之災，災常先至而異乃隨之。災者，天之譴也，異者，天之威也。譴之而不知，乃畏之以威。……故見天意者之於災異也，畏之而不惡也，以爲天欲振吾過、救吾失，故以此救我也。」（春秋繁露 必仁且智）

所謂天譴天畏，天乃書經所講的皇天上帝，也就是主宰的上天，氣天的災異祥瑞，代表上天的旨意。

董仲舒的氣天，在講陰陽五行的篇章裏，講的非常多，「天地之氣，合而爲一，分爲陰陽，判爲四時，列爲五行。」（春秋繁露 五行相生）馮友蘭說：「陽德陰刑，陽尊陰卑，這就認爲四時的變化體現了一種道德的目的；這就把陰陽二氣的運行神秘化了。這是目的論的自然

觀，也是唯心主義的自然觀。在這種有神論和目的論的支配下，董仲舒又進一步把陰陽二氣本身看成了具有意識、欲望和道德性質的神秘勢力，……這是董仲舒所講的氣的學說的另一特點，……也成了漢代神秘主義思潮的理論基礎之一。」（中國哲學史新編　頁六一）

4. 副人的形天

董仲舒天論的眞正特點，在於「天人相副」或「人副天數」。不是因爲這個思想有特出的價値，而是因爲是他提出的，也是他單獨講的，別的學者都很少講。

董仲舒以爲人由天所生，和天同類，他所說的天生人，即是易經所說天地相合而生人，這個天是有形的自然天，人和這個自然天便相副合。

「天地之精所以生物者，莫貴於人，人受命乎天也，故超然有以倚。……物疢疾莫能偶天地，唯人獨能偶天地。人有三百六十節，偶天之數也。形體骨肉，偶地之厚也。上有耳目聰明，日月之象也。體有空竅理脈，川谷之象也。心有哀樂喜怒，神氣之類也。……是故人之身首妢而圓，象天容也；髮象星辰也；耳目戾戾，象日月也；鼻口呼吸，象風氣也；胸中達知，象神明也；腹胞實虛，象百物也。……天以終歲之數成人之身，故小節三百六十六，副日數也；大節十二分，副月數也；內有五藏，副五行數也；外有四肢，副四時數也；乍視乍瞑，副晝夜也；乍剛乍柔，副冬夏也；乍哀乍樂，副陰陽也；心有計慮，副度數也；行有倫理，副天地也。……是故陳其有形以著其無形者，拘其可數者以著其不可數者；以此言道之亦宜以類相應，猶其形也，以數相中也。」（春秋繁露人副天數）

「相副」的思想盛行於漢代，漢朝易學以卦和爻副四季，副十二月，副二十四節氣，副七十二候，副三百六十六日，又以卦副五行，副四方，副天干地支。董仲舒乃講人副天數。漢易以卦爻副季節，理由在於卦爻象徵或代表宇宙的變易，宇宙的變易實現於一年的季節，故以卦爻相副。董仲舒天人相副的理由，在於「天人同類」。這種天，是有形的自然之天，然而又不是蒼蒼的形天，因爲包括日數月數和神明「胸中達知，衆神明也。」這種自然之天，即是天地，即是宇宙。天地宇宙由氣所成，人由天地之精神所成，人天同類，在外面可見的形體上，互相副合。天主教的聖經說天主按照自己的肖像造了人，天主是沒有肖像的，所謂按天主的肖像造人，乃是按天主的特性造人，天主的特性是精神性的心靈，能知能斷，故人的心靈相似天主。董仲舒以天爲人的根本，故人相似天，人的生由氣而化生，因此人和由氣而成的天地相似，乃有「人副天數」的主張。這種主張，很物質化，很機械化，後來儒家都不採用。

5. 天理的哲天

中庸說『天命之謂性』，易經講天道地道和陰陽之道，宋代理學家後來把人性和理連在一起，以人性爲理，又把人性和天相連，以人性爲天，天和理又結合，理學家說天，就常指著理，天成了哲理的天。

董仲舒講天理和天道，以天理天道爲宇宙的常理，爲倫理的原則。

「循天之道以養其身，謂之道也。天有兩和以成二中，歲立其中，用之無窮。是北方之中，用合陰，而物始動於下；南方之中，用合陽，而養始美於上。動於下者，不得東方之和不能生中，春是也。其養於上者，不得西方之和不能成中，秋是也。然則天地之美惡在兩和之處，二中之所未歸而遂其為也。……中者，天下之所終也，而和者，天地之所生成也。夫德莫大於和，而道莫止

於中。中者，天地之美達理也。」(春秋繁露　循天之道)

董仲舒在這篇文章裏，講養生之道，法天地的中和，可以益壽。但中和既是天地的達德，必定也是倫理生活的則。

「有道伐無道，此天理也。」(春秋繁露　堯舜不擅移　湯武不專殺)

「是事各順於名，名各順於天，天人之際合而為一。同而通理，動而相益，順而相受，謂之德道。」(春秋繁露　深察名號)

「不知天性，不乘於教，終不能衽。……故性比於禾，善比於米。米出禾中，而禾未可全為米也。善出性中，而性非可全為善也。善與米，人之所繼天而成於外，非天在所為之內也。天之所為有所至而止，止之內謂之天性，止之外謂之人事。」(春秋繁露　深察名號)

「人受命於天，有善善惡惡之性，可養而不可改，可豫而不可去。」(春秋繁露　玉杯)

董仲舒講天理，講天性，天理為宇宙和人事的常理，天性為人的天生之性。董仲舒已把性和天，連接一起，但還沒有以性為天，也沒有以性為理，然而他已經說到天性有善之能，為善則靠人為。善之能，理學家就稱為善之理。哲學上以理為性為天，在董仲舒可以已開始這一條路了。

上面簡單地述說了董仲舒的天論，舉出天的五種意義，後代儒家的天論，出不了這種範圍。天的五種意義，上帝的神天，隱隱都藏在其他四種意義中，因為儒家相信上天造生人物，掌管賞罰。若是去掉這種信仰，儒家就和道家沒有分別了。

漢朝還有另一個「天」，即緯書和鄭玄所講的太一或太乙，鄭玄說太乙是北辰之神，春秋緯「說題辭」篇說立一大為天，天為大一，即太一，鄭玄乃說大一或太一，是主氣之神，元氣由太一而出，春秋緯的「文耀鉤」篇說：「含元出氣，流生精物。」乾鑿度又以太一行九宮，皇帝乃造明堂九室。這樣天一，或太一，或太乙，成為上帝了。

二、孔子的宗教信仰

這次「國際孔學會議」，有幾位學者講到孔子的宗教信仰，杜維明教授而且肯定孔子的思想不能和他的宗教信仰分離。我自己早就有這種信念，然因忌諱人家以我爲天主教主教，總是忘不了宗教。有了這次的經驗，我想不必忌諱了：況且我現在正在深入研究儒家的這幾個重點觀念，加深形上的解釋，和基本上的意義。我常想孔子的一生，是在一種宗教信仰裏渡過，他的全部思想也建立在他的宗教信仰上。

1. 孔子在一種宗教信仰裏渡過一生

甲、天命

堯、舜、禹，乃古代聖王，從上天受命爲王，代上天治民，按上天的意旨行事。「勑天之命，惟時惟幾。」（書 益稷）周公相成王，三監及淮夷叛，周公用兵平亂作大誥，曰：「予惟小子，不敢替上帝命，天休于寧王，與我小邦周；寧王惟卜用，克綏受玆命。今天其相民，矧亦惟卜用。嗚呼！天明畏！弼我丕丕基。」三代的聖王都生活在天命裏，因天命而爲王，遵天命而治民，畏天命而避惡。易經乃說：「夫大人者，與天地合其德，與日月合其明，與四時合其序，與鬼神合其吉凶。」（乾卦 文言）在上帝的信仰裏，兢兢業業，修身治國。

孔子不是皇帝，也不是君王；但是他一生深信負有上天的一種使命，爲着這種使命而生活。當他周遊列國，在匡邑被誤認爲楊虎險些被殺害時，他對憂急的弟子們說：「文王既沒，文不在玆乎？天之將喪斯文也，後死者不得與於斯文也，天之未喪斯文也，匡人其如予何？」（子罕）孔子自認負有保持和傳授文王之道的使命，這種使命操之上天手中。國王由上天接受使命，治國治民；孔子由上天接受使命，保持和傳授先王的修身治國和平天下之道。當時天下大亂，王綱失墜，朝廷沒有制度，諸侯紛爭，社會不安，道德淪亡，人心巧詐，孔子深信自己有上天給與的使命，平定天下，恢復先王的大道。

孔子十五歲立志求學，二十三歲，開始招收徒弟，教授六藝：射御書數禮樂。「顏淵喟然嘆曰：……夫子循循善誘人，博我以文，約我以禮。」（子罕）孔子的學，是學做人修身之道，以先王之道教門生。修身爲治國平天下，孔子『三十而立』，從事做官，在魯國沒有機會上進，乃周遊列國，尋找從事政治的機會，以致於在楚地遇到隱士譏刺他說：「鳳兮鳳兮，何德之衰！往者不可諫，來者猶可追，已而！已而！今之從政者殆而！」（微子）終究沒有遇到從政行道的機會，回歸魯地家中，刪修經書，作春秋，研易經，專心敎書，以致於死。他的一生，志在傳道，以滿全上天給與的使命。

『命』，在孔子的生命裏，意義非常重大。「伯牛有疾，子問之，自牖執其手，曰：亡之，命矣夫！斯人也而有斯疾也！斯人也而有斯疾也！」（雍也）「顏淵死，子曰：噫！天喪予！天喪予！」（先進）伯牛和顏淵是孔子弟子中最有善德的人，死時，孔子非常痛苦，嘆惜且悲痛地說「是上天的命」！

孔子雖然「罕言利與命與仁。」（子罕）祇是不多解釋利和命和仁，實際上孔子說到仁和利和命的地方很多。君子和小人的分別，就在利和義；善德的總綱，就在於仁；生活的據點，就在於命。

「子曰：不知命無以爲君子。」（堯曰）朱熹註「程子曰：知命者知有命而信之也；人不知命，則見害必避，見利必趨，何以爲君子。」（堯曰）「子曰：吾……五十而知天命。」（爲政）「孔子曰：君子有三畏：畏天命，畏大人，畏聖人之言。小人不知天命而不畏也，狎大人，侮聖人之言。」（季氏）朱熹註說「天命者，天所賦之正理也。知其可畏，則其戒謹恐懼，自有不能已者。」但可畏的不在於正理，而是在於上天，中庸的第十四章也說：「君子居易以俟命，小人行險以徼幸。」君子隨遇而安，不求命以外的事，小人卻徼幸冒險以求突破命運。孔子不是命運論，他自強不息，曾自己說自己：「其爲人也，發憤忘食，樂以忘憂，不知老之將至云爾。」（述而）

命，當然不常是天的使命，普通乃是指的『貧富壽夭』。然而兩者都是來自上天，人應知命又安於命。孔子則於『五十而知天命』，是既知上天所賦的使命，又知道自己窮達的命運。他不會成爲達官，不會從政行道，便退居敎書刪書，傳道於後世。對於這一點，孟子也有同樣的認識。孟子曾說：「故天將降大任於斯人也，必先苦其心志，勞其筋骨，……。」（告子 下）又說：「吾之不遇魯侯，天也！」（梁惠王 下）

乙、天

孔子所信的天命，是上天的命，上天是書經所說的上天上帝或皇天上帝，是至尊神明。堯、舜、禹、湯、文、武、周公都相信上天，敬天畏天；孔子具有這種信仰，表現於自己的生活。「王孫賈問曰：與其媚於奧，寧媚於竈，何謂也？子曰：不然！獲罪於天，無所禱也。」（八佾）天爲主尊神明，開罪了天，還能向誰求助？

「子曰：大哉堯之爲君也！巍巍乎唯天爲大，唯堯則之！」（泰伯）孔子明白地說明自己的信仰，『唯天為大。』

「子疾病，子路使門人為臣。病閒曰：久矣哉！由之行詐也！無臣而為有臣，吾誰欺？欺天乎？」（子罕）朱熹註說：「病閒少差也。病時不知，既差乃知其事。故言我之不當有家臣，人皆知之，不可欺也；而為有臣，則是欺天而已。人而欺天，莫大之罪，引以自歸，其責子路深矣。」

「子曰：莫我知也夫！子貢曰：何為其莫知子也？子曰：不怨天，不尤人，下學而上達，知我者其天乎！」（憲問）孔子修身傳道，當時諸侯沒有一個人知道用他，給他從政的機會，孔子不免自己嘆息，但是他並不怨尤，而以上天知道他的心境而自慰。

「子見南子，子路不說，夫子矢之曰：予所否者，天厭之！天厭之！」（雍也）南子為衞靈公的夫人，生活淫亂，孔子到了衞國，按照禮規孔子應該往見，子路卻不以為然，孔子嚴重地宣誓，自己不讚成南子的罪行，就如上天厭惡一樣！孔子在表白自己的心時，引上天以作證。

「子曰：予欲無言，子貢曰：子如不言，小子何述焉？子曰：天何言哉？四時行焉，百物生焉，天何言哉！」（陽貨）朱熹註說：「四時行，百物生，莫非天理發見流行之實，不待言而可見。」孔子所說的天，不僅是天理，孔子當時沒有這個『天理』的觀念，這個觀念，是由漢代學者開始，再由宋代理學家完成的。孔子所說的天，所指的上天，上天的天意由自然界的變易顯出。易經繫辭下第一章就同樣的思想，『天地之大德曰生。』天地顯出上天的天意，化生萬物，有好生的大德。

孔子本人，具有古傳的上天信仰，以自身、國家，和天地間的事，都歸於上天，謹慎嚴慎畏懼天命。

丙、神靈

孔子又相信神靈，誠心行祭，「祭如在，祭神如神在。子曰：吾不與祭，如不祭。」（八佾）朱熹註說：「程子曰：祭，祭先祖也；祭神，祭外神也。祭先，主於孝；祭神，主於敬。愚謂此門人記孔子祭祀之誠意。又記孔子之言以明之。言己當祭之時，或有故不得與，而使他人攝之，則不得致其如在之誠，故雖已祭，而此心缺然，如未嘗祭也。」中國古人信神靈；神靈有天神地祇，有家神，有先祖。天神地祇的祭祀，由政府官員主祭，家神如門神奧神竈神由家中人祭祀，先祖由嫡子主禮。先祖亡魂也稱爲鬼。「子曰：非其鬼而祭之，諂也。」（為政）

孔子對於祭祀，不僅是誠心，而且非常謹慎嚴肅，「子入太廟，每事問，或曰：孰謂鄹人之子知禮乎？入太廟，每事問。子聞之曰：是禮也。」（八佾）朱熹註說：「孔子言是禮者，敬謹之至，乃所以爲禮也。」祭祀前，按禮守齋，孔子「齋必有明衣，布。齋必變食，居必遷坐。」（鄉黨）朱熹註說：「此一節，記孔子謹齋之事。」

「子疾病，子路請禱，子曰：有諸？子路對曰：有之。誄曰：禱爾于上下神祇。子曰：丘之禱久矣。」（述而）朱子註說：「禱，謂禱于鬼神。……禱者悔過遷善以祈神之佑也。無其理則不必禱，既曰有之，則聖人未嘗有過，無善可遷，其素行固已合於神明，故曰丘之禱久矣。又士喪禮，疾病行禱五祠，蓋臣子迫切之至情，有不能自已者。初不請於病者而後禱也。故孔子之於子路，不直拒之，而但告以無所事禱之意。」中國古代傳統沒有西洋宗教的私自在家祈禱的習慣，中國的祈禱，必入太廟敬神禮拜，獻香叩拜，公開隆重的祈禱，則是奉獻祭祀。朱熹以禱爲向神靈悔過求佑，乃是自所意測，祈神時自己悔過，乃是宗教信仰的常情，但並不是禱就是悔過，也並不是無罪便不禱。否則，子路對於夫子大不敬，要老師悔罪求神；孔子也不可驕矜自恃，自認無過，有違孔子的德性。子路只是按士禮願意爲老師求病愈；孔子則在易經「十翼」思想裏，以神靈掌管人的禍福，並不能隨意而行，必須按人的善惡行賞罰，人願求福免禍，就該行善避惡，行善就是求福。孔子所說『丘之禱久矣』，是久已努力行善，久已在求福。

「子不語怪力亂神。」(述而)春秋戰國時代，迷信最盛，事事必須卜卦求神。又有許多巫人或方士，講論長生，倡言天地間有不死之藥，孔子所以不談「怪力亂神」又教弟子『敬鬼神而遠之。』(雍也)不宜瀆神，人應自強不息，正是宗敎信仰合理的要點。

孔子一生的生活，常在這種宗敎信仰和宗敎情緒裏生活，言行的謹愼，待人的溫良，敎學的勤謹，守禮的嚴肅，都有宗敎信仰的精神，以致門生尊敬他的人格如日月的高明。「叔孫武叔毀仲尼，子貢曰：無以爲也！仲尼不可毀也！他人之賢者，丘陵也，猶可踰也；仲尼，日月也，無得而踰焉！人雖欲自絕，其何傷於日月乎！多見其不知量也！」(子張)

2. 孔子的思想以宗敎信仰爲基礎

上面一段文章，根據論語的文據寫成，反對的人大概不會太多。下面的一段文章，則相信的人不會太多，持反對意見的學者一定不少。

普通一般講中國思想的人，都認爲孔子開始了中國的人文主義，把人的生活從上天的信仰裏引出來，放在人的手上，由人自己主管。在堯舜禹湯文武周公的人生之道裏，天命籠罩一切，人要一切聽從天命。孔子卻把人的生活，以禮爲規範，禮乃聖人所造。因此，孔子不講論上天，卻尊重聖人仁人，曾以自己久不夢見周公爲嘆。「甚矣吾衰也！久矣，吾不復夢見周公！」（述而）朱熹註中引程頤的話：「程子曰：孔子盛時，寤寐常存行周公之道，及其老也，則志慮衰而不可以有爲矣。蓋存道者心，無老少之異，而行道者身，老則衰也。」

人本位的人文主義，充份表現在孔子的思想中，「子曰：未能事人，焉能事鬼……未知生，焉知死。」（先進）朱熹的註引程頤的話：「程子曰：晝夜者，生死之道也，知生之道，則知死之道。盡事人之道，則盡事鬼之道。死生人鬼，一而二，二而一者也。或言夫子不告子路，不知此乃所以深告之也。」但也表示孔子是以知生和事人，爲人生第一層該知道又應該做的事。這種做人之道，孔子稱爲「君子之道」。中庸說：「君子之道費而隱，夫婦之愚可以與知焉，及其至也，雖聖人亦有所不知焉，夫婦之不肖，可以能行焉，及其至也，雖聖人亦有所不能焉。」（第十二章）孔子崇拜聖人和仁人，然而聖人和仁人不是一般人所可能做到的，「子曰：聖人，吾不得而見之矣！得見君子者，斯可矣。」（述而）他便標出『君子』作人生的標準。

「子曰：君子謀道不謀食，……君子憂道不憂貧。」（衞靈公）「子曰：士志於道，而恥惡衣惡食者，未足與議也。」（里仁）又說：「朝聞道，夕死可矣。」（里仁）他所教學生的爲人之道爲：「孔子以四敎：文、行、忠、信。」（述而）朱熹註說：「程子曰：教人以學文修行，而存忠信也。」孔子教育的目標：「子曰：志於道，據於德，依於仁，游於藝。」（述而）他沒有提到宗敎信仰，一切都在人事方面施敎。他自己本人則是「若聖與仁，則吾豈敢？抑爲之不厭，誨人不倦，則可謂云爾已矣。」（述而）孔子的聖人仁人之道，在中庸的第二十七章，說得明白：「大哉聖人之道，洋洋乎發育萬物，峻極于天。優優大哉，禮儀三百，威儀三千，待其人而後行。故曰：苟不至德，至道不凝焉。故君子尊德性而道問學。」聖人之道，要有至德的人才能踐行；通常則踐行君子之道，踐行君子之道，在於『尊德性而道問學。』這兩方面的修養，作成了後代儒家的基本路線，而且還造成朱熹「道問學」和陸象山「尊德性」的爭辯。中庸一書開端就指出人文主義的意義：『天命之謂性，率性之謂道，修道之謂敎。』宋明理學家解釋天命爲天理，性卽理，人生之道在於率性。中庸乃有第二個主要觀念『誠』。『誠』，就是率性，修養到底則能盡性。大學一書開端也標出同樣的主義：『大學之道，在明明德。』『明明德』卽是『誠』，卽是盡性。孟子以心解釋性，人生的修養在於「存心養性」。整個的儒家哲學以人性爲人的天理，不談宗敎信仰的上天。

甲、天道——禮

但，若追究儒家哲學的根基，必定要提出上天，孔子的思想是建立在這種信仰上，表面上不容易看到，往深處研究，則很明白地懂得。

書經以天命爲上天的旨意，既爲選擇人君，又爲人治君國的規律。易經以天地之道爲宇宙自然變易的規律，宇宙變化的規律爲上天所定，「天生蒸民，有物有則。民之秉彝，好是懿德。」（詩經　大雅　蒸民）儒家和道家都講「自然」，老子主張「自然」爲最高的倫理標準，『道法自然。』（道德經　第廿五章）儒家則主張人法天，「巍巍乎唯天爲大，唯堯則之。」（論語　泰伯）「天生神物，聖人則之；天地變化，聖人效之。」（繫辭　上　第十一章）道家以道爲自生自化，自然爲道的變化的規律；儒家相信「天生蒸民」，規定宇宙變化的原則，天地之道代表上天的意旨。假使抹殺這一重要觀念，儒家和道家就是一樣，沒有基本的分別。儒家相信宇宙有「造物主」，造物主爲上天，上天掌管宇宙人物，規定行動的規律。這種規律稱爲天道，在宇宙的自然變化中顯出來，人爲萬物的最高部份，應以天道爲生活的規範。但只有聖人，心靈明潔，能夠知道天道，按着所知的天道，製定禮規，作人的生活規律。

禮，爲聖王所造：「非天子不議禮，不制度，不考文。……雖有其位，苟無其德，不敢作禮樂焉。雖有其德，苟無其位，亦不敢作禮樂焉。」（中庸　第二十八章）聖人製禮按照天道而製，「夫禮，先王以承天之道。……是故夫禮，必本於天，殽於地，列於鬼神，達於喪祭射御冠昏朝聘，故聖人以禮示之。故天下國家可得而正也。」（禮記　禮運）「故聖人作則，必以天地爲本。」（同上）易經繫辭就說明天地變易，非常神妙，非常隱秘，唯有聖人能夠明瞭。「夫易，聖人之所以極深而研幾也。」（繫辭上 第十章）「是故蓍之德圓而神，卦之德方以知，六爻之義易以貢；聖人以此洗心，退藏於密，吉凶與民同患，神以知來，知以藏往，其孰能與於此哉！古之聰明叡知神武而不殺者夫！」（繫辭上 第十一章）「是故夫象，聖人有以見天下之賾，而擬諸其形容，象其物宜，是故謂之象。聖人有以見天之動，而觀其會通，以行其典禮，繫辭焉以斷其吉凶，是故謂之爻。」（繫辭上 第十二章）易經講聖人通天道而畫卦，以斷吉凶。中庸則以聖人製禮。宋明理學家，承漢朝儒家的思想，以禮爲依據天理而造，天理則是性理，以天、命、性、理、心，同指一客體，再不上溯到上天。然而理學家中沒有一人不信上天，也絕不對和道家的「自然」同一主張。因此，在天命或天理的背後，必定要假定主宰的上天，儒家的天道和禮，才能有深遠的根基。否則，如同近幾十年的無神派學人，輕易把禮毀了，絕不動心，結果，卻使中國社會失去了平穩的基礎，亂了七十年，還不能站穩。

孔子非常重禮，「不知禮，無以立。」（子張）「非禮勿視，非禮勿聽，非禮勿動。」（顏淵）「恭而無禮則勞，愼而無禮則葸，勇而無禮則亂，直而無禮則絞，君子篤於親，則民興仁。」（泰伯）

禮有禮儀之禮，禮的範圍則包含一切倫理的規律，守禮才能有仁，有仁纔能有孝。這三點，乃是孔子倫理的棟樑，棟樑要建立在上天的信任上，才屹立不搖。

乙、仁

仁，爲孔子的一貫之道，中國學者大都同意。仁，代表孔子倫理生活的善德，又代表孔子精神生活的頂點。

最近在「國際孔學會議」中，我提出的論文，是「孔子之仁和基督之仁愛的比較研究」，就仁的意義，來源和完成，三方面作了說明。

孔子的仁，在狹義方面說，當然是愛，「樊遲問仁，子曰：愛人。」（顏淵）在廣義方面說，則總攝各種善德。但狹義和廣義，都以生字爲基礎，易經把仁和好生連結一起。「天地之大德曰生，聖人之大寶曰位，何以守位？曰仁。」（繫辭下 第一章）天地的大德，在於愛萬物，使萬物化生，聖人法天，也就必須愛人愛物；孟子乃說：親親，仁民，愛物。（盡心上）孔子自己也說過：「天何言哉，四時行焉，百物生焉。」（陽貨）他也想法天而不多言，以行事表明仁愛。易經的仁卽生的思想，漢朝儒者多予發揮。他們以易經的卦配合四季四方，震卦配春天，配東方。震卦䷲的象是一陽在下，陽在初興，又如以泰䷊卦配正月，爲三陽開泰，也是陽在下，正在興起。這些卦象都象徵陽氣初興，天地間生氣也興起，草木和五穀就發芽萌生。因此，將易經乾卦的元亨利貞和仁義禮智相配，元配仁，朱熹注易經乾卦文言

「元者，善之長也。」註說：「元者，生物之始，天地之德，莫先於此，故於時爲春，於人則爲仁，而衆善之長也。」朱熹的思想，即是漢朝人的思想。董仲舒說：「木者，春生之性，農之本也。」(春秋繁露 五行逆順)漢朝儒者也以金木水火土五行配四季四方，木爲東爲春，代表生，代表仁。董仲舒又說：「東方者，木農之本，司農尙仁。」(同上 五行相生)

宋朝理學家承繼了漢朝儒者的這種思想，以仁爲生，朱熹說：「生的意思是仁。」(朱子語類 卷六)「仁是天地之生氣。」(同上) 在天是生，在人是仁。老子則曾說：「天地不仁，以萬物爲芻狗。」(道德經 第五章) 儒家易經肯定天地的大德是生仁。朱熹多發揮這一點，以天地有愛惜萬物之心，故使萬物化生，「天地以生物爲心，天包着地，別無所作爲，只是生物而已。亘古亘今，生生不窮，人物得此生物之心以爲心。」(朱子語類 卷五十三)人得天地之心爲心，人心故仁。孟子曾說：「仁，人心也。」(告子 上) 又說：「仁也者，人也。」(盡心下) 人生來有仁心，仁心來自天心。天地有心，天地不是冥冥天地也不能說有好生的大德，心和德，屬於有位稱的上天，爲天地的主宰，天地只是上天行爲的表現和效果。仁的根源，便是源自上天。孔子的一貫之道的仁，不是盲目自然的表現，盲目自然應該稱爲不仁，孔子的仁，乃是上天好生之德。

仁的完成，就在於中庸所說贊天地的化育，與天地合其德。孔子和孟子周遊列國，目的爲推行仁政，仁政就是愛民，中庸說：「大哉聖人之道，洋洋乎發育萬物，峻極於天。」(第二十七章）易經乾卦文言說：『夫大人者，與天地合其德。』人心和天心相應，愛及萬物，眞眞把法天的精神發展到極點，達到仁人的境界。

丙、孝

孔子以仁爲一貫之道，仁的實踐在於孝，在中庸裏孔子說：「修身以道，修道以仁，仁者，人也，親親爲大。」（第二十章）仁爲愛之理，人第一該愛的，就是自己生命的來源，父母爲生命的來源，人便第一該愛父母。愛父母爲孝，所以「仁」以『親親爲大』。

孔子提倡孝，曾子繼續發揮，孝便成爲「德之本也，教之所由生也。」（孝經 開宗明義章）有子也說：「孝弟也者，其爲仁之本與，」（學而）孝以禮爲規範，孔子說：「生事之以禮，死葬之以禮，祭之以禮。」（爲政）禮，仁，孝，連結一串，有孝就有仁有禮。

孔子的孝道，以「生命」爲基礎，父母爲子女生命的根由，子女的生命和父母的生命連成一體，不可分離。曾子曾稱自己的身體，爲父母的遺體，不可毀傷。禮記上說：「身也者，父母之遺體也。行父母之遺體，敢不敬乎！」（祭義）「天之所生，地之所養，無人爲大，父母全而生之，子全而歸之，可謂孝矣。」（同上）子女的生命來自父母，子女的生命便歸於父母；因此，孝道，要子女一生孝敬父母。自生到死，子女要孝敬父母，「生事之以禮，死，葬之以禮，祭之以禮。」子女一生的行爲，也都屬於孝道，行爲好，則孝，行爲不好，則不孝。「曾子曰：孝有三：大孝尊親，其次弗辱，其下能養。」(祭義) 揚名顯親，便成爲儒家一生的目標。

大孝尊親，在於能以父母配天。中國古代只有皇帝能夠祭天，行郊祀大典。在郊祀大典中，皇帝以先人的靈位，配置在皇天上帝的靈位下面，接受祭祀。中庸以舜帝爲大孝，(第十七章) 又以武王能承父志爲大孝 (第十八章) 禮記說：「萬物本乎天，人本乎祖；此所以配上帝也。郊之祭也，大報本返始也。」(郊特性) 但是一般人民都不能祭天，只能祭祖，在家中供奉「天地君親師」的牌位，又供先人的靈牌，按照禮規，祭祀先人。祭祖的典禮，成爲中國古代宗教信仰的中心，又成爲孝道的象徵。孟子曾說：「不孝有三，無後爲大。」(離婁上) 沒有後，便沒有祭祀；沒有祭祀，表示父母的生命絕了，豈不是大不孝。

孔子的孝道，和宗教信仰緊緊相連。後代儒家學者沒有一個人不誠心祭祖。陳榮捷教授曾著一文，研究朱熹的宗教生活，題目爲「朱子之宗教實踐」，陳教授說：「王懋竑朱子年譜於朱子修祠祭聖賢等舉，固誌其事，然此多屬公事，讀者於朱子私人之宗教生活，不能於此得若何印象也。本傳與年譜既爲討論朱子生平之基本資料，學者遂以朱子爲對宗教不生興趣，其天命，太極等觀念均以哲學解釋，因此不將以朱子本人爲宗教趣味薄弱，而亦以理學之宗教性並不濃厚也。」(一)陳教授乃歷舉文據，說明朱子實踐宗教信仰，在社會方面，常在祭告先聖文中，「懇求先聖來格，覺之祐之。」(二)修祠重禮，而且親自治禮。「至於朱子私人之宗教生活，則意義亦深。」(三)

朱熹私人實踐宗教信仰，其他儒家學者何嘗不是一樣。儒家哲學以人性爲倫理規範，不談上天，又以「理」解釋天命；但，從來沒有否認上帝，也沒有肯定宇宙爲自有。從堯舜到清末，皇帝常行祭天郊祀，郊祀乃儒家禮儀中最隆重的禮儀；因此，上天的信仰，常留在儒家的思想中。若是依目前一般無宗教信仰的學人，把上天的信仰，從儒家哲學中摒去，儒家的全部思想便落了空，立不起來，不須要人去「打倒孔家店」，自己會倒下來。西洋傳統哲學，明明建築在造物主上帝的信仰上，現代許多西洋哲學派排斥宗教，便十年二十年升沉不定，沒有可以長久穩立的。我們解釋孔子的思想，決不能接受西洋的這些無神思想去解釋孔

(一) 陳榮捷 朱學論集，頁一八一 臺灣學生書局。
(二) 同上 頁一八四。
(三) 同上 頁一九一。

子，我們要按孔子本人的時代環境，還給孔子本來的面目！孔子是一位有濃厚宗教信仰的先師。

三、董仲舒的仁論

仁，爲儒家的中心觀念，大家都一致予以肯定，大家對於儒家仁字的意義，也沒有多大爭論。孔子以仁爲他的「一以貫之」之道，仁爲德綱；孟子以人心爲仁，中庸說『仁者，人也』。易經以仁配元，元爲生。朱熹乃主張仁爲生，爲天地之心，人得天地之心爲心，人心故仁，仁爲愛之理。我對儒家的仁，曾經寫過幾篇文章，在這册書裏，不另作專文。但，看董仲舒的「春秋繁露」，意識得董氏對於仁的意義，雖然因着陰陽五行之氣，混亂不清，然有兩點頗能承先啓後，第一點以仁爲人，承接中庸和孟子的思想，第二點以天爲仁，開啓朱熹的思想；因此，我把這兩點簡單寫出，作儒家思想發展史中的一環。

1. 仁者人也

孟子和中庸，講「仁者，人也」，以仁代表人的特性，孟子且指出『仁，人心也；義，人路也。』這個人字，指着人的本體，卽一切的人。在孟子書裏有仁內義外的辯論，孟子不讚成，因爲仁義都在人心，董仲舒說「仁者，人也」，意義有些不同。

「是義與仁殊，仁謂往，義謂來，仁大遠，義大近。愛在人謂之仁，義在我謂之義。仁主人，義主我也，故曰：仁者，人也：義者，我也，此之謂也。君子求仁義之別，以紀人我之間，然後辨乎內外之分，而著於順逆之處也。」（春秋繁露 仁義法）

人和我相對，爲仁義的目標，仁的目標在於愛別人，義的目標在於正我。這個人字和中庸、孟子所說『仁者，人也』的意義不相同。中庸和孟子講人的特性，以仁爲人的特性，可以人之爲人；董仲舒則講仁的目標，在於愛別人，不在於愛自己。「以仁安人，以義正我；故仁之爲言，人也，義之爲言，我也。」（仁義法）

但是，董氏對於「仁」的本義，則承繼傳，仁爲愛人。

「何謂仁？仁者惻怛愛人，謹翕不爭，好惡敦倫，無傷惡之心，無隱忌之志，無嫉妬之氣，無感愁之欲，無險詖之事，無辟違之行；故其心舒，其志平，其

氣和，其欲節，其事易，其行道；故能平易和理而無爭也，如此者謂之仁。」(春秋繁露 必仁且智)

董仲舒的仁，可以說同於孔子的仁，包括別的善德，所以他又說：「仁人者，正其道不謀其利，修其理不急其功。」(春秋繁露 對膠西王越大夫不得為仁)

2. 天爲仁

孔子講仁，沒有把仁和天連結起來，易經「十翼」裏則講天地有好生之德，繫辭下第一章說『天地之大德曰生』，乾卦的文言又說：『夫大人者，與天地合其德』，易傳的思想爲漢朝初期的思想，董仲舒就把仁和天連結起來了。

「凡災異之本，盡生於國家之失，國家之失乃始萌芽，而天出災害以譴告之，譴告之而不知變，乃見怪異以驚駭之，驚駭之尚不知畏恐，其殃咎乃至。以此見天意之仁，而不欲陷人也。」(春秋繁露 必仁且智)

「是故王者唯天之施，施其時而成之，法其命而循之諸人，法其數而以起事，治其道而以出法，治其志而歸之於仁。仁之美者在於天。天，仁也。天覆育萬物，既化而生之，有養而成之，事功無已，終而復始，凡舉歸之以奉人。察於天之意，無窮極之仁也。人之受命於天也，取仁於天而仁也。」（春秋繁露　王道通三）

董仲舒的思想和易傳的思想相同，天化生萬物，且愛萬物，更愛人，以萬物供人之用，人雖有罪尚不願立卽加罰，『察於天之意，無窮極之仁也。』他比易傳更多一點，以人受命於天，卽中庸所講『天命之謂性』，人因天命之仁而仁，人性卽是仁。董仲舒沒有明明這樣說，而且他對於人性只說人性有善之能，故不說人性爲仁。但是他在上面的一段文章後，接着說因此人有「父兄子弟之親，有忠信慈惠之心，有禮義廉讓之行，有是非逆順之治，文理燦然而厚之，廣大有而博；唯人道爲可以參天，天常以愛利爲義。」（同上）這幾點可以說是孟子所講的仁義禮智四端，這幾種長處都是出自人受天命之。

宋代理學家朱熹乃說天地有好生之心，人得天地之心以爲心，人心故仁，朱熹的這種思想可以說是和董仲舒的思想一脈相傳。

四、孔子之仁和基督之仁愛的比較研究

引言

孔子曾兩次聲明說：『吾道一以貫之。』(論語 里仁、衛靈公)他的思想爲一有系統的思想，全部思想裏有一中心觀念，用這個中心觀念可以連繫他的全部學說，可惜孔子自己沒有講明這個中心觀念，他的門生曾參卻解釋說：「夫子之道，忠恕而已矣。」(里仁)現在我們講論孔子的思想都以孔子的中心觀念就是「仁」；因爲在論語裏孔子多次論仁，每次的意義都不完全相同，表示「仁」可以包括一切的善德；而且他又以「仁人」爲最高的道德模型。

基督的教義爲一種包含天人關係的宗教信仰，支配人類的全部生活，重建人類的精神。然而這樣廣泛的宗教思想也可以用一個中心觀念作代表，又使各部份能互相連繫。基督自己曾經說：「你應該全心、全靈、全意，愛上主你的天主，這是最大也是第一條誡命。第二條彼此相似，你該愛你近人，如你自己。全部法律和先知，都繫於這兩條誡命。」(瑪竇福音

第二十二章，第三七節）又說：「再沒有別的誡命比這兩條更大的了。」（馬爾谷福音 第十二章第三十一節）聖保祿說：「所以愛就是法律的滿全。」（致羅瑪人書 第十三章第十節）『因爲誰愛別人，就滿全了法律。』（同上，第八節）「因爲全部法律總括在這句話裏：愛人如己。」（致迦太人書 第五章第十三節）

孔子的思想演成儒家，成爲中國思想的傳統，而且也成爲東方思想的代表。基督的宗教教義，成了西方各民族的信仰，造成了西方文明，作爲西方思想的代表，在中西兩方的代表思想裏，中心觀念都是「仁」，這不該是一種巧合，而是基於人性的相同，兩者都以人性爲基礎。

1. 仁的意義

甲、孔子的仁所有意義

儒家的仁字，從人二，卽是兩個人相連，說文解釋爲「親」，爲愛，所以仁愛兩字相連用。韓愈的原道篇說：『博愛之謂仁。』孔子用仁字，則意義甚多，總括地說有廣狹兩義：狹義爲智仁勇三達德之仁、爲愛、爲「己所不欲，勿施於人。」廣義則爲一切善德之總稱，爲孔子的一貫之道。在這廣義的仁裏，當然也包涵狹義的仁。

「樊遲問仁，子曰：愛人。」（顏淵）

可是別的門生問孔子關於仁的意義時，孔子的答覆就每次都不同：

「夫仁者，己欲立而立人，己欲達而達人。」（雍也）

「顏淵問仁，子曰：克己復禮為仁，……非禮勿視，非禮勿聽，非禮勿言，非禮勿動。」（顏淵）

「仲弓問仁，子曰：出門如見大賓，使民如承大祭。己所不欲，勿施於人。」（顏淵）

「司馬牛問仁，子曰：仁者，其言也訒。」（顏淵）

「樊遲問仁，子曰：居處恭、執事敬、與人忠，雖之夷狄，不可棄也。」（子路）

「子張問仁於孔子，孔子曰：能行五者於天下，為仁矣。請問之，曰：恭寬信

敏惠。」（陽貨）

在上面孔子的答詞裏，祇有答樊遲問仁，答說爲「愛人」，在別的答詞裏雖說可以包含愛，但語意都較比愛爲廣。因此，我們應該說孔子的仁和愛，兩者的意義不完全相同。對於狹義的仁，孔子在中庸裏說：「脩身以道，脩道以仁。仁者，人也，親親爲大。」（第二十章）孟子後來也說：「仁也者，人也。」（盡心下）「仁，人心也。」（告子上）孔子和孟子以人爲仁，因爲人心生來愛父母，卽所謂赤子之心。因此，孔子在中庸裏說：「仁者，人也。親親爲大。」親親當然是愛；但是對於父母的愛，不是慾情的愛，而是合於倫理道德的愛，又不是自私的愛。朱熹註釋論語子罕章孔子所說「仁者不憂」，朱熹說：「理足以勝私，故不憂。」普通對於愛，都有佔爲自有，常有自私的情慾。若說「仁愛」，則爲合理而不自私的愛。

狹義的仁，以人心孝愛父母之情爲根本，「孩提之童，無不知愛其親也；及其長也，無不知敬其兄也，親親，仁也；敬長，義也。」（盡心上）儒家的孝，以生命爲基礎，子女爲父母的遺體。子女一生的行爲都歸於孝，在這一點，孔子的狹義的仁，和廣義的人，互相連結。狹義的仁爲愛，爲什麼，因爲愛惜生命。漢朝儒者解釋仁義禮智，以易經的元亨利貞相配，又以春夏秋冬和東南西北以及木火金水配元亨利貞，仁爲元、爲春、爲東、爲木。漢朝董仲舒說：

「木者，春生之性，農之本也。」（春秋繁露　五行順逆）

「東方者，木農之本，司農尚仁。」（同上　五行相生）

易經乾卦「文言曰：元者，善之長也。」朱熹注釋說：「元者，生物之始，天地之德，莫先於此，故於時爲春，於人則爲仁，而衆善之長也。」易經的文言，傳說爲孔子所作，考據家意見多不相同，但是在思想方面，和孔子在論語中庸裏所說的不相衝突，而且相通。因此，孔子所講的廣義的仁，和生命連接起來，仁卽生命。這種思想在宋朝理學家的思想裏，很明顯地表達出來。程顥第一個正式提出。

「天地之大德曰生，天地絪縕，萬物化醇。生之謂性，萬物之生意最可觀。此元者，善之長也，斯所謂仁也。」（二程全書　明道語錄一）

「醫家言四體不仁，最能體仁之名也。」（同上）

醫家言四體不仁，卽是四體癱瘓，沒有生意，仁便是生命。明道解釋易經的「元者，善之長也」，以元爲生命開始，仁卽是元。朱熹繼承程顥的思想，屢次說仁爲生，他還特別寫了一篇「仁說」的文章。

「生的意思是仁。」（朱子語類 卷六）

「仁是天地之生氣。」（同上）

朱熹分別仁和愛，仁不是愛，兩者意義不相同。

「愛非仁，愛之理是仁。心非仁，心之德是仁。」（朱子語類 卷二十）

「仁是體，愛是用，又曰愛之理，愛自仁出也。然亦不可離了愛去說仁。」（同上）

愛是一種情感，仁則是愛的理由。爲什麼愛，因爲仁。人愛父母，因爲父母是生命的根由。人愛自己，卽是愛自己的生命，自己的生命卽是自己的存在。易經的形上本體論就是以生命同於「存有」。西洋傳統形上學以一切都是有，易經以一切都是變易，變易就是生生。

一切萬有莫不愛自己的「有」，卽自己的存在。中國哲學乃以一切萬有莫不愛自己的生命，生命也即是自己的存在。

孔子所講的仁，在狹義上是愛，在廣義上爲生。孔子所講人的生命，乃是孟子所說大體的生命，卽心靈的生命，也就是道德的生命。

乙、基督講的仁所有意義

在天主敎的用語裏，表示愛有兩個名詞：一個拉丁文爲 Caritas，英文爲 Charity，另一個拉丁文爲 Amoy 英文爲 Love，前一個名詞相當於中文的仁，後一個名詞相當於中文的愛。

聖多瑪斯解釋愛，說是對於一個客禮的傾向。這種傾向分爲感覺性傾向與理論性傾向。感覺性傾向爲物引物，爲情慾；理性傾向爲自由傾向，人認淸了客體，意志決定愛這客體，所以愛有感覺性的愛，有理性的愛。㈠他解釋仁，仁是對於愛的客體，予以敬重而成爲友愛

㈠ S. Thomas. Summa Theologica Ia IIa9, XXVI a. 1.

之愛。㈡且追求被愛者的福利。通常所講的愛，則常求愛者自己的利益，自己的享受。聖奧斯定對於仁愛加有特別的解釋，愛可以用兩個字作代表，一個字是賞受，一個字是利用。愛而賞受愛的對象，心中喜悅以愛爲目的而滿足，乃是仁愛；愛而利用愛的對象，以達到另一目的則是自私，不是愛。㈢

基督在福音上所講的愛，乃是仁。基督多次說明在所有的誡命中，以愛天主和愛人兩條誡命爲最大。愛天主是要全心全力愛天主在萬有之上，也在愛自己以上；愛人則愛人如己，這種愛不是感覺的情慾，而是來自理性的意志，不是爲自己本人的利益，而是爲被愛者服務。基督自己愛天主，是孝愛的愛，全心奉行天父的旨意，全心爲求天命的光榮，在被判死刑的前夕，和十二門徒共行晚餐，他向天父說：「我在地上已光榮了你，完成了你所委託我所作的工作。」（若望福音 第十七章 第四節）他所有的使命是捨生爲救贖人類，所以在被捕時，門徒門要抵抗，基督對伯鐸（彼得）說：「把劍收入鞘內！父賜給我的杯，我豈能不喝嗎！」（若望福音 第十八章 第十一節），杯象徵痛苦，稱爲苦爵。

基督講對人的愛，也是仁愛。在最後晚餐上基督囑咐十一個門徒說：

「這是我的命令，你們該彼此相愛，如同我愛了你們一樣。人若為自己的朋友

捨掉性命，更沒有比這個更大的愛情了。」（若望福音　第十五章　第十二節）

基督比譬自己是牧人，牧人愛自己的羊，餵養牠們，若有狼來抓羊，挺身抵抗，寧願自己遭狼咬死。

「賊來，無非是為偷竊，殺害，毀滅（羊），我來，却為叫牠們獲得生命，且獲得更豐富的生命，我是善牧，善牧為羊捨掉自己的性命。」（若望福音　第十章　第十節）

基督指出愛人如己的誡命，爲第二條大誡命。對於這條誡命的意義，他說明有新的意義。

(二) 同上，9. XXXI a .3.

(三) S. Augustinus, De doctrina christiana, lib. I. n.4. De civitate Dei. lib. XI. cap. XXV.

「你們一向聽過古人說：『不可殺人！』誰若殺人，應受裁判。我却對你們說：凡向自己弟兄發怒的，就要受裁判。」(馬竇福音 第五章 第二十一節)

「你們一向聽說過：『以眼還眼，以牙還牙。』我却對你們說：不要抵抗惡人；而且，若有人掌擊你的右頰，你把另一面也轉給他掌擊。……」(同上 第三十九節)

「你們一向聽說過：『你應愛你的近人，恨你的仇人。』我却對你們說：你們當愛你們的仇人，當為迫害你們的人祈禱，好使你們成為你們在天之父的子女，因為他使太陽上升，光照惡人，也光照善人；降雨給義人，也給不義的人。」(同上 第四十三節—第四十六節)

基督所講的愛，爲大公無私的仁愛，而且還包括仇人在內的仁愛。基督的門徒後來傳他的道，特別注重這種仁愛，以兩種理由作爲基礎：第一、大家都是天父的子女；第二、大家因着進入教會的洗禮，和基督成爲一體，基督是頭腦，彼此都是肢體。

「就如我們在一個身體上有許多肢體，但每個肢體都有不同的作用，同樣，我

們衆人在基督內也都是一個身體，彼此之間每個都是肢體。」（致羅瑪人書　第十二章第四節）

「愛不可是虛偽的，你們當厭惡惡事，附和善事。論兄弟之愛，要彼此相親相愛；論尊敬，要彼此爭先；論關懷，不可疏忽；論心神，要熱切；對於天主，要衷心事奉；論望德，要喜樂；在困苦中，要忍耐；在祈禱上，要恒心；對聖者的急需，要分擔；對客人，要款待。迫害你們的，要祝福，只可祝福，不可詛咒。與喜樂者一同喜樂，與哭泣者一同哭泣。彼此要同心合意，不可心高妄想，却要俯就卑微的人，不可自作聰明人。對人不可以惡報惡，對衆人要勉力行善；如若可能，應盡力與衆人和睦同處。諸位親愛的，你們不可為自己復仇，但給天主的忿怒留有餘地，因為經上記載：『上主說：復仇是我的事，我必報復。』所以如果你的仇人餓了，你要給他飯吃；渴了，應給他水喝，因為你這樣作，是將火堆在他頭上。你不可為惡所勝，應以善勝惡。」（同上第九節—第二十一節）

這是聖保祿宗徒所寫的信，他發揮了基督的愛，把愛的意義，發揮得淋漓盡至。基督的十二門徒中，有一位稱為愛的宗徒，就是聖若望。他是耶穌基督在生時所最愛的門徒，他後來傳道特別注意講愛德：

「我們應該愛，因為天主先愛了我們。假使有人說，我愛天主，但他却惱恨自己的弟兄，便是撒謊的；因為那不愛自己所看見的弟兄，就不能愛自己所看不見的天主。我們從他得了這個命令，那愛天主的，也該愛自己的弟兄。」（若望第一書 第四章 第十九節—第二十一節）

一切的人都是自己的弟兄，該愛一切的人，愛人才能愛天主，表現自己是天主的子女。基督也說過；彼此相愛才能是他的門徒，『如果你們之間彼此相親相愛，世人因此就可認出你們是我的門徒。』（若望福音 第十三章 第三十九節）

有人要問，基督的愛是否和墨子的兼愛，不分親疏一樣？或者和儒家的仁愛，由近及遠，推己及人呢？我們答覆基督的愛是和儒家的愛一樣，有親疏等級，因爲基督也格外愛自己的母親和朋友。

2. 仁愛的來源

甲、孔子之仁的來源

中庸第二十章說：「仁者，人也，親親爲大。」這是孔子的思想，孟子解釋說：「仁，人心也。」(告子上) 仁愛的來源來自人心，人心生來具有仁義禮智之端，而仁又包含義和禮智，故說「仁，人心也。」即是說人心生來具有仁。「心」在孔、孟和後代的儒家裏，意義非常重大。大學講脩身，脩身在於正心。孟子講人的生活在於養育大體，大體爲心，養育大體便是「存心」，便是「養心」，存心所以養性，養心所以寡慾；養性才能知天，寡慾才能發展仁義禮智之端。宋朝理學家朱熹進一步說，人心所以是仁，因爲是由天地之心而來：

「發明心字，曰：一言以蔽之，曰生而已矣。天地之大德曰生。人受天地之氣而生，故此心必仁，仁則生矣。」(朱子語類 卷五)

「天地以生物為心。天包着地，別無所作為，只是生物而已。亙古亙今，生生不窮，人物得此生物之心以為心。」(同上 卷五十三)

「天地以生物為心者也，而人物之生，又各得夫天地之心以為心者也。故語心之德，雖其總攝貫通，無所不備，然一言以蔽之，則曰仁而已矣。」（朱文公文集 卷六十七 仁說）

「當來得於天者只是箇仁，所以為心之全體。」（朱子語類 卷六）

仁是生，生卽生命，也就是變易的「存有」(being)，人物從天地得有生命，生命按照氣之淸濁，程度不同，人之氣最淸，人的生命乃是仁義禮智的生命，簡單說就是仁的生命。

朱熹特別提出天地之心，易經衹說「天地之大德曰生」，朱熹以天地之德，卽表現天地之心，這一點和老子不同，老子以天地不仁，卽沒有愛心，讓一切物自然生滅。易經旣講生生爲天地的大德，便應該說天地有創化萬物之愛心，但是理學家都以天地爲氣，氣怎麼可以有心呢？朱熹的門生便多次就這個問題，向朱熹發問：

「道夫言：『向者先生敎思量天地有心無心。近思時，竊謂天地無心，仁便是天地之心。若使其有心，必有思慮，有營為。天地曷當有思慮來！然其所以『四時行，百物生』者，蓋以其合當如此便如此，不待思維，此所以為天地之道。』曰：『如此，則易所復『復其見天地之心。』『正大而天地之情可見』，又如何？如公所說，祇說得他無心處耳。若果無心，則須牛生出馬，桃樹上發李花，他又却自定。程子曰：『以主宰謂之帝，以性情謂之乾。』他這名義自定，心便是他箇主宰處，所以謂天地以生物為心。中間欽夫以為某不合如此說。某謂天地別無勾當，只以生物為心。一元之氣，運轉流通，略無停間，只是生出許多萬物而已。」問：「程子謂『天地無心而成化，聖人有心而無為。』」曰：「這是說天地無心處。且如『四時行，百物生』，天地何所容心？至於聖人，則順理而已，復何為哉！」所以明道云『天地之常，以其心普萬物而無心；聖人之常，以其情順萬事而無情。』說得最好。」問：「普萬物，莫是以心周徧萬物而無私否？」曰：「天地以此心普及萬物，人得之遂為人之心，物得之遂為物之心，草木禽獸接着遂為草木禽獸之心，只是一箇天地之心耳。今須要知得他有心處，又要見得他無心處，只恁定說不得。」（朱子語類　卷一）

「四時行，百物生。」是孔子在論語書裏的話；易經說天地有心和天地有情，朱熹說天地以生物爲心，便不是他自己的創見，乃是繼承孔子的思想。天地有心卽是天地有主宰。天地有主宰，在孔子來說，是天地有上帝作主宰；在宋朝理學家來說，便說是理當如此。但是朱熹又不敢說一定，他說：「蒼蒼之謂天，運轉週流不已，便是那個。而今說天有箇人在那裏批判罪惡，固不可；說道全無主之者，又不可。這裏要人見得。」（朱子語類・卷一）孔子曾說：「天何言哉？四時行焉，百物生焉，天何言哉！」（論語 陽貨）孔子願意效法上天而不說話，祇以行爲表示仁道。天地有心有情，是代表上天上帝的心情。人得天地之心以爲心，雖說是得天地之氣以爲心，然而天地之氣運行生物，則是代表上天上帝生物之心。因此，孔子之仁，來自人心，人心來自天地之心，天地之心來自上帝之心。

乙、基督之仁的來源

就一般的人來說，人是天主按照自己的肖像造的，人像天主。人心有仁愛，仁愛來自造物主天主。

就一般受了洗禮而信基督的信徒來說，信徒因着洗禮和基督成爲一體，分有基督的神性生命，因着基督而相愛，這種仁愛乃是基督的仁愛，是直接來自基督的聖神。基督因聖神授給信徒一種聖寵，信徒因着聖寵而發仁德。這種仁愛爲一種超乎人性的善德，而能得永生的酬報，永生的酬報，卽是欣賞天主的無限眞美善。

「可愛的諸位，我們應該彼此相愛，因為愛是出自天主；凡有愛的，都是出自天主，也認識天主；那不愛的，也不認識天主，因為天主是愛。天主的愛在這事上顯出來，就是天主把自己的獨生子，打發到世界上來，好使我們藉着他得到生命，愛就在於此，不是我們愛了天主，而是他愛了我們，且打發自己的兒子，為我們做贖罪祭。

可愛的諸位，既然天主這樣愛了我們，我們也應該彼此相愛，從來沒有人瞻仰過天主，如果我們彼此相愛，天主就存留在我們內，他的愛在我們內才是圓滿的。我們所以知道我們存留在他內，他存留在我們內，就是由於他賜給了我們聖神。」（若望第一書　第四章　第七節—第十三節）

因着聖神而相愛，則是超乎人性的仁愛，若是信徒愛天主，因天主的眞美善而愛天主，天主的眞美善在我們現世不能看到，祇由天主的啓示而知，這種愛天主之愛稱爲神學性之愛，乃是天主直接所賜的善德；這種善德再因聖神而行動，因此，必定是超乎人性的善德。

這一點和孔子的仁，便有本乎人性和超乎人性的分別。

3. 仁的完成

甲、孔子之仁的完成

孔子之仁，來自天地之心，傾向生化萬物，仁的完成，在於生生的完成。代表孔子之仁的完成人格，稱之爲聖人，或稱爲仁人，或稱爲大人，孔子自己曾說：「若聖與仁，則吾豈敢，抑爲之不厭，誨人不倦。」(論語 述而)中國古人教育的目的，最高點即教人成聖人。荀子曾說：「其義則始乎爲士，終乎爲聖人。」(勸學篇) 聖人是誠於自己的人性，如中庸所說：

「唯天下至誠，為能盡其性；能盡其性，則能盡人之性；能盡人之性，則能盡物之性；能盡物之性，則可以贊天地之化育；可以贊天地之化育，則可以與天地參矣。」(第二十二章)

「贊天地之化育」，乃是參加天地好生之德，與天地合其德，如同易經所說：「夫大人者與天地合其德。」聖人的精神，便是「仁民而愛物」（孟子　盡心上）的精神，中庸說：「大哉聖人之道，洋洋乎發育萬物，峻極於天。」（第二十七章）中庸稱贊孔子：「萬物並育而不相害，道並行而不相悖，小德川流，大德敦化，此天地之所以爲大也。」（第三十章）這種精神，就是儒家精神生活的「天人合一」的最高境地，仁道得以完成，張載曾說：「大其心，則能體天下之物，物有未體，則心爲有外。世人之心，止於聞見之狹，聖人盡性，不以見聞梏其心。其視天下，無一物非我，孟子謂盡心則知性知天。以此，天大無外，故有外之心，不足以合天心。」（正蒙　集大心篇）方東美說：「張橫渠的思想把宋儒平常習用的概念，找出了一個主腦，這主腦在生命的體念，以心爲中心而『大其心』，然復才把這心的來源追溯到天。所謂掌握了『天心』，才可以瞭解世界一切的一切。」㈣

乙、基督之仁的完成

基督之仁來自天主聖神，使人成爲天主的子女，參加天主性的超性生活。這種超性生活

㈣　方東美，新儒家哲學十八講，頁三〇五。

的完成，在於面見天主，如同子女看見父親，面睹父親的容貌，欣賞天主的眞美善。人在現世具有身體。身體的眼睛爲物質，物質的眼睛不能看見絕對的精神，中國易經也說：「神無方而易無體。」現世所認識的天主，是用信仰而信天主所啓示的天父，雖然基督曾經說過：『誰看見了我，就是看見了父。』（若望福音 第十四章 第九節）還仍舊是由有形的基督所表現的天父，眞正看見天父，面對面的看見，則在人脫去了身體或是具有復活了的非物質性身體，才可以完成。聖若望宗徒說：

「可愛的諸位，現在我們是天主的子女，但我們將來如何，還沒有顯明：可是我們知道，一顯明了，我們必要相似他，因為我們要看見他實在怎樣，」（若望第一書 第三章 第二節）

聖保祿宗徒說得很清楚：

「因為我們現在所知道的（天主），只是局部的，我們作先知所講的也只是局部的。及至那圓滿的一到，局部的就必要消逝。……現在我們是藉着鏡子觀看（信仰），模糊不清，到那時，就要面對面的觀看了。我現在所認識的，只是局

部的，到那時我就要全認清了。」（歌林多前書 第十三章 第九節—第十二節）

全認清絕對精神體的天主，欣賞天主無限的眞美善，乃是天主教的天人合一，實現與天主合一的生命。

4. 結論

綜觀，孔子的仁，一貫他的思想，爲「率性之謂道」，「仁民而愛物」，立己立人，達己達人，源自天地之心，效法天地好生之德，以達到贊天地的化育，化育萬物。基督的仁，爲一切誡命的總綱，全心靈愛天主在萬有之上，愛人如己。人受洗禮與基督合爲一體，成爲天主的子女，以基督天主之心而愛天主愛人，期望將來面見天主，這種仁愛的來源和目標，都超乎人的本性，昇入超性的神性。

從本性方面說，孔子之仁和基督之仁很相同，兩者都是出自人心，人心源自天心。孔子之仁以親親爲先，旁及四海之人，且愛到萬物，參予天地好生之德，達到天地萬物相通爲一，調協和諧，宇宙大同。基督之仁，源自天主，流自聖神，發於基督之心。人心和基督之心相合，以孝愛眞情孝愛天父，以天父子女之心愛友人愛仇人。彼此在基督之內結成一體，連同宇宙萬物，敬拜造物主天主，期待脫離物質的肉軀，親自面對天主，認識天主的本體，欣賞無限的眞美善。基督之仁，在現世和孔子之世並行不悖，目標則常在超乎本性的天主，現世以信德（信仰）與天主相接，來世則面對面與天主相合。

參考書：

Dictionnaire de Theologie catholique. V. II. charite.

M. P. Manuale theologiae moralis.
V.I.De caritate. Herder. 1940.

羅　光　中國哲學思想史，先秦篇　學生書局　臺北　民七一年
宋代篇　下册　學生書局　臺北　民七三

羅　光　論仁　哲學與文化月刊　民七六年四月號

羅　光　儒家哲學的體系　學生書局　臺北　民七二年
儒家的生命哲學
易經的生生
儒家的仁
一體之仁

五、董仲舒的陰陽五行論

1. 陰陽五行的意義

甲、陰陽的意義

在中國傳統的哲學，學術思想和生活裏，沒有一個觀念或思想，較比陰陽五行更重要的。在孔子和孟子的思想裏，沒有這種思想，但是從漢朝開始，陰陽五行成了哲學的骨幹，成了生活和一切學術的原理，無論是天文、地理、歷史、醫學、音樂、卜筮、命相，以及婚嫁喪祭，都要依照陰陽五行的道理。

陰陽五行的思想，興起於戰國時代，成立於漢朝，漢朝的儒家以董仲舒為代表，他對陰陽五行的思想便可以看爲儒家的代表。後來宋代理學把漢朝儒者的許多迷信思想排除了，陰陽五行的根本思想則仍與保留。至於漢以後的民間生活，則常包藏在漢朝的迷信信仰裏，陰陽五行支配一切。

在易經裏已有陰陽的觀念，但在早期的卦辭裏，易經常用乾坤兩字，陰陽只代表卦爻，在「十翼」裏則代表宇宙變化的兩種元素成兩種動力；「一陰一陽之謂道，繼之者善也，成之者性也。」（繫辭上 第五章）成爲易經講天地變易的大原則。繫辭又以太極生兩儀，兩儀爲陰陽。五行的觀念在易經裏沒有，戰國時興起。漢朝以氣爲宇宙萬物的因素，以太極爲元氣，陰陽爲二氣，五行也爲陰陽兩氣所成。

「天道之常，一陰一陽，陽者，天之德也，陰者，天之刑也。迹陰陽終歲之行，以覩天之所親而任，成天之功，猶謂之空，空者之實也。」（春秋繁露 陰陽義）

「春秋之中，陰陽之氣俱相併也，中春以生，中秋以殺，由此見天之所起其氣積，天之所廢其氣隨。」（春秋繁露 陰陽終始）

「夫喜怒哀樂之發，與清暖寒暑其實一貫也。喜氣為暖而當春，怒氣為清而當秋，樂氣為太陽而當夏，哀氣為太陰而當冬，四氣者，天與人所同有也。」（春秋繁露 陰陽尊卑）

「以此見之，貴陽而賤陰也。」（春秋繁露 陽尊陰卑）

「是故推天地之精，運陰陽之類，以別順逆之理。安所加以不在，在上下，在大小，在强弱，在賢不肖，在善惡，惡之屬盡為陰，善之屬盡為陽，陽為德，陰為刑。」（春秋繁露 王道通三）

「陽貴而陰賤，天之制也。禮之尚右，非尚陰也，敬老陽而尊成功也。」（春秋繁露 天辨在人）

「天之道，出陽為暖以生之，出陰為清以成之，是故非薰也。」（春秋繁露 煖燠孰多）

「凡物必有合，合必有上必有下，……陰者，陽之合。妻者，夫之合。……陽兼於陰，陰兼於陽，夫兼於妻。陰陽無所獨行其始也，不得專起其終也，不得分功有所兼之義。」（春秋繁露 基義）

「陽陰之氣，因可以類相益損也。天有陰陽，人亦有陰陽，天地之陰氣起，人之陰氣應之而起，人之陰氣起，而天地之陰氣亦宜應之而起，其道一也。」（春秋繁露 同類相動）

「天地之氣，合而為一，分為陰陽，判為四時，列為五行。」（春秋繁露 五行相生）

天地一氣，分爲陰陽，陽尊陰卑，陽動陰合，陽生陰殺，陽煖陰冷，陽爲德，陰爲刑。實際上，陰陽爲兩氣，各有各的特性，特性互相反。兩種相反的特性，才能起變化，才能化生新物。陰陽相生，互相分，互相交，乃有宇宙的萬化。「天之常道，相反之物也。不得兩起，故謂之一，一而不二者天之行也，陰與陽兩友之物也。……天之道有一出一入，一伏一伏，其度一也。」（春秋繁露 天道無二）

乙、五行的意義

「天地之氣，合而為一，分為陰陽，判為四時，列為五行。行者，行也，其行不同，故謂之五行。」（春秋繁露 五行相生）

「天有五行，一曰木，二曰火，三曰土，四曰金，五曰水。木，五行之始也；水，五行之終也；土，五行之中也。此其天次之序也。」（同上 五行之義）

五行，在書經裏意義是經管五種自然物質的事務或職務，戰國時漸漸變爲宇宙構成的質素，到了漢朝正式代替易經的四象，成爲宇宙的構成架構。易經的宇宙論是變易的宇宙論，宇宙變易不停，萬物也變易不止。宇宙萬物變易的元素爲陰陽兩氣，陰陽兩氣相入相出，有五種變化，成爲五行。「天地之氣，……列爲五行。行者，行也。」行就是變易，「天有五行」，五行爲木火土金水。五行的意義爲陰陽的五種變易，這五種變易天然而有的。五行的意義各不相同。

木，象徵東方，「東方者，木，農之本，司農尚仁。」（同上　五行相生）

火，象徵南方，「南方者，火也。本朝司馬尚智。」（同上）

土，象徵中央，「中央者，土，君官也。」（同上）

金，象徵西方，「西方者，金，大理，司徒也，司徒尚義。」（同上）

水，象徵北方，「北方者，水，執法，司寇也。」（同上）

「木者，春生之性，農之本也。……火者，夏成長……土表，夏中，成熟百種君之官。……金者，秋，殺氣之始也。……水者，冬，藏至陰也。」（同上　五行順逆）

五行，配四方，配四季，四季四方和五穀的生長相連繫，傳統的成語『春生，夏長，秋收，冬藏。』中央則爲四方和四季的基礎。

「……風者，木之氣也。……霹靂者，金氣也。……電者，火之氣也。……雨者，水之氣也。……雷者，土之氣也。」(同上 五行五事)

「春，陽氣微，萬物柔，易移弱可化，於時陰氣為賊。……夏，陽氣始盛，萬物兆長。……冬，陰氣始盛，草木必死。」(同上)

五行爲五氣，春爲陽氣微，夏爲陽氣盛，冬爲陰氣盛。上面一文中對於秋氣沒有說明，然有「秋氣始殺，王者行小刑罰。」在「秋氣」兩字中疑有闕文，應爲「秋，陽氣始殺」。因此，木，陽氣始，火陽氣盛，秋，陰氣始，冬，陰氣盛。在自然界，則風爲木氣，霹靂爲金氣，雷爲火氣，雨爲水氣，雷爲土氣。

實際上，五行代替四象，五行的意義和四象的意義相同，董仲舒說：「天地之理，分一歲之變，以爲四時，亦天之四選也。是故春者少陽之選也，夏者太陽之選也，秋者少陰之選也，冬者太陰之選也。四選之中，各有孟仲等，是選之中有選，故一歲之中，有四時，一時之中有三長，天之節也。」(同上 五行五事)

五行的意義，來自陰陽的盛衰；陰陽的盛衰，來自陰陽的變易，董氏說：「春夏陽多而陰少，秋冬陽少而陰多，多少無常，未嘗不分而相散也。以出入相損益，以多少相溉濟也。

多勝少者倍入，入者損一而出者益二，六所起一而再倍。」（同上　陰陽終始）

2. 宇宙的變易

甲、陰陽的運行

中國傳統哲學的宇宙，為一運動不停的宇宙，運動的元素為陰陽，陰陽的變易稱為運行，運行有節次，稱為天道：

「天之道有序，而時有度，而變節有常，反而有相奉，微而至遠，踔而致精，一而（少）積蓄，廣而實，虛而盈，聖人視天而行。」（春秋繁露　天容）

天道運行的次序，陰陽分適而行，各不相離，一歲兩會，會而再分。

「陽氣始出東北而南行，就其位也，西轉而北入，藏其休也。陰氣始出東南而北行，亦就其位也，西轉而南入，屏其伏也。是故陽以南方為位，以北方為休；陰以北方為位，以南方為伏。陽至其位而大暑熱，陰至其位而大寒凍。陽

至其休而入化於地，陰至其伏而避德於下。」(同上 陰陽位)

「天之道，終而得始，故北方者，天之所終始也，陰陽之所合別也。冬至之後，陰俛而西入，陽仰而東出，出入之處，常相反也。多少調合之適，常相順也。有多而無溢，有少而無絕，春夏陽多而陰少，秋冬陽少而陰多。」(同上 陰陽終始)

「天之道，初薄大冬，陰陽各從一方來而移於後，陰由東方來西，陽由西方來東，至於中冬之月，相遇北方，合而為一，謂之日至(多至)。別而相去，陰適右，陽適左，適左者其道順，適右者其道逆。……

至於中春之月，陽在正東，陰在正西，謂之春分，分者陰陽相半也，故晝夜均而寒暑平。……

初得大夏之月，相遇南方，合而為一，謂之至(夏至)，別而相去，陽適合，陰適左。……

至於中秋之月，陽在正西，陰在正東，謂之秋分，秋分者，陰陽相半也，故晝夜而寒暑平。」(同上 陰陽出入)

陰陽的運行，陽出東北而東行，經過南方，由西方入北方；陰氣出東南而北行，經過北方，由西方南方，陽休於北方，陰伏於南方。出則增盛，入則隨衰。「春喜氣也，故生。秋怒氣也，故殺；夏樂氣，故養；多衰氣，故藏。四者，天人同有之。」（同上 陰陽氣）「天之道，春暖以生，夏暑以養，秋淸以殺，多寒以藏。」（同上 四時之副）

宇宙的運行，由四季而顯，由四季而成，四季由陰陽兩氣的運行而成。陰陽的運行，便是宇宙的運行。

乙、五行的運行

五行爲陰陽兩氣的運行，五行在宇宙間的運行，應該隨著陰陽而行。

「如金木水火，各奉其所主，以從陰陽相與一力而並功，其實非獨陰陽也。然而陰陽因之以起，助其所主。故少陽因木而起，而春之生也。太陽因火而起，助夏之養也。少陰因金而起，助秋之成也。太陰因水而起，助冬之藏也。」

（同上 天辨在人）

五行和四季相配，木配春，爲少陽，在東方。火配夏，爲太陽，在南方。金配秋，爲少陰，在西方。水配冬，爲太陰，在北方。土居中央。五行的運行，卽陰陽的運行，而且也是陰陽運行所成。

「故至春，少陽東出，就木與之俱生。至夏，太陽南出，就火與之俱煖；此非各就其類而與之相起，與少陽就木，太陽就火，火木相稱，各就其正，此非正其倫與。至於秋時，少陰興而不得以秋從金而傷火功，雖不得以從金，以秋出於東方，俛其處而適其事，以成歲功。此非權與，陰之行，固常居虛，不得居實，至於冬而止空虛，太陽乃得此就其類，而與水起寒。是故天之道，有倫，有經，有權。」(同上　陰陽終始)

春時，陽在東，和木相起。夏時，陽在南，和火相起。秋時，陰在東，陽在秋，陰不能與金相起，祇得從木以使生物成熟。這不是天地運行的常經，而是從權。冬時，陰陽相會，陰爲虛，陽爲實，然而陽衰，乃與水起寒。這也是天地運行之權。這種講法，漢易學者，就不接受。四季爲陰陽的盛衰，五行也是陰陽的盛衰，陰陽雖相分不相離。

五行運行的關係有相生相勝的關係。董仲舒在春秋繁露的「五行相生」篇中說：

「東方者木，農之本，……司馬實穀。司馬，本朝也。本朝者，火也。故曰：木生火。

南方者，火也。……司營者，土也，故曰火生土。

中央者土，君官也。……大理者，司徒也。司徒者，金也，故曰：土生金。

西方者金，大理，司徒也。……執法者，司寇也。司寇者，水也，故曰金生水。

北方者水，執法，司寇也。……司農者，田官也。田官者，木。故曰：水生木。」

相生的理由，本是自然界的現象，董仲舒把天理和政治混在一起，講五行相生，則全沒有道理，都像緯書幻想，

他在「五行相勝」一篇，講五行相勝，也全是一樣。

「木者，司農也，司農為姦，……夫木者，農也，農者，民也。不順如叛，則

命司徒誅其率正矣，故曰：金勝木。火者，司馬也，司馬為讒，……執法誅之，執法者，水也。故曰：水勝火。土者，君之官也。……夫土者，君之官也，君大奢侈過度，失禮，民叛矣。其民叛，其君窮矣，故曰：木勝土。金者，司徒也，司徒為賊。……夫水者，執法司寇也，執法，附黨不平，依法刑人，則司營誅之，故則曰：土勝水。」

五行相勝，也是自然現象，附以不相關的理由，實在沒有意義。但是，漢朝人不注意這些理由，卻很相信五行相生相勝的次序，應行到萬物和萬事上。董仲舒則實行到政治上和倫理上，要求人君依照陰陽五行的次序行政，和禮記的月令與淮南子相同。

董仲舒的宇宙論，重陽輕陰，一年四季由陽氣的盛衰而變化，陰氣則居空位，淮南子的思想則陰陽並重，陽氣起于東北，盡於西南；陰氣起於西南，盡于東北，陽氣從東北向南行，在東方與木相合，結成春季，在南方與火相合，結成夏季。到了西南，陽的勢已衰盡，陰氣興起，向北行，在西方金相合結成秋季，在北方與水相結成冬季。到了東北，陰的勢已衰盡，陽氣興起。這樣陰陽五行和四季，乃能配合。（淮南子 詮言訓）

六、漢朝學者論宇宙的氣變

1. 易傳

在易經裏，有宇宙的變易，易經的十翼傳雖有孔子的思想，但，書中夾有漢朝初期的學說。對於宇宙的變易，易經講陰陽，然還沒有講氣，卦氣的學說爲漢朝的易學，易傳的思想所以應視爲戰國和漢朝初期的思想，但根源來自易卦故應視爲中國古代的傳說。

「易有太極，是生兩儀，兩儀生四象，四象生八卦。」（繫辭 上）

「一陰一陽謂道，繼之者善也，成之者性也，」（繫辭上 第五章）

易傳將於宇宙變易，易傳說：易傳的宇宙變易論，已爲中國傳統的哲學思想，由八卦與以圖像，代表秦漢以前的早期宇宙哲學。

2. 董仲舒

董仲舒在春秋繁露裏講陰陽五行，「天地之氣，合而爲一，分爲陰陽，判爲四時，列爲五行。」（五行相生）「初薄大冬，陰陽各從一方來，而移于後。陰由東方來西，陽由西方來東，至于中冬之月，相遇北方，合而爲一，謂之曰至。別而相去，陰適右，陽適左，……至于仲春之月，陽在正

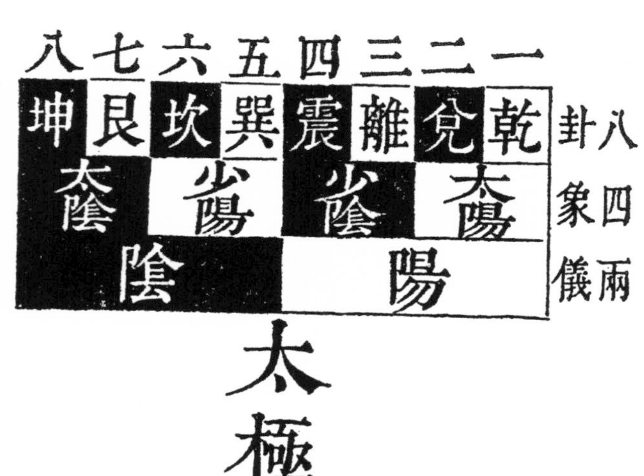

東，陰在正西，謂之春分。春分者，陰陽相半也。……初得大夏之月，相遇南方，合而爲一，謂之至。別而相去，陽適左，陰適右，……至于中秋之月，陽在正西，陰在正東，謂之秋分。秋分者，陽陰相半也。……」（陰陽出入）

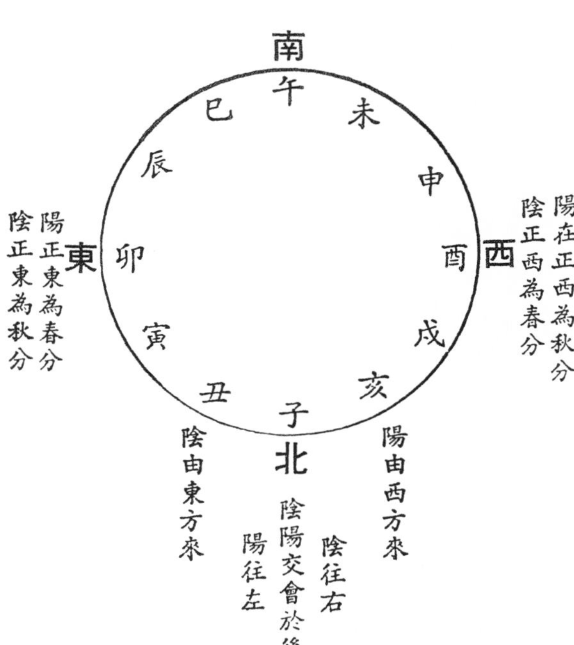

董仲舒重陽輕陰，以陽在實位，陰在空虛一年四季的變化由陽用事。

3. 淮南子

淮南子的思想，以陰陽並重，一年四季的變易由陰陽兩氣用事，「陽氣起于東北，盡于西南。陰氣起于西南，盡于東北。陰陽之始，皆調適相似，日長其類以侵相還四或熱焦沙，或寒凝冷。」（詮言訓）

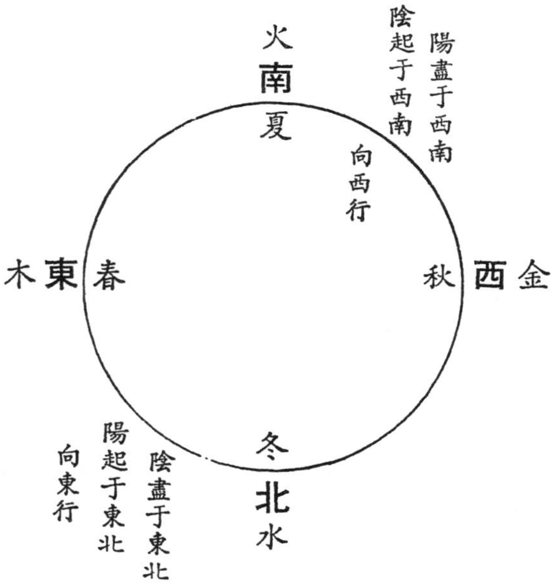

陽盡于西南
陰起于西南
火
南
夏
向西行
西
金
秋
木
東
春
冬
北
水
陰盡于東北
陽起于東北
向東行

淮南子和董仲舒，兩人的思想相反，董仲舒祇認陽有作用，淮南子認陰陽都有作用，陰陽的起終點也不相同。

4. 緯　書

緯書爲解釋六經的書，乃漢人的著作，無所謂眞僞，祇是內容怪誕不經，陰陽五行和迷信混淆不清，不能具有學術價値，然也代表漢代一部份的重要社會思想，而且鄭玄、馬融經學者多予引用，易經學者更認易緯爲指南，故對漢代經學具有影響。關於宇宙氣的變易，易緯詳加討論，故根據加以說明。

甲、數

漢易爲象數之易、數，在中西宇宙論中占有重要位置，漢朝儒家的「數」，有明堂，河圖洛書。

禮記的月令說天一行於九富，在天行上代表天乙北斗星君行經九星座，在政治上代表皇帝在明堂九室行政，

孟春天子居青陽左室
仲孟天子居青陽太廟
季春天子居青陽右室
孟夏天子居明堂左室
仲夏天子居明堂太廟
季夏天子居明堂右室
孟秋天子居總堂左室
仲秋天子天總堂太廟
季秋天子居總堂右室
孟冬天子居元堂左室
仲冬天子居元堂太廟
季冬天子居元堂右室

明堂數

每季15　8＋3＋4＝15

	明堂左室	明堂太廟	明堂右室	
青陽左室	四	九	二	總堂左室
青陽太廟	三	五	七	總堂太廟
青陽右室	八	一	六	總堂右室
	元堂右室	元堂太廟	元堂左室	

4+2+2=15

2+7+6=15

8+1+6=15

交叉15

2+5+8=15

4+5+6=15

每一行15

2+9+4=15

3+5+7=15

8+1+6=15

每一排15

4+3+18=15

9+5+1=15

2+7+6=15

洛書 明堂有四正四維

四正（陽）

	九	
三	五	七
	一	

四維（陰）

四		二
	五	
八		六

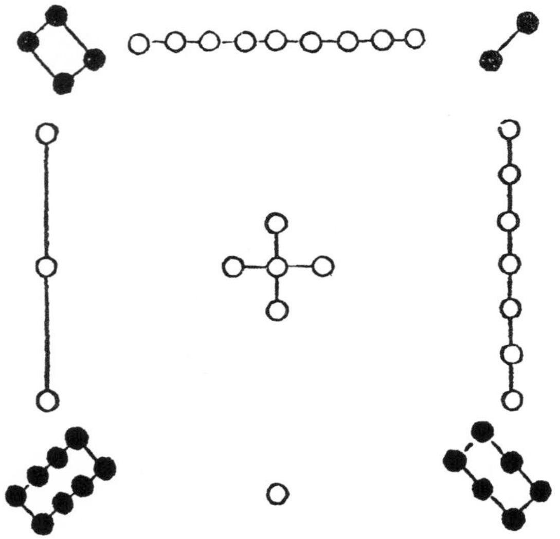

宋朝劉牧河圖

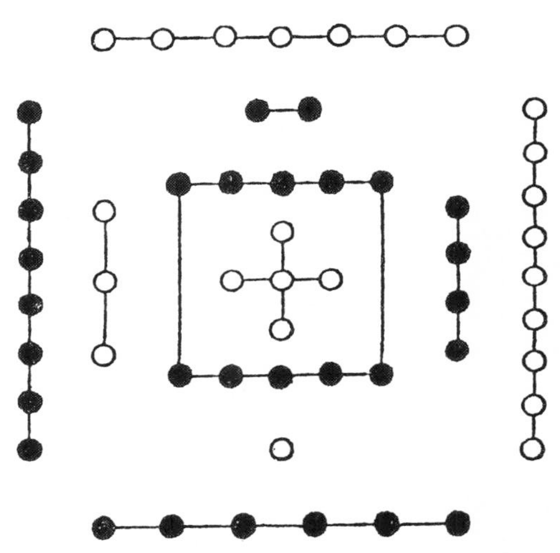

天一生金　地六成之
地二生火　天七成之
天三生木　地人成之
地四生水　天成成之
天生五土　地十成之
先天地之數　5025

乙、卦氣

漢朝易學專講卦氣；卦氣以卦象徵氣，氣的變易，以卦象作代表，宇宙的氣週遊在一年內，週而復始，一年有四季，有十二月，有二十四節氣，有七十二候，有三百六十五日。這一切都是氣的變化，都可以由卦去表現，卦氣學就是用卦去代表一年的季節和日數，陰陽之氣的消長起用事的作用。

一年有四季(四時)，由四正卦作代表，四正卦爲坎☵、震☳、離☲、兌☱。

一年有十二月，每月一卦，稱爲辟卦，辟代表天子，十一月復卦䷗，十二月臨卦䷒，正月泰卦䷊，二月壯卦䷡，三月夬卦䷪，四月乾䷀，五月姤卦䷫，六月遯卦䷠，七月否卦䷋，八月觀卦䷓，九月剝卦䷖，十月坤䷁。這十二辟卦，從陰陽兩爻的排列，可以看取兩氣的消長，陽熱陰寒，四季的氣候由陰陽消長而成。

二十四節氣，爲陰陽變化的標點，對於農事關係密切，卦氣說以四正卦的每一爻代表一節氣。

七十二候也是農業工作的據點，卦氣說以十二辟卦的每一爻代表一候。

一年三百六十五日又四分之一，以六十卦的每一卦代表六日七分。每卦主六日，共三百

「八卦方位」

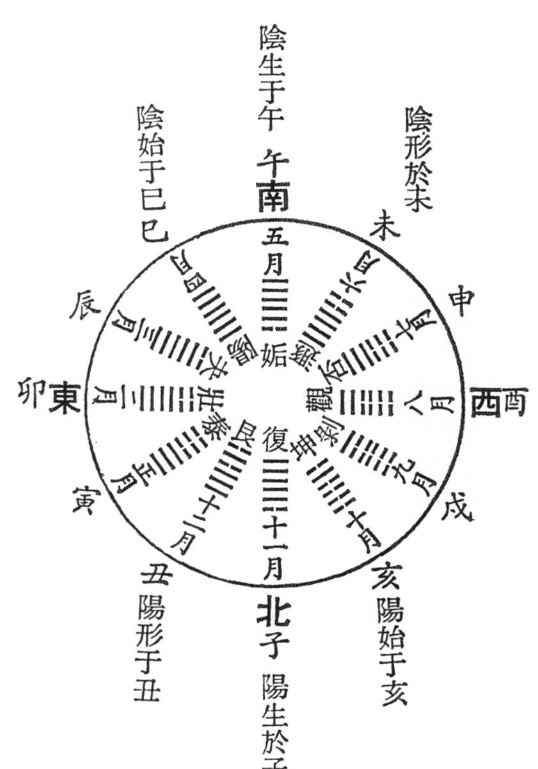
陰生于午
午南
陰始于巳
巳
陰形於未
未
申
辰
卯東
西酉
寅
戌
丑
陽形于丑
北子
陽生於子
亥
陽始于亥
五月
姤
六月
遯
七月
否
八月
觀
九月
剝
十月
坤
十一月
復
十二月
臨
正月
泰
二月
壯
三月
夬
四月
乾

六十日，尚餘五日又四分之一日。將每日分爲八十分，則五日又四分之一共有四百二十分，以六十去除，得七，所以每卦主六日七分，

四正卦：坎的初六爻主冬至，
震的初九主春分
離的初九主夏至
兌的初九主秋分

四正卦不在十二辟卦室，祇代表四季。卦氣以六十卦配一年，每月五卦，分爲天子、諸侯、公卿、十夫。十二辟卦俱爲天子卦，卽就是十二月的主卦，像徵陰陽的消長。

乾鑿度仿明堂的四正四維，把八卦分列在四正四維，四正爲坎、震、離、兌，四維爲艮、巽、乾、坤。坎和離相反對，震和兌相反對；巽和艮相反對，坤乾和相反對。

「八卦方位」

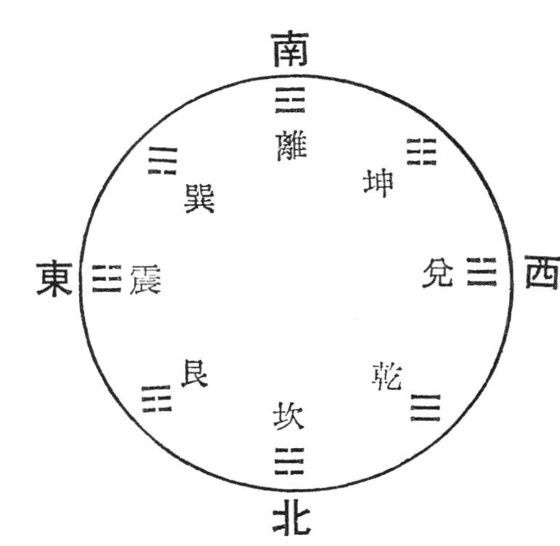

5. 劉歆

劉歆為劉向的兒子，和漢朝的學者一同主張元氣說，「太極元氣，函三為一。極，中也；元，始也。行于十二辰，始動于子，參之于丑，得三。又參之于寅，得九。又參之于卯，得二十七。又參之于辰，得八十一。又參之於巳，得二百四十三。又參之于午，得七百二十九。又參之于未，得二千一百八十七。又參之于申，得六千五百六十一。又參之于酉，得萬九千六百八十三。又參之于戌，得五萬九千零四十九。又

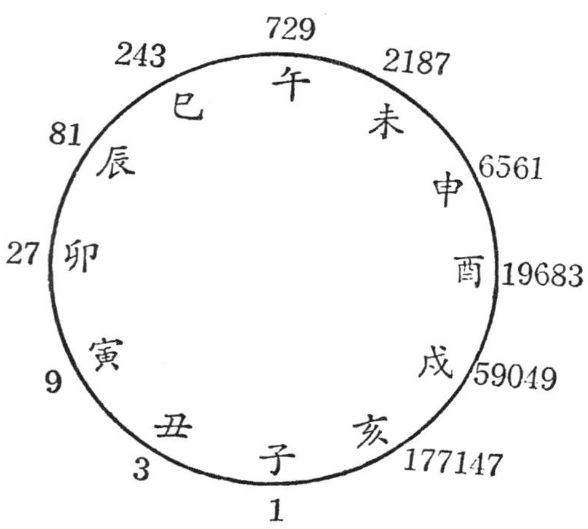

參之于亥，得十七萬七千一百四十七。此陰陽合德，氣鐘于子，化生萬物。」(漢書，律曆志)以酉之數，除亥之數，得九。九寸乃爲蓋鐘之長。

起子，數爲1，每進一辰，數加三倍，酉爲成數。

6. 揚雄

揚雄在太玄書中，幻想一種宇宙構成圖，以易卦作模範，說是講氣化，又不是講氣化，說是講國家的分治，又加以神秘性，不倫不類。玄爲易，三分爲天玄、地玄、人玄，每方分爲三州，共九州。每卅分三部，共二十七部。每部分三家，共八十一家。又將方州部家稱爲首，凡八十一首，首爲卦，得八十一卦。易卦爲三爻，揚雄的首作爲四爻，

八十一首爲一年，分九階段，每一階段稱一天，共九天：中天、羨天、從天、更天、晬天、廓天、減天、沈天、成天，(太玄數) 凡天包括四十日，始于十一月，終於十月。

「故思心乎一，反復乎二，成意乎三，發暢乎四，著明于五，極大乎六，敗損乎七，剝法于八，殄絕于九。生神莫先乎一，中和莫盛乎五，倨劇莫困乎九。夫一也，思之微者也；四也者乎，福之資也者。七也者，禍之階者也。三也者，思之崇也者。六也者，福之隆也

者。九也者，禍之窮也者。二、五、八，三者之中也，禍則往而福則承也。」（太玄圖）

揚雄在太玄講五行之數，三、八爲木，爲東方，爲春。四、九爲金，爲西方，爲秋。……二、七爲火，爲南方，爲夏。……六、一，爲水，爲北方，爲冬。……五爲土，爲中央。根據這種數目，宋朝劉牧作「河圖」。（圖見七九頁）

爲結束這篇線條式的簡單說明文，還加上漢末的一册神話書的「太平經」，太平經主張「天地週期」，和佛教所謂竊相似，後來宋朝邵雍用六十四卦作「皇極經世」也些仿做這種方法。

天地有始有終，到「六九就是天地的一週週期，陽所以行到六百九十則衰頹，天地大壞，從新開始，由混渾中再起。

漢朝易學不僅有易緯的卦氣說，另外還有八卦配天干地支，道家魏伯鴻的納甲，根據月亮的盈虛作卦氣圖，後來經過唐朝，到了宋代，引發了周敦頤的太極圖說。

七、論中庸

1. 中庸的形上意義

這次國際孔學會議，討論了孔子思想的各方面問題，關於仁和中，則討論得很多。大家都承認：「仁」是孔子的中心思想，「中」則是孔子的倫理生活的基本原則。論語和中庸兩書裏，都記有孔子的話：「中庸其至矣乎！民鮮能久矣。」

中庸不是一種善德，而是一切善德的原則，也就是人行事的原則。朱熹曾在中庸第二章注釋中庸說：「中庸者，不偏不倚，無過不及，而平常之理，乃天命所當然，精微之極致也。」

中，是不偏不倚，爲一切物理之當然；庸，爲平常，卽日常之生活；中庸，便是日常生活的中道。

中道的開始，來自書經，書經洪範篇中有「皇極」。皇極是：「無偏無黨，王道蕩蕩；

無黨無偏，王道平平；無反無側，王道正直。會有其極，歸有其極。」皇極乃是皇上治國的大道，在於公正不偏，即所謂「大中至正」。

今文尚書有大禹謨篇，篇中說明中道：「人心惟危，道心惟微，惟精惟一，允執厥中。」大禹謨被認為偽書，「允執厥中」一句見於論語的堯曰篇：「堯曰：咨！爾舜，天之歷數在爾躬，允執其中，四海困窮，天祿永終。」這幾句話，為堯禪位時，對舜王所講的話。

易經的經傳裏，特別注重中正。易經講論宇宙的變易。宇宙的變易以爻作象徵，爻代表陰陽，六爻構成一卦，爻之變在於位，第二爻第五爻稱為中，第二爻陰第五爻陽稱為正；中正之卦稱為吉卦。然而每一爻的變，不僅和本爻的陰或陽有關係，和同卦的陰爻或陽爻，也有關係，因為爻的變常由陰陽相合而成一物。易傳說：「一陰一陽之謂道，繼之者 善也，成之者性也。」（繫辭上 第五章）一卦可以代表一物，由陰陽兩種爻而成，陰陽兩種爻而成，陰陽兩種爻的變化，可以由兩方面而變，或者由陰陽爻的數目，或者由陰陽爻的位置，例如乾卦的變：䷀乾，䷫姤，䷌同人，䷉履，……

䷠遯，䷘無妄，䷼中孚……

第一種變是一陰爻的位置有變，姤，同人，履，……第二種變是爻的數目和第一種音不同，為兩陰爻的變，姤和遯不同，遯和無妄和中孚的變，則是兩陰爻的位置之變。在這些變化裏，每一卦有自己的意義，意義的由來，來自變化的爻和同一卦內別的爻的關係。例如姤卦以一陰爻在第一位遇五陽爻，象徵一女遇五男，「勿用取女」以作配。勿用取女」以作配。同人，以一陰爻在第二位，「柔得位得中而應乎乾，」「文明以健，中正而應，君子正也；唯君子爲能通天下之志。」。又如遯卦，兩陰爻在第一和第二位，這卦爲中正卦，第五爻爲陽，第二爻爲陰，「彖曰：遯亨，遯而亨也。剛當位而應，與時行也。」

在爻的變化中，有兩種中正：第一種是就六十四卦而言，凡一卦的第五爻爲陽和第二爻爲陰，這一卦就是中正卦；陰陽恰得其位。第二種是就每一卦本身而言，每一卦都該是中正，就是說每一卦的陽爻陰爻都要在該卦的爻位上，例如遯卦䷠。上面三爻該是陽，下面二爻該是陰，否則就不是遯卦，而是另一卦。

第一種中正爲陽陰，各得其位，陽在第五爻，爲剛，爲健，陰在第二爻，爲柔爲順。五和二都爲中，在上下兩卦之中，代表兩卦的中心，也就是兩卦的本質。兩卦的本質，爲陽和陰恰得其正，本質當然美好，所以爲吉卦。但並不代表，上下兩卦的陽陰相等，因爲陽爻和陰爻在各中正卦裏並不相等，例如同人卦䷌，上卦爲三陽，下卦爲兩陽。屯卦䷂，上卦爲兩陰，下卦爲兩陰。遯卦䷠，上卦爲三陽，下卦爲一陽兩陰。然而因爲中心的陽陰得其正，卦便吉，易經稱爲「剛中」「柔中」。一物的本質，陽陰恰得其正，物便美好。例如聖人，陽陰得其正，便沒有私慾。易經的中正，也稱爲時中。易經的時和位相連，時和位不相分，卦爻的位也代表時，爻位剛中，也是時的中。孟子曾稱孔子「聖之時者也。」（萬章下）

第二種中正，爲物性的完全。一物的物性，由陰陽結合而成；陰陽的結合，卽爻的變化，每以結合都不相同，結成不同的各種物性。一種物性，就是陰陽的這種結合，就如每一卦有每一卦的陰爻陽爻。這種結合成就了這種物性；這種物性就是陰陽的這種結合，不能是另一種結合；否則物性變了，便不是這種物了。就如一卦的陽爻陰爻一有變，就成了另一卦。因此，物性本身常是完全的，常是這樣多的陽陰，不能多不能少，物性便稱爲中正。

宋明理學家稱性爲理，理在物內恰如這物的理，不多不少，朱熹稱爲太極，卽「理之極至」；一物有一太極，卽一物有自己應有的完全之理。這種中正，不是一種善德，而是一切物和一切事的原則，卽一切物或一切事，都該有自己的完全之理，陰陽的調和，恰恰和理相當。這就是朱熹所說的「平常之理，乃天命之當然，精微之極數也，」也就是普通所說的中庸。

中庸說：「喜怒哀樂之未發謂之中，發而皆中節謂之和。」宋朝呂大臨解釋這段話，以未發爲性之本體，性的本體便是中。又以性之本體爲未發，未發爲靜，靜便是性的本體。因此，中是性、是靜，是本體。性而且是天，是命，是理；中，也就和天和命和理相配合，結果，中成了宇宙的本體，最後且成爲絕對實體了。㈠程頤則說明「中」爲未發的氣象，不是本體；朱熹接納程頤的主張，反對以未發之中爲本體之性；並且主張「未發」和「已發」祇能用之於心，不用之於性。㈡

中爲一種氣象，卽一事洽得其當；中庸便是在日常事件上都有這種氣象，都合於這項原

㈠ 呂大臨首先以「人受天地之中以生，良心所發，莫非道也。」（宋元學案、呂范諸儒學案頁五十八）中，為天理之中或天理之正，又或為天地的中德。後來則說：「中卽性也。」（同上、頁五十五）又以心，本為赤子之心，赤子之心，不偏不倚，卽是中，故心曰中，而且是未發。性和心旣是中，旣是未發，則性和心本都是靜。因此，為求保守性和心，便講靜坐，靜坐以求中。

㈡ 朱熹接納程頤的思想，以中為情未發時的氣象。開時他和張栻都反對程門弟子和胡宏以未發為性、已發為心、心性分體用。朱熹自己主張未發為性，已發為心，然心性不宜分作體用，因心性常是一，不能以未發和已發的時間相分。後來他改了主張，有中和新說：認為舊說中，心性之名命不當，新說以已發未發都指着心，情未發時，「卽是此心寂然不動之本體，而天命之性，當體具焉。以其無過不及，不偏不倚，故謂之中。及其感而遂通天下之故，則喜怒哀樂之情發焉，而心之中可見，以無不中節，無所乖戾，故謂之和。」可參考羅光著，中國哲學思想史，宋代篇卷下、劉述先著、朱子哲學思想之發展與完成。

清初王夫之主張未發為心之喜怒哀樂之理，不是本體，不是靜，不是心中無念，已發則見於外，合於理，稱為中節，稱為和。

則。

漢朝易學者講氣數，以卦配合四季四方和五行。春，爲東爲木，春的性質，爲震卦☳，陽漸盛，陰漸衰，效果則爲草木和五穀發生。春的中庸，卽是正月泰卦，二月大壯卦，三月夬卦所象徵的陽陰結合。若是陰陽不是這樣結合，春便不得其中，氣候反常，草木和五穀都要受害，人也要受害。同樣，夏爲南爲火，爲離☲，陽盛陰衰，陰包在陽中，夏的中庸，卽是四月乾卦，五月姤卦，六月遯卦所象徵的陽陰結合。同樣，秋和冬，也都是陰陽按照秋和冬的道理之結合。

人世間的人事，和自然界的物體一樣，都是陰陽的結合。每一樁事有事件的道理，事件的道理在運用時，要和時位相合，能夠相合，就恰得其當，便是中庸。在自然界，每一事然有自己的本性，爲自己存在的理由。本性由陰陽相合而成，每一物的陰陽結合是恰得其當，不多不少。

在整個自然界中，每一物的陰陽結合，不都是好，卽不都是中正；因此，物有貴賤。但是每一物體的本性則在自性上是成全的，人是人，狗是狗，狗較人爲賤，但狗就狗說，狗性是成全的，不然就不是狗。所以朱熹說每物有一太極，有自己的理之極至。

人事也是一樣，不都是好事；那是因爲人行事時，沒有按行事之道去行，或是沒有運用行事之道合於時位，便反乎中庸，不能像自然界的物體，每一物都中正。

2. 中庸的倫理意義

中庸在儒家的思想裏，意義的重大，不在於形而上的本體論，而是在於倫理的道德意義。形上的意義，乃是倫理意義的基礎，就好似儒家的倫理，以易經的形上理論作根據。

中庸在倫理上的意義，和上面形上的兩種意義一樣，第一種的形上意義爲中正，陰陽各得其位，爲吉祥卦，在倫理上爲中正的善德。洪範皇極的大中至正，和大禹謨的「允執厥中」，就是這種善德的表現。中正善德，乃是中立不倚，屹立不拔，是中庸所說的「強哉矯」。中庸說：「故君子和而不流，強哉矯！中立而不倚，強哉矯！國有道，不變塞焉，強哉矯！國無道，至死不變，強哉矯！」(第十章)有氣節，有勇氣，有原則；堅守原則，寧死不屈。所謂中立，不是膽小怕禍，倡言中立，腳踏兩邊船，想等着一邊勝就向那邊倒。所謂中立，乃是「擇善而固執」，就是本體論的陽陰各得其位，固執而不變。先總統 蔣公曾說：「在這個時候，我們只有存着天理本然之善，而無外誘之私，更不爲威武所屈，恫嚇所動，既不偏於悲觀而失望，也不偏於樂觀而放佚，這就是天下之大本。」(中庸要旨 先總統蔣公全集 第一冊，頁一〇六)中正的另一種意義，爲大公無私，即公平，即正義。在法律前面，一律平等。按照法律，處理所有人事，不以親疏貴賤，而有所偏。在社會上，沒有特權階級。對於一事，既定有標準，便按同一標準處理一切。例如，現在我們說選舉要做得公平，聯招考試要做得公平，這就是大公無私，就是中正。又如說賞罰公平。古代法家特別注意這一點，軍隊也嚴守這一點，即賞罰分明。

中庸在倫理上的第二種意義，乃是一切原則的運用，適合時地，不過不不及，這就是在日常的事上，都能中節。中節，節是標準；這種標準，不是法律，而是情理，普通說合情合理。這其中，當然包括禮和法；但是禮法的運用要合於時地，時是時間，地是地方和人的身份。在本體論上，春天和東方有適當的陰陽結合，若是陰陽的結合不適合於春天和東方，春天就不是正常的春天了，東方也不是正常的東方。同樣，一樁事，在這個時地上，禮法運用的程度和方式要能適合，恰得其當，才能中庸。例如行孝道以事奉父母，爲倫理上一普遍原則，這原則的運用，須合於時和位。兒子貧窮的時候和兒子富貴的時候，事奉父母的方式就不相同。

合情，情是人的常情，在一種情形之下，大家都有同樣的感應，這便是人的常情。例如：「子食於有喪者之側，未嘗飽也。子於是日哭，則不歌。」(述而) 遇着喪事，大家心裏都有哀傷。又如：「葉公語孔子曰：吾黨有直躬者，其父攘羊，而子證之。孔子曰：吾黨之直者異於是，父爲子隱，子爲父隱，直在其中矣。」（子路）孔子所說的「直」，乃是人的常情。

合理，理是事物之理。一事有一事之理，一物有一物之理。同樣的事，在不同的時位上，所有的要求，可能不同。同樣的物，在不同的時位上，所有的要求，也可以不同。例如，進見敎宗須穿禮服，但爲一位遠途來的客人，沒有帶禮服，也借不到合身的禮服，則可免穿禮服，這是合理的事。「子貢問曰：鄉人皆好之，何如？子曰：未可也。鄉人皆惡之，何如？子曰：未可也。不如鄉之善者好之，其不善者，惡之。」（子路）這是合理的。「子曰：君子不以言舉人，不以人廢言。」（衞靈公）這又是合理的。「子貢問友，子曰：忠告而善道之，不可，則止，毋自辱焉。」（顏淵），這也是合理的。「子曰：可與言而不與之言，失人；不可與言而與之言，失言。知者不失人亦不失言。」（衞靈公）「孔子曰：侍於君子有三愆。言未及之而言，謂之燥；言及之而不言，謂之隱；未見顏色而言，謂之瞽。」（季氏）這又是合理的。孔子在論語裏，很多以敎訓弟子們在言行上合理合情；因爲大家都知道這項原則，然而究竟若何才是合情合理，則不是人人都知道的，儒家所以講格物致知。

格物致知，朱熹認爲是研究外面的事物之理，漸漸研究多了，後來必有通達的一天，遇事就知道怎樣合情合理。若是像陸象山和王陽明所說，只要問自己的心或良知，就可以隨事隨物知道合理合情，那是作不到的。因爲具體事件的環境若很複雜，良知也不能就告訴我們合理合情之道。就是因爲不加研究，任憑自己良知所說，自己覺得對就做，養成了中國人的敷衍，求安，既不守法，也不講情理的壞習慣。中華民族沒有進取心，沒有澈底的精神，魯迅說是阿Q的精神。孔子的中庸精神不是這種精神，

孔子說：「朝聞道，夕死可也。」這是澈底的精神。「子曰：士志於道，而恥惡衣惡食者，未足與議也。」（里仁）「子曰：歲寒然後知松柏之後彫也。」（子罕）「子曰：不得中行而與之，必也狂狷乎！狂者進取，狷者有所不爲也。」（子路）「子曰：士而懷居，不足以爲士矣。」（憲問）「子曰：莫我知也夫！子貢曰：何爲其莫知子也？子曰：不怨天，不尤人，下學而上達，知我者其天乎！」（憲問）論語中，這樣積極徹底精神的銘言很多！後世人沒有能實踐孔子的教訓，反而滲入了老莊以退爲進的思想，然而又沒有老莊的「進」，只學老莊的「退」，常有苟安的習氣。

孟子也不是苟安的人，「孟子曰：恥之於人大矣！爲機變之巧者，無所用恥焉！不恥不若人，何若人有！」（盡心上）「故士窮不失義，達不離道。窮不失義，故士得己焉；達不離義，故民不失望焉！古之人，得志，澤加於民；不得志，脩身見於世。窮則獨善其身，達則兼善天下。」（盡心上）

孔子孟子以作人之「道」，修身處世；對於「道」，應該徹底，不能自作主張。「生，

亦我所欲也；義，亦我所欲也；二者不可得兼，舍生而取義者也。」（告子上）

這是志士仁人的志氣，一般人不能常有，苟安的心理便進入他們的心中，造成了「中庸」的反面壞習。今天，大家都在大聲疾呼「守法」，養成守法精神，以撥正兩千年的習氣。

然而守法精神，並不是和「中庸」對相矛盾。因爲中庸是陰陽按時位結合適得其當，理到太極，每一事的情理適得其當，不過又不不及，這已經就是徹底。今天我的提倡「中庸」，也就是事奉守法，合乎規律。至於說守法而不顧情理，則在中華民族的文化中，難於實行，足以使人迷惘而失去信心。就如中國共產黨之不講情理，引起社會大亂。然而模糊苟且的假中庸，今日必須改掉，才能使中國社會成爲現代化的開發國家。孔子曾說：「君子中庸，小人反中庸。君子之中庸也，君子而時中；小人之中庸也，小人而無忌憚也。」（中庸 第二章）朱熹註說：「蓋中無定體，隨時而在，是乃平常之理也，君子知其在我，故能戒謹不覩，恐懼不聞，而無時不中。小人不知有此，則肆欲妄行，而無所忌憚矣。」平常人雖不是小人，無所忌憚，但不知適時之理，從自己所欲而爲，必常是「不及」，也成爲小人之中庸，就是傳統中的苟且、敷衍、偸懶的壞習氣，今天，切須改換。

在歐美的傳統士林哲學中，善德常居乎中，剛不中則暴，柔不中則弱；祇有義則須徹底，因爲欠人一百萬元，不能祇還五十萬元，連還九十萬元都不合義，必須還一百萬元。中國古代的善德也就居於中：「寬而栗，柔而立，愿而恭，亂而敬，擾而毅，直而溫，簡而廉，剛而塞，彊而義；彰厥有常，吉哉。」（書經 皐陶謨）書經洪範講三德：「一曰正直，二曰剛克，三曰柔克。」中正正直，乃爲善德，剛與柔，都要有節制。剛克柔克，也可解釋還不正直的，或是不及，就用剛克；或是過，就用柔克。孔子自己是「溫而不厲，威而不猛，恭而安。」（述而）「子絕四：毋意，毋必，毋固，毋我。」（子罕）遇事可以商量，以求合於情理。在今天的社會裏，這種中庸之道，仍舊是大家和睦相處之道。目前，有少數人，爲着黨，爲着個人私益，爲着少數人的意見，爭強好鬪，不僅不講情理，且不講法律，社會因此混亂不安。進化的社會，是文明人的社會，也就是中庸的社會。

八、孟子的德論

1. 儒家的德

德，在孔子的論語裏，有幾種不同的意義，孔子在憲問篇說：「以直報怨，以德報德，」這個德字，朱熹注說：「恩惠也」。孔子在爲政篇說：「道之以德，齊之以禮，有恥且格。」朱熹注說：「德禮，則所以出治之本，而德又禮之本也。」禮之本，素來說是天理；然而這個德字，不能解爲理或天理，而是和孔子在里仁篇所說：「君子懷德，小人懷土，君子懷刑，小人懷惠。」的德字，意義相同，朱熹注這章的德字爲「固有之善」；但在衛靈公中所說：「知德者鮮矣」，朱熹注說：「德謂義理之得於己者，非己有之，不能知其意味之實也。」在述而篇「志於道，據於德，依於仁，游於藝。」朱熹注說「據德，則道得於心而不失。」

德，在西方哲學裏，德爲一種善習慣，人按倫理規律行善，長久不停，養成一種善習，有得於心，不知不覺地都會同樣去行，孔子曾說他自己「七十而從心所欲不逾矩」，矩就是養成了不逾矩的善習。

朱熹說「義理之得於己者」，按義理去行，有得於心，稱爲德，德不是天生固有的，而是按照義去行，養成善的習慣。行，是心動而行，行的善習，便是有得於心。

儒家從孔子和大學以後，常講修身，也講修德。「欲齊其家者，先修其身，欲修其身者，先正其心。……自天子以至於庶人，壹是皆以修身爲本。」修身養成善德，善德的理爲人所固有，行理的習慣則是由人所養成。

大學說「大學之道，在明明德。」朱熹注說：「明德者，人之所得乎天，而虛靈不昧，以具衆理而應萬事者也。」這是說人性本來具有行事的道理，發於心，能爲情慾所敬，故應該克除情慾，使人性之理，在人心內顯明出來，成爲明明德，因此便要正心誠意。中庸以「率性之謂道，修道之謂教」，率性卽是誠，至誠的人能夠「盡性」，把人性完全表現出來。

這種「明明德」，「率性」，「至誠」，修身之道，都是假定一個前例；「人心具有各種行爲之理」，修身則是顯明這種理，使一切的行爲都合於理而是善，這種修身之道在於顯明自心所固有之理，固有之理卽是天理。貫徹這種思想，就要達到陸象山和王陽明的主張。陸象山就是主張一切行爲之理，全在人心內，「心外無理」；人祇要看自己的心，便知道行爲之理。王陽明主張致良知，主張知行合一，就是把心內固有的行爲之理，卽是良知，顯明於自己的行爲，跟大學的明明德相合，以正物而致良知，爲致知格物。

朱熹則以爲人心具有情慾，常爲情慾所蔽，不能明見人心所具的理，所以要硏究外面的事物，跟我們的關係，以知道應付每種關係的當然之理，稱爲致知在格物。例如五倫是五種相對的關係，便有五種相對之理，父慈子孝，兄友弟恭，君禮臣忠等理。王陽明曾誤以爲致知在知道事物本身的道理，他破竹以求知竹所以爲竹之理，當然求不到，朱熹所說致知所知之理，是事物對於人的關係之理。王陽明若求竹對於人的關係，應付這種關係該有之理，必定可以求得。王陽明繼承陸象山的學說以衆理都在人心，祇要事物正對人心，人心之理便能顯明於行爲。

在這種修身的主張裏，德有什麼意義呢？在王陽明來說：德是致良知；在大學來說：德是明明德；在中庸來說：德是率性，是誠，若照朱熹的話，「德者，得也，得其道於心而不失之謂也。」可以說是固守行爲之道，在行爲時常能行道，有點合於西洋哲學的善習。然而，整體說來都是以善爲人所固有，祇要在行爲時把它顯明出來，沒有所謂培養，使善德逐漸發揚。這是很樂觀的人性論，也是很樂觀的善德論；但是卻把修德的價值貶低，使僅含有消極的意義，祇在於克慾。因此有人說中國人不能接受天主敎的原罪信仰，因爲原罪使人生來就是惡人。實際上原罪信仰不是這樣解釋：原罪是說人生來和天主站在敵對的地位，在天主前視爲罪人。人的本性是善，祇是人心帶有偏於惡的情慾。原罪所造成和天主敵對的地位，不是每個人自己所造成的，而是人類的原始祖宗所造。

2. 孟子的德論

講了上面的一大段，我們知道儒家通常的德論，現在我們來看一看孟子的德論。

大家都知道孟子主張性善；他以性的善由人心而顯，人心的動並不是都代表性的善，而是人心的天然的動，即是良知良能，即是不學而知，不學而能。但也不是凡是人的良能良知都代表性，因爲生理方面的良知良能並不代表人性。「孟子曰：口之於味也，目之於色也，耳之於聲也，鼻之於臭也，四肢之於安逸也，性也，有命焉，君子不謂性也。仁之於父子也，義之於君臣也，禮之於賓主也，智之於賢者也，聖人之於天道也，命也，有性焉，君子不謂命也。」(盡心 下) 生理方面的良能應稱爲命，心靈的良能才稱爲性；孟子舉出仁義禮智，又舉出天道。在另外一章，孟子說：「君子所性，仁義禮智根於心。其生色也，睟然見於面，盎於背，施於四體，四體不言而喩。」(盡心 上) 君子所認爲人性的仁義禮智，根基於人心裏，表現在外面時，整個人的身體都會有反應。

「仁義禮智根於心」，仁義禮智四德在人心裏有根本；所謂根本，孟子稱爲「端」：

「無惻隱之心，非人也；無羞惡之心，非人也；無辭讓之心，非人也；無是非之心，非人也。惻隱之心，仁之端也；羞惡之心，義之端也；辭讓之心，禮之端也；是非之心，智之端也。人之有是四端也，猶其有四體也。……凡有四端於我者，知皆擴而充之矣。若火之始然，泉之始達，苟能充之，足以保四海，苟不充之，不足以事父母。」（公孫丑　上）

端，是開端，是種子。人心所天生的仁義禮智是四種種子，人必須要予以培養，使能成爲四種善德，孟子稱四端，好比火的開始，水的泉源，應該擴而充之。

培養種子，種子自身具有天生的良知，自然會生長發育，人要特別注意兩件事：第一，不要心急，自加一些不和於仁義禮智的方法，想要使「端」的發育加快。

「必有事焉而勿正，心勿忘，勿助長也，無若宋人然。宋人有閔其苗之不長而揠之者，芒芒然歸，謂其人曰：今日病矣，予助苗長矣。其子趨而往視之，苗則

槁矣。天下之不助苗長者寡矣！以為無益而舍之者，不耘苗者也；助之長者，揠苗者也，非徒無益而又害之。」（公孫丑 上）

捨而不養，使善端不能發育，不好；急而助長，反使善端槁蔽，也不好。須要事事留心，「心勿忘」，培養善端。第二，須克除防害善端發育的事，首先不要放放心而不收，心裏充塞雜事雜念，使善端遭蹂躪；再要克治情慾，勿使情慾錮蔽善端。孟子說好比牛山濯濯，什麼樹木野草都不長，並不是不長，是因爲樹木被樵夫所砍，草木被牛羊所吃，嫩芽被行人所躪，因此牛山什麼都不長了。

「雖存乎人者，豈無仁義之心哉！其所以放其良心者，亦猶斧斤之於木也，旦旦而伐之，可以為美乎！其日夜之所息，平旦之氣，其好惡與人相近也者幾希，則其旦晝之所為，有梏亡之矣，梏之反覆，則其夜氣不足以存，夜氣不足以存，則其違禽獸不遠矣！人見其禽獸也，而以為未嘗有才焉者，是豈人之情也哉！」（告子 上）

夜氣，是在夜間，平息思慮，人心之天然狀況。這種狀況，顯示人心的善端。到了白天，所作所爲，所思所想「反乎善端」，那就是梏亡善端，梏亡又梏亡，人便和禽獸一樣了。因此孟子說：

「君子所以異於人者，以其存心也。君子以仁存心，以禮存心。」（離婁　下）

「人之所以異於禽獸者幾希！庶民去之，君子存之。舜明於庶物，察於人倫，由仁義行，非行仁義也。」（同上）

存心，把心裏的善端予以保存，保存不是靜而關閉着心，乃是按仁義去行。孟子所說：「由仁義行，非行仁義也。」說明孟子對於修德，是由仁義禮智去行，卽是發揚自心所有仁義禮智之端，不是在外面作仁義禮智的事，養成外在的習慣。所以孟子主張寡欲：

「養心莫善於寡欲。」（盡心　下）

孟子常用「存」和「養」，或者說：「存心養性」，在盡心上篇說「存其心，養其性，所以事天也。」或者或「養心」。「存」，可以說是消極的，卽保存勿失；「養」，則是積極的，養性，養心，把性和心所有善端，培養發育。孟子說他的浩然之氣，是集義而成；集義，便是常行義，使義德發展，乃有浩然的精神。

告子曾說仁內義外，孟子卽以反駁，仁由心內而發，義也由人心內而發，雖然義的標準是外在的。孟子講仁義禮智四達德，和孔子與中庸講智仁勇三達德不完全相同；然而孟子所注重的是仁義，和孔子注重仁義一樣，孟子曾說：「仁，人心也；義，人路也，舍其路而弗由，放其心而不知求，哀哉！」(告子 上) 仁，是人心，當然爲人心內所有；義，人路，並不是外在之路，而是人心之路，也是人心內所有。

孟子的德，乃是人心善端的發育，發育須要人用心培養，所以說是修德。孔子曾經也說過：「德之不修，學之不講，聞義不能徙，不善不能改，是吾憂也。」(述而) 修德就是培養德性，發揚人心的善端，而不是僅僅養成善的習慣。

在這一點上，孟子的德，不單是明明德，也不僅是率性；因爲明明德是將自心所固有的善，顯明出來，不被私慾所障蔽，如同王陽明的致良知。孟子的德是要培養善端，使它發育，不祇是顯露，而要予以發育。人心所有的，不是整體的德，而祇是德的開端，德的根子。王陽明在陸象山文集的序裏說，陸象山繼承了久已失傳的孟子心學，言外的意思也是說他自己繼承了孟子的心學，實際上陸王的心學和孟子的心學並不相同，陸王所繼承的，應該是中庸的心學。陸王把心、性、理作成完全同一意義，孟子祇是以性由心而顯，並不是以心和性，意義完全相同，孟子講心，心動，孟子乃講收心，求放心，養心，由積極方面培養心的善德。

但無論孟子或中庸，都以德爲發育或顯示人心所固有之善，不是行善而養成善習之德。儒家的修身之道，是養育心靈的生命，不僅是「動而皆中節」。動而皆中節，卽是外在的倫理，是人的行動和一種行動規矩的關係。西洋哲學將倫理學和形上本體論分開，倫理等祇有一些行爲的規律和習慣善德。中國儒家哲學則沒有這種分類，一些都就生命去體驗，存有爲生命，善德乃心靈生命的發揚。

這一層若就天主敎的心靈生命去講，則和儒家的倫理學相似，雖是層次不相同，儒家的倫理學爲發揚心靈生命，也就是發揚精神生命；天主敎的精神生命是分享基督的的神性生命，天主敎的倫理爲發揚這種神性生命，一切美德都是神性生命的表現。神性生命在說禮時成立，須要逐漸發揚，人的心靈逐日和基督的心靈相結合，人逐漸肖似基督。聖保祿宗徒給迦拉達的敎友說：「我的孩子們，我願意爲你們再受婦女生產時的痛苦，直到基督在你們受形成爲止。」（迦拉達書　第四章　第十九節）

九、論率性

儒家哲學的重點，在性和心的觀念以後，有修養論的幾種觀念，應該澄清，這幾種觀念是：率性，明明德，誠，尊德性，道問學。儒家學者對於性和心，固然有爭論，對於修養論的幾個觀念，也有爭論，使我們現在研究中國哲學的人，也弄不清是這些觀念的意義，常有所臆測。

1. 率性

孔子指示門生，人生的規則在於禮，他說：「非禮勿視，非禮勿聽，非禮勿言，非禮勿動。」（論語 顏淵）禮，是聖王按照天理而製定的倫理規律。

中庸則說「率性之謂道」，以率性作人生的倫理規律。性，是「天命之謂性」，是人之所以為人之理，按照人性而動，乃是人生規律。明胡廣作中庸章句大全，對於「率性之謂道」收集宋朝理學家的注釋，「朱子曰：率性非人率之也。率只訓循，循萬物自然之性之謂道，此率字不是用力字。伊川謂便是仁者人也，合而言之道也。循字非就行道人說，只是循吾本然之性，便自有許多道理。或以率性爲順性命之理，則爲道如此，卻是道因人方有也……。陳氏（陳淳）曰：天命謂性，是說渾淪一大本底，率性謂道，是就渾淪大本裏，分別個體貫脈絡處。……潛室陳氏（陳通直）曰：率性不要作工夫看，人率循其人之性，物率循其物之性，此卽人物各各當行道理，故謂之道。西山眞氏（眞德秀）曰：……子思之所謂率性云者，循其天命之性也。……凡人之爲善者，皆循天命之性也，其爲不善，則發乎氣稟之性矣。……雙峯饒氏（饒魯）曰：子思率性之謂道一語，專爲訓道名義。蓋世之言道者，高則入於荒唐，卑則滯於形氣。入於荒唐，則以爲無端倪之可測識，老莊之論是也。滯於形氣，則以爲是人力之所安排，告荀之見是也。是以子思於此，首指其名義以示人，言道者非他，乃循性之謂也。雲峯胡氏（胡炳文）曰：易曰：一陰一陽之謂道，繼之者善也，成之者性也。子思之論，蓋本於此。但易先言道，而後言性，此道字是統體一太極。子思先言性，而後言道，此道字是各具一太極也。」

清朝胡謂作中庸諸註糾全一書，在第一章「率性之謂道」註說：「率，循者，謂如其性而完其本然之謂，止是推行體驗義，不竟是道，而所以推行體驗之者，斯謂之道，故曰率性之也。天命之性，卽易元者善之長一節，率性之道，卽易體仁足以長人一節也。」

從上面各家的註釋，我們可以知道，「率性」爲修養的原則；「率」是循，是順；「率性」是順人的本性，自然而然，不必作工夫，「率性不要作工夫看」。所說的性是天然或本然的性，卽所說的理。胡謂在中庸諸注糾正第一章說：「中庸全册，專重率性爲道，言天命，所以明道之本原，言敎正，所以復道之本原耳。」

「率性」，肯定性是善，性在儒家中有指爲理，有指爲氣與氣相結合的理，故稱爲天然之性和氣質之性。「率性」則祇循天然之性，而不循氣質之性，因爲氣質之性包含物欲，孟子也易理義之性和物欲之性。

「率性」的方法，則是順其自然，不必費人力，在這點上，儒家分成了兩大派：一派是孟子的「養心莫善於寡欲」，須用克制情欲的功夫，程頤和朱熹主張「主敬」，也是用工夫去「正心」。再一派則是程顥主張自然，陸象山和王陽明進而主張人心之理自然流露，王陽明的弟子更主張任性而放縱。

宋朝呂大臨主張人性本體爲中，中爲未發之靜，靜坐守靜以作修養，則已經滲入禪宗的思想和方法。儒家正派的思想，應該是孔子和孟子的思想，孔子說「七十而從心所欲」，已經作了幾十年的修養，他曾經說：「德之不修，學之不講，聞義不能徙，不善不能改，是吾憂也。」(述而)孔子以守爲率性，孟子以寡欲養心爲率性，都主張用力修養，祇是不要「揠苗助長」，順性而行。

2. 明明德

「大學之道，在明明德。」朱熹在「大學章句」裏註釋說：「大學者，大人之學也。明，明之也。明德者，人之所得乎天，而虛靈不昧，以具衆理，而應萬事者也。但爲氣稟所拘，人欲所蔽，則有時而昏，然其本體之明，則有未嘗息者，故學者當因其所發而遂明之，以復其初也。」

朱熹以明德爲人性，「人之所得乎天」，即是中庸所說「天命之謂性」。人性爲善，故稱爲德，且虛靈不昧，故稱明德。人心有情欲，情欲能使人性被掩蔽，故須剝開情欲，以明人性，即「明明德」。荀子主張性惡，漢朝學者主張人性分三等：上等爲善，中等可善可惡，下等爲惡，這樣只有上等聖賢的人性爲善。但是宋明理學家都主張天然之性爲善，肯定人性爲明德；他們的爭論，還是和論「率性」一樣，「明明德」是純乎自然，或是使用人修養功夫，陸象山和王陽明以人心或良知，自然明朗，祇要人有誠意，人性之理自然流露。但是儒者解釋中庸的「誠者，天之道也；誠之者，人之道也。」都謂只有聖人，是天道之誠，自然而行中道，其他一切聖人和常人，都要勉力修行，才能不失於中道。

3. 誠

中庸講率性，又講誠，誠字的意義，在儒家學者中，較比「率性」更複雜了。中庸在第二十章說「誠者，天之道也；誠之者，人之道也。誠者，不勉而中，不思而得，從容中道，聖人也；誠之者，擇善而固執之者也。」

胡廣的中庸章句大全對於這一段收集的註解：「朱子曰：誠者，天之道，誠是實理自然，不假修為者也。誠之者，人之道，是實其實理，則是勉而為之者也。孟子言萬物皆備於我，便是誠，反身而誠，便是誠之。反身，只是反求諸已；誠，只是萬物具足無所虧欠。……北溪陳氏曰：天道人道有數樣分別。且以上天言之，維天之命，於穆不已，自元亨而利貞，貞而復元，萬古循環，無一息之間。……此皆理之眞實處，乃天道之本然也。以人道相對，誠之乃人分上事。若就人論之，則天道流行，賦予於人而人受之以為性，此天命之本然者，便是誠。故五峯謂誠者命之道，蓋人得天命之本然無非實理。如孩提知愛及長知敬，皆不思而得，不學而能，卽在人之天道也。其做工夫處，則盡己之忠，以實之信，凡求以盡其誠實，乃人道也。又就聖賢論之，聖人生知安行，純是天理，……自大賢以下，氣稟不能純乎清明，道理未能渾然眞實無妄，故知有不實，須做擇善功夫，行有不實，須做固執工夫……須是二者並進，乃能至於眞實無妄，此人道也。」

上面幾家學者的意見，都以「誠」爲眞實無妄，指着天命之理，實際上表現於聖人，聖人的生活是天道之誠；其他一切的人，都須要下功夫去擇善固執，以誠於人性的天道。所以「誠」的意義，是眞實無妄，是一項特性，不是實體。至於朱熹說：「誠是實理自然」，可以解爲眞實無妄之理，以特性代表實體；但實際上不是指着實體，只是指着實體特別有這項特性。例如聖經上聖若望說「天主是愛」，不是以愛爲實體，而是說天主特別有愛。

中庸第二十五章說：「誠者，自成也，而道自道也。誠者，物之終始，不誠無物，是故君子誠之爲貴。」胡廣所集的註說：「朱子曰：有是理則有是物，徹頭徹尾，皆實理之所爲，未有無此理而有此物也。……誠者，物之終始，凡有一物，則其成也必有所始，其壞也必有所終，而其所以始者，實理之至而向於有也，其所以終者，實理之盡而向於無也。若無是理，則亦無是物矣，此誠所以爲物之終始，而人心不誠，則雖有所爲，皆如無有也。……北溪陳氏曰：誠者物之終始，此誠字以實理言，不誠無物，誠之爲貴，此二誠字，以實心言。」朱熹和陳氏，都以誠爲實理或實心，卽理是眞實無妄，心是眞實無妄，沒有以誠爲一絕對實體，所以說「誠者，自成也。」不是說誠是自有的實體，如同老子的「道」。

周敦頤在通書裏特別注意「誠」，在通書的「誠上第一」說：「誠者，聖人之本。大哉乾元，萬物資始，誠之源也。」朱熹註解說「誠者，至實無妄之謂。天所賦，物所受之正理也，人皆有之，聖人之所以聖者，無他焉，以其獨能全此而已。此書與「太極圖」相表裏，誠，卽所謂太極也。」朱熹的太極爲理之極至，卽眞實無妄之理。現在學者吳康和唐君毅卻以周敦頤的誠，爲一絕對實體，爲宇宙的根源，我在中國哲學思想史「宋代篇」講周敦頤的哲學思想，對這一點詳加解釋，處處不讚成吳康和唐君毅的見解，我認爲周敦頤的誠代表乾元的德能，爲太極或乾元的動。

明末清初王船山也特別注意「誠」，他在讀四書大全說，卷三，講中庸第二十二章說：「蓋誠者，性之撰也；性者，誠之所麗也。性無不誠，非但言誠卽言性，誠以行乎性之德，非性之無他可名，而但以誠也。性實有其典禮，誠虛應以爲會通，性備乎善，誠依乎性。誠者天之用也，性之通也。性者，天用之體也，誠之所幹也。故曰：『唯天下至誠爲能盡其性。』」「北溪分天道之未然與在人之天道，極爲精細，其以孩提之知愛，稍長之知敬，爲在人之天道尤切。……然學者仍不可將在人之大道與天道之本然，判爲二物。」（同上）

王船山把性和誠連在一齊，性必定誠，誠乃性的特性，「性之撰也。」性，則是誠所依附的實體，「誠之所麗也」；誠便不是實體，更不是絕對的實體。

誠，因此和「率性」，和「明明德」，同一意義，同爲儒家修身的最高原則。中庸乃講至誠的功效。至誠能夠盡性，盡性則贊天地的化育。至誠無息，能夠「不見而章，不動而變，無爲而成。」(第二十六章)這是講天道之誠，天道生化萬物，自然而動，無爲而成，易經講「易」，也有同樣的話。因此，便有人以「易」爲絕對實體，以「易」相當於老子的「道」，實際上，「易」是天地變化之道，易經便是天道人道地道，易是變易不是絕對實體。祇是天道的功效，神奇莫測，「易」使神奇莫測，使人誤以爲絕對實體。同樣「誠」也被誤爲絕對實體；又同樣「中」也被誤爲絕對實體。中在中儒裏和「誠」和「率性」，都是重要觀念。

4. 中

「中」的思想，普通以爲這於中庸一書而發展成爲儒家的中心思想。儒家哲學的中心在於人性，人性爲仁，仁之實爲孝；人心又是中，率性而行，必合於中。因此，人性，理，仁，孝，中，構成儒家哲學卽人文哲學的核心。

中的思想，起源自書經，書經「皐陶謨」篇講九德，每一德都得其中「寬而栗，柔而立，愿而恭，亂而敬，擾而毅，直而溫，簡而廉，剛而塞，彊而義，彰厥有常，吉哉。」有常就是平日行事的規則，和中庸的庸字意義相關。卽是庸常之道。論語述說孔子的品德說：「子溫而厲，威而不猛，恭而安。」（子罕）反映了書經「皐陶謨」的九德論。書經「洪範」篇講皇極，正式提出了「中道」，「無偏無黨王道蕩蕩；無黨無偏，王道平平；無反無側，王道正直。會有其極，歸有其極。」極是法則，皇極是皇帝的法則，皇帝的法則，即是王道，王道則無黨無偏，無反無側，正直中道。古文尚書的「大禹謨」有四句「人心惟危，道心惟微，惟精惟一，允執厥中。」這篇書經，考據家認爲僞書，這四句話前四句見於荀子的「解蔽篇」，後兩句見於論語，則「允執厥中」的思想不在中庸以後。易經講中正，中正爲陽爻在第五爻和陰爻在第二爻，陽陰得有中正，各在所該在的位置上。中正的卦爲吉祥的卦，如中人卦，家人儒，華儒等。

孔子非常看重中庸，「子曰：中庸其至矣乎！民鮮能久矣。」（中庸 第三章）中庸第一章，聲明「中也者，天下之大本也；和也者，天下之達道也。致中和，天地位焉，萬物育焉。」自中庸以後儒家學者沒有不重中庸的，中華民族的文化，也以「中」爲特點。

中庸解釋「中和」，「喜怒哀樂之未發謂之中，發而皆中節謂之和。」這兩句話後來引起理學家的爭論。第一點；關於「中」的實際意義，宋呂大臨以中是性，因爲未發就是性的本體，性的本體就是中。中既是未發，便是靜，因此性的本體，修養的方法，當然是「存性」，即是保持性的本體，楊時、呂大臨、李侗等人乃主張靜坐以存性，使心不動。程頤當時答覆呂大臨，以中代表性的狀況，性未動或心未動稱爲中，性動或心動並不違反性的本體，祇要動能中節，便是善。

朱熹關於未發和已發，有新舊兩說：舊說以未發爲性，已發爲心。新說則以未發已發祇能用之於心，心統動靜。未發時，已經須有修養，動時才能中節；若祇在覺察動時才修養，已來不及。心未動時，心之理，卽性王顯明，動時是氣動，氣動不掩蔽心之理，卽是中和；所以「中」是性理顯明，「中和」是率性。

因着未發已發的問題，程頤和朱熹都很謹愼不用守靜而用守敬。周敦頤曾主張守靜，守靜以預備動，動又回到靜；因爲他的宇宙變易論是靜極而動，動極而靜，但因佛教禪宗敎人靜坐，斷絕欲望，揚時呂大臨等又主張靜坐，程頤乃說主靜容使人流於禪，反對主張守敬，朱熹接受程頤的思想，提倡主敬，主敎有外敬和內敬，外敬爲端重，內敬爲主一。宋以後的理學者，大都接納朱熹的修身法，主敬而不主靜，不免流入形式主義和刻板的拘謹儀式，受到民國初年反禮敎運動的反擊。

5. 尊德性·道問學

中庸第二十七章說：「故君子尊德性而道問學，致廣大而盡精微，極高明而道中庸，溫故而知新，敦厚以崇禮。」

這一段所講的君子之道，就是中庸之道，就是中庸之道，和書經「皐陶謨」所講九德，有同樣的精神，不偏於一邊。「尊德性而道問學」，是這種中庸精神的一項修養原則。胡廣的「中庸章句大全」所以註釋說：「朱子曰：尊德性而道問學一句是綱領，下五句上截皆是大綱工夫，下截皆是細密工夫。致廣大，極高明，溫故，敦厚，此是尊德性，盡精微，道中庸，知新，崇禮，此是道問學。如程先生言涵養須用敬，進學則在致知。道之爲體，其大無外，其小無內，無往而不在焉。故君子之學，既能尊德性以全其大，便須道問學以盡於小。」朱熹明明說出這一句的上下兩截不能分割，君子既尊德性又要道問學。而且按中庸的文句，尊德性是目標，道問學是方法。胡廣的中庸章句大全說：「朱子曰：尊德性至敦厚，此上一截是渾淪處，道問學至崇禮，此下一截便是詳密處。道體之大者，直是難守，細處又難窮究。若有上一截無下一截，只管渾淪，則茫然無覺；若有下一截而無上一截，只管要纖悉皆知，則又空無所寄。雲峯胡氏曰以上一截爲存心，下一截爲致知，存心不是用力。要之存心不大故用力，不自蔽，不自累足矣，涵詠乎此，敦篤乎此足矣，不必於其中又分知與行。……愚謂下『而』字，則重在下股，謂存心不可以不致知，下『以』字，則重在上股。謂非存心無以致知也。」胡氏的話已經多少反映出陸象山的思想，陸象山以尊德性爲存心，存心則理自明，不須再道問學。

陸象山語錄說：「朱元晦曾作書與學者云：『陸子靜專以尊德性誨人，故游其門者多踐履之士，然於道問學處欠了。某教人豈不是道問學處多了些子？故游某之門者踐履多不及之。』觀此，則是元晦欲去兩短，合兩長。然吾以爲不可，既不知尊德性，焉有所謂道問學？」（陸九淵集 頁四〇〇）「先生居象山，多告學者云：汝耳自聰，目自明，事父自能孝，事兄自能弟，本無少缺，不必他求，在乎自立而已。」（陸九淵集 頁四〇八）陸氏的思想後來由王陽明繼承作爲致良知。陸王被後代人認爲尊德性，朱熹則被認爲道問學，而且有人以陸王的思想爲儒家心學的正統。實際上，朱熹從來沒有說不尊德性，但爲尊德性須要用工夫來學，所謂求學，則在於實踐，中庸在第二十章說：「或生而知之，或學而知之，或困而知之，及其知之，一也。或安而行之，或利而行之，或勉強而行之，及其成功，一也。」儒家以聖人爲「生而知之」又爲「安而行之」，其他的賢人君子或愚人，都要勉力求學，努力實行。中庸沒有說一切的人都不用工夫就可「尊德性」，孔子最注重「學」，曾經說「吾十有五而志於學。」（爲政）又曾說：「十室之邑，必有忠信如丘者焉，不如丘之好學也。」（公冶長）孔子的好學，重在實踐所學，所以他祇稱許顏回爲好學。中庸在第二十章又說：「博學之，審問之，愼思之，明辨之，篤行之。」篤行是博學的成功處。

「尊德性」解釋尊重性的善德，尊德性就和明明德在意義上相同。明德在理學家解釋爲性的天理自然光明，然性的天理能爲情慾所掩蔽，克除情慾便是明明德的工夫，孟子乃說「養心莫善於寡欲」。孔子孟子都主張修養須費工夫，不是自然而然心就正，天理就顯。陸象山和王陽明則主張順性，性的天理自然顯於心，心自知天理，知和行自然相合，知行合一便是聖賢。這種思想不是孔孟的思想，也不能說是大學和中庸的正統思想，而是滲入了禪宗的思想。

十、生命——行

生命哲學一書出版後，雖引起學者注意，然對於生命的意義，頗有不同的反應，該書業已修訂再版，曾在形上方面詳加解釋。作者識

1. 由能到成

宇宙一切，稱爲萬有，有便存在，有和在實際不可分。所謂理想的有，實際上不存在，也就實際上不是有。

宇宙萬有，目前都存在，但是在過去和將來，並不存在；所以有和在的結合，是有限的，不是無限的；有和在並不完全相同的。

以往原來沒有，祇是現在有；現在有了，將來又將變爲沒有，可見這個「有」，並不是本體就是「在」；假使「有」的本體就是「在」，「有」常是「在」了。既常是在，便不分以往和將來，總總常在。

一個「有」，既然本體不是「在」，以往便不在，爲什麼現在卻在，成爲實際的有呢？在他不是實際的存在時，他應該是一個可能的存在；假使不是一個可能的存在，便絕對不能成爲實際的存在。一個可能的存在，卽是一個可能的有；由可能的有達到實際的有，必定要有一種動力去推動，推動可能有的動力，當然是在一實體內。這個實體原先也是一個可能的有，也須要另一實體去推動，亞里斯多德乃說宇宙有須要一個最高或最後動力因，這個動力因是絕對之有，絕對之有以自己的力，使原來沒有的或不存在的，成爲有，由可能變的實在。

凡是研究西洋哲學的人，都知道這端大道理，但是，辯證唯物論卻否定這端大道理，中國古代形上學則不完全接受也不完全否定。

我們現在不討論這一點，祇專心研究由可能到實現，或由能而到成的問題。

「能」，按孟子所說，稱爲才，爲一項品質。「能」，不能是物質，可以是物體的品質，可以帶有物質性，也可以是精神體的品質，可以是精神性。「能」的本有傾向，是傾向「成」，以求實現。從「能」到「成」，有種行動，由行動而起變易，變「能」爲「成」。「成」是「能」的實現，實現就是實在，就是實有。「能」若是本體的「能」，例如一個小孩能夠出生，出生，關係小孩本體的存在，這個本體的能不在小孩本體內，因爲小孩還沒有本體，而是在他的父母本體內，父母本體內若沒有這種能，小孩決不能出生，就不能存在，父母的「能」是生育子女的能。「能」，不是虛無，不僅是理想，而是實有，祇是沒有自己的存在，所以要存在一實體中。「能」，區分為本體存在之能，和附加體之能。附加體存在主體內，本體存在之能，則存在另一實體中，每一實體的存在，若不是絕對的有，必有存在之能存在另一實體內，由這實體之力，發動這存在之能，而成新的實體。

宇宙內的實體，都不是自有的絕對體，它們的本體存在之能，都先存在於另一實體內，這樣推上去，就最後要推到唯一的絕對之有，即自有的實體。附加體之能，存在主體內；主體原來連自己的「存在」都沒有，是由另一實體中之「能」而到「成」才實際存在；因此它所有附加體之能也同自己存在之能由另一實體到「成」而後有。所以，照樣推上去，也要推到絕對之有。一切的能，無論本體存在之能，附加體品質之能，都來自絕對之有。

但這些「能」，並不存在於絕對之有以內，因為絕對之有為「純全之行」，本體內絕對不含有「能」，即沒有成為現行之能，絕對不存在於絕對之有以內。絕對之有創造宇宙萬物，是以祂的「力」，依照自有的「觀念」——「聖言」而造的。絕對之有的創造力，便是宇宙萬物的「能」。然而「能」須合符理，才是一種「可能」，否則便是不可能；因此天主的聖言，也是宇宙萬物之「能」的根源。

「能」變爲「成」，須有發動力。發動力有兩種：第一種是發動要用的能，例如我發動我讀書之能，發動我思考之能，發動我走路之能；這種發動力是在「能」以外。第二種是「能」自己在被發動時自動，以達到「成」，例如我讀書，思考，行路之能，被發動時，自己成爲行，我就按照我的「能」的自動去讀書或思考或行路。這種動力在「能」自己以內，可以稱爲行；大家一樣地被發動去讀書，每人讀書的成績不一樣；大家被發動去行路，行路的成績也不一樣，這就在乎「能」的本身。普通不區分這兩種「能」，認爲「能」本身自己的動力，即是「能」的本身，「能」被發動，所有的「成」就按本身的「能」，不是再有自動。但是，在理論上說，「能」，不是虛無，是實有；凡是實有爲完成自己，必定須要自動，若不自動，決不能完成自己，就不可以成爲現實。例如走路，我的腳被發動了，可是走路是我的腳在走，並不是發動腳的力在走。從「能」一方面說，這是「行」。

發動力在宇宙萬物內，互相貫通，彼此相聯繫，外在的發動力發動「能」，「能」被發動成爲行，創造「成」，「成」是成功或成果。貫通宇宙萬物的發動力，來自絕對實有——造物主天主，天主以自己聖神爲宇宙萬物的動力，既發動「能」，又使「能」成行；天主創造工程超出時間，一次就是長久延續。

「成」，是「能」的自動的止點，不是外面發動力的止點。外面發動力的止點是「能」，因爲外面發動力是發動「能」。「能」被發動，自成爲行，行乃達到「成」。「成」是實現了「能」，算是一項成就。

「成」和「能」的關係，有本質的關係，有存在的關係。在本質的關係上，「成」和「能」應該是同類的。在存在的關係上，「能」先於「成」，和「成」不相連；在「成」已實現後，「能」已成爲「成」，兩者就不能離相。「成」不是一成就固定了，延續存在，如同普通所說小孩子生下來了，小孩子就存在了。實際上，小孩子一生下來，小孩子的本體存在之能成了現實，小孩子是存在了；但是小孩子的存在，卻是他的本體存在之能，繼續不停地有達到「成」之「行」；否則，他就不繼續存在了。因爲小孩子存在，是他活着，他爲活着，要有生活的「能」，若沒有生活的能，立刻就死，便不存在。因此他的存在，是靠本體的存在能，卽生活之「能」，繼續不停地行到現實的成。同樣讀書所得的知識，爲能繼續存在，是要知識所附的主體，有使知識存在的能，繼續不停地行到現實的成，而保存知識。因此，「成」和「能」不可以分離，一次成了，並不能使「成」固定，常常存在，必須已成的本體具有存在的能，存在能且要繼續由能而行到「成」，「成」的存在才能保持。

中國易經哲學肯定「一陰一陽之謂道，繼之者善也，成之者性也。」（繫辭上　第五章）一陰一陽有由能到成之力，因而互相結合，結合而成物，陰陽的結合，繼續不停，物的存在也繼續不停。王船山乃說『性日生，命日降』。

整個宇宙萬物的存在，是如亞里斯多德所說的最後或最高的動力因，繼續不停地由無中造有。這最高的動因爲不含着能而純淨是成的絕對實體，他用自己的力，從無中創造了宇宙。他的創造力貫通宇宙萬物，不僅爲使宇宙萬物彼此間具有發動力，互相連貫，且爲使萬有的存在，繼續存在。天主教的信仰說，創造力乃是天主聖神。「上主，一切萬物裏當讚美祢，因爲祢藉着我們的主——耶穌基督，以聖神的德能，養育聖化萬有。」（天主教行彌撒 第三式 感恩經）

在這一段裏，所講的有這幾點：

(1) 宇宙萬有，都是由「能」而到「成」所成。

(2) 所成的有，須要由「能」到「成」繼續不停的「行」，「能」和「成」實際上不可以分離。

(3) 爲由能到成，須有「能」以外的發動力，「能」被發動以後，自動而行以到「成」。

(4) 宇宙萬有的「能」和一切的外在或內在的動力，都來自絕對之有。

(5) 絕對之有以神力創造萬有，神力繼續貫通在萬有裏，使萬有繼續存在。所以說支持萬有的存在，乃是繼續的創造。

這幾點在西洋士林哲學裏已是老生常談，不是創新。但是第二點和第三點士林哲學並沒有明白講論，我把它引伸出來，以作生命哲學的形上基礎。

2. 行

宇宙萬有的存在，是由「能」到「成」的繼續的行。繼續不停不是固定的存在，因爲並不是一次由「能」到「成」，這個「成」就固定存在了，它的存在延續下去，而是一次一次地由「能到成」，繼續的行。易經說陰陽相結合，繼續不停，一次一次地繼續結合。因此，這個「成」不是靜止的，而是健動的，所以稱爲「行」。

行，是「能」到「成」，實際卽是「成」，爲實際的有（卽實有體），繼續不停的由能到成，是繼續的成，是不停的創造。凡是宇宙的實有，都包涵這種神祕。在這種神祕之中，有主體，有能，有發動力，有自行，有成。主體，是這個實際的有；能，是主體由原先使他成爲實際之有的主體所得來的能。主體原先不存在，由另一主體發動「存在之能」而成爲實有，實有繼續自行由本體存在之能而到成，乃有繼續的實際存在。

在這裏究竟有什麼神祕呢？神祕是在繼續不停地的行。就說是附加體的「成」，也見得神祕主體的本體存在之能，一次被發動而成爲實有，外在的發動力只發動一次，以後主體的本體存在之「能」自行繼續到成。附加體的能，則須外在發動力繼續發動，又要「能」自行繼續到成例如我的存在，在我出生以後，我的存在能要繼續自行到成，我出生則只一次，我活着則須繼續之行。而我讀書，則須要我發動我讀書之能，而且要繼續發動，否則，我就不讀書了，同時，我讀書之能，自己也要自行不停地到成，否則我白費力，我沒有讀到書。

「成」，爲「能」的實現；「能」的實現，是「能」自行到「成」。在我們的想像中，由「能」到「成」，中間有一段行動；但在形上本質方面說，「能」自行就是「成」，「行」和「成」實際上是同一的。「能」的自行，不是一種行動，不經過一段歷程，而是「能」的實現。例如我站在鏡子前面，鏡子就有我的像。鏡子有照出人像的本能，我站在鏡子則，是鏡子本能的實現須有的條件，也是發動鏡子本能的動力。當我已站在鏡子面前，鏡子立刻映出我的像，鏡子映像的「能」就自行實現了，並不經過歷程。所以「行」就是「成」，「成」就是「行」。

「成」就是「行」，兩者實際是同一的，但在意義上有些差別。「成」是成功，是完成，是「能」的實現，意義上有止點的成份，有靜的氣氛。「行」則含有前進的成份，有動的氣氛。「成」也未來就是存在，也是實有；然而實際上實體的存在，不是固定的靜體，而是由能到成的繼續自行；因此，實體的存在，更好，而且更恰當地稱爲「行」。

「行」是自行，即是「能」自到「成」，所謂自行，是「能」受到發動，自行到「成」。「行」可以說是「能」的用，例如我讀書，是我用讀書之能；然而對於本體存在之能，則不能說是「用」。例如我存在活着，是因我本體存在之能，繼續自行到「成」，這種「行」，不是用，而是我的本體。

「行」，易傳曰「繼之者善也，」常是本體之善，常是成全，沒有缺陷，沒有退縮。「行」一停止，本體就不存在。

「行」在現代科學上有一問題，即種類進化的問題。「成」和「能」相對稱，是同類性的。種類進化論卻主張由低種生物進到高種生物，「成」和「能」不是一類，「成」超越了「能」的本性，這是不是「行」所造成？按形上本體論說，「成」不可以超越「能」的本性，有那種「成」，必有相稱的「能」。若有種類進化的事實，則在低級物中，已有高級生物之「能」。這種「能」不來自低級物一體，而是由造物主的創造力所安置。

3. 生命

行，爲活的實體；純全的行，爲永不靜止的極活實體；不純全的行，常繼續不停由「能」

自行到「成」也是活的實體。這種活動，由主體自己發動，成就於主體自體以內，便可以稱爲生命。

通常對於生命的意義，乃是自己發動，而使自己得以完成的行動。通常分爲有生物和無生物。無生物爲礦物，本身沒有活動，爲靜止體，自己不能完成自己。有生物則分爲植物和動物，兩者都有自己發動的生命，使自身成長而完成。這種分法，是就「能」的發動力而分，有生物是自己發動自己的能，以完成自己；無生物是由外力發動自己的「能」，而且沒有完成自己的行動，自己一成不變。

中國哲學不用對立的兩分法，而用拾級升登的階梯制，不從發動力去區分，而由本體存在去區分。程頤和朱熹都主張宇宙祇有一個生命理，朱熹特別標出「理一而殊」。宇宙萬物同有一生命理，這生命理爲同一之理，然因和氣相結合，氣有清濁，生命理的表現便有不同，宇宙萬物的存在，即是生命；存在的實現因氣的清濁不同，實際存在便各不相同，實際的生命，也就各不相同。這就是「理一而殊」。生命的理祇是一個，萬物所稟受者都是這一個生命理，理由氣而受限制，而有分別。

生命之理祇是一個，但，和氣相結合的生命之理各自相殊，生命也就各不相同。朱熹曾說，人得理之全，物得理之偏。他認爲生命之理，在人是全的，在別的物則祇多少有一部份。人的生命代表整個生命之理，別的萬物則祇有部份的生命。這種種部份生命，由氣的清濁而分；氣的清濁按清濁的程度而作區別，不是清濁的對立，而是較濁較清拾級而登的階梯，因此，萬物的生命，也是高低的程度而列成一階梯。普通生物學以及哲學所講的有生物，也是由最低級生命數次上升，到最高級的生命，不過祇把礦物除外，稱爲無生物。

中國哲學認爲礦物也有自己的生命，因爲陰陽兩氣在礦物和山陵內，也繼續變易，和在植物以內一樣。中國古人常以山陵有靈氣，巨石可以結成神靈的石精，如同千年樹精和名花的花精一樣。中國古人又以山陵有脈，稱爲山脈，石頭內也有脈。山脈不僅是山峯構成的系統，且是山峯內部的關節，山峯和山石互相連接，若是山脈被破壞或被斬斷，峯石便會崩頹。現在開路建屋，破壞了山脈，所以常有山崩的現象。自然科學說這是自然界的現象，和生物界的現象不一樣。中國古人則看着宇宙萬物在生命上互相關連，動一髮則牽全身。王陽明曾倡「一體之仁」，仁爲生命，宇宙萬物有一體的生命。

我現在來講，不用陰陽之氣，也不用清濁之氣，我是用由「能」而到「成」的「行」；這種「行」凡是物體都有。一切相對的存有，即不純全的「行」，在本體內繼續不停地常由「能」而到「成」；在絕對的有之實體，沒有「能」，祇是「純粹的行」(actus purus)這種行稱爲生命。

有人要說：由「能」而到「成」，是滿天的自然現象，高者如我思想，我喜愛，低者如樹葉變黃，這難道都是生命？當然我也不說這些現象是獨立的生命，然而我要說這些現象都是生命的表現。本體存在的「能」，自行而到成，本體繼續存在，這是獨立的生命，附體的「能」，行而到成，則是附體的主體表現自己的生命。

由「能」到「成」，卽是由 potentia 到 actus，稱為生命，因為是自發而完成自己，但是生命在實際上有高低的等級，這種等級由何而來，朱熹說來自氣的清濁。我既不用理氣的思想，便不能用朱熹的答詞。按常情說，應該是來自「能」，由「能」而到「成」，成和能相配，有若何的「能」，就有若何的「成」，「能」的不同，來自天命。造物主天主的純全的理智，創造萬物，必定造有完美的次序。「能」，乃是物體的根據，因此，在萬物中之「能」，便有完美的次序，從最低級之「能」，順序到最高級之「能」。這種次序，就構成生命的次序。在宇宙萬物中，最低級的生命，為礦物，最高級的生命，為人。在人和礦物中，有什麼在本體上相同的？相同的，就是本體上的由「能」而到成的「行」。人的生命，由生存之「能」，不停地繼續到「成」，生命乃能繼續存在。生存之「能」，繼續到「成」繼續完成自己的存在。但是人的生命，在身體方面，發展到了成熟時期，就開始向下，不再完成，而向摧毀；在心靈方面，則應常繼續完成。孟子因而以身體為人的小體，和禽獸一般，心靈爲人的大體，眞正代表人的生命。石頭的生命，也是由「能」到「成」，祇是石頭的生存之「能」，爲最低級之「能」，一點不能表現由「能」而到「成」的「行」。植物的生存之「能」，可以由生理的變化，表現由「能」到成的「行」，生物的生存之「能」，可以在感覺上體驗由「能」到「成」的「行」，人的生存之「能」，更可以在意識上知道由「能」到「成」的「行」。這些「能」的高下，乃造物主天主所造，重置在萬物之中。

有人要說：既講「由能到成」，又講「成」，又講「行」，又講「生命」，混淆不清，到底這四者有無分別？我很慚愧，使用術語弄得讀者看不清楚。四者的意義有不同，實際則是同一，由「能到成」，指着實際的意義；「行」，指着這種變易；「成」指着變易的成就；「生命」指着這種成就的內在意義，實際上，四者所指的對象，則同一對象。西洋士林哲學本體論，以「有」由「性」和「在」相合而成。「性」由元形和元質兩元素而成，「性」的地位爲「能」，「在」則爲成，「性」和「在」相結合卽是「行」；但士林哲學不以這種「行」爲生命。中國理學以「物」由理和氣相合而成理爲性，氣爲形相當於「在」。理是「能」，氣是「成」，因氣有陰陽，陰陽常相結合；氣既相當於「在」，這種「在」常是行動，因此主張一切物都是生物，具有生命。

有人一定要說：這樣講生命，祇是文字上講，實際上礦物仍舊沒有普通所謂的生命，這種生命哲學跟普通的西洋哲學有什麼不同？有什麼突破？有什麼超越？

我卻要說有基本的不同點，一般西洋哲學，就連傳統的士林哲學，在形上本體論講有，在宇宙論講變，在講人時才講心靈生活，接着講倫理道德。人和萬物相脫離，自成一類。哲學對於物體分析得非常清楚，每一類有一類的特性。對立性的分法，運用到各處。我講生命哲學則沿襲中國哲學傳統，以生命，即以「由能到成」，貫通一切，從本體論到宇宙論，直接又連到人性論，再滙合到精神生活，在精神生活中，以「仁」道發展萬物的生命，如孟子所說『萬物皆備於我』（盡心上）最後以「仁」和天主造物主相結合。生命哲學以生命在橫的平面，和宇宙萬物連成「一體之仁」，在縱的直線，超越宇宙，升到超性的神性生活，與基督合成一體。這種哲學是活的哲學，是整體的哲學，是中國生生不息的哲學。

中國漢代的易學，講陰陽五行，構成整體的五行觀，宇宙間無論人，物，事，無論人事界，自然界，一切都由陰陽五行所成，以五行的次序互相連貫。占卦，算命，看地，看相，按着這種次序，順理推算。現代人認爲這都是迷信，不合哲理，不合科學。我也評判這種五行思想過於物質化，過於機械化。若講宇宙間一切都不停地變易，變易由陰陽兩元素而成，陰陽的變易在時間和空間內運行；這幾點我們都可以接受。時間是一年四季，空間是東南西北，時間和空間相配合，春爲東，夏爲南，秋爲西，冬爲北，再加上一個中和的中央。陰陽在四時四方的變易所成為木火金水，中央為土。宇宙的一切物體或事件，都必成就在一時一方之內；因此每個事物的本質，便是這個事物成就時的時和方的元素，即五行之一。這個事物和其他事物的關係，就按五行相生相尅的次序；這幾點我們就不能接受了。因為這幾點已經進入物理學的境界，不是講哲學而是講科學，古代的科學，在中西的古代常雜在哲學中，現代都已被揚棄。

然而中國古代的哲學，有種優點，就在於結成一個整體的生命觀。從易經開始，漢易加以發揮，宋代理學予以完成。中國古人看宇宙為一整體，整體活動不停，靜中有動，動中有靜，化生生命。生命縱貫古今，橫連四方，而以人的生命為中心，為頂點；以人的生命的意義，給宇宙萬物一種意義。這就是中國哲學的精神。但是有人說，易經根本沒有「生命」的名詞，漢易和宋明理學也沒有「生命」的名詞，對這種問題我就祇好說這些人根本沒有懂，或者不願意懂易經的「生生」和「好生之德」，以及中庸的「贊天地之化育」和理學家的「天地以生物為心」，「仁者，生也」。這些「生」字，和「太極生兩儀」「道生一」的生字，意義不相同，因為這兩處的生字沒有生命的意義，祇說出根因。孔子曾說：「天何言哉！四時行焉，百物生焉，天何言哉！」(陽貨)孔子所說的生，就有生命的意義。

我很稱佩中國的整體生命哲學；因此，採取士林哲學的「能」與「成」和「行」，代替陰陽五行，結成整體生命觀。

這個生命觀，以「能到成」之行爲生命，「能」是物性，「成」是「在」；中國哲學「能」是理，「成」是氣，氣有陰陽兩元素，常繼續不停地運行，互相結合。陰陽的結合以理爲標準，即是按着性而結合，性則來自天命，陰陽的結合既不停，王船山乃說：「性日生，命日降」，我認爲性和在的結合爲生命，因爲這種結合，不是一次結合就固定不易，而是繼續不停的結合，這種不停的結合，稱爲行，稱爲生命，因這種結合，是貫體的「性」，自行而與「在」結合，不由外力，又是爲客成自己的本體。

通常以生命爲自行完成自己本體的行動，植物和動物都由出生而有長成，長成是由；自礦力物的本體沒有成長，故沒有生命。但是這種生命觀，是以物體的附加體的變易，成長或縮萎作爲生命，本體的性和在，乃一成不易。我接受中國哲學的觀念，性和在的結合，必須是繼續不停的，這種結合乃是生命，附加體的變易，則是本體生命的表現，若說礦物沒有生命，進化論便否認這一點，宇宙生物由進化而來，則有生物必來自無化物。照我的觀點，一切物都有生命，只是生命的程度不同罷了。進化論並不希奇，祇是哲學本體論產生一大問題，即本體(Substance)問題。本體由性和在的結合，固定不易，若是性和在常繼續結合，則本體不能固定，便不是本體了，不過問題祇在於「固定」。既然西洋近代哲學大部份都主張萬物常在變化，則本體的特性，不在固定，而在「性」和「在」的結合。

4. 純全的行

宇宙萬物都爲不純全的行，行中含有能，含有由「能」到「成」的變化。這種變化最後或最高發動力，來自純全的行，宇宙萬物來自造物主。

「純全的行」，不含能，沒有由能到成的變化；但是「純全的行」，絕對不是呆木的靜，一定是純全的生活，最高的生命。「純全的行」，有本體的活；本體的活是本體自行；自行不是成，因已是完全的成；自行不增加本體，因本體爲絕對的有。本體的活，是本體自行，本體自識自愛，因爲「純全的行」爲純淨精神，純淨精神的活在於理智和情感的自行，純全理智的行爲自識行，乃爲聖言，聖言稱爲天主本體的肖像，即天主對自己所有的觀念，稱爲聖子。純全情感的行，爲自愛行，乃爲聖神，聖神稱爲聖父聖子的愛。「純全的行」的自行，沒有時間空間，爲永恒的活。若以我們的知識去觀察，則是時時行，處處行，即是時時刻刻，處處處處天主聖父發聖言，聖父聖子共發聖神，好比我們的行，是時時處處由能到成。

「純全的行」，永恒是生活，不增不減；但可以使「行」有所表現，表現識和愛，便創造宇宙萬物。創造宇宙萬物爲「純全的行」的生命表現，由生命的活力所成。萬物中所表現的爲「純全的行」對自己本體的知識，和對自己本體的愛。所以說在萬物中有造物主的遺跡，人則更爲天主的肖像。「純全的行」的生命活力所成的，不能是虛空，一定是實有，因爲他是全能的；因此，宇宙萬物都是實體。佛教的大乘起信論，主張眞如兩門，眞如門和生滅門，眞如門爲眞如絕對有的本體，生滅門爲眞如的表現，卽宇宙萬有，萬有乃是空。

宇宙萬有既是「純全的行」的生命的表現，由生命活力所成。這種生命活力貫穿宇宙萬有，萬有因着這種活力乃能由能而到成。萬有的「行」，因着「純全的有」的生命活力而行，卽萬有的生命因着「純全的行」的生命而活。萬有在生命上彼此相連，又和「純全的行」的生命相連。這種生命觀在中國有天人合一觀，在天主教的教義，這種生命觀因着罪惡而被破壞，由耶穌基督的救世工程重新建立，且提高到更成全的超性界。聖保祿宗徒說萬物都被壓在罪惡下呻吟，等待救主的來臨。（致羅馬人書 第八章）

十一、中國生命哲學的發展

1. 原始的生命哲學

原始的哲學思想，常發原於哲學人對具體生活和生活的環境所有的探討，就如易傳述說伏羲作八卦的來由：「古者包犧氏之王天下也，仰則觀象於天，俯則觀法於地，觀鳥獸之文，與地之宜，近取諸身，遠取諸物，於是始作八卦，以通神明之德，以類萬物之情。」（繫辭下　第二章）原始哲學人探討人類生活之道，以爲君王治民的政則。中華民族的原始哲學思想，從書經裏可以見到。

堯典述說帝命羲和與羲仲羲叔，掌管人民的生活，配合天象和四時；人民的生活是農耕的生活，四時四方對於農產物有密切的關係、天時、地質，對於人、畜、農作物都有影響。

在洪範篇有「四：五紀：一曰歲，二曰月，三曰日，四曰星辰，五曰曆數。」「八：庶徵，……王省惟歲，卿士惟月，師尹惟日；歲月日時無易，百穀用成，乂用明，俊民用章，家用平康，……庶民惟星，星有好風，星有好雨。日月之行，則有冬有夏；月之從星，則以風雨。」這一篇所講，關於人民的生活，使「百穀用成，家用平康。」重要的因素，在於歲月日星能夠順時不亂。

這種思想在周禮中也表現明白；周禮所紀的官制，是天官、地官、春官、夏官、秋官、冬官，每種官職的職位，不是按照名字去分，而是按照國家的事務去分，但是信制的名稱，就明顯地指示，國家的事務和天時互相連繫。禮記書中則有月令一長篇，記述每月所行的政事，莫不以天時爲準則。禮記月令和呂氏春秋的十二月紀相同，呂氏春秋爲呂不韋所編，屬秦始皇時代的作品，然秦朝並未能遵照月令行政，姑不論月令和月紀的作者是周公或呂不韋，月令的思想則是古代的思想。人君行政從按天時，天時由日月星辰而顯，天時的影響在於宇宙萬物的生命，宇宙萬物的生命，和人的生命相關。立春之月，天子迎春於東部，向上帝祈穀，親載耒耜以耕。因爲在這一月，天氣下降，地氣上騰，天地相合，草木萌動。月令和月紀的思想來自古代，細的節目和禮規，乃是後代秦漢人的作品。這種思想，以宇宙萬物的變化，由春夏秋冬四季而顯，在四季所顯的變化，是萬物的生化過程。

2. 生命哲學的成熟

中國古代生命哲學的思想，到了易經，已經成熟，結成了一種系統。宇宙一切都在變，稱爲「易」，變易的目標在於生生，「生生之謂易。」（繫辭上 第五章）變易的成因，爲陰陽兩元素，陰陽繼續相交，交乃成物，「一陰一陽之謂道，繼之者善也，成之者性也。」（同上）陰陽兩元素各有特性，陽爲剛，陰爲柔；剛爲進，柔爲退；進則動，退則靜；動有進取，靜則迎合；兩種特性互相調協，以成萬物。陰陽的變易，繼續不停，循環運行，如日夜相繼續，如春夏秋冬四季相替換。宇宙乃形同一道生命的洪流，浩浩蕩蕩，生化不息。「剛柔相推，而生變化……變化者，進退之象也。」（繫辭上 第二章）

易經以變象代表物形，以爻代表變，以辭解釋變的意義。「聖人有以見天下之賾，而擬諸其形容，象其物宜，是故謂之象。聖人有以見天下之動，而觀其會通，以行其典禮，繫辭焉以斷其吉凶，是故謂之爻。」（繫辭上 第八章）「八卦成列，象在其中矣；因而重之，爻在其中矣；剛柔相推，變在其中矣；繫辭焉而命之，動在其中矣。吉凶悔吝者，生乎動者也；剛柔者，立本者也；變通者，趣時者也；吉凶者，貞勝者也；天地之道，貞觀者也；日月之道，貞明者也；天下之動，貞夫一者也。」（繫辭下 第一章）「是故易者，象也；象，像也。象者，材也；爻也者，效天下之動者也；是故吉凶生而悔吝著也。」（繫辭下 第三章）

易經的卦變，代表天地之變，天地之變爲化生萬物；易傳乃說：「天地之大德曰生。」

天地之變以乾坤爲元素，乾爲生化的開端，易經乾卦象曰：「大哉乾元，萬物資始，乃統天。雲行雨施，品物流形。……乾道變化，各正性命，保合太和，乃利貞，首出庶物，萬國咸寧。」易經坤卦象曰：「至哉坤元，萬物資生，乃順承天。坤厚載物，德合無疆，含弘光大，品物咸亨。」「夫乾，其靜也專，其動也直，是以大生焉。夫坤，其靜也翕，其動也闢，是以廣生焉。」（繫辭上 第六章）乾動坤合。易經泰卦象徵春天，萬物發生，易經泰卦象曰：「泰，小往大來，吉，亨，則是天地交而萬物通也。上下交而其志同也。」天地相合，風調雨順，農耕和時間空間關係非常大；易經的卦，乃講中正，陽爻陰爻各正其位，易經卦辭常說：「時之意義大矣」。農產物的化生和四素及地域必須配合，時間和空間的意義和生化相連；易經的時間和空間所有的意義由生生去定，而不是由物質的變去定。

易經的變易不是物質的變易，因爲變易是生生，卽是生命，易經乃稱變易爲神，爲神秘莫測。「生生之謂易，成象之謂乾，效法之謂坤，極數則來之謂占，通變之謂事，陰陽不測之謂神。」（繫辭上 第五章）「範圍天地之化而不過，曲成萬物而不遺，通乎晝夜之道而知，故神無方而易無體。」（繫辭上 第五章）「易，無思也，無爲也，寂然不動，感而遂通天下之故，非天下之至神，其孰能與於此？」（繫辭上 第十章）

孔子研究易經，給弟子們講授易經。易經原來爲占卦以卜吉凶，吉凶推陰陽之道去推算，順者爲吉，逆者爲凶、卜吉凶爲知道事情的禍福，有禍則不作事，有福才作事。孔子以禍福不在於事情的吉凶，而在於事情的善惡，善事必得福，惡事必得禍，福禍乃事情的賞報。賞報由上天所定，由鬼神去執行。

孔子照把吉凶和善惡相連，便把易經天地變化之道，延伸爲行爲倫理之道。人乃天地萬物整體的一部份，人生之道乃天地變化之道的一部份。易傳乃說：「易之爲書也，廣大悉備，有天道焉，有人道焉，有地道焉，兼三才而兩之故六；六者非它，三才之道也。」（繫辭下 第十章）人道和天地之道相連，成爲三才之道，天地之道爲生，人道爲仁。「天地之大德曰生，聖人之大寶曰位，何以守位？曰：仁。」（繫辭下 第一章）仁和生相連。易經乾卦文言曰：「夫大人者，與天地合其德。」大人卽是聖人，也卽是聖王，聖人之德，在於和天地同具生生之德。

聖人之德旣和天地相同，聖人之德的原則也和天地之德的原則相合；天地生生之德由陰陽相調協而成，適合時地而居中正，聖人之德也是陰陽相合，常有中庸。聖人的行動，常以天地爲法。易經的象辭，原辭和文言，把天地變化之道，常常配合人的行爲。所有的「象曰」，都講君子之道。易經將人的生命連接在宇宙萬物的生命以內，宇宙的生命，乃是一個生命，層次雖不同，但彼此相連：這種思想成爲中國哲學思想的特點，又是中國名家哲學的共同性。

3. 中庸・禮記的生命思想

孔子在論語裏，祇有一次講到了天的好生，他說：「予欲無言！子貢曰：子如不言，則小子何述焉？子曰：天何言哉？四時行焉，百物生焉，天何言哉！」(陽貨) 孔子主張法天，天的好處，在於使四時按序而行，百物乃得生化。這種思想完全和易傳的思想相同。孟子也沒有明確地講生命哲學，但有兩處表明和易經的思想：他說：「君子，……親親而仁民，仁民而愛物。」(盡心上)「萬物皆備於我。」(同上)

中庸在這方面則較論語說得多。中庸第二十六章說：「天地之道，可一言而盡也：其爲物不貳，則其生物不測。」天地之道德指在一個生字，天地生生有次序，依照物性，而且功能神妙莫測，生生不息，聖人效法天道，易傳曾說聖人以仁配天地之生，聖人和天地合德，中庸乃說：「大哉聖人之道，洋洋手發育萬物，峻極于天。」(第二十七章) 中庸主張人應率性而行，率性爲誠，「唯天下至誠，……能盡物之性，則可以贊天地之化育：可以贊天地之化育，則可以與天地參矣。」(第二十二章)「唯天下至誠……知天地之化育，夫焉有所倚？肫肫其仁，淵淵其淵，浩浩其天。」(第三十二章) 與天地參，即是易傳的天地人三才；三才相連，化生萬物。

中庸稱讚孔子，效法天地，與天地合德，具有天地的偉大。「仲尼，祖述堯舜，憲章文武，上律天時，下襲水土；辟如天地之無不持載，無不覆幬；辟如四時之錯行，如日月之代明，萬物並育而不相害，道並行而不相悖，小德川流，大德敦化，此天地之所以爲大也。」(第三十章)這段話和易傳乾卦文曰：「夫大人者與天地合其德，與日月合其明，與四時合其序，……」意義相同。孟子曾稱「孔子，聖之時者也。」(盡心 下)中庸以孔子和易傳的大人，精神相同，都在於贊天地之化育，使萬物生生不息。

中庸的人生哲學，以率性爲基本原則，性爲人生的根基。人若能率性而行，則能盡性以發展，進而發展人性和物性，以達到贊天地的化育。萬物的性相連，因爲生命相連，發展了自己的生命，就該發展萬物的生命，「己欲達而達人」。

禮記爲載聖收集的儒家關於禮的文字，月令一篇不立以代表孔孟時代的著作，樂記一篇也不是漢武王時河間王所收集；但兩篇中的思想則和周代的禮樂思想相連繫。月令篇的思想，留在後面去講，在這裏只講樂記的思想。

「天高地下，萬物散殊，而禮制行矣。流而不息，合同而化，而樂興焉。春作夏長，仁也；秋歛冬藏，義也；仁近於樂，義近於禮。」仁義樂禮相配，象徵天地萬物的生化，萬物有類，生命不同，禮制以別；萬物生命相連，合同而化，樂歌以和。「方以類聚，物以羣分，則性命不同矣。在天成象，在地成形；如此，則禮者，天地之別也。地氣上齊，天氣下降，陰陽相摩，天地相蕩，鼓之以雷霆，奮之以風雨，動之以四時，煖之以日月，而百化興焉；如此，則樂者，天地之合也。」天地相合則萬物化生，爲易傳的思想，樂記篇也表明這種思想。音樂，象徵萬物的生命，同化合流。

「是故先王本之情性，稽之度數，制之禮義，合生氣之和，道五常之行，使之陽而不散，陰而不密，剛氣不怒，柔氣不懾，四暢交於中而發作於外，皆安其位而不相奪也。」樂既是和，則須調協，音樂有節奏，有度數，一切合於中道，然後音樂對於人的情感，也能調協，「四暢交於中」。

「是故大人舉禮樂，則天地將爲昭焉。天地訢合，陰陽相得，煦嫗覆育萬物，然後草木茂，區萌達，羽翼奮，角觡生，蟄蟲昭蘇，羽者嫗伏，毛者孕鬻，胎生者不殰，而卵生者不殈，則樂之道歸焉耳。」樂使天地昭明，屈生曰區的能夠萌達；有羽翼的能夠奮發，有角無觡的觡可以生，以及胎生或卵生者都能不夭傷。樂的意義和功能，便全在生命上，中國古代所以非常重樂，詩經中許多樂章，象徵古代樂曲的興盛，可惜古樂在後代都失了傳，祇留下了這些哲理的文章。

然而樂的直接影響在於人心，樂是因人的情動於中，乃發音於外。「夫樂者，樂也，人情之所不能免也。樂必發於聲音，形於動靜，人之道也。」因此，樂對於人心，非常重要，「君子曰：禮樂不可斯須去身，致樂以治心，則易直子諒之心油然生矣，易直子諒之心生則樂，樂則安，安則久，久則天，天則神，天則不言而信，神則不怒而威，致樂以治心者也。」注曰：「易謂和易，直謂正直，子謂子愛，諒謂誠信，言樂能感人使善心生也。」

4. 老莊講生命的發揚

老子爲絕對的自然主義，他說：「天地不仁，以萬物爲芻狗。」（第五章）但是他的自然主義，不是一種呆木的唯物論，而是有情的生化，「致虛極，守靜篤，萬物並作，吾以觀復；夫物芸芸，各復歸其根。歸根曰靜，是謂復命；復命曰常，知常曰明，不知常，妄作，凶。」（第十六章）「大道氾兮，其可左右，萬物恃之而生而不辭，功成不名有，衣養萬物而不爲主，常無欲，可名於小，萬物歸焉而不爲主，可名爲大，以其終不爲大，故能成其大。」（第三十四章）老子以道爲萬物的根源，道不是造物主也不是呆板元素，而是活動的主體，生化萬物，衣養萬物，自己不稱功道寡，自作主人，道的變化之原則，以退爲進，以弱爲強，以往爲復，無爲無欲，任憑自然；人生之道卽在於遵守這種原則。「是以聖人欲上民，必以言下之；欲先民，必以身後之。是以聖人處上而民不重，處前而民不害；是以天下樂推而不厭。以其不爭，故天下莫能與之爭。」（第六十六章）「我有三寶，持而保之：一曰慈，二曰儉，三曰不敢爲天下先。慈故能勇，儉故能廣，不敢爲天下先，故能成器長。」（第六十七章）老子的哲學看來很消極，實際上則是很積極追求生命的發揚；例如他說有三寶，慈、儉、不敢爲天下先，看來都是消極的品德；但是他說慈則勇，儉則廣，不敢爲天下先則能成器長，則效果都屬於積極的功效；而且若不守執三法，「今舍慈且勇，舍儉且廣，舍後且先，死矣！」可見老子不是求生命的死亡而無爲無欲，乃是以無爲無欲以高度發揚生命，如同他不求小智而求若愚的大智，不求小德而求無仁義的大德，不求小的生命而求發揚生命到極度，如同道之大。

莊子爲一位追求生命的超越境界之哲學家，他的哲學思想是生命流通的哲學，他繼承老子的道之無限觀念，然更着實在氣的實體上。「雜乎芒芴之間，變而有氣，氣變而有形，形變而有生。」（至樂篇）萬物由氣而生，氣通流於萬物，「通天下一氣耳！聖人故貴一。」（知北遊篇）「凡物無成與毀，復通爲一；唯達者，知通爲一。」（齊物論篇）天地一氣，通於萬物；人的生命，由氣而成；人能摒除外面一切形色，生活於氣，人的生命便和萬物相通，在宇宙內可以流通無阻，逍遙自在，「若夫乘天地之正，御六氣之辯，以遊無窮者，彼且惡乎待哉。」（逍遙遊篇）生命的發展，在於一切任其自然，保全天眞。「何謂天？何謂人？北海若曰：牛馬四足，是謂天；落馬首，穿牛鼻，是謂人；故曰，無以人滅天，無以故滅命，無以得殉名，謹守而勿失，是謂反其眞。」（秋水篇）天是自然，人是人爲，天眞則是保守自然，莫被人爲所害。

「老聃曰：意！幾乎後言，夫兼愛，不亦迂乎！無私焉，乃私也，夫子若欲使天下無失其牧乎，則天地固有常矣，日月固有明矣，星辰固有列矣，禽獸固有羣矣，樹木固有立矣。夫子亦放德而行，循道而趨，已至矣，又何偈偈乎揭仁義，若擊鼓而求亡子焉，意！夫子亂人之性也。」（天道篇）這是老子教訓孔子的話，爲莊子所編造，意思是人性本來仁義，若是有人偏偏以仁義敎人，則是自造的仁義，反而亂了人性。

宇宙的氣，運行不息，往返循環，「四時迭起，萬物循生，一盛一衰，文武倫經，一淸一濁，陰陽調和。」（天運篇）「萬物一齊，孰短孰長？道無終始，物有死生，不恃其成，一虛一滿，不位乎其形，年不可舉，時不可止，消息盈虛，終則有始，是所以語大義之方，論萬物之理也。物之生也若驟若馳，無動而不變，無時而不移，何爲乎？何不爲乎？夫固將自化。」（秋水篇）易經也說萬物的變易是神妙莫測，無爲而無不爲。莊子解釋宇宙萬物的變化，以爲不可解釋，動而不動，變而不變，爲又不爲，乃稱爲自化。「性不可易，命不可變，時不可止，道不可壅，苟得其道，無自而不可，失焉者，無自而可。孔子不出三月，復見，曰：丘得之矣！烏鵲孺，魚傅沫，細要者化，有弟而兄啼，久矣夫！丘不與化爲人，不與化爲人，安能化人。老子曰：可！丘得之矣。」（天運篇）萬物化生，純乎自然，鳥類卵生，魚類溼生，細腰蜂化生，人類胎生。有了弟弟，兄長失乳失愛乃哭，一切都純乎自然。因此，人應當知道生化之理，和「化」爲友，才能化人。

人和化爲友，及能大通，和天地爲一。莊子說：「又況萬物之所係，而一化之所待乎。」（大宗師篇）和天地相合乃爲一，和人相和則不一。「性修反德，德至同於初。同乃虛，虛乃大，合喙鳴，喙鳴合，與天地爲合，其合緡緡，若愚若昏，是謂玄德，同乎大順。」（天地篇）同乎大順的人便是眞人或至人，「何謂眞人？古之眞人，不逆寡，不雄成，不謩士；若然者，過而弗悔，當而不自得也。若然者，登高不慄，入水不濡，入火不熱，是知之能登假於道也若此。」（大宗師篇）眞人如同儒家的聖人，代表生命發揚到最高境界，人和天地萬物的生命相通。

5. 秦朝的生命哲學

春秋戰國時期的思想，到了秦朝，已經呈現象類的現象；同時戰國時的迷信，也混進了哲學，開始漢朝的陰陽五行思想。法家的學說，因着秦始皇的一統政治，獲得了政客的信任。秦漢的哲學思想，學術的價值很低，但對中華民族的生活，卻影響很大很深。當時的生命哲學思想，可以從呂氏春秋和董仲舒班固以及漢易學者去看，而秦漢的哲學，頗受管子的影響。

管子說：「地者，萬物之本原，諸生之根苑也；美惡賢不肖愚俊之所生也。水者，地之血氣，如筋脈之通流者也；故曰：水具材也。……夫齊之水道躁而復，其故民貪麤而好勇；楚之水淖弱而清，故其民輕果而賊；越之水濁重而洎，故其民愚疾而垢；秦之水泔㝡而稽，淤滯而雜，故其民貪戾，罔而好事；齊晉之水枯旱而運，淤滯而雜，故其民諂諛葆詐，巧佞而好利；燕之水萃下而弱，沉滯而雜，故其民愚戇而好貞，輕疾而易死；宋之水輕勁而清，故其民閒易而好正。是以聖人之化世也，其解在水。故水一，則人心正；水清，則民心易，一則欲不污；民心易，則行無邪。是以聖人之治於世也，不人告也，不戶說也，其樞在水。」（水地篇）這種思想可以說是中國哲學思想中獨特的思想，至於看重水，則和老子的思想相近，老子以上善若水，水弱而強。水性不同，所生人物也不同，這種思想在周禮地官篇裏也有，中國歷代也常說山清水秀出美人。

但是管子對秦漢哲學思想影響最大的，是他的陰陽五行思想。他在四時說：「是故陰陽者，天地之大理也；四時者，陰陽之大經也；刑德者，四時之合也。」君王在四時所行政令，要與時季相合，不合必招禍，「是以聖王治天下，窮則反，終則始，德始於春，長於夏，刑始於秋，流於冬。」這和儒家所說春生夏長秋收冬藏相應，「刑德不失，四時如一，刑德離鄉，時乃逆行，作事不成，必有大殃。」這種思想和明堂月令相同。

在五行篇，管子沒有講金木水火土，但說五行之官和五聲六律。然後說：「六月日至，是故人有六多，六多所以街天地也。天道以九制，地理以八制，人道以六制，以天爲父，以地爲母，以開乎萬物，以總一統。」六爲六爻，六陽爻爲天，六陰爻爲地，六之數爲九，地之數爲八，人之數爲之，之爲「重三才而兩之」，都是易經的思想。管子分一年的農事爲五段，每段七十二日，則是按五行而分。「五聲既調，然後作立五行以正天時，五官以正人位，人與天調，然後天地之美生。」五時是：木，火，土，金，水，每時七十二日，共三百六十日。後來漢朝易學便以木火金水配四季，土配年的中旬。人和天相合，萬物乃暢茂。

呂氏春秋的秦朝宰相呂不韋集合賓客的著作所成，書中思想很雜，大都傾向這家。對於宇宙，以氣爲萬物的元素，氣自然而化，化生萬物。氣分陰陽，週遊於天地間，週而復始。在有始篇說：「天地有始，天微以成，地塞以形；天地合和，生之大經也。以寒以暑，日月晝夜知之，以殊形殊，能異宜說之。夫物合而成，離（麗）而生，知合知成，知離知生，則天地平矣。」陽請故天微，陰濁故地塞，天地相合，陰陽相麗，萬物化生。

呂氏春秋有十二紀篇，和禮記的月令相同。一年分四季，一季分三月，孟仲季各月的分別，在於陰陽的盛衰，例如：「孟春之月……是月也，天氣下降，地氣上騰，天地和同，草木繁動。」「仲夏之月……是月也，長日至，陰陽爭，死生分。」「仲秋之月，……是月也……殺氣浸盛，陽氣日衰。」「孟冬之月……是月也，天子始裘，命有司曰：天氣上騰，地氣下降，天地不通，閉而成冬。」「季冬之月，……是月也，日窮于次，月窮于紀，星迴于天，數將幾終，歲將更始，專於農民，無有所使。天子乃與卿大夫，飭國典，論時令，以待來歲之宜。……凡在天下九州之民者，無不咸獻其力，以供皇天上帝社稷寢廟山林名川之祀。……季冬行秋令，則白露早降，介蟲爲妖，四隣入保。行春令，則胎夭多傷，國多固疾，命之曰逆。行夏令，則水潦敗國，時雪不降，冰凍消釋。」在十二紀中，把自然界的現象，人事的作爲，政治的設施，組成一個大系統，根本則是十二個月陰陽的變遷，由陰陽的變遷，引發萬物生命的化生和盛衰，一切都要連繫。

呂氏春秋有名類篇，通常稱爲感應篇。感應是人事的善惡，和天地間的周類之氣，互相感應，產生怪異的自然現象，好的現象爲祥瑞，惡的現象爲災異，預告上天的賞罰。在感應中滲入了五行的思想；五行的思想在戰國時漸漸興盛，鄒衍結集當時流行的迷信，造出五行的次序。把五行的次序和五德五色相配合，以述說朝代的興替，乃有五德終始說。黃帝屬土，色尚黃；禹屬木，色尚青；湯屬金，色尚白；周屬火，色尚赤。繼承周朝的朝代屬水，色尚黑。

五行的次序，在董仲舒的春秋繁露和班固的白虎通義，成了一定的相生相尅次序。「天有五行：一曰木，二曰火，三曰土，四曰生，五曰水。木，五行之始也，水，五行之終也，土，五行之中也，此其天次之序也。木生火，火生土，土生金，金生水，水生木，此其父子也。木居左，金居右，火居前，水居後，土居中央，此其父子之序，相受而布。」（春秋繁露卷十一 五行之義 第四十二）這是五行相生的次序，又是五行配四方和中央的佈置。

「五行所以更王何？以其轉相生，故有終始也。木生火，火生土，土生金，金生水，水生木。……五行所以相害者，天地之性，衆勝寡，故水勝火也；精勝堅，故火勝金；剛勝柔，故金勝木；專勝散，故木勝土，實勝虛，故土勝水也。」（白虎通德論 卷四 五行）五行相生相尅的次序，原來就是自然界的現象，五行爲五種自然物體，五種物體彼此有相互的關係。但是漢朝儒者將五行作爲陰陽的五種變化，因而成爲萬物的概成元素，宇宙間無論自然界物體或是人世間的事件，都由陰陽五行而成，五行的次序便成爲一切物體和事件的關係原則，五行也就進入了中國哲學和一切學術思想裏。

漢朝的易學，便是用陰陽五行去解釋易卦。漢易爲氣數易；氣週遊宇宙，化生萬物。氣在宇宙的變化，有時間的變化，爲一年四季；有空間的變化，爲東西南北，漢易乃以四正卦配四季，以十二消息卦配十二月，以四正卦的二十四爻配一年的二十節氣，以十二消息卦的七十二爻，配一年的七十二候，再以六十卦，（卽除去四正卦）三百六十爻配一年的日數，每一卦得六日七分。所謂四正卦，爲坎震離兌，這四卦又配四方，再配五行：春爲東爲木爲震，夏爲南爲火爲離，秋爲西爲金爲兌，冬爲北爲水爲坎，中央爲土。四季代表時間，四方代表空間，陰陽五行代表氣，氣在時空中運行，成爲六十四卦所代表變化，變化的目的，則爲春生夏長秋收冬藏的生生，這是漢易的卦氣說。至於漢易的象和數，則祇用爲占卜；卦象雖也牽涉到六十四卦相生的次序，但過於偏於機械式的解釋，沒有思想的意義。道教在漢末和六朝時，採納卦氣說，造成長生的外丹方法，按照月亮的盈虛時日，呼吸大地運行的生氣，或修鍊金丹，以求長生不死。

6. 佛敎的生命哲學

佛敎以萬法爲因緣和合，實際都是空無，沒有眞正的生命；但是大家卻都以爲萬法是有，這倒若何解釋？佛敎各派有各派的解釋，在各種解釋中，有幾個共同點。

宇宙萬物爲一整體，都是人所幻想的，幻想的來由，是人誤信自己爲實有。

我在母胎受孕時，是我在前生所有信我自己爲有的堅強意識，即所謂我執，在前生臨終時不散，輪入母胎。這個信念具有我的生命，以及我以往生活中行爲所結集的果，這些果，成爲我現生生活中的行爲種子。因着這些種子我乃有感覺，乃有知識；但，感覺和知識的事物，全是這些種子所造的。因着這些事物，我乃起愛恨和貪欲，又造成種種惡行爲，留下來生的惡種子。

萬物既是我心的種子所造的，或說萬法唯識，或說萬法唯心，萬物連成一體。而且在人死後輪迴時，可以投胎再生爲人，也可以轉生爲禽獸出血草木石頭。因此，不僅萬物相連，而且都有生命。

爲免除輪迴再生，人要消除相信自我爲有的信念，這個我執消除了，同時相信萬物爲有的物執也就消除，人便進入涅胎，成佛而長生。消除的方法很多，佛敎各派的共同點，則在於坐禪消除心中的念慮，在沉默淸靜的心中，看到自己的眞我爲眞如。眞如即是佛，即是絕對的實有，也就是我的實體。通常我只看到我的身體，看到外面的事物，沒有見到隱在我和萬物的深處之實體眞如。我若見到心中底處的眞如，便也見到我和萬物都祇是眞如向外表現的形色，猶如大海中的波浪。波浪爲海水的活動，萬物也是眞如的活動，爲眞如生命的一種表現。人若能看清了這一層大道理，人就成佛，歸到眞如本體，消除假我而獲得眞我，和眞如爲一，進入涅槃，「長樂我淨」，永恒生存。

7. 理學家的生命哲學

儒家思想，在孟子荀子以後，消沉了下來，經過漢朝、六朝和隋唐的道家，道教和佛教的刺激，到了宋朝，乃興起了新的儒學——理學。理學爲研究萬物性理的學，上面溯到易經和中庸，旁面則採擷道佛的觀念，結成儒家人文哲學的形上學。

第一位正式講理學的人，大家都承認是周敦頤。他的思想存在他所作的太極圖說和通書，太極圖說發揮易經的生生，通書則發揮中庸的誠和神。

「無極而太極，太極動而生陽，動極而靜，靜而生陰，靜極復動，一動一靜，互爲其根。分陰分陽，兩儀立焉。陽變陰和，而生水火木金土。五氣順布，四時行焉。五行一陰陽也，陰陽一太極也，太極本無極也。五行之生也，各一其性。無極之眞，二五之精，妙合而凝，乾道成男，坤道成女，二氣交感，化生萬物，萬物生生，而變化無窮焉。惟人也，得其秀而最靈。……大哉易也，斯其至矣。」（太極圖說　周濂溪集）

我們不談太極和無極的問題，祇看周敦頤的化生萬物的次序，是結集易經和漢易而成，太極而陰陽，陰陽而五行，五行而男女，男女而萬物。這種變化的過程，乃是一氣的變化過程，一氣而變化爲陰陽兩氣，陰陽兩氣變化而爲五氣，五氣變化而爲男女二氣，男女二氣交感，乃化生萬物。這種變化次序後來爲理學家所接受，祇是對於太極和無極發生問題，大家不願接納。

通書講五行，「水陰根陽，火陽根陰。五行陰陽，陰陽太極，四時運行，萬物終始。」(通書 第十六)這種思想，和太極圖說相同。所以不能因爲通書不提太極圖，便懷疑太極圖不是周敦頤所作。通書所講，多爲人生之道，講中講誠：「聖人定之以中正仁義，而生靜，立人極焉。」這是太極圖說所說的，通書裏面說：「聖人之道，仁義中正而已矣。守之貴，行之利，廓之配天地。」(通書 第六)兩者的思想完全相合，通書講誠，「誠者，聖人之本。大哉乾元，萬物資始，誠之源也。」(通書 誠上 第一)這個誠，即是中庸的誠，誠爲盡性，也就是易傳所講的生生。

張載的哲學思想，以一氣爲根本，氣的本體爲太虛，「太虛無形，氣之本體。其聚其散，變化之客形耳。」(正蒙 太和)太虛聚而爲陰陽，陰陽再聚而爲五行，五行聚而生萬物。一切都是一氣的聚散。「太虛不能無氣，氣不能不聚而爲萬物，萬物不能不散而爲太虛。循是出入，是皆不得已而然也。」(正蒙 太和)氣自然變化，然氣並不是物質，「凡可狀，皆有也；凡有，皆象也；凡象，皆氣也。氣之性，本虛而神。」（正蒙 乾稱）「氣有陰陽，推行有漸爲化，合一不測爲神。」（正蒙 神化）易傳曾強調天地生生，神妙莫測，應稱爲神。張載以氣的變化，神妙莫測，和易傳所說相同。「感者，性之神；性者，感之體。惟屈伸動靜終始之能一也，故所以妙萬物而謂之神，通萬物而謂之道，體萬物而謂之性。」（正蒙 乾稱）而成物性，物性具有感應之力，感應非常神妙，雖然有屈伸動靜終始的變化，然常是一氣的氣聚變化，故稱爲神，稱爲道。

萬物既由一氣所成，生命彼此相連，互有次序，「生有先後，所以爲天序。小大高下，相並而相形焉，是謂天秩。天之生物也有序，物之既形也有秩。」（正蒙 動物）然而天序天秩，不爲把物分開，而是爲把萬物的次序中合物一個整體，「乾稱父，坤稱母，予茲藐焉，乃渾然中處。故天地之塞，吾其體，天地之帥，吾其性。民吾同胞，物吾與也。」（正蒙 乾稱篇（西銘））這種萬物一體，由人心去體會。「大其心，則能體天下之物。……聖人盡性不以見聞梏其心，其視天下，無一物非我。孟子謂盡性則知性知天，以此。天大無外，故有外之心，不足以合天心。」（正蒙 大心）也就是孟子所說：『萬物皆備於我。』

程顥，程頤，朱熹，人性的生命哲學思想，可以連在一起，用朱熹的思想作代表；因爲朱熹繼承了二程的學說，加以擴充。

萬物由理氣二元而成；理，在天地間爲同一之理，氣則分淸濁。同一之理，爲生命之理；氣之淸濁程度不同，濁氣爲物質性，淸氣爲精神性。理氣相合時，氣限制了理，故「理一而殊」，氣濁的物體，生命之謂不能顯露，呆板不靈，普通稱爲無生物。氣較淸之物體，生命之理可以顯露一部份，成爲低級生物。按照氣的淸濁程度，生命之理顯露爲各程生命。人的氣最淸，人心最靈，生命之理可以完全顯露；所以說：『人得理之全，物得理之偏。』

生命之理，在人的心靈生命中完全顯出。朱熹說：「『天地以生物爲心』，天包着地，別無所作爲，只是生物而已。亘古亘今，生生不窮，人物得此生物之心以爲心。」（朱子語類　卷五十三）這個生物之心，在人稱爲仁。「仁者，天地生物之心。」（同上）朱熹以仁不是愛，而是愛之理；仁心，卽是生生不息之心。「發明『心』字，曰：『一言以蔽之，曰生而已矣。『天地之大德曰生』，人受天地之氣以生，故此心必仁，仁則生矣。」（朱子語類　卷五）「心卽仁也，不是心外別有仁。」（朱子語類　卷六十）

在本體論方面，整個宇宙祇有一個生命之理，有一個運行之氣，運行之氣有淸濁，氣和理相結合而成物性，這種性爲氣質之性。氣質之性爲個體之性，個體之性既包含類性，又包含個性。按照中國哲學的傳統，氣的淸濁不是對立的兩分法，淸是淸，濁是濁，而是程度的階梯法，由最濁以到最淸。氣和理的結合，是物性的結合合成，本體的物性，不是合成本體的附體；附體則是本體的用，是本體存在後所變化的。因此，氣的清濁不是附加體的區分，乃是本體的區分。氣清氣濁的物體，不是在附加體上不同，而是在本體上不同。生命之理和氣相結合，因看氣的淸濁，顯露的程度不同，不是附加體的程度不同，卻是生命本體不同，物體也就不相同。生物之同雖是一個，實際上的生命之理則因和不同淸濁之氣相結合，也就彼此相異——「理一而殊。」

在人的生命方面，人得生命理之全，因爲人之氣最淸，氣淸則爲精神性，人的生命便是精神性的心靈生命。人心是仁，仁總攝一切善德，心靈的生命爲仁義禮智信的生命。仁義禮智信發於人心，現於人情，情乃之動，動而中節卽爲善德。修德便在於管制情慾，以守敬爲方法，守敬有內外，敬以直內，義以方外。直內之敬在於守一，專心目前之事，使合於天理。合於天理則誠，誠爲聖人；聖人贊天地之化育，「『贊天地之化育』人在天地中間，雖只是一理，然天人所爲各自有分，人做得底，卻有天做不得底。如天能生物，而耕種必用人；水能潤物，而灌漑必用人；火能熯物，而薪爨必用人；裁成輔相，須是人做，非贊助而何？」（朱子語類　卷六十四）

朱熹哲學，形上學和人生哲學結成一系統，可以代表中國的儒家哲學思想。理氣連貫一切，理則生命之理，生命便是哲學思想的中心。

王陽明的哲學思想的中心，在於致良知，良知為心；心不僅是天理，也是一切知識和生命的中心。王陽明以宇宙之物能夠存在，因為有人心；若是人心不知，物就不存在。一個物體若從未有人心所知，這個物體就不存在，不是它本體不存在，是在人的知識中不存在，它對於人就等於不存在。一切物體既因人心而存在，人心便連繫一切，成一整體。但這整體不僅是知識方面的整體，在本體生命方面，也是一整體。王陽明在大學問篇中說明「一體之仁」，卽一體的生命，萬物的生命，互相連繫，互相依賴，互相靠助。人的生命，須靠動物植物和礦物相維持；人為生活，須要飲食，須靈藥物，就是須要動植礦各種物體。假使動植礦的物體，和人的生命不相連繫，則不但對人的生命沒有益處，更會生害。

清初王船山採取張載的「氣」；氣成萬物，然不以太虛之氣為不分陰陽之氣，氣之本體就原已分為陰陽，在太虛中，陰陽之氣處於太利狀態，不顯出陰陽。太和一起變化，陰陽乃顯；因此，王船山主張「乾坤並建」。陰陽有變化之理，變化之理為物性或人性，來自天命。陰陽變化繼續不停，既成一物，在物體以內仍繼續變化，但物體的性由同一天命所降，性乃不變異，物體在體內繼續的變化，仍是同一物體。物性並不是一成就定，再不變化；『性日生而命日降』，說出「生命」的意義。

戴震講氣化，講生生：「凡有生卽不隔於天地之氣化。陰陽五行之運而不已，天地之氣化也；人物之生生本乎是。」（孟子字義疏證 卷中）漢朝學者以人之生，稟有天地之元氣，又有由父母而來之本身之氣。戴震主張人有「本受之氣」，又有「資養之氣」。「而其本受之氣，與所資以養者之氣則不同。所資以養者之氣雖由外而入，大致以本受之氣召之。五行有生克，遇其克之者則傷，甚則死，此可知性之各殊矣。本受之氣，及所資以養者之氣，必相得而不相逆，斯外內爲一。其分於天地之氣化以生，本相得，不相逆也。」（同上）在生化的氣運中，有條理以序，物乃有上下，下種物以養上種物，天地萬物都爲養人。「易曰：『一陰一陽之謂道，繼之者，善也；成之者，性也。』一陰一陽，蓋言天地之化不已也，道也。一陰一陽，其生生乎？其生生而條理乎？以是見天地之順，故曰：『一陰一陽之謂道』。生生，仁也；未有生而不條理者。」（原善上）

民國初年，熊十力以佛教的思想，滲入儒家的理學，他說是由佛而回到儒家，然而他的生生思想祇有易經的一點外形，實則內容仍是佛教的思想。他講本體有四種意義：「一，本體是萬理之原，萬德之端，萬化之始。二，本體卽對卽有對，卽有對卽無對。三，本體是無始之終。四，本體顯爲無窮無盡之大用，應說是變易的，然大用流行，畢竟不曾改易本體固有生生，健動，乃生種種德性，應該說是不變易的。……須知，實體是完完全全的變有萬有不齊的大用，卽大用流行之外，無有實體。譬如大海水全成爲衆漚，卽衆漚外無大海水，體用不二亦猶是。」（體用篇，頁九）這個本體，實際就是佛教的眞如。本體的變化，是一翕一闢，兩者都是一種動勢，不是易經所說陽動陰合。翕和闢，沒有先後，都是才起卽滅，時時都是故滅新生的。翕動以聚成物，然不是形相的物，而是一個動圈，動圈又是虛又是實，非虛非實。動圈因虛而爲一，因凝而爲多；但一和多，刹那生滅相續，其體卽是眞如好性。」熊十力認爲這是『大哉易也！斯其至矣。』（體用篇，頁二三八）

近年方東美教授盡力提倡中國哲學，他說：「中國哲學的中心是集中在生命，任何思想的系統，是生命精神的發洩。」（方東美演講集　頁七九）儒家哲學以易經爲基礎，易經講變易的生生，變易的生命的創造力，整個宇宙爲一生命的洪流，長流不息，而又是中正和諧。人生之道繼承宇宙生生之道，越向於超越宇宙的生活，使精神昇華。然而精神昇華乃是向人心的昇華，爲內在的超越。人心乃能與賞宇宙之美。「原天地之美而達萬物之理，以藝術的情操發展哲學的智慧，成爲哲學思想體系。」（原始儒家道家哲學　頁一四）「蓋生命本身盡涵萬物一切存在，貫乎大道，一體相聯。於其化育成性之過程中，原其始則根乎性體本初，……要其終，則達乎性體後得，經歷化育步驟，地地實現之。」（中國哲學之精神及其發展　上冊　頁一四九）人得生命之全，人的創造潛能力乃能配天。

8. 結論

簡單扼要地述說了中國生命哲學的發展，從尚書開始，易經予以成熟，整個中國儒家的哲學思想，以「仁者生也」，予以連貫，成一大系統。

在目前講儒家思想，甚至中國哲學的現代化，由儒家生命哲學去發展，很能融會當代社會遽烈變化的時勢，又能適應新科學的意義。我現從這方面求儒家思想的現代化。但是中國生命哲學祇有思想的大綱，沒有深入的分析。生活本是活動的，不能加入分析，祇能予以體會。然而體會後，應加以解釋。西方哲學對於宇宙之變化所有的觀念和分析，很可以幫助我們解釋中國生命哲學的意義。

下篇

十二、論性與心

1. 觀念的萌芽

在中國哲學裏，無論儒家佛教和道家，性與心，可以說是中心的問題；雖然老莊不大談「性」，然而老莊的「自然」就是儒家的性。在西洋的傳統哲學裏，性與心並不佔很重要的地位。在天主教的神學裏，性和位稱和本體，作爲討論的焦點，那是因爲教義裏的「天主一體三位」信仰，所要求的解釋所造成的。

中西哲學所以有這種差別，原由來自哲學的性質不同。西洋傳統哲學所重的，在於形上本體論，以「有」爲研究的對象，以「存在」爲解釋「有」的途徑。「有」和「在」，便是西洋傳統哲學的中心點。中國傳統哲學所重的，在於宇宙的變易與人的生活，以「生生」爲研究的對象，以天道和人道爲解釋「生生」的途徑，由人道轉到性和心，性和心便是中國傳統哲學的中心點。西洋近代和當代哲學也特別注重「心」，因為西洋現代和當代哲學都專門講人的智識，以認識論為主；然而他們講心，從認識方面去研究，討論心的認識能力，因而討論智識的價值，乃有所謂實經論（經驗論），唯心論，唯名論，數學邏輯，語言邏輯，等等學說。Mind 心，在西洋哲學裏成了解析各種哲學問題的樞紐。就也是因為西洋哲學以人為理智動物，看重智識。中國傳統哲學研究性和心，從人的生活方面去研究，講論人生的規律，卽人生之道，首先講天道天理，後來便集中在性和心的上面，以致造成所謂「心學」，不是心理學，而是道德生活學。

1 性學

中國哲學的最古經籍，是書經和詩經，書經是歷史，詩經是歌詞，兩者本是文學作品；但兩者的內容為人的實際生活。中國哲學是人類生活的哲學，人類生活的意義和理則，在原始的紀述人類生活的作品裏，當然可以找到。因此，我們研究中國哲學，常從書經和詩經開始。

書經所紀述的生活，是政治生活，政治生活的主體是皇帝和人民，皇帝和人民的共同生活卽政治生活，便代表中國的歷史，成為歷史的對象。從歷史的對象裏，我們便可發現當時的人，對生活所有意義和理則。

書經所載的生活意義，從洪範所載的五福六極可見。人生求福免禍，人生的福有五：「一曰壽，二曰富，三曰康寧，四曰攸好德，五曰終考命。」人生的禍有六：「一曰凶夭折，二曰疾，三曰憂，四曰貧，五曰惡，六曰弱。」這些禍福一部份由於人所造，例如好德和惡、憂，疾，其餘則都是天生的，稱爲命。命的觀念，人生來就可以體驗到；在原始的人類中，命的觀念就已存在。有命就必有天；因爲命不是出自人的力，是來自高於人的力，這種高於人的力，可以有許多各種不同的觀念，各種不同的名稱，但總括起來，歸之於鬼神。

書經的命，歸之於最高神明的上天，書經乃常講上天之命。書經的天命，可歸之於兩類：一類是上天選擇人君之命，一類是人君和人民生活的規律。君王由上天所選，接受天命而爲王以治民，書經幾乎每篇都充滿這種思想。君王和人民應該按照天命而生活，臯陶謨篇說：『天敍有典』，『天秩有禮』，『天討有罪』。洪範篇說：「帝乃震怒，不畀洪範九疇，彝倫攸斁。鯀則殛死，禹乃嗣興，天乃錫禹洪範九疇，彝倫攸敍。」洪範，洪爲大，範爲法，這篇所載，是周武王伐紂以後，往訪箕子，箕子所講的大法。篇中明明說出人倫大法來自上天，乃上天之命。易經以這種天命，爲天道地道人道。孔子以人道爲禮，禮由聖王按照天道地道而製，以作人民生活的規範。

在書經裏沒有講到「性」，易經則講到性「性」，易傳說：「一陰一陽之謂道，繼之者善也，成之者性也。」(繫辭上 第五章)又有「窮理盡性以至於命。」(說卦傳 第一章)「昔者聖人之作易也，將以順性命之理。」(說卦傳 第二章)「成性存存，道義之門。」(繫辭上 第七章)易經的「性」學，有兩種關係，一是成，一是命。性是由陰陽之道而成，宇宙間有陰陽兩素，爲兩種動力，陰陽變動而生生，即生化萬物，每一物由陰陽兩素而成，陰陽所成爲物之性。陰陽所成之性和命相關連，易傳說聖人作易，是順性命之理，故「立天之道，曰陰與陽；立地之道，曰柔與剛；立人之道，曰仁與義。」性命之理，便是陰陽之道；陰陽之道，在自然物方面爲柔與剛，即是物性，在人方面爲仁與義，也就是仁義。因此陰陽變易所成的人性，乃是仁義。仁義爲善德，善德爲合於天所命倫理規律的善行，人性便合於天命，易經的性，常和命相連。性既是仁義，則「成性存存，道義之門。」易傳以性代表天命。易傳的作者，傳說爲孔子，「孔子作十翼」。然而「十翼」必定不是孔子自己所作，而是孔子的弟子和再傳弟子所作，性和命的思想，和中庸相同，中庸說「天命之謂性」(第一章)較比孔子以禮代表天命要爲後出。「窮理盡性以至於命」爲說卦傳所講，這可以說是中國哲學的定義，哲學的意義，就是研究萬物之理，以明瞭物性而達到認識天命。窮和盡代表哲學研究的方法和步驟，要深入研究，使能完全透澈明瞭物性。易經代表這種工作。朱熹註說：「窮天下之理，盡人物之性，而合於天道，此聖人作易之極功也。」易經講卦變，有爻，有象，有辭，辭分象辭和爻辭，象辭爲周公所作，解釋卦象；爻辭亦爲周公所作，解釋爻變。「聖人有以見天下之賾，而擬其形容，象其物宜，是故謂之象。聖人有以見天下之動，而觀其會通，以行其典禮，繫辭焉以斷其吉凶，是故謂之爻。」（繫辭上 第八章）從卦爻能夠知道宇宙的變易，從宇宙的變易能夠知道變易之理，從變易之理能夠知道天命。易經因此可以說是中國第一本哲學書。『夫易，聖人之所以極深而研幾也。』

2 心 學

聖人爲什麼能夠作卦以『窮理盡性以至於命』呢？「是故蓍之德圓而神，卦之德方以知，六爻之義易以貢，聖人以此洗心，退藏於密，吉凶與民同患，神以知來，藏以知往其孰能與於此哉？古之聰明叡知神武而不殺者夫！」（繫辭上 第十一章）朱熹注說：「圓神，謂變化無方；方知，謂事有定理；易以貢，謂變易以告聖人。聖人體具三者之德，而無一塵之累。無事，則其心寂然，人莫能窺；有事，則神知之用，隨感而應，所謂無卜筮而知吉凶也。神武不殺，得其理而不假其物之謂。」易傳提出了「心」字。聖人能通變易之理，明瞭人物之性以達到天命，是聖人「洗心」。洗心，是洗除心的一切汚穢，使心能夠『退藏於密』。朱熹說聖人之心，具有著之德和卦之德以及爻之義；但易傳的聖話則說人按照三者之德以洗心，使人心由外物退藏到心的底處，沒有一毫的慾情，聖人乃能知道天道，按照宇宙變易之理的天道，製成人生規律的理。易經是說人心能知，能知天理天道。然而心不僅能知，心能動，心動卽是愛或恨；愛則貪，恨則除；貪便要取，除便要去；心動所以顯出善惡，書經以心代表人。盤庚篇說：「……格汝衆，予告汝訓汝：猷黜乃心，無傲從康。……汝克黜乃心，施實德於民。……汝不憂朕心之攸困，乃咸大不宣乃心，欽念以忱。……今予命汝一，無起穢以自臭，恐人倚乃身，迂乃心。」詩經（小雅 節南山篇）說：「……不懲其心，覆怨其正。」

愛與恨是人的情慾，心便是情感和私慾的所在；詩經歌唱人的情感，詩中多有心字。例如：「憂心忡忡……憂心惙惙……我心傷悲……」（召南 草蟲）「……中心搖搖，……中心如醉，……中心如噎……」（王 黍離）「……中心貺之……中心喜之……中心好之……」（小雅 彤弓）

心有情慾，情慾使人心動；若是人心不能主宰心的動，心便不能有善惡。心所以有善惡，因爲心能思，能判斷，能主宰。「靜言思之，寤寐有摽……靜言思之，不能奮飛。」（邶 柏舟）「心之憂矣，其誰知之？其誰知之？蓋亦勿思……」（魏 園有桃）

書經和詩經對於「心」，賦以知，賦以情，賦以思，各種意義。這幾種意義都和人的善惡有關係；但是書經和詩經以及易經，並沒有把心和性連在一起，也沒有講到兩者的關係。

2. 意義的確立

孔子不講性和心，祇喜歡講禮和仁；孔子的弟子和再傳弟子，則轉到性和心的觀念上，漸漸確定了這兩個觀念的意義。禮記的大學，中庸，樂記，可以代表這種思想。

甲、禮記

A、性

中庸開端就說：「天命之謂性，率性之謂道，修道之謂敎。」大學開端也說：「大學之道，在明明德，在親民，在止於至善。」孔子的修身做人之道，在於守禮，禮代表天道，爲人生活的規範。中庸則以率性爲修身做人之道，性爲人生活的規範，性代表天理。

『天命之謂性』，宋朝理學家解釋天命，朱熹在中庸的注釋說：「命，猶令也。性卽理也。天以陰陽五行，化生萬物，氣以成形，而理亦賦焉，猶命令也。於是人物之生，因各得其所賦之理，以爲健順五常之德，所謂性也。」朱熹沒有解釋天字，但是以命爲命令，天就應該是書經的上天，而不是自然的天，天令便是書經的天命。朱熹以天命爲天所賦與人物之理，一物之所以成爲這一物，必有所以然的理由；這種成物的理由，由上天所賦，稱爲性。性就是上天造物者，化生一物的理由，也就是一物所以成一物的理由。所以性，爲物之理；人性，爲人之理。

物成物之理，是形上本體論的理，西洋哲學拉丁文稱爲 Essentia，不是倫理學行爲之理；倫理學行爲之理稱爲 Natura。但是形上本體之理，實際上必就是倫理行爲之理，因爲西洋哲學有一句成語 Modus Essendi Est Modus Operandi.「存在的規範就是行動的規範。」普通說是人，就有人的行動，是狗，就有狗的行動；中國哲學對於性，只有一個字，就是性字，性是物存在之理，也是物活動之理。所以「率性」爲人生活之道，中庸的誠，也就是率性。「自誠明，謂之性；自明誠，謂之教，誠則明矣，明則誠矣。」（第二十一章）四書集注說中庸從第二十一章到最後第三十三章，爲子思發揮中庸第二十章孔子所說的天道人道，特別注重誠字。朱熹注這一章說：「自，由也。德無不實，而明無不照者，聖人之德，所性而有者也，天道也。先明乎善，而後能實其善者，賢人之學，由教而入者也，人道也。誠則無不明矣，明則可以至於誠矣。」朱熹的注釋，較比原文並不更明白；他以誠爲實，由實有之德而明顯出來，即是性；性是明德，即大學首章所說的明德。我以爲誠是率性，若是率性，性的明德自然顯明。若是以率性以明明德，則是教，即大學所說「修道之謂教。」中庸和大學互相配合，性是天命，性是明德，即性是善，乃能作人生活的規範。故中庸以盡性爲至善，能贊天地之化育，大學以人生之道，在止於至善，即止於盡性。

大學傳之首章，解釋「明明德」，引書經的話，「大甲曰：顧諟天之明命。」明德爲「天之明命」，和中庸所說「天命之謂性」，意義相同。所以明明德爲率性。

大學在傳的第十章，有一個性字：「好人之所惡，惡人之所好，是謂拂人之性，菑必逮夫身。」朱熹注說：「好善而惡惡，人之性也。」這個性字，不是指性的本體，是指性之用：人性自然好善惡惡。這種傾向，出乎天然，不由後天所學而來。孟子便採用這個性字，以爲良知良能。

樂記篇說：「人生而靜，天之性也；感於物而動，性之欲也。」這兩個性字，『天之性』指性的本體，天然是靜；『性之欲』爲性之用，性感於物則動。靜爲體，動爲用；後來宋朝呂大臨解釋中庸的未發已發，就用這種思想。大學的體用，沒有講性的本體若何，樂記則講性的本體爲靜。

樂記篇又說：「德者，性之端也；樂者，德之華也。」這種思想和大學的明德爲性相合，『性之端』，可以說是性之本。性之本就是德。大學以性之德自然明顯。

禮記書中，在中庸大學樂記三篇的性字，意義相符合，以性爲天命，善而爲明德。中庸

說：「尊德性而道問學。」（第二十七章）

B、心

中庸論性，大學論心；中庸以中和、誠解釋性的本體，大學以正和明解釋心的本體。大學首章論脩身，「欲脩其身者，先正其心；欲正其心者，先誠其意。」朱熹注說：「心者，身之所主也。意者，心之所發也。實其心之所發，欲其必自慊而無自欺也。」

在書經裏，心爲知爲德，心知天道，心是明德。大學以性爲明德，以心爲主宰。心所主宰的爲情；詩經以心爲情的基本，中庸卻以情爲性之發，大學則以情爲心之動。大學傳的第七章，解釋正心，說：「所謂脩身在正其心者，身有所忿懥，則不得其正，有所恐懼，則不得其正，有所好樂，則不得其正，有所憂患，則不得其正。心不在焉，視而不見，聽而不聞，食而不知其味。此所謂脩身在正其心。」朱熹注說按程頤的意思，「身有所」身字該是心字，喜怒恐懼皆爲心之用，心若不加主宰，心便能偏，不得其正；正是中，不偏不倚。大學傳第九章說：「康誥曰：如保赤子。心誠求之，雖不中，不遠矣。」

禮記禮運篇說：「故欲惡者，心之大端也。人藏其心，不可測度也。美惡皆在其心，不見其色也，欲一以窮之，舍禮何以哉。」欲惡之情，爲心所有的大端，心隱而不可見，祇有禮按照天道可以治心。禮器篇說：「禮也者，合於天時，設於地財，順於鬼神，合於人心，理萬物者也。」又說：「禮之以多爲貴者，以其外心者也。……禮之以少爲貴者，以其內心者也。」禮合於天道，地道，人道，禮治心外的事則節目多，治心內的情則節目少。

樂記篇則多論心之情：「凡音之起，由人心生也。人心之動，物使之然也。感於物而動，故形於聲，聲相應，故生變，變成方，謂之音。比音而樂之，及干戚羽旄，謂之樂。樂者，音之所由生也，其本在人心之感於物也。是故其哀心感者，其聲噍以殺；其樂心感者，其聲嘽以緩；其喜心感者，其聲發以散；其怒心感者，其聲粗以厲……其愛心感者，其聲和以柔；六者，非性也，感於物而后動。」樂記分別性和心，心有各種情感，感於物而后動，發爲聲，依照聲以製音樂。樂和心相關，也相連；因爲樂表現人的感情，和感情相配合。樂記論心，由情方面去看，以心爲音樂爲根本，沒有心就沒有情，沒有情便沒有音樂。

從禮記的大學、中庸、禮運、禮器、樂記各篇去研究性與心，性和心已經取得確定的意義。性，是天命所定的人生規律，本體爲善，而且自然顯明。心，爲人自己的主宰，有情，感於物而動，動應得其正。

乙、孟子和荀子

A、孟子

大家都知道孟子主張性善，荀子主張性惡；但，怎樣去解釋，大家就不一定都知道了。孟子和荀子講性，都由心去講，以心表現性；兩人都提出了性和心的關係，這在禮記書裏還沒有講到。

孟子講性，沒有說明性是什麼，他祇駁斥告子所說的生之謂性，也具體上舉出何者是性，何者不是性。

「孟子曰：口之於味也，目之於色也，耳之於聲也，臭之於臭也，四肢之於安逸也，性也，有命焉，君子不謂性也。仁之於父子也，義之於君臣也，禮之於賓主也，智之於賢者也，聖人之於天道也，命也，有性焉，君子不謂命也。」（盡心下）孟子曾講良知良能，「孟子曰：人之所不學而能者，其良能也，所不慮而知者，其良知也。孩提之童，無不知愛其親者，及其長也，無不知敬其兄也。親親，仁也，敬長，義也；無他，達之天下也。」（盡心上）

中庸說天命之謂性，孟子以人所受天命之性，可以分爲命和性，命是良能，性是良知，耳目口鼻和四肢，具有對於客體對象的良能，「口之於味也，目之於色也。……」雖稱爲性，實則應稱爲命。仁義禮智的良知，雖可稱爲命，然應稱爲性。孟子分人之體爲小體和大體，小體爲耳目之官，大體爲心思之官（告子上），小體的良能之性，稱爲命；大體的良知之性，稱爲性。所以說孟子的性分兩種：一種是食色之性，一種是仁義之性；雖然孟子不明明說出來，因爲他是以心思之官代表人，講人性，便祇講仁義之性。告子曾說：「食色，性也，仁，內也，非外也。義外也，非內也。」（告子上）孟子沒有反對「食色，性也」，祇反對「義，外也。」孟子認爲義也是心內的。告子祇認感官的良能爲性，不認仁義禮智之良知爲性；這和孟子的主張恰恰相反。

告子又說：「生之謂性。」（告子上）孟子不願意接受，因爲不能以凡是生來的都是性。告子以「生之謂性」去解釋「食色，性也。」食色爲人生的良能，孟子則認爲這祇是感官的良能，若感官的良能是性，則有感官的生物同爲一性，孟子便說：「然則犬之性，猶牛之性，牛之性猶人之性與？」告子不能答。「生之謂性。」本來沒有錯，性是生來的，但「生來的」比「性」所涵蓋的範圍廣，「性」祇是天生的一部份。這一部份，是使人所以爲人，和別的物有分別，乃是人的類別特點，即是人之所以爲人的理由。孟人以人之所以爲人的理由，在於有仁義禮智的良知，也是有仁義禮智之端，即仁義理智的理。

性既是理，抽象不易捉摸，實際顯明性的本體的乃是心。心是天生「所不慮而知」的良知之本體，不僅是良知；良知是用，心是良知之體，體是具體的，也就是性的具體化。但是孟子並沒有明白說出來，心爲氣；因爲孟子把心和氣分開說：「敢問夫子之不動心，與告子之不動心，可得聞歟？孟子曰：不得於言，勿求於心；不得於心，勿求與氣。不得於心，勿求於氣，可！不得於言，勿求於心，……夫志，氣之帥也；氣，體之充也。夫志，至焉，氣，次焉；故曰：持其志，勿暴其氣。」（公孫丑上）孟子在講浩然之氣，這種氣，充塞身體，身體乃氣所成。氣不呆板，氣活動，身體也因此活動；身體的活動，由心統制；心的統制由志作引導，故志引導氣。「不得於心，勿求於氣。」心是否由氣所成？孟子沒有明說，但心若由氣所成，心怎樣以志去帥氣呢？心若不由氣所成，由什麼所成？儒家常以氣成萬物，陽氣成心，陰氣成身體，心爲魂，體爲魄。孟子也必有這樣的主張。

心能知，知道性理；性理爲仁義禮智，心便天生就知道仁義禮智。而且不僅知道，本體就有仁義禮智之理，這種理天然明顯於心，心良知而知，知而表現於行，也有仁義禮智的良能。故孟子說小孩生來知道愛父母，大人自然會救將墮於水的小孩；然這種良能出於心，由良知而發動，和良知一同行動和感官的良能不相同。「君子所性，仁義禮智根於心。其生色也，晬然見於面，盎於背，施於四體，四體不言而喻。」（盡心上）

心有仁義禮智的良知良能，從性方面看是天生的理，從心方面去看，則是良知良能，孟子稱爲仁義禮智之端，好比花草的種子，人要用心去培養。

培養仁義禮智的種子，孟子稱爲有心養性，又稱爲養心，又稱爲求放心，又稱爲盡心。

「孟子曰：養心莫善於寡欲。」（盡心下）「孟子曰：盡其心者，知其性也。知其性，則知天矣。存其心，養其性，所以事天也。」（盡心上）「雖存乎人者，豈無仁義之心哉！其所以放其良心者，亦猶斧斤之於木也，旦旦而伐之，何以爲美乎？……故苟得其養，無物不長，苟失其養，無物不消，孔子曰：操則存，舍則亡，出入無時，莫知其鄉。惟心之謂與！」（告子上）「孟子曰：……學問之道無他，求其放心而已矣。」（同上）

在上面所引的幾段文據裏，孟子交替地用性和心，性就是心。他說「養心」又說「養性」，說「存心」又說「求放心」，仁義禮智爲人性的特點，爲君子所性。性成具體之心，性和心爲一，性的仁義禮智成爲心的仁義禮智之端。人的修身，大學說是在正心，孟子則說在於培養人心的仁義禮智之在於求放心，卽是存心，心不要放在許多雜事上「心不在焉，視而不見。」仁義禮智的種子就遭遇些雜事所踐踏，不能生長。雜事入心，因爲慾情所引，培養仁義禮智之端，就須寡慾。慾情是不是在心裏，孟子沒有明白講這事；但他說人有小體和大體，小體爲耳目之官，大體爲心思之官：「無以小害大，無以賤害貴。養其小者爲小人，養其大者爲大人。」（告子上）養大體卽是養心，養耳目卽是養感官的慾望。寡慾，便是節制感官的慾情。

孟子的性和心，相合爲一，所以他說盡心則知性，知性則知天命，存心養性，遵守天命，便可以事奉上天。

B、荀 子

荀子的時代和孟子的時代已經不相同，孟子所看見的是諸侯爭霸，但還可以向君王講仁義之道，社會上的思想，不歸墨則歸楊，孟子還極力辯斥。荀子的時代，秦國已經可以統一天下，秦王用法家的思想，嚴刑峻法，箝制人口。荀子的思想乃重禮法，趨於悲觀，標出性惡的主張。

荀子論性，性的意義在根本上和孟子論性的意義相同。荀子說：「凡性者，天之就也。不可學，不可事。……不可學不可事而在天者，謂之性；可學而能，可事而成之在人者，謂之僞。」（性惡）「性者，本始材朴也；僞者，文理隆盛也。」（禮論）「生之所以然者，謂之性。」（正名）性是天生的本能，自然成事。我們可以注意到一點，荀子不說天生的知，和孟子不同。孟子以感官的性爲良能，以心思的性爲良知，人性由心而顯，具有知。荀子以心能知，心知已爲人爲，爲僞，不是性。荀子的性便是人生的良能，沒有理性的知，則爲一種天性的傾向，當然偏於惡。他說人生來好利，生來怕害，生來好聲色。好利，則爭；怕害則自私；好聲色則淫亂。這種傾向不是理，也就不是人之所以爲人之理。就這一點說，是受老莊的影響，不過老莊以天然傾向爲善。

爲改正性的偏向，人用心去主宰。心，在荀子的思想裏非常重要。

「心居中虛，以治五官，夫是之謂天君。」(天論)「心何以知？曰：虛壹而靜。心未嘗不藏也，然而有所謂虛；心未嘗不兩也，然而有所謂壹；心未嘗不動也，然而有所謂靜。人生而有知，知而有志，志也者，藏也；然而有所謂虛，不以所已藏害所將受，謂之虛。心生而有知，知而有異，異也者，同時兼知之，兩也；然而有所謂一，不以夫一害此一謂之壹。心臥則夢，偷則自行，使之則謀，故心未嘗不動也；然而有所謂靜，不以夢劇亂知謂之靜。未得道而求道者，謂之虛壹而靜。」(解蔽)

荀子講心，較比以往的學者更講的清楚，第一、以心生而知，作心的本性。然後再解釋「知」的特性，『虛壹而靜』，心爲虛，即精神體，能收藏一切知識，不是物質空間，有滿的一刻。心爲壹，可以兼收各種不同而且相衝突的主張或知識，是一個大同體。心爲靜，靜有理法規則，所有知識不相混亂，夢和幻想屬假，正經的知識是實。

心而且能主宰，「心者，形之君也，而神明之主也，出令而無所受令。自禁也，自使也，

自奪也，自取也，自行也，自止也。故口可刧而使墨云，形可刧而使詘申，心不可刧而使易意，是之則受，非之則辭。」(解蔽)

心能知，能主宰。性不能知，而且偏向惡，人便用心改正性的偏向，乃能行善；善是人爲的，不是天生的，所以稱僞。僞，不是假，僞是人爲。孟子也沒有說善是天生的，只是說人性爲仁義之理，人心有仁義禮智之根(端)，善的能，即是才，乃是天生的。人須養心養性，以發展仁義禮智之才，善也就是人爲的。荀子則以善的理和種子不在人性人心，那麼，爲改正性的惡，按照什麼標準去做？按照聖人之言，按照禮法。

「古者聖王以人之性惡，以爲偏險而不正，悖亂而不治，是以爲之起禮義，制法度，以矯飾人之情性而正之，以擾化人之情性而導之也。」(性惡)「今人之性固無禮義，故彊學而求之也。性不知禮義，故思慮而求之也。然則生而已，則人無禮義不知禮義。」(性惡)

人性生來沒有禮義也不知禮義，須努力以聖王的禮法去繳正性的偏險。聖人怎麼知禮義而制禮法呢？聖人的心清明，能見宇宙萬物的天理，按照天理講仁義，制禮法。

荀子講性惡，把情字和性字連接一起，「以矯飾情性而正之，以擾化人之情性而導之。」情便也是惡。因爲性是天生的傾向，這種衝動就是情。

荀子乃主張養欲，和孟子相反。孟子主張養心寡慾，荀子以情爲性的傾向，傾向的動即是欲。欲是天生的，不能絕，也不能制，只能導向正，而以培養，使成爲善德。「禮者，養也。」（禮論）「樂者，樂也。君子樂得其道，小人樂得其欲。」（樂論）

按照荀子的主張，性不是人之所以爲人之理，只是人天生的傾向，人之所以爲人在於心。心能知，能主宰，按照聖人的天地萬物之理所訂的禮法，改正情性，爲善修德。

丙、莊子

莊子的哲學思想，在性和心方面，兼有老子和孟子的思想。對於性，莊子講論不多，在內篇少有性字，在外篇間而有性字。

「形體保神，各有儀則，謂之性。」（天地）「聖人達綢繆，周盡一體矣，而不知其然，性也。」（則陽）「性也，生之質也。」（庚桑楚）「吾生於陵而安於陵，故也。長於水而安於水，性也。不知吾所以然而然，命也。」（達生）「自三代以下，天下莫不以物易其性矣！小人則以身殉利，……聖人則以身殉天下。此數子者，事業不同，名聲異號，其於傷性以身爲殉一也。」（駢拇）

莊子以性爲「生之質」，生來的本質稱爲性。物因生來的本質，天然有自己的傾向，以保持自己的存在，生物且以發展自己的生命，故說：『形體保神』。魚生於水中，安於水，爲魚的性，人者生於高陵，安於高陵，這是習慣，乃是故，不是性。

性既爲保全並發展生命，人必要順性，不能傷性，莊子的順性和中庸的率性，意義不全相同。中庸的率性，在倫理道德方面講論，「率性之謂道，修道之謂教」；莊子的順性，在養生方面講論，順性則能保全自己的眞氣。性爲人生來的本質，本質是善，順性則本質能保全，又能發揚。

傷性，殘性，削性，都是自己傷害自己；人因着自己的聰明，逆着天性，或修改天性，使性受傷害。人用聰明卽用心之知。

莊子說：「虛者，心齋也。」（人間世）虛字，有兩個意思。一個意思，以心爲虛，虛爲精神體，爲靈妙；另一個意思，心虛，是心除去一切思慮，虛空無所有。

在前一個意思，心虛能知。若一個人以自心的知識爲自己的知識，他便有一個「成心」成心是塑成了模型的心。這種心就會「傷性」，因爲人用自己的成心，必不顧順乎天然而自出心裁。「夫隨其成心而師之，誰獨且無師乎？」（齊物論）「德又下衰，……然後去性而從於心，心與心識知而不足以定天下！然後附之以文，益之以博。文滅質，博溺心，然後民始惑亂，無以反其初。」（繕性）

莊子以性爲天，以心爲人，人天相對，失乎天眞；性心相對，失乎眞性。「知天之所爲，知人之所爲者，至矣。知天之所爲者，天而生也；知人之所爲者，以其知之所知，以養其知之所不知，終其天年而不中道夭者，是知之盛也。……庸詎知吾所謂天之非人乎？所謂人之非天乎？」（大宗師）「古之眞人，……不忘其所始，不求其所終；受而喜之，忘而復之，是之謂不以心捐道，不以人助天，是之謂眞人。」（同上）

然而心爲人的「靈臺」，心虛而靈，人生活都以心爲中心點，「日夜相代乎前，而知不能規乎其始者也，故不足以滑和，不可入於靈府。」（德充符）「不足以滑成，不可內於靈臺。」（庚桑楚）「滑和」，生死富貴窮達賢與不有，是命，有如日夜遞行，若人不能淡然自若，便不能謂人心之和。『滑成』，「庚桑楚曰……知止乎其所不能知，至矣，若有不卽是者，天鈞敗之，備物以將形，藏不虞以生心，敬中以達彼，若是而萬惡至者，皆天也，而非人也。不足以滑成，不可內於靈臺。」兩處，都是講知，心虛能知，然然有限，不可以其知就做一切事，心天然招到萬惡。心虛能知，應以是知以順天然，不可以「功利機巧，必忘夫人之心。」（天地）順乎天然，人心與天合，與人和者，謂之人樂，與天和者謂之天樂。「莊子曰：吾師乎！吾師乎！……知天樂者，其生也天行，其死也物化，靜而與陰同德，動而與陽同波。故知天樂者無天怨，無人非，無物累，無鬼責。故曰：其動也天，其靜也地，一心定而王天下，其鬼不祟，其魂不疲，一心定而萬物服，言以虛靜推於天地通於萬物，此之謂天

樂。天樂者，聖人之心，以畜天下也。」(天道)

心，爲靈臺，爲知，可以使人失性，可以使人全性。「且夫失性有五：一曰五色亂目，使目不明；二曰五聲亂耳，使耳不聰；三曰五臭薰鼻，困惾中顙；四曰五味濁口，使口厲爽；五曰趣舍滑心，使性飛揚。此五者，皆生之害也。」(天地) 心順於天，「執道者德全，德全者形全，形全者神全；神全者，聖人之道也。」(同上)

人心知天然之道，不用機巧，自順天然之道，人乃得自全其神，保有元氣，和天地元氣相通，通於萬物，乃便成爲超越生活的靈臺樞紐。

莊子的性，爲人天生本質，自然流露，爲天然之道，全美全善，長久不滅。人心虛靈有知，知萬物，知天然之道。若以心知害天然，則傷人性；若順天然之道，則全性全神，得爲眞人。

3. 意義的複雜

甲、兩 漢

春秋戰國時期，社會混亂，民生困苦，產生多種思想以解救民生。同時社會上也產生了許多宗教信仰的現象，給與人民精神的支持，與起各種的迷信。朝野各事，都要問神卜筮。卜筮多用易卦，陰陽思想興盛，陰陽旣盛，五行思想乃和陰陽相合，構成了陰陽五行。鄒衍製造五德終始的歷史觀，建立五行相生相剋的次序。漢朝學者承接了這種思想，將宇宙一切機械化，由五行依序推測一切，宇宙變成了物質的機械，連人事喜惡的上天賞罰，都變成了天地感應說，性和命也免不了物質化的遭遇。

賈誼論性，以性爲氣所成。易傳曾說一陰一陽所成爲性，然而易傳是說陰陽變易而結成之理稱爲性。賈誼則說：「性，神氣之所會也。性立，則神氣曉。曉然發而通行於外矣。與外物之感相應，故曰潤厚而膠謂之性。性生氣，通之以曉。」（新書・道德說）性爲淸氣所成，與外物相接，能有知，知則神；所以說：性，神氣之會也。這種思想，複雜混亂。

董仲舒以資質解釋性，資質爲天所生，稱爲性。他說：「今世闇於性，言之者不同，胡不試反性之名。性之名非生歟！如其生之自然之資謂之性。性者，質也。……性之名不得離質，離質如毛，則非性已，不可不察也。」（春秋繁露　卷十　深察名號）質不是物質，是才質，才質也由氣所成。性旣是才質，便和情相合，「天地之所生，謂之性情，性情相與爲一。」（同上）性旣是才質，便可分等，董仲舒分性爲三等，「名性不以上，不以下，以其中名之。」(同上)「聖人之性，不可以名性；斗筲之性，又不可以名性。名性者，中民之性。中民之性，如繭如卵。」(春秋繁露 卷十 實性)

孟荀講性，以性爲人天生的傾向或良能，是就人生活的理上說，莊子以性爲人天生的本質，也就人的天然之道說，漢朝的學者，則進而就人的本質說，以人性的善惡來自人的本質，本質爲氣，由氣而講人本質的品等，於是人性便有全不全的分別。在西洋的傳統哲學「士林哲學」裏，物性必是成全的，必定是善，也必定是美；因爲物性若不成全，便不能成物，狗的性不全，就不是狗。這種眞美善，是形上本體的眞美善，不是認識論和倫理學的眞美善。漢朝學者，把兩者混而爲一，從此，性善性惡問題不是人行善行惡的問題，而是人本質是善人或惡人的問題。漢朝學者分人性爲三品：上品爲聖人，下品爲惡人，中品則可善可惡。上品很少，下品不多，一般人都爲中品，中品乃代表人性。

董仲舒論心，以心爲氣的主宰。心也由氣所成，心之氣消而神，可知，可主。「氣之清者爲精，……治身者以積精爲寶，……身以心爲本。」(春秋繁露 卷七 通國身)「心，氣之君也，何爲而氣不隨。」(春秋繁露 卷十六 循天之道)情則使人爲惡。

揚雄以性爲氣，善惡相混，「人之性也善惡混，修其善則爲善人，修其惡則爲惡人。氣也者，所以適善惡之馬也與！」(法言 修身)這種性，就是中人之性。善惡之修由心作主，主爲神明。或問神，曰心。」（法言　問神）心可以升天入地，洞悉事物。

王充論性，也在性分三品上着想，「余固以孟軻言人性善者，中人以上者也；孫卿言人性惡者，中人以下者也。揚雄言人性善惡混者，中人也。」（論衡　卷三・本性）他以性爲氣所成，「用氣爲性，性成命定。」（論衡　卷二　無形）性，就是人的本體，「禀氣有厚泊，故性有善惡也。」（論衡　卷二　率性）以禀氣多少，決定性的善惡。王充素主張定命論，命由氣而定，在父母胎中成就。性來自天地的元氣，命來自父母的氣。他又以壽夭根之於元氣，屬於性；貧富屬於父母之氣，歸於命。王充的人性，更是物質化了。

乙、魏晉南北朝

魏晉南北朝以玄學名世，然而僅只有名詞，沒有實學。魏晉南北朝尚清談，清談所重在於言語，言語所重在於動聽；清談的人故以動聽的言詞，以奇特的論調，取悅衆人，在思想方面則很淺薄。淺薄的思想，頗加一層神秘性，因爲時勢所趨，趨向老莊，以老莊的無，結合易經的太極，思想虛無渺茫，似不可捉摸。王弼論儒道心性本體，鍾會論才性四本，歐陽建倡言盡意論，稽康倡聲無哀樂論。其他清談者都談易和老莊三玄，便成爲魏晉的玄學。

王弼留下的著作，有道德經注和易經注，他的思想偏於道家，但又含有儒家的成份。對於性，他在道德經注裏，以性爲天然或自然。道德經第十章「專氣致柔，能嬰兒乎？」王弼注說：「言任自然之氣，致至柔之和，能若嬰兒之無所欲乎？則物全而性得矣。」性爲物的本質，由氣而成，人若順自然之氣，則物全性得。

王弼又像荀卿，以耳目口鼻的應能爲性，在註老子道德經第十二章說：「夫耳目口心，皆順其性也。不以順性命，反以傷自然，故曰盲、聾、爽、狂也。」性命連用，又像莊子，在孟子裏感官的良能，也稱爲性命，但孟子說寧可稱爲命，不稱爲性。

性是常久的，王弼註道德經第十六章：「歸根則靜，故曰『靜』。靜則復命。故曰『復命』也。復命則得性命之常，故曰『常』也。」性既常，動常一定，不用人去計畫，去推動，王弼註道德經第三十二章說：「我守其眞性無爲，則民不令而自均也。」然而在道德經的五十一章：「道生之，德畜之，物形之，勢成之。」老子沒有提性字，王弼註中也沒有提性字，似乎性在老莊和王弼的思想中，無關重要，祇是代表本體的自然。

心字，在道德經王弼注祇三見，第一次在道德經的第三十八章註裏。在這章註裏，王弼說天地之心：「是以天地雖廣，以無爲心；聖王雖大，以虛爲主。故曰以復爲視，則天地之心見，至日而思之，則先王之至覩矣。故滅其私而無其身，則四海莫不瞻，遠近莫不至，殊其已而有其心，則一體不能自全，肌骨不能相容。」王弼以天地之心本是靜，寂然至無。復爲返本，返本見天地之心爲靜。每一個人的心也是靜，若自以爲有知，自以爲修德，則不能採全身一體。心在人，實屬多餘，人不用心，可使人順乎自然。用心，則交乎自然而傷性。

第二次在道德經第五十四章，註「以天下百姓之心，觀天下之道也。天下之道，逆順吉凶，亦皆如人之道也。」心有知，知天下之道，人人相同。第三次，道德經第五十五章：「心使氣曰強。」王弼註說：「心宜無有，使氣則強。」心雖有知，不宜用知，用知便傷性。

王弼在易經註裏，祇兩次說到性：第一次，上經乾卦，「乾坤變化，各正性命。」王弼註說：「處則乘潛龍，出則乘飛龍，故曰『時乘六龍』也。乘變化而御大器，靜專動直，不失大和，豈非正性命之情者邪？」第二次，同篇「乾元者，始而亨者也；利貞者，性情也。」王弼註說：「不爲乾天，何能通物之始？不性其情，何能久行其正？是故始而亨者，必乾元也；利而正者，必性情也。」從這兩處，很難知道王弼對性的解釋。在繫辭上第五章講陰陽變化之道，「成之者性也，」王弼竟沒有註釋，對性字一句不說。易經這兩次，一次是性命，一次是性情，性命合用，同指物之本質；性情，則性爲主，情爲用，性主使情，爲情能正。

因此，王弼的性和心，沒有新的意義，他和莊子的性命性情的觀念相同。

魏晉南北朝清談家談才性問題，「傅嘏常論才性同異，鍾會集而論之。」（魏志 傅嘏傳）鍾會作四本論，收集當時清談家的主張：才性同，才性異，才性離，才性合。才性兩字在孟子書裏已經論到，才爲能，性爲本，才由性生。淸談家以才是才幹，性是性情。世說新語文學篇註引魏志說：「尙書傅嘏論同，中書令李豐論異，佳郞鍾會論合，屯騎校尉論離，文多不載。」鍾會的四本論已遺失，現無傳本。

魏劉劭著人物志，依據才性以品鑒人物，在人物志的九徵第一說：「蓋人物之本，出乎情性。情性之理，甚微而玄，非聖人之察，其孰能究之哉？……凡有血氣者，莫不含元一以爲質，稟陰陽以立性，體五行而著形。苟有形質，猶可卽而求之。」人物志的才性，指的是人的氣質，才性在孟子的思想裏相連，才出於性，性則是仁義禮智之理。人物志的才性乃是氣，氣成人的質，質爲本體，爲實質，性由陰陽兩氣而立，性在內，形在外，形由五行而成。品鑒人物時，第一看人的內在氣質；第二看人的才，第三看人的外貌品格，所以都是就實際方面去論才性。牟宗三先生以爲人物志的才性，和宋理學家的氣質之性相類似，但含義較寧。㈠但根本上，朱熹講氣質之性，不僅從善惡方面說，最要的還是從本體的理上面說，氣的淸濁影響的顯露；人物志的才性，則完全從附加體的高低程度上說，而且又不從倫理善惡的標準，卻從藝術的美醜標準說。

藝文類聚有「性命論」一篇，全篇論命，將易經的「名正性命」和書經天命，以及孔子所論命，和中庸的「天命之謂性」，混雜一起加解釋，所以篇中的命，乃是貧富壽夭的命。講到性，引宋何承天的達性論，「三材（天地人）同體，相設而成者也。故能稟氣清和，神明特達，情綜古今，智同萬物。」這一點明明說聖王，稟受清氣，乃能神明。篇中又引晉袁準才性論：「凡萬物生於天地之間，有美有惡物何故美？清氣之所生也。物何故惡。濁氣之所御也。……賢不有者，人之性也。賢者爲師端；這種培養，稱爲養心，因爲是培養心的良知良能。若是不培養，則仁義禮智之端便會消失。培養之道，不肖者爲盜，師資之才也。然則性言其質，才名其用明矣。」這一點，後來宋朝朱熹的性善惡論，則精氣之清濁說。

丙、佛教

佛教從漢末傳入中國，值道家思想盛行社會的時候，沒有遇到儒家極力的反對，又套用

(一) 牟宗三 才性與玄理 頁四七 學生書局。

了道家的虛空思想，乃得獲得當時學者的欣賞，漸漸深入了各階層。

佛教哲學分有空兩大派，主有者爲小乘，主空者爲大乘；然而主有的小乘中也常主「無我」；既主無我，則性和心也皆是空。但卻又不常是這種邏輯，在「無我」之中，性和心並不常是空。

小乘，講十二因緣，人的自我由因緣而成，『緣生無定性』，乃是佛教的共同信仰，所以自我沒有實性。大乘中論有兩句頌：

「因緣所生法，我說卽是空，亦為是假名，亦是中道義。」

「大聖說空法，為離諸見故，若復見有空，諸佛所不化。」

無論大乘小乘都主張自我無性，但是小乘對於宇宙萬有，則說「有」。相爲物的形相，也可和色相同。各物有各物的相，稱爲「各個相」，包含外形和特性，例如水有水性，火有火性。但是這些相都可以破。水可以破火，這些相便不是常，不是眞，所以應稱爲空，空才是物的實相，也就是說各物都沒有實相。只是一些相似的相，因而稱爲「如」。

性，爲物的本體，物旣爲空，本體當然空，物便無性，本體旣空，外面的相，也是空，性相便不分。

在佛教初入中國時，對於性相的空，解釋頗不相同，有六家七宗：

六家	**七宗**	**主張之人**
本無	本無	道安（性空宗義）
	本無異	竺法深　竺法汰
卽色	卽色	支道林
識含	識含	于法開
心無	心無	支愍度—竺法蘊　道恆
緣會	緣會	于道邃

本無宗主張性空，性空故本體無。卽色宗的支遁和僧肇所講，萬法卽是色，色爲假爲空。識含宗主張萬法起於心識。心無宗乃主張心爲空爲假，支愍度以心爲太虛，爲無。緣會宗以萬法起於緣會，沒有自己的體性。

但是，萬法不完全是空是假，自我更是虛無，則宇宙爲何有宇宙萬物？卽使一切是幻覺，幻覺怎麼成就呢？因此，佛教各宗對於性和心，都特別加以講論。

小乘以俱舍論爲代表，俱舍論爲世親所作，主張「三世實有，法體恒有。」爲解釋「三世恒有」，俱舍論採「用滅說」或「體滅說」。法體既不生滅，祇是作用有生滅的變化，只有三世的分別，這是「用滅說」。「體滅說」則是有爲法和無法的分別，無爲法沒有生，住，異，滅四相，體則不滅；有爲法則有這四相，則體滅。

「俱舍論」的最後一品爲破執我品，以我爲空爲假。我既爲空，便沒有自性，自心也是假心。我乃是「諸蘊相續。」

在小乘進入大乘之間，有唯識論。唯識論，以性爲心之性，爲實體，無形無相，不可言說。相是心之相，爲心性的用，有形相，可以言說。相來自識，宇宙萬法由識予以分別。若沒有識，一切都空，唯有識存在，存在爲相，相既爲有，故倡「實相論。」

楞伽經已入大乘，講心性，以心識爲一切識所依。一切識境，即六識的對象，爲自心所現境界，乃心所聚生。第七識和第八識，也在心中。心乃實在，萬法唯心。但諸法皆心所生，故法無自性，沒有生，沒有滅，祇是假相。這種性是依他起性，變爲遍計所執性，上面兩種性都是心的作用，唯有圓成實性，才是眞性；這種眞性乃是佛性，楞伽經稱爲「如來藏」。如來藏也是自性根本清淨心。

攝大乘論講三性相。依他性相，分別性相，眞實性相。依他性相，依種子而生；分別性相，由意識而生；眞實性相由第九識清淨識而顯，所顯爲自性法身。

大乘起信論特別講心，心爲衆生心，衆生心爲唯一的心，本性清淨，稱爲眞如，乃一絕對平等，不生不滅的實體。衆生心的本體爲衆生的眞實本體，然以普通的衆生心則爲無明所蔽，成爲安心，不顯眞實本體。安心便生眞如的「心生滅門」，眞實本體則爲眞如門，故稱「一心二門。」大乘起信論的心，便是眞如，便是萬法的本體，也就是萬法的自性。

大智度論論相和性。相分兩種：一者各各相，二者實相，各各有爲各物的特性，如水濕，火熱，風動。但這些各各相都不是實相，因爲都可以破，火可以使水乾，水可以使火不熱，高牆可以擋風。既破，便歸於空，故萬物的實相乃是空。性爲法性，法性也有兩種：一者，用無着心分別諸法，各法都有自性。二者，名無量法，法性本來無量，本來實有，卽是佛性。各法的自性，由心所起，並不眞實，乃是空性。

涅槃經講佛性。大乘各宗都主張衆生有佛性，但對佛性的解釋則多有不同。我曾在中國哲學思想史中列舉各家的主張㈡，涅槃經以中道爲佛性，佛性是理，中道的意義爲超越相對

㈡ 羅光 中國哲學思想史 隋唐篇下册 頁六〇七 學生書局。

的直觀，是一種智慧，見到平等。智慧是用，不是體；涅槃經再進而講涅槃爲佛性，爲眞實有我，無因而是果。因爲人人有佛性，佛性須證而後顯，證是修行，修行而顯佛性。所顯佛性卽是如來，也就是眞如

華嚴宗和天臺宗爲大乘的頂點，都講眞如實體，實體爲實性實相，由眞心而顯，「華嚴圓教則依唯一眞心迴轉，法華圓教則依一念無明法性心。㈢」華嚴宗和天臺宗都談判教，判教的標準是依心識差別。賢首在一乘教義分齊章所詮差別第九中說明五教依心識的差別，小乘祇有六識；大乘始教建立阿賴卽識，然僅得一分生滅之義；大乘終教則以阿賴耶識得事理融通二分義，不生不滅，亦生亦滅，非一非異，稱爲阿賴耶識。大乘頓教則以一切法唯一眞心，差別相都滅盡，不可言說。大乘圓教以性海圓明，法界緣起無碍自在，一卽一切，一切卽一。圓教又分兩宗：有別教一乘圓教，有同教一乘圓教，前者爲華嚴宗，後者爲天臺宗。華嚴宗依唯一眞心迴轉，天臺宗依一念無明法性心。

佛教以心性問題爲中心問題，性爲本體，爲實相，心爲智智慧，爲圓融觀。小乘講有，以六識爲主，然意識爲假心的分別識，根本不能認識宇宙萬物，所說的有，實則爲空，故萬有都沒有自性爲佛性。大乘以性，爲如來藏，隱在萬法中，萬法都有佛性。心本清淨，有阿賴耶識可以認識萬有的眞性爲一，不生不滅，非一非異；但沒有講明眞性卽眞如的本體，天

臺宗和華嚴宗才深入講述。天臺宗的教理爲實相性原理和全體性原理，卽實相哲學和性具哲學。實相如如，爲三諦圓融，三諦爲有空中三諦，實相可從三方面看，三方面都是如如，故互相圓融。因此，萬法相通，十法界相通，一念三千，乃有全體性，以無住爲本，以性染發一念無明法性心。華嚴宗以無盡緣起和法性緣起爲中心，這兩點爲互相連貫的，無盡緣起卽無性起，無性起卽不成緣起，然萬法既起，乃由眞如體性現起，依自性本具之性德生起。依體起用，故名爲性起。

佛教的性，應該是眞如本體，自性爲絕對實體，乃萬法的實體實相，一切萬法都沒有自性，都以眞如爲自性，故萬法都空。然而在根本上有眞如爲自性實體，故大乘中論和天臺華嚴的三諦圓融，亦有亦空，不有不空。

佛教的心，應該是眞如自性的顯覺，眞如自性顯明。在萬法中所顯是生滅的假相，萬法的心是假心，在般若智慧中眞如自性顯明，乃有眞心，由眞心觀萬法，一切平等，一切相通，一卽一切，一切卽一，一入一切，一切入一，萬法圓融。

(三) 牟宗三 佛性與般若 下册 頁六一七 學生書局。

4. 意義的擴充

經過漢末南北朝道家思想的活躍，再經過隋唐佛教思想的突起，儒家到了宋朝，興起新儒家的理學，兼收道家和佛教的特長，使心和性的意義較比孔孟荀莊所講的，都更廣大，而且使心與性成爲儒家哲學在理論方面和實踐方面的中心，講理論必要講性，講實踐必要講心。

道家老莊的思想，在漢末和南北朝時代所存留下來的，僅祇一個「虛」字，在理論上「道」的虛無，在實踐上生活爲虛無。但是老子卻和黃帝相連，變成了黃老之術的祖宗；黃老之術所追求的爲莊子的養生，黃老之術爲養生，串通了漢朝易學的卦氣說。到了唐朝，道家的代表已經是道教，道教講究魏伯陽的納甲，呼吸元氣，鍊製金丹。宋朝第一位理學家周敦頤的太極圖，便是來自道教。因着這條路線，漢朝的陰陽五行思想，便成了理學的主流。

佛教主張智慧，觀看萬法爲空，反觀自心則見到性體眞如，性爲體，心爲用，體用合一。這種思想左右了宋朝理學，各家的學說都圍着這一中心點繞轉。朱熹雖然力求打破這個圈子，但是他的弟子們卻都跟不上。

甲、周敦頤

周敦頤論性與心，性是中，心是神。

太極圖來自漢易，周敦頤所講的物性，應該是易傳所說：「一陰一陽之謂道，……成之者性也。」（繫辭上　第五章）陰陽所成的性，爲物的本體。陰陽是氣，人所得的氣爲秀氣，「惟人也，得其秀而最靈。」（太極圖說）這種秀氣有什麼特點呢？「性者，剛柔善惡中而已矣。」（通書　第七）又說：「大哉易也，性命之源乎！」（通書　第一）孟子講性命，性爲良知，命爲良能，同爲天生。漢儒講性命，同於莊子。周敦頤以「易」爲性命之源，易乃宇宙萬物變化之道，也就是陰陽之道，物性和人性都由陰陽變化而成。在人，陰陽所成的性，爲人的本體，人的本體，剛柔善惡居於中，所謂中，爲中庸所講的中，即「喜怒哀樂之未發，謂之中。」性爲中，就是說人的本體爲中，中是未發，未發爲靜，靜便是本體，動乃是用。朱熹在繫辭上第五章對「一陰一陽之謂道」，注說「道具於陰，而行乎陽。」朱熹所指的「道」，道爲理，理本是抽象，便是靜。周敦頤的意思則指的性體，以性體本靜，「聖人定之以中正仁義，而生靜，立人極焉。」（太極圖說）然而在「太極圖說」的開端，卻說「無極而太極，太極動而生陽，動極而靜，靜而生陰，靜極復動。一動一靜，互爲其根。」動在靜之前，靜不該是性體；不過，上面一句「無極而太極」，無論無極是不是在太極以先，或祇是太極的形容詞，太極本體是虛無，因此，周敦頤以性體爲中，以人極爲主靜。

性爲體，性之用爲心，心爲知，太極圖說謂「神發知矣」，神在形之內，「形既生矣，神發知矣。」心能知，荀子已說的很明白，荀子以心虛靈能知，知爲一種神妙之用，通書說：「大順大化，不見其迹，莫知其然之謂神。」（通書 第十一）「發微不可見，充周不可窮之謂神。」（通書 第三）這兩處所說和易傳繫辭所說天地生化的變化相同，繫辭以天地的化生萬物爲神妙莫測。在人的生命裏，心知的作用，也確實爲神妙莫測。「動而無靜，靜而無動，物也。動而無動，靜而無靜，神也。」（通書 第十六）心知的作用，就是動而無動，靜而無靜所以心可以稱爲純。「仁義禮智四者，動靜言貌視聽無違之謂純。」（通書 第十二），然而人有喜惡，人性既爲中，人心又爲純，不知善，惡從何而來？周敦頤以善惡之分來自情，心之動爲情。情成於五行，「五性感動，而善惡分，萬事出矣。」（太極圖說）五性是五行之性，「五行之生也，各一其性。」（同上）五行之性，是五行的每一行之特性，附加在人的性體。人心動時，五行的特性由外物的感觸而引發，影響人心之動，遂有善惡的分別。「欲動情動，利害相攻，不止則賊滅無倫焉，故得刑以治。情僞微曖，其變千狀，苟非中正明達果斷者，不能治也。」（通書 第三十六）。治情，是心的責任，心神明能知，乃能斷。

周敦頤特別注重「誠」，以人心純明而誠於性體的中正，人則率性而自然趨於善，「寂然不動者，誠也；感而遂通者，神也；動而未形有無之間者，幾也。」（通書 第四 聖）這三個觀念都是易經的觀念。心誠於性，無爲而有爲，「誠，無爲。」（通書 第三 誠幾德）無爲不是不動的呆靜，而是至高無形之動，「至誠則動，動則變，變則化。」（通書 第三十五 擬議）化，乃使人成聖人，「……予謂養心不止於寡焉而存耳，蓋寡焉以至於無。無，則誠立明通。誠立，賢也；明通，聖也。是賢聖非性生，必養心而至之。㈣」（周敦頤 卷心亭 周子遺書 周濂溪集 卷八）周敦頤既以性體爲中，又講誠，卻說「是賢聖非性生，必養心而致之。」而且養心還不止是孟子所說的寡慾，必須要到佛教的絕慾，「蓋寡焉以至於無。」所以他主靜。他的思想是性體雖中，然後發揚，如同中庸說至誠則盡性。誠爲心之德，心誠而明通，明通卽無欲，人心無爲而有的，神妙莫測。

乙、張載

㈣ 對於周敦頤的誠字，參考羅光著，中國哲學思想史 宋代篇 上冊 頁一〇七—一二二。

張載是中國哲學史上最講論「氣」的哲學家；他以氣的本體爲太虛，太虛變化的本能爲太和。

「感者，性之神；性者，感之體。惟屈伸動靜終始之能一也，故所以妙萬物而謂之神，通萬物而謂之道，體萬物而謂之性。」（正蒙 乾稱）萬物由氣而成，氣分陰陽，陰陽所成爲物性，物性卽是物體。張載便以性爲性體。

「合虛與氣，有性之名。」（正蒙 太和）張載講太和，太和爲太虛的虛，虛不是無，而是無形，而是神妙，而是中，卽是太極之能。氣有虛之能合成性，這是太虛的性；其他的物，由氣而成，氣也帶有太虛之能；然而人之氣則爲秀氣，則「虛」較萬物都更高。「氣之性，本虛而神。」（正蒙 乾稱）氣所成爲體，「未嘗無之謂體，體之謂性。」（正蒙 誠明）體是實體，性便是實體。然而這個實體中含有天理，「天地生萬物，所受雖不同，皆無須臾之不感，所謂性卽天道。」（正蒙 乾稱）張載的「感」字，不僅是感觸，而是物的相互作用。宇宙萬物都同一生命，互相通，彼此便相感，感而起作用，以發展生命，感必有規則，有理，性相感之理乃天生，天生之理稱的天道。張載主張理在氣中。

氣之本體爲虛，化而成爲陰陽，陰陽有形，形而成體則有質，張載因此主張具體的性爲氣質之性；氣質之性則不善。人要透過氣質之性，返回本質之性，乃能爲善。「形，而後有氣質之性，善反之則天地之性存焉。故氣質之性，君子有弗性者焉。」（正蒙 誠明）朱熹後來講氣質之性，以氣之清濁分氣質之性爲善惡。張載則沒有這種思想，他是以氣質之性爲具體之性，含有情慾才質。如同孟子以耳目口鼻之天生良能，也是性，然更好不稱爲性，張載所以說「故氣質之性，君子有弗性者焉。」

心，張載說：「合性與知覺，有心之名。」（正蒙 太和）又說：「心統性情，」（張子全書卷十四 性理拾遺）張載以心爲體，心則該是用，然體用不分，心合性便不分。性的用，是知，心便能知；知是和外物相接，相接有感，心不能不動，動是情；張載因此說心是合性與知，又說心統性情。心便代表具體生活方面的性。

張載由人心講到天心，因爲「心能盡性，人能弘道。」（正蒙 誠明）「順性命之理，則得性命之正。」（同上）「知性知天，則陰陽鬼神，皆吾分內爾。」（同上）心能知，心知性命之理，性命之理乃是天道；人若能以心盡性命之理，則實踐天道。「聖人盡性，不以聞見梏其心，其視天下，無一物非我。孟子謂盡心則知性知天以此。天大無外，故有外之心，不足以合天心。」（正蒙 大心）天地化育萬物，表現上天好生之德，上天好生故受及萬物，人心合於天心，便愛一切人物，沒有一物放在人心以外。這種心，乃是大心，也就是大人的心，易經說：「夫大人者與天地合其德。」（乾卦 文言）張載的西銘乃說：「乾稱父，坤稱母……

民吾同胞，物吾與也。」。張載所以有四句名言：『爲天地立心，爲生民立道，爲去聖繼絕學，爲萬世開太平。』（近思錄拾遺 卷三）張載的精神生活，建立在盡心上。如同孟子盡心養成浩然之氣，使『萬物皆備於我』（盡心上）；張載盡心以仁道參贊天地好生之德，顯示天地之心，建立人民生活之道，繼承堯舜孔孟的絕學，使萬世能享太平。這種大同的理想，確實具有孟子的氣概。

丙、二程

程顥生性溫和，喜愛自然，景仰孟子浩然之氣的生活境界，以仁意而愛萬物。他和弟弟程頤受教於周敦頤，後與張載爲友，論學論道。他的思想便是以氣成萬物，性是氣。「『生之謂性』性卽氣，氣卽性，生之謂也。人生氣稟，理有善惡，然不是性中原有此兩物相對而生也，有自幼而善，有自幼而惡，是氣稟有然也。善固性也，然惡亦不可不謂之性也。蓋『生之謂性』『人生而靜』以上不容說，才說性時便已不是性也。凡人說性，只是說『繼之者善也』，孟子言人性善是也。夫所謂『繼之者善』也者，猶水流而就下也，皆水也。有流而至海終無所汚，此何煩人力之爲也。有流而未遠固已漸濁，有出而甚遠方有所濁，有濁之多者，有濁之少者，清濁雖不同，然不可以濁者不爲水也。……水之淸，則性善之謂也。故不是善與惡在性中爲兩物相對，各自出來。此理，天命也。順而循之則道也，循此而修之，各得其分，則教也。自天命以至於教，我無加損焉。」（二程全書　遺書一　二程語錄一頁七）

性爲氣，氣中有天理，「天下善惡皆天理，謂之惡者本非惡，但或過或不及便如此，如楊墨之類。」（二程全書　遺書二上　二程語錄上　頁一）性是天理，性的天理表現於外時，有過或有不及，乃有惡。惡不是性的本體，祇是性的表現。

性的表現乃於心，人心爲人的主章，「心若不做一個主，怎生奈何？」（二程全書一　遺書二下　二程語錄二下　頁三）心又能知，知天理，天理在人心，「理與心一，而人不能會之爲一。」（二程全書卅一　遺書五　二程語錄五　頁一）「心所感通者，只是理也。知天下事有卽有，無卽無，無古今前後。」（二程全書一　遺書二下　二程語錄二上　頁六）「人心莫不有知，惟蔽於人欲，則亡天德（一作理）也。」（二程全書二　遺書十一　明道語錄一　頁五）人心卽天理，天理本在人性，心爲性之用，體用合一，心與性又爲一，心乃是理。心既能知，反心自向，就能知天理，惟因有人欲，及被蔽塞。「人心惟危，人欲也；道心惟微，天理也；惟精惟一，所以至之；允執厥中，所以行之。」（二程全書二　遺書十一　明道語錄一　頁七）

程顥生性清淡，不覺情欲之蔽，生活常順乎自然，樂天知命。程頤生性和程顥不同，生性嚴肅，謹守禮規，求學貴窮理，修身主端敬；他的思想和程顥的思想也不相同。他主張氣成萬物，然以氣爲形而下，道則爲形而上。道是陰陽所以成爲陰陽之理，「離了陰陽更無道，所以陰陽者是道也，陰陽氣也。氣是形而下者，道是形而上者。」（二程全書二　遺書十五　伊川語錄一　頁二）

道和理，「書言天序天秩，天有是理，聖人循而行之，所謂道也。」（二程全書三　遺書二十一下　伊川語錄七　頁一）理是物和事所以成之理，道是事物變化之道和人的生活之道。陰陽由一氣變化而成，所以成陰陽者之理稱爲道。氣之所以是氣，則理，「有理則有氣，有氣則有數。」（二程全書九　伊川語錄一　頁三）理爲形而上，氣爲形而下，程顥將理和氣分解，理不是包含在氣中。

因此，程頤主張道與性爲一，「稱性之善，謂之道；道與性，一也。」（二程全書　遺書二十五　伊川語錄十一　頁二）又以性和理爲一。「理也，性也，命也，三者未嘗有異。窮理則盡性，盡性則知天命矣。天命猶天道也，以其言用言之，則謂之命，命者，造化之謂也。」（二程全書三　遺書二十一下　伊川語錄七下　頁一）性，是人之所以爲人之理，「性出於天，才出於氣。」（二程全書三　遺書十九　伊川語錄五　頁四）程頤不大講本原之性和氣質之性，他祇主張性不是氣而是理，又主張性善：「稱性之善，謂之道，道與性一也。以性之善如此，故謂之性善。性之本，謂之命；性之自然者，謂之天；自性之有形者，謂之心；自性之有動者謂之情；凡此數者，皆一也。聖人因事以制名，故不同若此；而後之學者，隨文析義，求奇異之說，而去聖人之意遠矣。」（二程全書三　遺書二十五　伊川語錄十一　頁二）道，性，天，命，心，情，六者意義相同，都是指着人之所以爲人之理。性卽理，程頤和程顥的「性是氣」的主張便不相同了。他以情爲性之動，則和後來朱熹所主張的「情爲心之動」又不同。

「伯溫又問：孟子言心性天只是一理否？曰：然！自理言之謂之天，自稟受言之謂之性，自存諸人言之謂之心。又問：凡運用處是心否？曰：是意也。」（二程全書三　遺書二十二　伊川語錄八上　頁十四）程頤說得很清楚，性是理，不是氣。性由天而來，「天命之謂性」，所以他也讚成告子所說『生之謂性』。但生之謂性，性已包含氣。

心，是性所存諸人的，也就是具體的性，「自性之有形者，謂之心。」（二程全書三　遺書二十五　伊川語錄十一　頁二）心爲旣具體之性，性卽理，理便在心內，而且與心爲一。「理與心一，而人不能會之爲一。」（二程全書一　遺書五　二程語錄五　頁一）心旣「性之有形者」，形來自氣，則心必有氣，心便是氣質之性。人之善惡，來自性否？程頤說性本是善，不善來自才。「性無不善，而有不善者，才也。性卽是理，理則自堯舜至於途人一也。才稟於氣，氣有清濁，稟其清者爲賢，稟其濁者爲愚。又問：愚可變否？曰：可！孔子謂上智與下愚不移，然亦有可移之理，惟自暴自棄者，則不移也。」（二程全書二　遺書十八　伊川語錄四　頁十七）「『性相近也，習相遠也』性一也，何以言相近？曰：此只是言氣質之性，如俗言性急性緩之類，性安有緩急？此言性者，生之謂性也。」（二程全書二 遺書十八 伊川語錄四 頁十九）善惡不在於心；善，在於性；惡，在於才。但是，心是主宰。主宰不是對於善惡，而是等於動。「問：心有善惡否？曰：在天爲命，在義爲理，在人爲性，主於身爲心，其實一也。心本善，發於思慮，則有善不善。若旣發，則可謂之情，不可謂之心。譬如水，只謂之水；至於流而爲派，或行於東，或行於西，卻謂之流也。」（二程全書二 遺書十八 伊川語錄四 頁十七）

意，爲心之運用；情，爲心之發。發，卽是動，「自性之有動者，謂之情。」（二程全書三 遺書二十五 伊川語錄十一 頁二）程頤說情爲心之動，又說情爲性之動；情，發自性，是就理方面說，程顥曾經說，情有惡，惡也屬於性；這是說惡是加在性上，如同水濁是濁加在水上，但是水的本性並不濁，性的本性也不是惡。情，旣是氣，應該不是性，然而情之理，則應在性上，所以說情爲性之發。情是氣，情便在心內，因爲心是「性之有形者」，因此，情是心之動，情動而不中節，則爲惡。善惡不用於性，性本來善，中庸稱爲中，中是未發，未發是一種氣象，是靜。然而不可說靜是性的本質，也不可說中是性的本質，因爲未發是中，已發之動也要是中，程頤所以不讚成呂大臨的主張。

程頤對於性，說明了性是理，性本來是善；然而有情動之理，情之惡也屬於性，然不出自性。

程頤對於心，說明心是「性之有形者」，和理爲一，但既有氣，便因氣而有才，氣清則才清，氣濁則才濁。情發於性，由心之主宰而動，動之力在於才，因才而有智愚。情由氣而成，情也因氣之清濁而有清濁，情之清濁爲慾，慾清則善，慾濁則惡。「養心莫善於寡欲，不欲則不惑。所欲不必沉溺，只有所向便是欲。」（二程全書二　遺書十五　伊川語錄一　頁二）

丁、二程弟子

二程弟子很多，歷代則以謝良佐，楊時，呂大臨爲繼承二程思想的哲學家。謝楊呂三人，都從程顥程頤受業，三人的思想則都傾向程顥的主張，和程頤不相同，三人都多講心，少講性。三人講心，又夾雜佛教禪家的思想，造成靜坐以求靜的修養法。

謝良佐，世稱謝上蔡，特別注重「仁」。他提出仁是生，是天理，是人心。人心是仁，有天理，循天理則與天爲一。與天爲一，由心可以覺到；所以說仁是覺。後來朱熹反對他以覺爲仁，認爲分明是禪。謝良佐說：「佛之論性，如儒之論心；佛之論心，如儒之論意。循天之理便是性，不可容些私意。才有意，便不能與天爲一。」（宋元學案　上蔡學案　語錄　頁九）有意，便不能與天爲一，心應該止，心止是靜，求靜乃靜坐。「問：色欲想已去多時？曰：伊川則不絕，某則斷此二十來年矣。所以斷者，當初有爲之心多，欲有爲，則當強盛方勝任得，故斷之，又用導引吐納之術，非爲長生如道家也，亦以助養吾浩然之氣耳。」（宋元學案 上蔡學案 語錄）上蔡不僅學禪靜坐，還學道教導引吐納，和二程的修身方法相去太遠！他還說：「自然不可易底，便喚做道；體在我身上，便喚做德；有知覺識痛癢，便喚做仁，運用處皆是當，便喚義；大都只是一事，那裏有許多分別。」（宋元學案 上蔡學案 語錄 頁十九）道德仁義，混爲一事，那眞讀書不求甚解！雖然他講致知窮理，但「窮理則是尋個是處。」（同上 頁八）是處，則是心安，因爲「理便是我！」

呂大臨雖是二程的弟子，但他曾受教於張載，他便保持張載以氣成萬物的主張。人性爲一，有剛柔昏明，這種分別來自氣。性既爲氣，心則是性的用；心雖爲用，本質乃是靜。因爲人得天地之中以生，中爲未發，爲靜，「赤子之心，良心也。天之所以降衷，人之所以受天地之中也，寂然不動，虛明純一，與天地相似，與神明爲一。傳曰：喜怒哀樂之未發謂之中，其謂此歟！」（宋元學案呂范諸儒學案）　呂大臨以「中卽性也。」（同上頁五十五）又說：「喜怒哀樂之未發，則赤子之心。當其未發，此心至虛，無所偏倚，故謂之中，以此心應萬物之變，無往而非中矣。」（同上）心虛爲中，又以性爲中；這應該說氣清，心虛明見到性，性本質之「中」顯於心。爲得將「中」，心應虛靜，虛靜則由靜坐以得。這種思想很近於禪，所以程頤不讚成。

那時已發生另一問題，即「未發爲性，已發爲心」的問題。若性是體，心是用，性便是未發，心是已發。但，學者以體用各一，性和心便相合不分，不能用未發和已發去分別。「先生（程頤）謂凡言心者，皆指已發爲言；然則未發之前，謂之無心可乎？竊謂未發之前，心體昭昭具在，已發乃心之用也。」（同上）程頤答「凡言心者，指已發而言，此固未當。心，一也，有指體而言者，有指用而言者，『感而遂通之故』惟觀其所見如何耳。（同上）程頤曾指示『中』不能說是性，心也不能稱爲「中」，祇可稱爲「和」，體用爲二，應加分別。呂大臨則堅持自己的主張。

楊時在二程的弟子中，壽命最長，年八十三歲，由北宋到南宋，三傳到朱熹，朱熹乃傳程頤之學。

楊時以太極爲理，爲理之中。兩儀四象八卦，乃是太極的上下，前後，左右；上下爲兩儀，前後左右爲四象，太極居中。太極既是理，天地萬物都由氣而成，「夫通天下一氣也，人受天地之中以生，其盈虛常與天地流通，寧非剛大乎？」（宋元學案 龜山學案 文集 頁三十七）

人性由陰陽之理而成，由生而來，本質是善；至於惡，是人性失常。人心爲人性的表露，人心有性的理，人心須顯露性之理，人便達到聖賢的人格。「人性上不可添一物，堯舜所以爲萬世法，亦只是率性而已。所謂率性，循天理是也。外邊用計用數，假饒立得功業，只是人欲之私，與聖賢作處，天地懸隔。」(宋元學案 龜山學案 語錄 頁三十三) 人爲循天理，應該守靜，使心虛靜，「夫至道之歸，固非筆舌所能盡也，要以身體之，以心驗之，雍容自盡，燕閒靜一之中，默而識之，兼忘於書言意象之表，則庶乎其至矣。反是，皆口耳誦數之學也。」(同上 文集) 楊時便實行靜坐。

楊時的弟子羅從彥，仰慕禪宗，靜坐以看喜怒哀樂未發之中。羅從彥的弟子李侗，更常靜坐，以心動則氣動，心之本體的理不明，喜怒哀樂都不中節。李侗的弟子朱熹則反對這種主張。

戊、朱熹

對於性和心的問題，朱熹集合前面各家的思想，構成了自己的學說，解釋非平清楚。朱熹分理和氣，理成物性，氣成物形。每一物之理都成全無缺，稱爲太極。總天地一太極，每物各一太極；天地之理是成全的，每物之理也是成全的。天地萬物之理爲一理，然各物之理又不同，『理一而殊』。天地同一之理，爲生生之理。易經以宇宙的變易，在於生化萬物。

宇宙的變易，由陰陽而成，易經曾說「一陰一陽之謂道。」（繫辭上　第五章）整個宇宙都是陰陽之變，變就是生生，陰陽變化之道爲一，宇宙生化之理也就是一。然而陰陽變化在實際上卻常不同，因爲陰陽之氣有淸有濁，氣的淸濁使生化之理在各物內都不相同；所以，『理一而殊』，這種「殊」是在於得「理」的偏或全。

「問：或問氣之正且通者爲人，氣之偏且塞者爲物，如何？曰：物之生，必因氣之聚而後有形，得其淸者爲人，得其濁者爲物。……又問：氣則有淸濁，而理則一同，如何？曰：固是如此。理者，如一寶珠，在聖賢則如置在淸水中，其輝光自然發見，在愚不肖者，如置在濁水中，須是澄去泥沙，則光方可見。」（朱子語類　卷十七）

「理一而殊」，「殊」不在理的本身，理在本身上是同一的，在表現上則不同。理的表現受氣的影響，氣淸則表現全，氣濁則表現不全。

「理成物性」，朱熹說：「性者，人所受之天理。」（朱子語類　卷五）天理卽生生之理，每一物都是這「理」，而且是同一的全理，所以說每物有一太極。但每物在實際存在時，必定有氣，物是由理和氣所合成的；每一實際具體的物所有的性，必定含有氣；朱熹稱這具體的性，爲氣質的性，稱在理想方面不含有氣的性爲本然之性。「氣質之性，只是此性墮在氣質之中，故隨氣質而自爲一性，正周子所謂各一其性者，向使原無本然之性，則此氣質之性又從何處來？」（朱文公文集 卷五十八 答徐子融書）從性言，每一物之性俱是全的，祇在表現上有全有偏，朱熹說人得理之全，物得理之偏，是就性的表現而說。「氣質是陰陽五行所爲，性即太極之全體。但論氣質之性，則此全體墮在氣質之中耳，非別有一性也。」（朱文定公文集 卷六十一 答嚴時亨書）

性的善意，不能就本然之性方面說。本然之性，自然是善；氣質之性則有善惡，氣淸則性善，氣濁則性惡。「問：氣質有昏濁不同，則天命之性有偏全否？曰：非有偏全。謂如日月之光，若在露地，則盡見之，若在蔀屋之下，有所蔽塞，有見有不見，昏濁者，是氣昏濁了。」（朱子語類 卷四）「性只是理，然無那天地氣質，則此理沒安頓處。但得氣之淸明，則不蔽錮，此理順發出來。蔽錮少者，發出來天理勝；蔽錮多者，則私欲勝，便見得本原之性無有不善。孟子所謂性善，周子所謂純粹至善，程子所謂性之本，與夫返本窮源之性，是也。只被氣質有昏濁，則隔了。故氣質之性，君子有弗性者焉，學以反之，則天地之性存矣，故說性，須兼氣質說方備。」（朱子語類 卷四）

「心統性情，二程卻無一句似此切。」（朱子語類 卷九十八）二程說性與才與情，有些籠統迷糊，朱熹則很切實。他說心包含有性和情，因爲心有理有氣，就本體說，可以說是氣質之性，但是心，是就用方面說，心是具體之性。所以心，有理所成之性，有氣所成之形與心之形有兩部份，有本體部份，心由秀氣而成，所虛靈不昧；又有情的部份，情是附體，情的氣可清可濁，情便清濁，情的氣清則不蔽塞性之理，情的氣濁則蔽塞性之理，蔽境理便是惡。惡來自情。

心能知，能主宰，「心是神明之舍，爲一身之主宰。性便是許多道理，得之於天而具於心者，發於智識念慮處皆是情，故曰心統性情也。」（朱子語類 卷九十八）惡的原由是情，情發自心，心能主宰，惡的責任便歸之於心。「心比性，則微有跡；比氣，則自然又靈。」（朱子語類 卷五）

「問靈處是心抑是性？曰：靈處只是心，不是性，性只是理。」（朱子語類 卷五）理是抽象的，無所謂靈不靈；心由清秀之氣而成，故靈。靈乃能知，能主宰。「心者，氣之精爽。」（朱子語類 卷五）心既知既主宰，人對於萬事，都能應付，「虛靈不昧，以具衆理而應萬事者也。」（大學 明德註）但爲應付萬事，心應知道「理」，朱熹乃主張「致知」在研究事物之理，心當然有人性之理，「性便是心之所有之理，心便是理之所會之地。」（朱子語類 卷五）人性之理爲全理，可以說是萬理，「一心具萬理，能存心，而後可以窮理。」（朱子語類 卷九）但是人心之理，乃是原則，卽人生之道，原則在應用於種具體萬物時，原則運用之道則隨時隨地可以變，變之道則不在心中，須要隨事研究，「格物是窮得這事當如此，那事當如彼。如爲人君便當止於仁，爲人臣便當止於敬。又更上一著，便要窮究得爲人君如何要止於仁，爲人臣如何要止於敬。」（朱子語類　卷十五）『如何』，便是怎樣實用原則，人該努力去求知。這一點，朱熹和陸象山的意見不相同，陸象山主張理全在人心，人心和理相等，「心外無理」是陸象山的主張。

人心運用「理」時，還有情的作用。情是欲，可以蔽塞人心。情欲可以蔽塞人心之知，又可以蔽塞人心之主宰。因此，動而不中節，乃是惡。「性是未動，情是已動，心包得已動未動。蓋心之未動則爲性，已動則爲情，所謂心統性情也。欲，是情發出來的。心如水，性猶水之靜，情則水之流，欲則水之波瀾，但波瀾有好底，有不好底。」（朱子語類　卷五）

關於未動已動，或未發已發，發生了問題。朱熹原先主張未發爲性，已發爲心，性心相通。「蓋通天下只是一個天機活物，流行發用，無間容息。據其已發者而指其未發者，則已發者人心，而凡未發者皆其性也，亦無一物而不備矣。夫豈別有一物，拘於一時限於一處，而名之哉。」（朱文公文集　卷三十二　致張敬夫書）朱熹反對未發之時的時字，認爲未發已發不能由時間去看；但是後來和張南軒書信往還，發覺自己的主張不對，乃改正舊說，以未發和已發祇能用之於心，不能用之於性，未發爲心之本體，已經爲心之用，卽是情。「中庸未發已發之義，前此認得此心流行之體，又因程子凡言心者皆指已發而言，遂目心爲已發，性爲未發。然觀程子之書，多所不合。因復思之，乃知前日之說，非惟心性之名命之不當，而日用功夫全無本領。蓋所失者不但文義之間而已，按文集遺書諸說，似皆以思慮未萌，事物未至之時，爲喜怒哀樂之未發。當此之時，卽是此心寂然不動之體。而天命之性，當體具焉。以其無過不及，不偏不倚，故謂之中。及其感而通天下之故，則喜怒哀樂之性發焉。而心之用可見，以其無不中節，無所乖戾，故謂之和。」（朱文定公文集 卷六十四 與湖南諸公論中和第一書）朱熹以舊說對於修養有防礙，因爲若以心爲已發，使祇用力在已發上用功夫，收效不多，而且已嫌太晚；因此，應該在心未動時，也用努力，雖不能和主張專門靜坐的學者一樣祇注意不靜，然須靜時養成動時的敬，則動靜一貫。㈤

朱熹論心，還有心和仁的問題。孔子以「仁」貫通自己的思想，以「仁」爲最高的美德。漢朝儒者根據易經的思想，把「仁」和「生」連接起來，「元」代表仁，又代表生。朱熹便解釋仁的意義爲生命，因爲仁爲愛之理，愛以愛自己的生命爲主，生命是存，沒有存在就一切都消失了。「愛非仁，愛之理是仁。心非仁，心之德是仁。」（朱子語類 卷二十）朱熹又從易經解釋仁爲生命，易經說天地的大德是生；朱熹乃說：「仁者，天地生物之心。」（朱子語類 卷五十三）人則得天地之心爲心，「『天地以生物爲心』，天包着地，別無所作爲，只

㈤ 對於朱熹的中和新舊兩說，參考劉述先著 朱子思想的發展與完成 頁七九——一一二 學生書局。

是生物而已。亘古亘今，生生不窮，人物則得此生物之心以爲心。」（朱子語類 卷五十三）人心因此也是仁。「仁底的意思是生。」（朱子語類 卷六）「蓋仁是箇生底物事，既是生底物，便具生之理。」（朱子語類 卷二十一）但是朱熹反對謝良佐和楊時等人以「覺」爲仁，「仁者固能覺，謂覺爲仁，不可。」（朱子語類 卷六）仁，是心之德，卽人心爲生命的根基和中心，人的生命不是感覺身體的生命，而是心靈的精神生命，心靈的精神生命爲仁，孟子和中庸都曾說「仁者，人也。」仁，代表一切善德，乃是善德的總滙，又是善德的頂峯，人心與天地之心相合，化育萬物，卽是中庸第二十二章所說：「贊天地的化育」，與「天地合其德」，達到天人合一的境界。

性和心，爲朱熹哲學思想的中心。他思想的根基爲理和氣的觀念；性的心，則爲他的認識論，倫論理和修養論的樞紐。陸象山的哲學稱爲心學；朱熹的哲學也應稱爲心學，祇不過他們兩人對於心的意義，所有的主張不同，在認識論和修養論便各不相同了。

己、張栻

張栻號南軒，字敬夫，幼時從胡宏受學，和朱熹是好友。他在文集中，有一篇論性的文章：「太極動而二氣形，二氣形而萬物化生，人與物俱本乎此者也。原物之始，豈有不善者哉！其善者，天地之性也；而孟子道性善，獨歸之人者何哉？蓋人稟二氣之正，而物則其繁氣也，人之性善，非被命受生之後，而其性旋有是善也。性本善，而人稟夫氣之正，初不隔其全然者耳。若物則爲氣所昏，而不能自通也。惟人全夫天地之性，故有所主宰，而爲人之心，所以庶異乎物者，獨在於此也。」（文集　卷九　存齋記）張栻以人性爲天地之性之全，天地之性卽是天命之性，「天命之謂性，是分分付與人底謂之性，惟皇上帝降衷於民是也。所降之衷何嘗不善！天將箇性與人，便夾了氣與人，氣裏這性，性網入氣裏面去，便有善有惡。」（見性理大全　古今圖書集成　七十三冊　頁四七一）

張栻的主張，和朱熹相似，以天地之性爲善爲理，以氣有淸有昏，物的氣昏，天地之性不全顯明，人得理之淸，天地之性乃全顯明。但是人之氣，又有淸的程度不同，淸的程度低，則昏，便爲惡；淸的程度高，則明，便善，這一點和朱熹的天地之性以及氣質之性相同。

胡宏曾主張「心也者，知天地宰萬物以成性者也。」（宋元學案　五峯學案　頁二十七）張栻不讚成這種說法，朱熹更不讚成。朱熹主張「心統性情」，張栻卻不同意「統」字，主張用「主」字。他對於心，特別注意在「主宰」。

張栻和朱熹對於未發和已發，曾有多次討論。他同意胡宏的主張，以未發爲性，已發爲心，然而性心爲一，未發時，性體昭然呈現，已發時，性體行於心中。性雖未發，但不能不動。「性因爲氣質所雜矣；然方其未發也，此心湛然，物欲不生，則氣雖偏，而理自正，氣雖昏，而理自明。……及其感物而動，則或氣動而理隨之，或理動而氣挾之。由是至善之理，聽命於氣，善惡由之而判矣。」（性理大全 同上）朱熹先不讚成這種主張，反對一個「時」字。後來朱熹改爲中和新說，以未發和已發祇能用於「心」，對於張栻所說：「學者須先察識端倪之發，然後可知存養之功。」「動中涵養，所謂復見天地之心。」還有疑慮，但對張栻所說：「要須察乎動以見靜之所存，靜以涵動之所本，動靜相須，體用不離，而後爲無滲漏也。」則表示讚成。（見朱熹 文集卷三十二 答張敬夫第十八書）張栻所重，重在涵養，在未發和已發兩方面下功夫，故說「年來務欲收斂於本原處下功，覺得應事接物時差帖帖地；但意氣露見處，未免有之，一向鞭辟，不敢少放過。」（性理大全 同上）

庚、陸象山

陸象山稱爲新儒學理學的心學家，王陽明在陸象山文集的序裏說孟子的心學失傳，由陸象山而得繼承。這一點是王陽明自己主張；「致良知」，良知爲心爲理，承持陸象山的「心外無理」思想，認爲心學在於反觀自心，以求明明德；實際上孟子的心集，則是養心養性，克慾以進德，和漢儒董仲舒及宋儒朱熹等相連繫，爲儒家的正宗。

陸象山的中心思想，在於萬事求諸心。朱熹則注重性，性爲理，由心而顯；心統性情，和性不相等，因爲多有情；性也不等於理，因爲事物的具體性含有理和氣，爲氣質之性，各不相同。陸象山卻主張心卽理，理卽心，心等於理，心外便無理可說。「蓋心一心也，理一理也至，至當歸一，精義無二。此心此理，實不容有二。故夫子曰：吾道一以貫之。孟子曰：夫道一而已矣。又曰：道二，仁與不仁而已矣。如是則爲仁，反是則爲不仁。仁卽此心也，此理也，求則得之，得此理也。先知者，知此理也。先覺者，覺此理也。愛其親者，此理也。敬其兄者，此理也。見孺子將入井而有怵惕惻隱之心者，此理也。」（象山先生全集 卷一 與曾宅之書）程顥曾主張「理與心一，而人不能容之爲一。」（二程全書一 遺書五 二程語錄五 頁二）「心所感通者，只是理也。」（二程全書一 遺書二下 二程語錄二下 頁六）程顥的「理與心一」，和陸象山所說心卽理不相同，程顥是說心與理相通，陸象山不多講「性」，祇講「心」。「人生天地間，氣有清濁，心有智愚，行有賢不肖，必以二塗總之。則宜賢者心必智，氣必清；不肖者，心必愚，氣必濁。」（象山先生全集 卷六 與包詳道書）他說到氣的清濁，卻不提出性字。心的智愚由氣的清濁而來，人性不受影響。「今學者能盡心知性，則是知天；存心養性，則是事天。人乃天之所生，性乃天之所命，自理而言，而曰大於天地，猶之可也；自人而言，則豈可言大於天地。乾坤同一理也。」（象山先生全集 卷十二 與趙詠道四書）朱熹也主張「乾坤同一理」，但加了一句「理一而殊」；陸象山則主張「理一而殊」，而理就是心，「宇宙便是吾心，吾心即是宇宙。」（象山先生全集 卷二十二 雜說）因此「誠以吾一性之外無餘理，能盡其性者，雖欲自異於天地，有不可得也。」（象山先生全集 卷三十 天地之性 人為貴論）性等等理，性又等於心，故心等於理，心外無理。

人心至靈，「人心至靈，此理至明，人皆有是心，心皆具是理。」（象山先生全集 卷二十二 雜說）人心有天理，人心為善。但是人欲也出於人心，儒家學者常以人欲為惡，分別天理與人欲，陸象山不讚成這種分別「天理人欲之分，論極有病。」（象山先生全集 卷三十四語錄上）因此，他的修養論，為自然修養論，反觀自心，保存自心的天理，「收拾精神，自作主宰，萬物皆備於我，有何欠闕？當惻隱時，自然惻隱；當羞惡時，自然羞惡；當寬裕溫柔時，自然寬裕溫柔；當發強剛毅時，自然發強剛毅。」（象山先生全集 卷三十五語錄下）陸象山的思想總歸在一「心」字，人祇要誠實地反觀自心，必能明見天理，既見天理，自然遵循。然而這種思想，不僅和朱熹的思想不同，也和孟子的思想不同，孟子曾主張存心須要寡欲，寡欲不是自然而然，乃是人心主宰去克欲。

辛、王陽明

王陽明的哲學，集中在良知，以致良知作他修養的目標。

良知不僅是孟子所說的「不學而知」的「知」，這種「知」是用；王陽明所稱的良知，包括體和用，卽「知」的主體，主體爲心，而且還包括知的內容，卽辨別是非的天理，王陽明的良知乃是人心自知人性的天理。「心者，身之主也，而心之虛靈明覺，卽所謂本然之良知也。其虛靈明覺之良知，應感而動謂之意。」(王文成公全書 卷二 傳習錄中)心，一身的主宰，虛靈明覺，本然地見到人心所有天理。「又曰：知是心之本體，心自然會知。見父，自然知孝；見兄，自然知弟；見孺子入井，自然知惻隱；此便是良知，不假外求。」(王文成公全書 卷一 傳習錄上)「良知只是個是非之心，是非只是個好惡。只好惡就盡了是非，只是非就盡了萬事萬變。」(同上 卷三 傳習錄下)良知是虛靈能知是非之心，心知是非，不是一種動，而是心的本體「照心，非動者，以其發於本體明覺之自然，而未嘗有所動也。」(王文成公全書 卷二 傳習錄中)好比一面鏡子，一人一物放在鏡子前，鏡子裏自然照出人物的像，鏡子沒有做一種動作。人心是虛明的鏡子，一人一物對着人心，人心天然照出善惡，這就是良知。

良知所知爲理，理乃天理，天理是人性，人性天理也就是心，王陽明不像朱熹講一抽象之理，理與氣相結合，才成具體之氣質之性；王陽明所講之理，爲一具體之理，爲一光明之理，爲大學所說的「明德」，大學講「明明德」，就是致良知。性、天理、心、良知，原來是一。良知就是心，就是天理，就是性。「心之體，性也，性卽理也。天下寧有心外之性，寧有心外之理乎？……理也者，心之條理也，是理也，發之於親則爲孝。」（王文成公全書　卷八　書諸陽卷甲申）

心自然明，人反身自向，必然見到心的天理，「問看書不能明，如何？先生曰：此只是在文義上穿求，故不明。……須於心體上用功，凡明不得，行不去，須反在自心上體，當卽可通。蓋四書五經不過說這心體，這心體卽所謂道心。體明卽是道明，更無二。此是爲學頭腦處。」（王文成公全書　卷一　傳習錄上）

王陽明對於心體，又有一種特別的主張，他說目沒有體，以萬物的色爲體；心沒有體，以天地萬物的感應爲體；萬物沒有體，以心的知爲體。這似乎是純粹的唯心論，實際上卻和歐美的唯心論不同。眼若沒有看見什麼，我們的心不會體會到眼的存在。心若沒有外物的一絲感應，寂然不動，心也不會體會到本心的存在。外界的一件事物，若全不爲人所知，就等於不存在。良知本體常在，但若沒有任何事物出現，良知也沒有善惡之知。

良知既然知道事物的善惡，善惡之知要貫澈到萬物上，良知才是成全之知。良知不是抽象的知識，乃是具體的實際善惡之知，實際的善惡是表現在實際的事務上；因此王陽明主張致良知，主張知行合一，良知的善惡之知，是爲實現天理所有的「行善避惡」一項大原則；因爲人心本來善，善的表現是率性，惡則是反乎人性，良知指示人率性。然而問題卻出在率性的實踐上，多少人不率性而作惡，王陽明說那不是良知的過失，過失在於人不致良知。但，良知既是自然明白，爲何不能明白表現於事實呢？王陽明說那是因爲意不誠，所以要格物，格物是正物。物是事，格是正，凡一樁事來，意必要正。「物者，事也。凡意之所發，必有其事，意所在之事謂之物，格者，正也，正其不正，以歸於正之謂也。正其不正者，去惡之謂也；歸於正者，爲善之謂也。夫是之謂格。」（王文成公全書　卷二十六　大學問）格物致知，正自己的心，以致良知，心本是善，爲何能不正？王陽明說那是因爲意不誠。他的四句敎：「無善無惡是心之體，有善有惡是意之動，知善知惡是良知，爲善去惡是格物。」（王文成公全書　卷三　傳習錄）意之動，有善有惡，善惡的分別，在於意之動是否誠於良知之知；誠於知，必知行合一；不誠於知，則良知沒有成立，卽不是良知。「知之眞切篤實處卽是行，行之明覺精察處卽是知，知行功夫本不可離，只爲後世學者分作兩截用功，失卻知行本體，故有合一並進之說。」（王文成公全書　卷二　傳習錄中　答顧東橋書）「工夫難處全在格物致知上，此卽誠意之事。意既誠，大段心亦自正，身亦自修。但正心修身工夫，亦各有用力處，修身是已發邊，正心是未發邊，心正則中，身修則知。」（王文成公全書　卷一　傳習錄上）王陽明的誠意，實際上就是勉力去按良知而行，若知行合一，意就誠了，心就正了，知也致了，對於克慾，王陽明沒有這種思想。

心有宙宇之裏，理爲生命之理，王陽明因此主張心爲仁，而且與宇宙萬物相通，成爲「一體之仁」，「陽明子曰：大人者，以天地萬物爲一體者也。……是其一體之仁也，雖小人之心亦必有之，是乃根於天命之性，而自然靈昭不昧者也，是故謂之明德。」（王文成公全書　卷二十六　大學問）

壬、王夫之

王夫之，世稱船山先生，普通稱之王船山，他是最後一位大理學家，宗張載的思想，講氣，以氣包含理。他講人性，是有氣和理的人性，不僅是理。他說：「在天謂之理，在天之授人物也謂之命，在人之受於氣質也謂之性。若非質則直未有性。」（讀四書大全說　卷七，陽貨篇　頁十二）王船山說「在天爲理」，這個理於陰陽運行之理，「上天自行其政，令如月令軍令之謂。」（同上）天地間陰陽的運行，都因上天之命而行，但不是個別的命，祇是陰陽運行之理。人稟受氣而得理，乃成爲性。「天之命人物也，以理以氣，然理不是一物，與氣爲兩。」（讀四書大全說　卷五　頁三四）他不接受朱熹的理氣在相分別的主張，而接受張載的理在氣中的主張。「合理與氣，有性之名，則不離於氣，而爲氣之理也。爲氣之理，動者氣也，非理也。故曰：性不知檢其心，心則合乎知覺矣。合乎知覺則成其才，有才則有能，故曰：心能檢性。」（讀四書大全說　卷十　盡心上　頁三十二）性不包含心，心能包含性。心有氣，氣動爲才，才爲能；才能都在於心，而不在於性。他解釋程頤的氣質之性，和朱熹不同，他說氣質之性是在氣質中的性。「程子創說個氣質之性，殊覺峻嶒。先儒於此不盡力說與人知，或亦待人之自喩。乃緣此而初學不悟，遂疑人有兩性，在今不得已而爲顯之。所謂氣質之性者，猶言氣質中之性也。質是人之形質，範圍着生理在內。形質之內，形氣充之而盈天地間，人身以內，人身以外，無非氣者，故亦無非理者。理行乎氣之中，而與氣爲主持分劑者也。故質以函氣，而氣以函理。質以函氣，故一人有一人之生，氣以函理，一人有一人之性也。」（讀四書大全說　卷七　陽貨篇　頁七）

氣成質，質爲形質和才能，性是理，函在氣內。性所以無不善，因爲性是天命。惡來自習，然習以性爲根基。「而習者亦以外物爲習也，習於外而生於中，故曰習與性成。此後天之性所以有不善。故言氣禀不如言後天之得也。」（讀四書大全　卷八　滕文公上）

王船山講心，以心含性而效動，「孟子云：存其心，又云：求其放心，則亦道性善之旨。……心含性而效動，人之德也。……仁義者，心之實也，若天之有陰陽也。知覺運動，心之幾也，若陰陽之有變合也。」（讀四書大全 卷八 梁惠王上，頁一）性爲體，心爲用，體用不分。「當其有體，用已現，及其用之，無非體。蓋用者，用其體，而即以此體爲用也。」（同上，頁二）

生爲心的體，所謂體乃是基礎根本，並不是實體，因爲心雖是用，但不是附加的能，而是一實體，包含才、情、知覺。「人之有性，函之於心，而感物以通，象著而數陳，名立而義起，習其故而心喻之。形也、神也、物也，三相遇而知覺乃發。故由性生知，以知知性，交涵於聚而有閒之中，統於一心。」（張子正蒙注 卷一 太和 頁十）

心統理、氣、知、覺、習。心爲主，感於物而動，動若合於理，則善；若隨環境之習而違於理，則惡。心爲能主宰，是靠「思」。心動必有所思，思爲能之宰，應愼於「幾」，幾是將動而尚未動，愼於幾，才能防惡，心動有知覺，知覺引起情，情而有欲。「知覺皆與情相應，不與性應，以思御知覺，而後與性應。……但知覺則與欲相應，以思御知覺，而後與理相應。」（讀四書大全說 卷十 頁三〇一一三〇）

善惡雖不出自心，然由心思作主，「是以心也者，不可加以有善無惡之名。」心有窮神知化之力，故於明中幽中都可以見到事理，能誠於理，則可盡性而心正。「大學既云：『欲正其心者，先誠其意，欲誠其意者，先致其知，致知在格物。』是修身之功，以正心爲主，三者爲輔矣。又云：『物格而後知至，知至而後意誠，意誠而後心正。』是修身之功，以物格爲始，心正爲成，此學者之所疑也。……然則學之固無其序乎？非無序也，四者自各以漸而進，而非急其一而姑置其三也。」（禮記章句 卷三十一 頁二十九）爲能正心誠意，王船山主張靜，靜觀心動之幾，在事未兆和念未起時，能作主宰。「大學云：意誠而後心正，要其學之所得，則當其靜存，事未兆而念未起，且有自見爲正，而非必正者矣，動而之於意焉，所以誠乎善者，不欺其心之正也。則靜者可以動而不爽其靜，夫乃以成其心之正矣。」（讀四書大全說 卷三 頁三五）

王船山反對王陽明的致良知說，不讚成良知無非無惡，更不讚成王陽明的徒弟們的自然明明德，不必修身。他特別看重「誠」，「故大學以正心次脩身而誠意之學，則爲正心者設。」（同上，頁三五）

癸、戴　震

戴震爲理學的餘響，不專於哲學，長於註疏，他的重要著作有孟子字義疏證，有原善三篇，緒言，孟子私淑錄等現與文集收於戴震集，本來也有「原性」二篇，現已散失，他對性和心的思想，雖努力以孟子爲模範，但沒有瞭解孟子的性善論。他說性，爲每種物所以能和他種物有分別，即品類的成素。他說：「性，言乎本天地之化，分而爲品物者也，限於所分，曰命；成其氣類，曰性，各如其性以有形質，而秀發於心，徵於貌色聲，曰才。」（原善上 戴震集，三三〇，里仁書局）

性由氣而成，根據易經所說爲一陰一陽所成。「性者，分於陰陽五行以爲血氣心知，品物區以別焉。舉凡既生以後所有之事，所具之能，所全之德，咸以是爲其本。」（孟子字義疏證 戴震集 頁二九一）

戴震反對朱熹以理爲性，性包含氣，氣中有理，「蓋孟子道性善，……明理義之爲性。……由孟子而後，求其說而不得，則舉性之名而曰理也，是又不可。」（原善中 戴震集 頁三三九）他以爲「性者，血氣心知本乎陰陽五行，人物莫不區以別焉，是也。」（孟子字義疏證 戴震集 頁二九五）性者由陰陽五行而成，其中含有區別之理。理，就是爲區別的「理者，察之而幾微必區以別之名也，是故謂之『分理』。」（孟子字義疏證 戴震集 頁二六五）

心，能知能主宰，「耳目鼻口之官各有所司，而心獨無所司，心之官統主乎上以使之，此凡血氣之屬皆然。」（孟子私淑錄中 戴震集 頁四二七） 然心主使感官，不能代替感官，人心能知，能主宰；人心之德爲仁，爲生生。「人物分於氣化，各成其性，一陰一陽，流行不已，生生不息，觀於生生，可以言仁矣。在天爲氣化之生生，在人爲其生生之心，是乃仁之爲德也，非別有一物以與人而謂之仁。由其生生有自然之條理，惟條理所以生生，觀於條理之秩然有序，可以言禮矣。」（同上）孟子說人心有仁義禮智之端，養心則培養仁義禮智四德，戴震以人心爲仁，爲生生，生生有條理爲義，義有以動爲禮，明乎條理爲智，這和孟子的思想不相同。他又說孟子所說人心不學而能有惻隱之心，羞惡之心，辭讓之心和是非之心，是人心自然而必然有這四種心。「必然之與自然，非二事也，就其自然明之盡，而無幾微之失焉，是其必然也；如是而後無憾，如是而後安，是乃古聖賢之所謂自然也。彼任其自然而失者無論矣，貴其自然，靜以保之，而視問學爲用心於外，及乎動應，如其材質所到，亦有自然不失之處，不過材質之美，偶中一二，若統計行事，差謬多矣。且一以自然爲宗而廢問學，心之知覺有所止，不復日益，差謬之多，不求不思，以此終其身而自尊大，是以君子惡其害道也。」（同上，頁四二九）這一段是反對陸王的思想和修養法，他和清朝顏元、李塨都主主張實踐，他的實踐在「知」，以智仁勇屬於心知，仁義禮智則行於人倫日用之事，在他的思想裏，有許多混淆不清，或互相矛盾之點，性和心的觀念不清楚。

子、結　語

儒家的哲學，爲一種人文哲學，研究並說明人生的原則，稱爲人生之道，或稱爲人道，或稱爲君子之道，或簡稱道，即如孔子所說：「士志於道」，「君子憂道不憂貧」，「朝聞道，夕死可也。」中庸說：「君子之道費而隱」，易經所說：「有天道焉，有人道焉，有地道焉。」

人生之道，中庸說得很好：「天命之謂性，率性之謂道，修道之謂教，」大學也說得清楚：「大學之道，在明明德，在親民，在止於至善。」

人生的目的，在止於至善。人生的道途，在於率性。人生的修養，在於親民的仁道。修養的步驟，始於爲士，終於爲聖人。

但，人究竟是什麼？人是人，人所以是人，因爲人有人性。人性便是人生的根基。人性怎麼成呢？易經說由陰陽變化所成。陰陽若何變化成成人性？是根據上天之命，「天命之謂性」。

儒家解釋天命，意見有所不同。理學家以天所命爲理，即人所以爲人之理：因此人性就等於理。朱熹以理自成一單位，和氣相配：張載則以理在氣中。

理本身是抽象的，實際上理必定要同氣相合而成人性，所以具體的性，必會氣，朱熹稱爲氣質之性。

人性和物性有何分別？性爲理，天下萬物同一理，同一之理乃生生之理。人物的分別來自氣，氣有清濁，氣清則理顯，氣濁則理晦，人之氣最淸，生生之理全部顯出。

人的生命雖以性爲根基，生命的中心則爲人心，人以心而生活。因此。孟子、荀子談人性善惡，都就人心而講。人心對於人的生活，第一是知，人心虛靈乃能有知，致知爲人的生活途徑。第二是主宰，人有自由選擇的天生權利，以自己的心去選擇，儒家講心更重於講性，因爲人的生活總歸於心。生活的表現在於情，朱熹談心統性情。人心便按天理而主宰情欲。陸象山和王陽明更以心等於理，「心外無理」。心自然知道善惡，稱爲良知，良知自然表現於事物，不能表現，則是意不誠。這種自然「明明德」的修養法，受到淸朝學者的猛烈攻擊：儒家雖都以人性爲善。（除開荀子）然都承認有人慾的阻礙，孟子乃主張「養心莫善於寡欲」。至於楊時、呂大臨等人，以人心天生爲靜，靜爲未發之中，靜坐以保持人心常居中不偏，則已偏於禪道了。這種靜坐和王陽明的徒弟們的疏狂，都不是儒家人生之道的正派。

儒家於學旣是人文哲學，性和心便居於儒家思想的中心。

十三、兩漢宗教信仰對哲學的影響

1. 最古的宗教信仰

中國最初的宗教信仰，保留在書經和詩經裏。那時的信仰，相信皇天上帝，和天神地祇。這種信仰對於當時中華民族的生活，影響很大，對於當時的哲學思想，影響非常深，書經講天命，天命就是皇天上帝的命。皇天上帝選擇帝王，代天行道，書經裏充滿了這種「天命」。

「王曰：格爾衆庶悉聽朕言。非台小子，敢行稱亂，有夏多罪，天命殛之。」(湯誓)

「先王有服，恪謹天命。……今不承于古，罔知天之斷命。」(盤庚)

「今予發，惟恭行天之罰。」(牧誓)

「己！予惟小子，不敢替上帝命，天休于寧王，興我小邦周。」(大誥)

「惟時怙，冒聞于上帝，帝休。天乃大命文王，殪戎殷，誕受厥命。」(康誥)

帝王受上天的命，登極掌權，乃是中國歷史哲學和政治哲學的一項基本原則。從漢代一
直到清朝，皇帝常自認爲「承天啓運」。「承天」即是承行天命，因天命而王。「啓運」則
爲漢朝的「五德終始」說，也是受宗教信仰的影響。

皇帝承受天命，代天行道，稱爲「天子」。董仲舒說：「故德侔天地者，皇天右而子
之，號稱天子。……天子受命於天，諸侯受命於天子，……天子不能奉天之命，則廢而稱
公。」(春秋繁露 順命)

書經的天命，不僅是選擇皇帝，治國平天下，而且也是帝王和人民的倫理規律，人生的
各種活動，應該有規律，和於規律的，爲善；不和於規律的，爲惡。生活的基本規律來自
「天命」。

「帝曰：咨，汝二十有二人，欽哉！惟時亮天功。」(堯典)

舜王，命稷（棄），契，皐陶，益垂等官和十二牧四岳，凡二十二人，謹小愼微，盡好各自的識務，以能符合天意，發揚上天的事功。

皐陶謨一篇，爲最古的一篇倫理思想的文章，文章中說明「天敍有典……天秩有禮，……天命有德，……天討有罪，……天聰明，自我民聰明；天明畏，自我民明威。」

洪範則是第二篇倫理思想的文章，文章開端便說：「王乃言曰：嗚呼！箕子惟天陰騭下民，相協厥居，我不知其彝倫攸敍，箕子乃言曰：我聞在昔，鯀陻洪水，汨陳其五行，帝乃震怒，不畀洪範九疇，彝倫攸斁，鯀乃殛死，禹乃嗣興，天乃錫禹洪範九疇，彝倫攸敍。」洪範爲上天所賜，雖屬神話；然所謂錫賜，不必用後世道教的神仙傳授祕籙的方式去解釋。祗說「九疇」的規律出自天命，便可合情合理，文中講三德：「一曰正直，二曰剛克，三曰柔克。」皐陶謨曾講九德，洪範縮爲三德。在皇極一疇裏，洪範講「中」，立定儒家中庸的大道，洪範說：「皇極之敷言，是彝是訓，于帝其訓。」帝是指着上帝，皇極的「中」道，乃是上帝之訓。

2. 天時

中華民族歷代的農業民族，農業生活，和天時有密切的關係，中華民族的哲學思想乃和天時連結一起。在春秋戰國時鬼神信仰興起，天時和宗教信仰漸漸結合，到了漢代，天神地祇和鬼神的信仰，進入了哲學思想的範圍內。

書經堯典篇，堯皇命羲和、羲仲、羲叔等官，根據天時出治理畜牧和農事，在天時列舉了星宿。

「日中，星鳥，以殷仲春。……日永，星火，以正仲夏。……宵中，星虛，以殷仲秋，……日短，星昴，以正仲冬。」（堯典）

星鳥，鳥為南方七星的總名，春分初昏時，鳥的七宿星都見。火，星名，東方七宿之一，虛，星名，北方七宿之一，昴，星名，西方七宿之一。

書經舉出了星宿名，古代天文學以日月金木水火土為七曜，宿則有二十八宿，宿為月亮和太陽每天所會的星稱為宿，一月有二十八宿，每宿一星，分列歸屬四季七宿、四季配四方，每方也是七宿。呂氏春秋書中的月令和禮記的月令，也舉出了這些宿名。

到了秦漢，四季和四方，跟四帝相給合。四方的象徵，在禮記典禮中，行事時，前有朱鳥，後有玄武，左有青龍，右有白虎。原來朱鳥能飛，前進迅速；玄武為龜，身有甲，在後禦武；青龍屬陽，有生氣，代表東方；白虎屬陰，有殺氣，代表西方，後來，這四種象徵，和四帝相結合，東爲青帝，南爲赤帝，西爲白帝，北爲黑帝，廿八宿分屬四帝，每宿爲一星，爲一神靈。

東，青帝（蒼龍）屬有：角，亢，房，心，尾，箕，氐七宿。

南，赤帝（朱鳥）屬有：井，鬼，柳，星，張，翼，軫七宿。

西，白帝（白虎）屬有：奎，婁，胃，昴，畢，觜，參七宿。

北，黑帝（玄武）屬有：斗，牛，女，虛，危，食，壁七宿。

同時又把當時的國家疆域也分屬四帝和二十八宿，受他們的管轄：

星宿		獸	州	分野	方	神	度
角亢氐	木金土	蛇龍貉	兗	鄭	東	蒼龍（青龍）	七十五度
房心	月日	狐兎	豫	宋			
尾箕	火水	虎豹	幽	燕			

宿	七曜	禽	州	國	方	象	度
室 壁	火 水	猪 貐	幷	衞	北	玄武	八十八度四分度之一
斗 牛 女	木 金 土	獬 羊 蝠	揚	吳越			
虛 危	日 月	鼠 燕	靑	齊			
奎 婁	木 金	狼 狗	徐	魯	西	白虎	八十度
胃 昴 畢	土 日 月	鴙 雞 烏	冀	趙			
觜 參	火 水	猴 猿	益	魏			
井 鬼	木 金	犴 羊	雍	秦	南	朱雀（朱鳥）	一百一十二度
柳 星 張	土 日 月	獐 馬 鹿	三河	周			
翼 軫	火 水	蛇 蚓	荆	楚			

呂氏春秋的前十二卷，講十二月紀。在第十二卷結尾時說：

「秋甲子朔，朔之日，良人請問十二紀，文信侯（呂不韋）曰：嘗得學黃帝之所以誨顓頊矣，爰有大圜在上，大矩在下，汝能法之，為民父母。蓋聞古之清世，是法天地，凡十二紀者，所以紀治亂存亡也，所以知壽夭吉凶也。上揆之天，下驗之地，中審之人，若此則是非可不可無所遁矣。」（呂氏春秋　卷十二序意）

這是引申易傳所講的天道人道地道，卽三才之道，作爲治國平天下之道，天時和政治結合，但是呂氏春秋已經將天時和鬼神相連，例如第一篇「孟春紀」，開端說：

「一曰孟春之月，日在營室。」高氏注說「孟長春時，夏之正月也。營室，北方宿，衛之分野，是月，日躔此宿。」

「昏參中旦尾中。」注說「參，西方宿，衛之分野。尾，東方宿，燕之分野，是月昏旦時，皆中於南方。」

「其日甲乙，其帝太皞，甚神句芒。」注說「甲乙木日也，太皞伏羲氏，以木德王天下之號，死祀於東方，為木德之帝……，句芒，少皞氏之裔子曰重，佐木德之帝，死為木官之神。」

禮記的月令，完全抄襲呂氏春秋的月紀，鄭玄作注，關於上面一段，注說：「孟，長也，日月之行，一歲十二會，聖王因其會而分之，以爲大數焉，……乙之言軋也。日之行，春，東從青道，發生萬物，月爲之佐。時萬物皆解孚甲，自抽軋而出，因以爲日名焉，乙不爲月名，君統臣功也。……此蒼精之君，木官之臣。自古以來，著德立功者也。大皡，宓戲氏。句芒，少皡氏之子曰重，爲木官。」

天時和政治相連，天時又和宗教信仰相連，宗教信仰乃進入政治中，古代政治思想和倫理思想相合爲一，修身以治國平天下，宗教的信仰也就進入倫理思想中。何況秦漢時代，占卜的習慣，繼承春秋戰國的習慣，有日占、月占、星占、日月星辰，一有了變態，對於人事就有吉凶的反應，所以日食、月食、星變都由術士指出究竟。星辰以金木水火土五星爲重要，係五行的精氣。

在七曜（日月金木水火土）以外或以上，有北斗星，北斗共七星，組成一團，形似一斗，又似一車，史記天官書說：

「斗為帝（上帝）車，運于中央，臨制四鄉，分陰陽，建四時，均五行，移節度，定諸紀，皆繫于斗。」（史記 天官書）

星	神使	精靈	四季	五德	五事	災
木星	青帝使者	木的精靈	春	仁	貌	亡國
火星	赤帝使者	火的精靈	夏	禮	視	暴亂饑饉
土星	黃帝使者	土的精靈	季夏	信	思	山崩地震
金星	白帝使者	金的精靈	秋	義	言	戰亂篡殺
水星	黑帝使者	水的精靈	冬	智	聽	風雨不調

二十八宿主十二州，北斗則秉兼十二册，星占家非常注意北斗星的變象。

在北斗以上，另有一個星區，稱爲紫微垣，又稱爲中宮，爲漢朝所奉至上神太一的宮，所以代表國家的朝廷。宮旁有三星，代表朝廷的太尉、司徒、司空，三公；周圍十二星，代表守衞朝廷的藩臣，星占家注意中宮的星象，若遇怪象，則說朝廷要發生變亂。

「太乙者，北辰之神名也，居其所曰太乙，常行於八卦日辰之間，曰天一或曰太一，出入所遊，息於紫宮之內，外其星以為名焉。故星經曰：天一太乙主氣之神，行猶待也。四正四維，以八卦神所居，故亦名之曰宮。天一下行，猶天子出巡狩省方岳之爭，每率（卒）則復。大一下行八卦之宮，每四，乃還於中央。中央者，北神之所居，故因謂之九宮。」（乾鑿度 鄭玄注）

這一段講八卦九宮，即是明堂九宮。

星占的理由，在於氣運，萬物由氣而成，彼此相連，鬼神也由氣而成，也和人事相連。因此，便產生「感應論」。

3. 氣運

從戰國時代，「氣」的觀念，成爲中國哲學的基本觀念，宇宙萬物都由氣而成，氣雖分陰陽五行；但宇宙萬物的氣，互相連結，互相交流，陰陽之氣，又代表善惡之氣；人事的善惡和宇宙間的萬惡的氣，互相感應。國家中有大惡事，惡事的氣招呼宇宙間的惡氣，宇宙間的惡氣遂相感應，在自然界造生災異的現象，表示上帝將予懲罰，皇帝應設法改正惡事，以免天罰。國家若有大善事，宇宙間的善氣因相感應而造祥瑞的自然現象，表示上天將於賞報，這種思想在淮南子和董仲舒的書裏，都有說明。已爲研究中國哲學者所共知。這種思想的來源，據說來自戰國末期的鄒衍。

另有一種思想也來自鄒衍，卽「五德終始說」，朝廷的更替，按照五行相生或相尅的次序而行，漢朝人很相信這種思想。所謂五德，也就是五帝，封禪書說：黃帝土德，夏木德，殷金德，周火德，秦爲水德。史記漢高祖本紀說漢高祖劉邦以赤帝之子，斬白帝之子，立黑帝。賈宜以漢爲土德，尚黃。王莽則上溯到太皞伏羲氏，作一表：伏羲爲木，共工爲水，炎帝神農爲火，黃帝爲土，少皞爲金，顓項爲水，帝嚳爲木，堯爲火，舜爲土，禹爲金，商爲水，周爲木，漢爲火，新莽爲土，這樣，率莽自認繼承漢朝，乃理所當然。

漢以後，五德終始思想，不爲史學家所採用，然而後代的皇帝卻常用「承天啓運」作自己登極的根據。「承天」是靈承天命；「啓運」則是順從氣運。

這種思想，也是研究中國哲學者所共識。

氣運在漢朝的哲學思想，另一種最大的影響，則是漢易的卦氣說，易經講卦，以陰陽兩文作資料，漢易則以氣作資料，氣分陰陽五行，氣的變化是在宇宙內運行不思，宇宙就是時間空間。空間是東西南北四方，時間是一年，一年有四季，十二月，二十四節氣，七十二候，三百五十四天多、漢易便以卦和爻配空間和時間，以四正卦：坎、震、離、兌四卦配四方和四季，以十二辟卦：復，臨，泰，壯，夬，乾，姤，遯，否，觀，剝，坤配十二月。以四正卦的二十四爻配二十四節氣，以十二辟卦的七十二爻配七十二候，再以除去四正卦的六十卦，每卦主一年的六月七分，卽每一爻主一日八分之一。這樣易卦代表宇宙的變化，卦和氣運相連結，雖這種結合原來爲農業工作有關係，後來卻成了擇日擇地看相算命的原理了，又和宗教信仰結成一體。

卦氣說在道家興起以後，魏伯陽作參同契一書，用來作爲納甲圖說，爲煉丹和呼吸元氣的學理，後代道教的圖說，傳到宋朝，成了理學家周敦頤太極圖和太極圖說的依據，大大地影響了宋代的理學。

4. 讖緯

漢朝的學術中，有一項充滿宗教信仰或迷信的項目，即是讖緯學。讖，爲預言家的預言，緯則是注解經書的注釋學；但通常讖緯常連在一起，變成一個名字。代表宗教迷信又代表漢代一種學術。胡應麟，四部正譌說：「讖緯之說，蓋起於河洛圖書。當西漢末，符命盛行，俗儒增蓋，舛譌日繁，其學自隋文：主禁絕，世不復傳。稍可見者，惟類書一；援引，及諸家書目具名而已。」

讖，意謂驗，預言有驗爲讖。秦漢時讖又稱爲符命，預言皇帝的興亡，秦始皇時，有讖語：『亡秦者胡也。』秦始皇以爲胡爲北方胡人，便築有長城，派重民駐防。但是後來秦二世亡於胡亥。王莽篡漢，假名符書，先有武功縣的丹書，「告安漢公爲皇帝」，後有天帝金匱圖天書，言「赤帝劉邦傳卽皇帝金策書。」書中備言王莽書爲眞天子。東漢劉秀起兵時，也有讖語：赤伏符：「劉秀發兵捕不道，四夷雲集龍鬬野，四七之際火爲主。」（後漢書 光武本紀）注說：「四七二十八也，自高祖至光武初起，合二百二十八年，卽四七之際也。漢火德，故火爲主也。」

漢朝還發生幾椿巫蠱之獄。巫蠱用一種象徵物代表被詛咒的人，用巫術咒駡，使他受害。漢武帝曾窮治陳皇后用女子楚服詛咒衞子夫案，又治公孫賀公孫敬聲爲陽石公主詛咒皇帝案，又以太子據詛咒皇父，命江充治獄，太子撤詔殺江充，武帝以太子造反，派兵誅殺，胡適在中古思想史長編裏說：「這個迷忌的宗敎，因爲有帝者的崇敬，不但風靡了全國無識人民，並且腐化了中古留遺下來的一切學術思想。」（第五八三頁）

緯書，爲經書的注釋，易，書，詩，禮，樂，春秋，詩經，都各有緯書。緯書對於注釋經書都附託許多僞說，把禍福吉凶以及預言，都夾雜在中間。易經的緯書保留到現在。比較完整的，有「乾鑿度」。

「乾鑿度」假托孔子所言，講天地的源起，採列子和淮南子所說的次序，尙不屬神話，然書中講孔子應爲王，則爲公羊學所說孔子係素王。

「孔子曰：洛書摘六辟，曰建紀者，歲也，成姬倉有命在河聖孔表雄、德、庶人受命，握麟，徵易，歷曰陽，紀天心。」（乾鑿度）

鄭玄注說：「建紀者，謂大易爻六七八九之數，此道成於文王，聖也，孔表雄，著漢當興，以庶人之有仁德，受命爲天子，此謂使以獲麟爲應。易猶象也，孔子以歷說易，名日象也。」

「別序聖人題錄與亡州土名號姓，輔友符」(續上)

鄭玄注說「言孔子將比應之，而作讖二十六卷」。

「亡殷者紂，黑期火戊倉精，受命女正昌効紀承餘以著當。」(續上)

緯書多錯簡缺漏字，常不能句讀。鄭注說：「火戊，戊午部也。午爲火，必言火戊者，木精將王，火爲之將相，戊土也。又當爲火子，又火使其子爲巳塞水，是明倉精絕殷之象宇。」

「無懷氏曰：上聖頤天以畫象，頤物以畫源，頤事以畫情，而後天平地成，萬穴効靈，五物梢行，三天不亂，聖與造遊，理俾冥運，易動而數，運化諸府。」(易緯乾坤鑿度)

「庖氏著乾鑿度上下文，媧皇氏地靈母經，炎帝皇帝有易靈緯，公孫氏，周

易。」（易緯乾坤鑿度）

這種假託神怪的文字，漢朝注經的學者，如鄭玄、馬融等都用來注釋經典。因此，宋朝理學家把漢朝易經的注釋都不採用，祇採王弼易注，清初王船山講易，摒棄漢朝易學。

又如「尚書緯」說：

「春夏相交，秋冬相與，互謂之母成子，子助母，東方春，龍房經，其規仁，好生不賊。其帝青，表聖明仁，趨惠也。」

又如「禮含文嘉」緯說：

「禮，天子靈台，所以觀天人之際，陰陽之會也。揆星度之驗，徵六氣瑞應，原神明之變化，覩日氣之所驗，為萬物獲福於無方之原，招大極之清泉以興稼穡。」

很簡單引用上面幾段緯書，顯出神怪無稽。然而在漢朝卻影響了學術思想。以上四點，第一點爲中華民族正規的上帝信仰，從古到今沒有斷絕，孔孟的思想，乃是思想的根基，後代理學家雖以天和命和理和性，意義相同。然而性由天生，天則爲上天。同時「命」的觀念，常和上天相連從未變換。第二點，天時的影響，因爲農業的關係，世世存在，雖然五德終始和天人感應的信仰，已不爲學者所採納，農業「靠天吃飯」的農人信仰，世代長存。因此第三點氣運的觀點常留在中華民族的生活裏。第四點讖緯之說，漢以後漸形絕跡，但對於佛道兩教之影響則頗大。我們研究中國哲學，便不能不注意宗教信仰。